U0580172

Nicolai
Hartmann

现代西方
价值哲学经典

The Classic Works
of Modern Western
Value Philosophy

北京师范大学价值与文化研究中心　组编
冯　平　总主编

哈特曼 卷

邓安庆　杨俊英　主编
杨俊英　译
邓安庆　校

北京师范大学出版集团
BEIJING NORMAL UNIVERSITY PUBLISHING GROUP
北京师范大学出版社

致 谢

2018年北京师范大学价值与文化中心正式立项组织《现代西方价值哲学经典》(第一辑)的编辑和出版。《现代西方价值哲学经典》(第一辑)共八本。《尼采卷》由孙周兴主编，《布伦塔诺与迈农卷》由郝亿春主编，《舍勒卷》由倪梁康和张任之主编，《哈特曼卷》由邓安庆、杨俊英主编，《闵斯特伯格卷》由刘冰主编，《杜威卷》由冯平主编，《史蒂文森卷》由姚新中、张燕主编，《刘易斯卷》由江传月主编。

在本套丛书出版之际，特别感谢北京师范大学杨耕教授，感谢北京师范大学价值与文化中心，感谢中心主任吴向东教授，感谢中心的工作人员陈乐、张永芝，感谢北京师范大学出版社饶涛副总编辑和本套丛书的策划编辑祁传华编审，感谢孙周兴、倪梁康、张任之、邓安庆、姚新中、郝亿春、刘冰、江传月、杨俊英和张燕的鼎力相助。

诞生于19世纪中叶的现代西方价值哲学，是西方现代化运动之子。它直面现代人的困境，直面生活的巨大不确定性和信念的极度虚无主义，为我们提供了宝贵的思想资源。相信本套丛书一定能为中国的价值哲学研究做出贡献。

《现代西方价值哲学经典》(第一辑)总主编　冯平

2022年11月6日于复旦大学 杜威研究中心

目录

导 言

尼古拉·哈特曼(Nicolai Hartmann，1882—1950)对于中国绝大多数学者而言是个既熟悉又陌生的人物。说熟悉，是因为他确实是我们研究西方哲学的学者们老师的老师，我在读博士期间就不断地听到我的老师陈修斋先生提到他所敬重的陈康先生的许多故事，而陈康先生在德国留学时的博士论文指导教师就是尼古拉·哈特曼。据说熊伟先生在德国留学时，也听过尼古拉·哈特曼的课。研究新儒家的一般也知道，现代新儒家的重要代表人物唐君毅的哲学思想受到了哈特曼多方面的深刻影响。这样看来，尼古拉·哈特曼对于我国西方哲学研究而言意义尤深。陈康先生对于像陈修斋先生这一辈人的影响确实是非同寻常的，这不仅仅是由于陈康是我国最早被国际学界认可的研究西方哲学的著名学者，并提出了“要让国外学者以不懂中文为恨”的“中文优越论”，同时，他也以自己从哈特曼那里学到的严格的从经典注疏中发掘“存在之逻辑”的哲学治学方法，让从事哲学研究的几代人领悟到该如何进行一种真正的哲学研究。当然，对于我们这辈人而言，哈特曼依然十分陌生，因为国内学界对其著作的翻译非常有限，研究处于起步阶段。有鉴于此，在我们开始研究其“价值伦理学”之前，稍嫌饶舌地介绍其哲学创新之路，是有必要的。

一、哲学创新之路

尼古拉·哈特曼1882年2月19日出生在里加(Riga)，这个城市1282年加入了“汉萨同盟”，是波罗的海最重要的贸易中心，1709年后被俄国占领，1918年成为独立的拉脱维亚的首都，第二次世界大战后并入苏联，直到1991年才重新成为独立的拉脱维亚的首都。研究康德的人都知道，这里曾是康德三大批判的首次出版地。尼古拉·哈特曼从小生长在这里并在这里上了小学。他中学阶段就离开了里加，于1897年去圣彼得堡(Sankt Petersburg)读人文中学。中学毕业之后，哈特曼转了好几所大学，先是于1902—1903年在爱沙尼亚的多尔帕特大学学医学，随后1903—1905年转学到了圣彼得堡大学学语文学，从1905年开始，才正式转学到了德国的马堡(Marburg)大学，改学哲学。因而，马堡实际上成了尼古拉·哈特曼的精神诞生之地，也是他的幸运之地，他在这里成了新康德主义的首领科亨和纳托普的学生，由此确定了他未来哲学面貌的第一标签：新康德主义马堡学派。同时，由于他的研究以形而上学问题为核心，从而与哲学史家，尤其以研究形而上学史的著名学者海姆索特(Heinz Heimsoeth)①结下终身友谊。1907年以论文《柏拉图之前希腊哲学中的存在问题》(“Das Seinsproblem in der griechischen Philosophie vor Plato”)取得马堡大学哲学博士学位。1909年他出版了研究柏拉图的专著《柏拉图的存在逻辑》(*Platos Logik des Seins*)，同年出版了《论普罗克洛的数学之哲学上的初始根据》(*Des Proklus Diadochus philosophische Anfangsgründe der Mathematik*)，取得大学教师资格。1912年发表《生物学的哲学基本问题》(*Philosophische*

---

① 海姆索特是出身于马堡大学的科隆大学教授，最著名的著作是《西方形而上学的六大问题》，并为文德尔班的《哲学史教程》第15版(扩充版)写了“20世纪的哲学”和“对哲学史研究状况的概观”。Windelband-Heimsoeth，*Lehrbuch der Geschichte der Philosophie*，Mit einem Schlußkapitel Die Philosophie im 20. Jahrhundert und einer Übersicht über den Stand der philosophigeschichtlichen Forschung，herausgegeben von Heinz Heimsoeth，Fünzehnte，durchgesehene und ergänzte Auflage，1957，J. C. B. Mohr (Paul Siebeck) Tübingen，该书也作为中文寰宇文献 Philosophy 系列影印出版，上海，中西书局，2017。

Grundfragen der Biologie)。第一次世界大战期间他服了兵役，当过口译员、通信检查员和情报官。哈特曼真正进入大学当教师还是在第一次世界大战后，1919 年他回到马堡大学取得了一个私人讲师职位[①]，但第二年，即 1920 年他就成了“编外教授”，1921 年出版了标志其哲学独立地位的著作《认识形而上学的基本特征》，更为重要的是，他作为教授接替了其老师纳托普的教席，成了马堡哲学的重要支柱。

而在此期间，马丁·海德格尔在胡塞尔的大力帮助下也在马堡大学谋得了一个副教授的职位，于是有缘与哈特曼做了三年同事(1922—1925)。这是 20 世纪前期致力于重新确立 Ontologie(存在论)基础地位的两位巨擘之间的相遇，然而十分遗憾，他们之间实际上并没有什么接触与交流，而且对于新存在论构想，两人确实有较大分歧，期待他们能擦出思想火花几乎是奢望。[②] 而在 1925 年，尼古拉·哈特曼就调离马堡大学到了科隆大学，成了马克斯·舍勒的同事。同舍勒的相遇对哈特曼而言确实相当重要，因为他在伦理学上实际步了舍勒的后尘，当然是在其新的“存在论”基础之上将“质料的价值伦理学”“开新”为一种典范的“价值伦理学”新体系。

他因调离马堡大学而留下的教授职位，本来有人提名由海德格尔来接替，但遭到了教育部的拒绝，理由是海德格尔还没有正式出版过著作。哈特曼到达科隆大学的第二年又出版了一部代表其哲学创见并开辟了实践哲学新方向的著作：《伦理学》(1925)。在这本书中，他一方面认同康德对伦理学主题的基本判断，认为伦理学要回答的基本问题是“我应该做什么”，但另一方面认为，要能回答这个问题，必须有个前提，即对价值要具有先天的明见能力。他不认同康德从“先验反思”“应该如何行动”的“先天可能性条件”中来寻找“应该做什么的原则”，而是采取现象学的方法，对“什么是有价值的”具有先天明见性，把价值哲学作为伦理学的基础确立起来；同时他也认同舍勒“质料的价值伦理学”之主张，认为伦理学不能单纯立足于舍勒所批判的康德的“形式主义立法”，而必须以“质料的价值”及其心灵中的价值秩序为基础，但他也不认同舍勒的“质料的价值伦理

---

① 德国大学至今仍然保留了“私人讲师”这一设置，它是受国家承认的大学讲师职位，但没有固定的讲师薪酬，其薪酬是从选课学生的选课费中取得。

② 1987 年德国出版了一本对比两人“存在论”的著作：《自在存在与存在理解——尼古拉·哈特曼和马丁·海德格尔的存在论新道路》(Josef Stallmach，*Ansichsein und Seinsverstehen—Neue Wege der Ontologie bei Nicolai Hartmann und Martin Heidegger*，Bouvier Verlag Herbert Grundmann，Bonn，1987)

学”建立在“心性”(Gemüt)对“价值偏爱”的“感受”上，而主张要建立在“存在论”基础上，因为价值不是主观的，是事物“自在存在的”“善”被主观所“明见”，因而他认同柏拉图意义上的先天的绝对价值直观，把此作为现象学伦理学的主题，而且认为“质料的价值伦理学”根本不是舍勒的独创，早在亚里士多德的伦理学中就已经具有非常丰富的“质料价值”的分析了。所以，哈特曼的伦理学不仅推进了康德，而且推进了胡塞尔和舍勒的现象学伦理学，将现代伦理学的典范与古代伦理学的典范融通起来，成了 20 世纪道德哲学的一座高峰。

在这样一个哲学高峰上，哈特曼于 1931 年荣耀地登上了柏林大学理论哲学的教席，在这把教椅上他一直坐到了 1945 年。在这期间，他完善了其早年“存在论”的主题，把基于先天直观到的“存在”分成许多层级，对“存在”问题在“本体”层面进行了新的探究，1933 年出版了《精神存在之问题》(*Das Problem des Geistigen Seins*)，1935 年出版《存在论探本》(*Zur Grundlegung der Ontologie*)，1938 年出版《可能性与现实性》，1940 年出版《实在世界的建构》(*Der Aufbau der Realen Welt*)。1945 年之后，哈特曼人生最后一站是在哥廷根大学度过的，一直到他去世。在此期间他出版了《作为特殊范畴论的自然哲学》。去世后作为遗著 1951 年出版了《目的论思维》(*Teleologisches Denken*)，1953 年出版了《美学》。

在 20 世纪上半叶哲学史上，尼古拉·哈特曼是最为著名的哲学家之一，他被赞誉为“批判的实在论”(kritischer Realismus)的代表，其转型期的标志性著作就是上文说到的《认识形而上学的基本特征》。后来居上的海德格尔和雅斯贝尔斯有幸与他一起被誉为抵制学院派实证主义的“三巨头”，成为形而上学最为重要的革新者。当然海德格尔与之不同，是一个鲜明的“反形而上学”者。不过，在哈特曼看来，“反形而上学”也还是一种“形而上学”，否则反不了形而上学，这也就是几乎所有著名的“反形而上学家”都被认为是“最后一个形而上学家”的缘由。但哈特曼与海德格尔确实有共同的志向，就是致力于“存在论”，哲学就是“存在论”，就是阐发存在意义之学。当然他们的“存在论”既有相同也有不同的地方。相同点在于，他们都重视从“现象学”来阐发存在问题。不同的是，哈特曼的“存在论”是要确立一个“自在存在”(Ansichsein)的先天领域，因而他更多地从柏拉图、亚里士多德哲学中寻求资源，发掘“存在”自身呈现的“逻辑”，这就赋予其“存在论”更多古典形而上学的特征，探究“存在者之为存在者”是其首要课题。而海德格尔的存在论以“达在”(Dasein)的“存在理解”(Seinsverstehen)为出发点，以反形而上学、“解构”柏拉图主义以来所有的“遗忘存在”的“存在论”为要务。这样，他们的“现象学”实际上都不是胡塞尔意义上的，都不以“意识现象学”为方法。对哈特曼而言，虽然研究家约瑟夫·施塔马赫说他“也从胡塞尔‘暂时性的、操作性的现象学’中学到了一种‘彻底全新的方法’——‘观看、描述现象’”①，但鉴于他坚决反对所有唯心论将作为认识对象的“存在”追溯到意识并最终经由意识把存在消融在“设定”(Setzung)中的倾向，他孜孜以求地要重新“赢得存在论”，就不会完全按照胡塞尔的意识现象学的方法，他倒是通过现象学强调的“直观方法”，直接观看、描述现象而回到亚里士多德意义上作为“现象分析”的“认识的存疑态度”(aporetic)②之“现象学”，这种现象学才能帮助他消除康德主义“先验的片面性”。当然，与海德格尔还有一个不同之处在于，哈特曼的存在论研究具有更多的科学基础，他将希腊哲学的存在问题、现代生物学哲学的基本问题与批判实在论相结合，从而独辟蹊径地开创了“新存在论”(die neue Ontologie)。所以，没有与生物学哲学的结合，没有与现象学的结合，尤其是他从康德那里继承下来的“批判精神”，他的“存在论”就依然是“旧的本体论”，而不会是“新的存在论”，我们也就很难想象其价值论伦理学如何能够真正原创性地把作为现代伦理之典范的康德伦理学发展成为一种新的典范：价值论伦理学的典范。因此，在我们介绍他的价值伦理学之前，必须先在其“新存在论”哲学前逗留片刻。

这个“新存在论”不满于康德主义和新康德主义的主观哲学，这种哲学发展出了“唯心论”(Idealismus——现在许多人喜欢翻译为“观念论”，我仍然认为“唯心论”是一个更好的翻译)，把“存在”视为由人类的“知性”和“心灵”(知、情、意的主体)所构建。这种主观性哲学秉承笛卡尔的“我思故我在”，在德语中体现为“意识”(Bewußtsein)都是“被意识到了”(bewußt)的“存在”(Sein)，“存在”于是总是在“我思”中被“自我意识”建构起来，于是被心灵化、主观化而失去了其“自在存在”之本体性。康德以“自在之物”“不可知”的

① [德]约瑟夫·施塔马赫：《尼古拉·哈特曼的一百年》，杨俊英译，见邓安庆主编：《伦理学术》1：《现代政治伦理与规范秩序的重建》，6页，上海，上海教育出版社，2016。

② 参见 Nicolai Hartmann, *Grundzüge einer Metaphysik der Erkenntnis*. Walter de Gruyter &Co., 5. Aufl. Berlin, 1965, S. 4。

结论使得他的“先验的”“认识批判”(Erkenntniskritik)作为“形而上学”完成了其“哥白尼式革命”的主观化。而哈特曼通过回到柏拉图的“存在逻辑”以及前柏拉图的希腊哲学的“存在逻辑”，开启了其破康德主义和新康德主义之“主观性”的“存在论转折”(eine Wende zur Ontologie)之路。这一转折的核心是“破主观性”，即把一切“存在”都仅仅作为“为我们”(für uns)的“存在”这一“唯心论”。“存在”可以为“我们”而存在，但这不是关于“存在”的“知识”之课题，如果“认识论”是为了获得关于存在的“知识”，那么认识论的任务就不能定位于“为我们的存在”，而是“存在本身”。一切“存在”为“我们”只是其“用”而非其“本”，“用”之“本”，在其自身，因此一切“存在”首先是“为其自身”的“存在”(für sich)，直接地是作为“自在存在”(Sein an sich 或 Ansichsein)，这才是认识的“对象”。

这也就是哈特曼在《认识形而上学的基本特征·导言》开头的第一段话所要表达的意思：“接下来的研究以如下观点开始，即认识活动并不是创造(erschaffen)、制造(erzeugen)或产生(hervorbringen)对象的活动，就像新、旧版本的唯心论想要教导我们的那样，而是对先于且独立于一切认识而现成存在东西的一种把握(erfassen)活动。”①这样界定的认识活动，是一种回到“存在本身”的活动，认识不是要把事物对于我们而存在的一面，而是它们自身存在(自身之所是)的那一面作为“把握”的“对象”，因此，认识论必须以存在论为前提，在存在论的光照下认识论才能有一个正确的定向。康德的“认识批判”根本性地错失了“存在问题”，而恰恰在“认识形而上学”上，“第一哲学即存在论(philosophia prima sive ontologia)的古老思想浮出了水面，它必然为认识论提供形而上学的根基(fundamente)。这种存在论的第一者(prius)并不需要是对我们而言的第一者(πρότερον πρὸς ἡμᾶς)；一门探讨基础的学科从思路上可能以别的学科为条件，因此很可能同时是最终的哲学(philosophia ultima)”②。存在论上的“第一者”，那个“自在存在”就是亚里士多德追问的作为“存在者的存在者”(das Seiende als Seindes)，它跟“意识”无关并先于意识而存在；它所要问的也不是这个或那个存在者，而是所有存在者之为存在者的共同东西：存在。他没有像海德格尔那样，强调存在和存在

---

① Nicolai Hartmann, *Grundzüge einer Metaphysik der Erkenntnis*. Walter de Gruyter &Co., 5. Aufl. Berlin, 1965, S. 1.

② Nicolai Hartmann, *Grundzüge einer Metaphysik der Erkenntnis*. Walter de Gruyter &Co., 5. Aufl. Berlin, 1965, S. 6.

者之间的“存在论差异”，但他依然强调“存在者的存在”要通过两个对立概念来把握：“达在”(Dasein)和“如是”(Sosein)；“观念的存在”(ideales Sein)和“实在的存在”(reales Sein)。通过这种区分，他既反对“旧本体论”也反对海德格尔的新存在论。旧本体论的错误在于把存在与一个特定的范畴如实体统一，全体或它的某一构成要素(原子、实存或本质)同等看待，从而把“存在”拉低为某种特殊性的东西；对于海德格尔，“哈特曼却责备他说，在实存和本质这两个概念的关系中，上述两组对立胡乱地混杂在一起了。实存(达在)和实在被等同，本质(本在)和观念的存在也被等同。这种等同是不正确的”①。

所以，哈特曼的新存在论按照“存在的结构”“存在的样态”和“存在的原理”来探究存在之为存在的意义，代替“意识哲学”的是他的“精神哲学”，因为在他看来，意识把存在分开了，而精神让存在统一起来。“精神”作为实在层级的最高层次，不可能还原为意识。精神的单位是个人的人格，公共精神不具有意识，客观精神只有在各个人中才找到像意识那样的表现。因此，他深刻地洞见到，“虽然客观精神作为民族精神对其他民族来说具有个性，但是，它既没有意识，也没有人格”②。这种洞见也使得他的精神哲学避免了黑格尔精神哲学的根本错误，即把任何具有普遍价值的东西看作精神生活中真实的本质的东西，从而不承认客观精神也可能有失误。

由精神哲学的这种存在论阐释，他的存在论就与伦理学结合起来了。因此，我们接下来就来探究，哈特曼建立在存在论基础上的伦理学如何成为价值论伦理学的。

二、伦理学必须建立在价值学基础上

许多哲学史教科书都教导我们，西方哲学从古典到现代的发展是从本体论(古典)到认识论(近代)再到价值论的发展。而在哲学的每一个发展阶段上都有与之相应的伦理学，即古代是基于本体论的伦理学，近代是基于认识论的伦理学，而现代则是基于价值论的伦理学。但尼古拉·哈特曼却不是在这种线性发展的历史脉络中讨论伦理学与价值论，而是对本体论与认识论，伦理学与价值论的关系

① ［联邦德国］施太格缪勒：《当代哲学主流》上卷，283页，北京，商务印书馆，1986。

② ［联邦德国］施太格缪勒：《当代哲学主流》上卷，299页，北京，商务印书馆，1986。

做了完全新的处理。

他首先颠倒了新康德主义关于认识论与存在论(本体论)的关系。作为新康德主义马堡学派的讲席教授，哈特曼却是以与马堡学派分道扬镳的成果而登上马堡学派之高峰的，这也许只有在德国才有可能。马堡学派的唯心主义(Idealismus)认识论，正如陈康先生所言："万事万物(Sein)消灭于思想里，认识论侵吞了 Ontology。但哈特曼是新 Ontology 的创始人。万事万物不从思想解放出来，则根本无 Ontology 可言。因此哈特曼哲学中最主要的关键，在他的破万事万物依心的理论了。"①于是他恢复了存在论为第一哲学，在此基础上探究对自在存在的认识理论。

其次他的存在分层理论凸显了"应该存在"的价值性。"价值"既不是单纯主观性的知识和评价，也不是纯粹的"自在存在"或"如是"(Sosein)，而是存在之中的"应该存在"。对于"应该存在"，他又进一步区分为"观念的应该存在"和"实在的应该存在"，"价值"属于"观念的应该存在"，它是存在本身的本质性(Wesenheit)，从而既不是事物满足于人的有用性，也不单纯属于人的主观评价。它属于事物的本质，是事物自身的"好"之呈现，但又不是实在地已经呈现出来的性质，而是就其概念或本质而言的观念性应该存在，这是对于"价值"之作为"内在价值"或"绝对价值"的最好的阐明。通过这种阐明，就可破解休谟提出的从"事实"(事物是什么)推导不出"价值"的所谓自然主义谬误。事物的事实(本质之是：Sosein)和"价值"通过存在的分层给剥离了出来。这应该说是哲学史上最伟大的贡献之一。

存在论中对"应该存在"的揭示，就为伦理学奠定了价值论的基础。哈特曼对伦理学基本问题的界定是从康德出发的。他认为康德界定的"我能够知道什么""我应该做什么"和"我可以期望什么"是近代思维传统必须面对的三个实际(aktuell)问题。伦理学的基本问题实际上是"我应该做什么"。他高度认同康德的这一界定。认为"应该做什么"的问题来源于我们的日常生活，它在我们生活的每一个境遇中都会不断地从而"日新"地给我们提出来，是我们不可逃避而必须回答的问题。它甚至迫使我们作出决断，采取行动，并为此承担后果责任。这一问题的严重性因此也就表现在，我们生活中作出的每一个决定，采取的每一个行动，一旦实施，就是现实性的了，甚至是历史性的了。因为它是一次性的，做了的事没法收回，没法再使

① 陈康：《论希腊哲学》，535 页，北京，商务印书馆，2011。

之未实施。而行动的过失，也将是不可挽回、无法弥补的。更严重的是，行动是个人自己愿意作出的，但任何个人行动都会波及他人、影响他人，它会作为一个个环节被编织到世事发生的关系之网中，“它的效果总是波及更大的范围，它的存在方式是蔓延性的。一旦被卷入实存中，它就生生不息，永不消逝”①。就此而言，“应该做什么”这一问题的重要性就揭示出来了。

但问题是，伦理学究竟该如何回答“应该做什么”呢？伦理学作为哲学不可能具体地回答每一个人在每一个特殊的境遇中应该做什么，而只能回答一般应该发生的东西具有怎样的性质，就像在存在本身的结构中必须包括可能存在什么、应该存在什么和必然存在什么一样。那么应该发生的东西究竟具有什么性质呢？或者说，“应该”得以被认知的标准是什么呢？

首先“应该”发生的东西就时间性而言是尚未发生但有内在要求、愿望和需要发生的，因而是指向“未来的”。它不是规定、描述与定义实际上的应当“什么”，而是现实中缺乏却实际上被需要、被愿望它立即发生，“存在”因而才完满的东西。这种“未来”具有“应该到来”的性质，就赋予它一种“实践的品格”，即一个应该发生的东西是要通过我们的“实践”或“行动”才通向“未来”之“到来”的，因此，这需要把“应该存在”作为“价值”化为实践规范的基础，才能使得“行动”以未来之“到来”的“意向性”实现“应该存在”，即将其作为“观念性的存在”转化为“实在的存在”。于是，这又使得“应该发生的东西”具有了第三个性质：人作为“造化者”(Demiurg)“参与”到“物之造化”，即儒家哲学常讲的“成己成物”问题。也就是说，“应该做什么”的问题核心是“造化”问题，通过“实践”(行动)让“应该存在”的存在起来，这“实践”对人而言，是主体的行为，其使命或天职，是让应该存在者存在，这才是“行动”之善性、道德性；此“道德性”之“根据”，是主体行动由于“参与”了物之成就自身的造化，让应该存在者存在了。因而“实践”对“存在”而言，是“应该存在”之实存化，即“道行之而成”的“道行”，此“道行”就是人的造化行动的道德性根据。作为“应该存在者”是“观念性存在”，是“价值”，作为行动的道德性根据，已经落实为“规范”了。因此，不能仅仅把伦理学视为规范性学科，尤其不能仅仅盯着习俗化和制度化了的那些规条，而要审核这些规范或规条背后的根据即价值，这也就使得伦理学同时或本源地

① 尼古拉·哈特曼：《伦理学的两个基本问题》，邓安庆、杨俊英译，参见邓安庆主编：《当代哲学经典·伦理学卷》，40页，北京，北京师范大学出版社，2014。

是一门价值学。

这样，哈特曼对康德伦理学的核心问题“我应该做什么”作出了深化和衍生，提出了他独创性的第二个基本问题：“那么，我们就可以直接提出伦理学的第二个基本问题：‘为了参与生活，我们需要关注什么？在生活中甚至一般地在世界上，什么是有价值的？为了成为完整意义上的人，要把握什么，重视什么，才使自己成为属于自己的？为了完成这一使命，我们尚且缺乏的感觉与感官是什么，使得我们必须首先在我们自身中培育、磨砺并教育之？’”①这个问题总而言之，就是价值论问题。为了参与生活，我们需要关注什么样的生活是我作为一个人应该的生活；而为了知道什么是应该的生活，必须在生活中甚至一般地在世界上，知道什么是真正有价值的；在真正有价值的生活和世界上我们就要作为一个完整意义上的人，要通过参与有价值的(应该存在)的塑造，而自我造就属于自己的本真的自我和人生。这就是伦理学必须返归本真自我的天命问题。伦理学的实践和行为区别于工艺性的制作之处，就在于它始终是“反身而诚”的，回到本真之我，本性之我，回到自在的存在之根，让物物之，让人人之，从而参与宇宙万物的“生生”之道。这才是人应该“率性之为道”的天命。为了完成这一天命，我们尚且缺乏的是什么呢？是价值感或对本真价值的感受。因此，伦理学在回答我们应该做什么之前，迫切需要的就是唤醒我们沉睡的价值感，培育和磨砺我们的价值感受。哈特曼强调，价值感问题虽然是伦理学的第二问题，但就其重要性而言，它是居于第一个基本问题之上的问题，因为它才是“应该做什么”的前提和先决条件。

之所以说价值问题是“应该做什么”问题的前提，是因为如果我们没有一种“价值意识”，那么对于“应该”什么，是不可能明白其真正含义的，反过来讲，“应该什么”其实不是实际上有什么，而是一种“价值意识”。只有当我们有了一种价值意识，我们才能知道“应该什么”。这两个问题本来是一个问题，但只有我们的价值意识“觉醒了”，“应该做什么”才是清楚的。同时，如果“应该”问题只是局限于“做/行动”的正当性，常常是十分清楚但又是十分狭隘的。虽然我们每时每刻都面临思考应该做什么的问题，但诸如此类的问题，在日常生活中大多数时候总是清楚的，如早晨起来先洗脸再吃饭，再去工作之类，如工作中该做什么是正当的之类，也都是清晰的，不存

① 尼古拉·哈特曼：《伦理学的两个基本问题》，邓安庆、杨俊英译，参见邓安庆主编：《当代哲学经典·伦理学卷》，48页，北京，北京师范大学出版社，2014。

在问题。因此哲学上的“应该做什么”恰恰不在诸如此类的问题上，但我们惶惶不可终日地不知所措、不知该如何是好的时刻，一定是面临着大是大非、善恶不明的或“两可”却又必须“择一”之时。这就涉及了价值问题，而且不是特殊的价值问题，而是普遍的价值问题。也就是说，我们每个人除了知道什么是我们职业上的“应该”，还根本上“作为一个人”，对于职业上要求我们做到有一种反思性的是非意识，这是从我们“作为一个人”出发，对每个人自己的要求。只知道职业上的要求，而不明我们首先作为“一个人”有对自己“人性上”的天然要求，这样的人就如同行尸走肉，不明是非，不分善恶。我们有我们自己主观的立场、价值和职业上需要顺从的命令，这很正常，但是，无论是自己主观的立场、价值和职业上的命令，我们还有一个普遍的身份，即我是一个人，一个抽象的人，这一身份让我们从出身、血缘、民族、职业这些平时让我们作为一个具体的人能“命令“我们“应该如何”的处境中抽离出来，仅仅作为一个人要求自己必须思考：这是我该做的吗？这才是伦理学需要询问的“应该做什么”。这时的“应该什么”是人类的一个普遍问题，无关你的出身、职业、民族，是你作为“一个人”的“应该”。与这个“人”相对的，不是任何“他人”，而是禽兽与神祇。你是在为“人类”思考一个普遍的“应该”，这个“应该做”的什么，决定了你不会让你因你做的事而沦为禽兽，当然你无论怎么做，也绝不会让你成为超越的神，它让你成为一个最最普通的人，一个堂堂正正的人。这就是伦理学以之为基础的价值问题。

哈特曼强调，在回答“应该做什么”的时候，首先要“本己地”唤醒“价值感”（Wertsinn），这是我们“做人”的根本。“做人”首要的不是考虑如何为人父为人子，为人夫为人妻，为人兄为人弟的问题，而是如何“是一个人”（Menschsein）的问题。虽然我们生而为人，但那还只是一个自然人，是生物意义上的生命，而是否真正成为一个人，还需要人的自我塑造。没有普通的伦理，即关于普通的人之为人的伦理，就不会有一种正确的价值观来进行人的自我塑造，自然人成为人的可能性依然是可质疑的。有些人辜负了上天造化之恩、父母培育之德，没有把自己塑造成为一个人，而是成为禽兽不如的东西，根本原因在于人之为人的底线价值的扭曲和颠倒。因此，哈特曼赋予了一个人唤醒自己价值感、价值意识这一使命，实际上是一种底线的使命意识，而不是最高的价值、最高的善的意识，这种关于人之为人的底线的价值意识令人直觉地履行人的自我塑造、自我造就而使自己完成成为一个人的使命。完成这一自我塑造的使命，才是人之为人的生命之意义。因为人通过这种自我塑造，参与到世界生生不息的造化之中。人没能履行他在伦理上的造化之天职，创世(Weltschöpfung)也就不会完成。履行这一天职，才是我们自己不是“让人”而是“让自己”成为一个人。人宣示成年，意味着他真正成为一个人。但唯有伦理的价值意识，伦理的觉悟才能宣告他成年。所以，伦理学是人心中首要的、切身的哲学兴趣，是哲学思想的起源和最内在的动机。伦理学的目标就是通过价值引领人朝向他的在世天职（Weltberuf）而自我造化，使之成为造物主的同仁(Mitbilderschöpfer)、世界的共同创造者(Mitschöpfer)①。伦理学因此而让人类超越其在宇宙中的渺小、短暂与无能的生命状态，从而实现其作为高等生命的形而上的伟大与卓越。

三、伦理价值学的内容结构

哈特曼在其《伦理学》中系统阐述了其价值学的伦理体系，该书第一次出版是在1925年9月，哈特曼在第一版前言中明确注明是在马堡，因此，不可想象地认为哈特曼的价值伦理学是在他调到科隆大学成为舍勒的同事之后才在舍勒影响下完成的作品。当然，不可否认，舍勒的伦理学著作《伦理学中的形式主义和质料的价值伦理学》“第一版前言”写于1916年9月，确实对哈特曼价值伦理学的形成产生了重大影响。《伦理学》在哈特曼生前一共出了3版，分别是在1925年、1935年和1949年。在其去世之后的1962年出了第4版。这是一部800多页的巨著，作者非常详尽地阐述了其价值伦理学的完整体系。

这一体系由三部分构成。第一部分主题是“伦理现象的结构”，哈特曼也称之为“伦理现象学”(Phänomenologie der Sitten)；第二部分主题是“伦理价值王国”，哈特曼也称之为“伦理价值论”(Axiologie der Sitten)；第三部分的主题是“意志自由问题”，哈特曼称之为“伦理形而上学”(Metaphysik der Sitten)。

“伦理现象学”分为7卷25章。卷I：思辨的和规范的伦理学；卷II：道德的多样性和伦理的统一性；卷III：哲学伦理学的迷途；

① 尼古拉·哈特曼：《伦理学的两个基本问题》，邓安庆、杨俊英译，载邓安庆主编：《当代哲学经典·伦理学卷》，42页，北京，北京师范大学出版社，2014。

卷 IV：康德伦理学；卷 V：伦理价值的本质；卷 VI：论应当的本质；卷 VII：形而上学的展望。我们选编的内容大部分出自这一部分。

"伦理价值论"讨论了伦理价值的内容及其构成的"价值王国"之结构。由 8 卷 39 章构成(从第 26 章到第 64 章)。卷 I：价值表的一般观视点；卷 II：最普遍的价值对立关系；卷 III：内容上有条件的基本价值；卷 IV：伦理的基本价值；卷 V：特殊的伦理价值(第一组)；卷 VI：特殊的伦理价值(第二组)；卷 VII：特殊的伦理价值(第三组)；卷 VIII：论价值表的合规律性。

"伦理形而上学"讨论意志自由问题，由 6 卷 21 章构成(从 65 章到 85 章)。卷 I：批判性的预审；卷 II：因果的二律背反；卷 III：应该的二律背反；卷 IV：伦理现象的证明力；卷 V：个人自由的存在论可能性；卷 VI：自由论之附录。

我们现在再来稍微详细一点讨论上述"价值论"的体系的具体内容。

"伦理现象学"是以"现象学直观"的方法来观察和审视我们生存经验、境遇和历史中的"伦理现象"。"伦理现象"是何种"现象"？哈特曼自己似乎并没有明确界定，但从其哲学来看，似乎应该这样来描述："现象"是"自在的存在"在特定的历史契机和境遇中"呈现"出来的趋向，但它究竟以什么样的"形态"或"样式"出现在人类意识中，取决于人类的"价值之眼"，把其"可能性"呈现为"现实性"，把其"观念性存在"变成"实在性存在"。当然"看见"存在之中的"价值"，仅仅是"现象"的第一步，是将"应该存在"以明确的"价值意识"呈现出来；随之，"应该存在"的"价值"要落实为"规范"来激发和规定"意志行动"；然后，伦理的行动与道德的行动，将应该存在的价值变成现实予以实现，完成存在的价值充实，存在之意义的完满实现。因此，"伦理现象"是"存在意义"之呈现过程中"天地神人""共同创造"的奇观，把天性中的"应该"呈现为"价值"是"思辨伦理学"的主题，将"价值"落实为"规范"以完成天、地、人之造化，共同参与有价值的创世秩序之形成，是"规范伦理学"的主题。哈特曼因此说："伦理学的纲领包含在这两者所提出的问题中。这两者并不把它们的任务区分为两个独立的一半。因此，它们的关系是一种内在的、有机的关系。它们是不可分的，都是一个基本问题的折面(Kehrseite)。我应该做什么，只当我'看见'在生活中一般的什么是富于价值的时，才能估量。而'看见'富于价值的东西，我只能在把这种看(sehen)本身视为富于价值的、视为任务、视为内在的应当作(Tunsollen)时才能感觉得到。”[①]这种伦理学理念与当今英美分析伦理学热衷于把伦理学区分为各个独立的碎片来研究完全不同，强调思辨伦理学与规范伦理学的统一性。这种统一性不是形式上的，而是内在思想、方法和内容上的统一。它表现在，伦理学无论是思辨的还是规范的，无论是美德论的还是义务论、功利论的，它们作为伦理学都有共同的主题，那就是去“看见”“应该存在的”、富于价值的东西并实现这富于价值的东西。在这里，哈特曼虽然用了“估量”(ermessen)这个词，但他明显反对尼采“重估一切价值”(Umwertung aller Werte)的口号，因为“估量”或“重估”，也有可能仅仅是“主观地看”，而不是“看出”事物本身的客观价值。富于价值的东西之所以有价值，不取决于我们主观的“重估”，而在于存在本身的“最好可能性”，这个“应该存在”的东西被“看”呈现出来。但鉴于“应该”作为可能性存在却尚未现存存在，伦理学观照的是存在之“未来”，由于“思辨”的本义 theoria 即是“观看”——从事物本身“看”事物，即以家观家，以社会观社会，以国家观国家，以天下观天下，这种“看”是一种现象学的“看”，它不是对象性地置身事外的主观性的“看”，而是“看见”事物之“天性”的自我呈现。因此，研究伦理学，就得学会现象学之“观看”，通过这种观看，才真正能“看见”什么是富于价值的(wertvoll)。就此而言，伦理现象学首先的部分就是基于价值“观看”的“思辨伦理学”。

从经验层面而言，价值作为我们独立的个人生命意义的表现，在于让自己的生活富于意义，在此意义上，价值与意义是同义词。那么进言之，富于意义的生活，有价值的人生也就将自己生命之中最好的可能性实现出来，活出最好的自我，以此参与世界的造化，让世界富于价值，也就是让世界变得更美好。因此，这种“看见”“发现”价值的眼光，不是发现事物之于我们的有用性[②]，万事万物像我们一样，有其自身的自在存在，它不为我们存在，我们也不为它们存在，我们各自存在，各自安好，展示各自天性之美善，才构成一个丰富多彩的世界。因而，我们注目于事物自身之价值的观看，无非就是要“看出”其各种可能性中“最好的可能性”，这种“最好”是系

---

① Nicolai Hartmann, *Ethik*, 4. unveränderte Auflage, Walter de Gruyter &Co., Berlin, 1962, S. 18. 为了行文方便，以下凡引此书，直接在引文后注页码。

② 价值哲学将“价值”从经济学领域移植到哲学的领域，所做的第一件事就是对价值作为“有用性”的反驳，参阅迈农：《一般价值论的基础》，邓安庆译，载《德国哲学》2008年号。但十分遗憾的是，我们中国的价值哲学教科书依然还总是从“有用性”、从物对人的“需要”之满足来定义价值。

于事物本身，而不是系于我们的。它之所以“对于我们”也是有价值的，是因为这个世界有多元关系，每一事物也是由其多种因素的复杂关系（如可能性、现实性、必然性等）构成，只有万物各美其美，我们才有一个“美好世界”。所有伦理学都基于唤醒这种价值之眼的价值洞察。这绝不意味着“价值”是主观的东西，是人们“评价”的东西，相反，“价值”是客观的，是事物本身中的“应该存在”在生活中被照亮、被激发，人们的“看”本身是发现、是洞察、是洞见，凭着这种发现、洞察和洞见，富于价值的东西构成了意志的“意向性”，要将其从“应然”变成“实然”，变成生活中“实在的存在”，即变成富于价值的美好生活。所以，伦理学本质上是为未来世界而“闪光”，至于它究竟能否照亮未来，取决于其所“看见的”价值，是否落实为制度性规范。落实到了制度性规范，价值才参与“实在存在”的造化进程。因此，规范伦理学的核心不是描述现实世界的规范，而是“建构”现实世界的规范，“为世界立法”。立法的核心就是实现伦理价值从“应然”（观念性的存在）到“实然”的转变。

如果说思辨伦理学重在发现、认识和论证什么是“富于价值的东西”，那么规范的伦理学则着重于将“价值”落实为“规范”，使得我们的各项制度性规范具有正当性、伦理性与道德性。正当性体现为法律政治层面的规范，伦理性体现为相互关系中的规范，道德性体现为个人自律立法的规范。

因此，伦理的认识就是对各种规范、戒律的价值性的认识，其问题体现在，如何在杂多的道德中，发现其伦理（道义）的统一性。规范、戒律确实异常丰富，哪怕就是道德性规范，也无限多样，不同的民族、不同的时代、不同的宗教与文化、不同的政治都有不同的道德规范，伦理学如果不能发现与洞察伦理的同一性，就不能洞察先天的绝对的伦理法则的道义意义，于是只能在矛盾的道德规范中作出自己的排位或选择。但是，由于每一种道德规范，都是其各自的文化、宗教、政治、民族的现实处境下的价值“显像”，都不可避免地有其固有的不足和局限性，因此，伦理学必须有一个为超越于各种特殊处境的规范之价值而辩护的本原性道义原则，这就需要在存在论中发现一个绝对先天的价值域，来为一切现世的规范奠基。哈特曼价值绝对先天领域的设立，为化解“应该的二律背反”，这个现代自由世界才出现的“诸神之争”提供了可能，与几乎所有的通过商谈对话来寻求伦理共识的理论相比，是一种化解价值冲突的更为有效的哲学方法。

先天价值领域确立在人生、宇宙的创造性造化这一点，对于熟悉“生生之大德”的我们而言，无疑也具有一种特别的吸引力。在此基础上，哈特曼进入了其“伦理价值王国”，这是具体地处理“价值内容”的“伦理价值学”。他试图以“价值表”来处理各种价值之间的关系和伦理价值王国的结构秩序。“价值”本来是由经济学引入哲学中来的，在其进入价值哲学的最初，就有意地在哲学上把伦理价值、道德价值、审美价值等与经济价值区别开来。经济价值探究的是事物实在的有用性价值以满足于人类的需要，因而与“物质”的商品属性相关，虽然哈特曼也像舍勒一样，强调价值的“质料性”内容，因而与“物质性”有关，但哈特曼更强调的是“价值”属于事物的“自在存在”，但自在存在本身不是“实在的价值”，价值作为“观念性的自在存在”，是其应然的“好”，这种“好”作为“应该存在”只有通过人格才实现出来。所以，他说“伦理价值的质料早已以财富价值的质料为前提”(S. 252)，“生活价值只是精神价值之实在的存在论上的前提”(S. 253)，但是，“以有用价值为定向的做法也就证明自身是最最糟糕的；因为正是这类价值不是固有价值，其本质恰恰仅在于能够成为固有价值的手段价值”(S. 255)。这就从根本上拒斥了哲学上的伦理价值以任何经济性的有用价值为基础的可能性。而哈特曼也反对舍勒把质料性的伦理价值奠基于更高级价值之上的做法，哈特曼认为这是一种旧形而上学目的论构想的偏见。因为所有层级的本真的固有价值都有自己独特的自主性，不会因为对更高价值的依赖而减损自身的价值。因此，他坚定地维护“价值”属于“观念性的自在存在着”的“本质性”，因此，对目的论伦理学、康德伦理学、各种经验主义伦理、后果主义的伦理学等在伦理价值上的错误认识进行了批判。

当然，对价值的把握更重要的还是对各种价值之关系的意识，如果我们不能对所有价值之间的等级秩序有个明晰的意识，那么，当我们面临应该怎么做才是正当的问题时，依然会手足无措。“布里丹的驴”就因为在两堆同样距离的同样的稻草之间无法作出选择该吃哪堆草而活活饿死，成为千古笑料。我们选择和决定该做什么时，往往不是在善恶之间做选择遇到了困难，而恰恰是在同样有价值、同样有必要做而又不可兼做时，才要作出选择，这时唯有一种可能，就是能区分出价值的高低秩序，才有选择的依据。所以，价值论伦理学的重要问题也就在于对价值等级秩序的确定。在这里，哈特曼批评了人们通常所犯的错误，就是从最普遍的价值中认识最高价值，从个体性、具体性的价值中认识最低价值。这一批评把柏拉图、康德和黑格尔一网打尽。同时也批评假定一种唯一的价值梯度序列和以价值强度作为价值高度的两种错误倾向。那么究竟该如何确定价值等级秩序的价值偏好之标准呢?他否认了以舍勒为榜样,舍勒以高级价值为低级价值奠基的思路遭到了他的批判,能够作为榜样的,他认为就是亚里士多德:"亚里士多德的方法所带来的重大启发意义是,这种价值高度区分所追求的不是大线条,而是更细微的差异,是狭义上的伦理价值范围内的划分。这正是人格自身的品质(ἕξειζ),由此人格的价值高度得以区别开来。"(S. 282)

在弄清楚了前两个基础问题后,哈特曼从第二部分的第Ⅲ卷开始就来具体讨论伦理价值的内容及其价值等级秩序问题。第Ⅲ卷"内容上有条件的基本价值"他区分了"附着于主体的基本价值":生命的价值、意识的价值、主动的价值、被动的价值、力量的价值、意志自由的价值、预见的价值和目的活动的价值。"善物的价值":达在(Dasein)一般的基本价值、处境的价值、权力的价值、幸运的价值和特殊的善物秩序。

在第Ⅳ卷"伦理的基本价值"中,哈特曼首先讨论了伦理价值与自由的关系,确认一切伦理价值无不基于自由而成立;接下来讨论了善、高贵、充实和纯洁。他强调了之前一直强调的一点,对于伦理的价值内容而言,"充实"是非常重要的内容。柏拉图的"善的理念"作为最高价值的思辨是没问题的,但是,问题就在于,它作为最高价值理念是抽象的东西,对价值感来说是未充实的,因此也无法让人**获得价值洞见**,有陷入彻底的价值无序混乱的可能。纯洁,这个只有在基督教伦理学上得到肯定的价值,在哈特曼这里作为伦理基本价值再次获得了肯定,他认为纯洁具有一种强大的道德力量。

在第Ⅴ卷"特殊的伦理价值"之"第一组"中,哈特曼讨论的是"德性"价值。他一直认为,质料的价值伦理学探究不是从舍勒开始的,在亚里士多德那里就已经有非常丰富的质料性价值的探讨了(第一版序言)。他指的就是亚里士多德伦理学中具有对最为丰富的德性的讨论,当然亚里士多德那里并没有"价值"这个现代才有的术语,但相当于"价值"的概念,就是善、恶、美、丑、是、非等。哈特曼所使用的"特殊的伦理价值"(die spezielere sittliche Werten)是相对于"伦理的基本价值"(die sittliche Grundwerte)而言,特指"德性价值"(Tugendwerten)。"德性"既指性格品质特征,也指行为特征。当然,亚里士多德一直强调性格品质特征也不是指天生具有的好品质,好品质也是习惯养成的,需要在长期的行为中锻炼、磨砺而塑造。哈特曼也一样，强调德性价值是行为的价值："德性价值都是人的行为本身(Verhalten selbst)的价值；而且由于行为本身延伸到事态(Sachverhalts)的不同类型，那么，对于质料上差异化的'种种德性'也就必然地存在丰富的杂多性。"(S. 416-417)所以，德性价值的一种完整的价值表也就足以构成"伦理善的王国"(das Reich des sittlich Guten)。但就其具体探讨的"第一组"特殊伦理价值而言，涉及正义、智慧、勇敢和克制(Beherrschung)。这属于古希腊的"四主德"，他还加了一章讨论亚里士多德的几个主要德性。

在第 VI 卷"特殊的伦理价值"之"第二组"，哈特曼讨论的是"邻人之爱"(博爱)、真诚与正直(Wahrhafigkeit und Aufrichtigkeit)、诚信(Zuverlässigkeit)与忠诚(Treue)、信任(Vertrauen)与信仰(Glaube)、谦虚(Bescheidenheit)、恭顺(Demut)和保持距离。这一组德性明显地超出亚里士多德的德性了，尤其是"保持距离"作为一种德性对于我们中国人而言是十分陌生的。另外还讨论了"外部交往的价值"。

在第 VII 卷"特殊的伦理价值"之"第三组"，讨论的是"最遥远的爱"(Fernstenliebe)、惠赠之德(schenkende Tugend)、人格性(Persönlichkeit)、人格之爱(Persönliche Liebe)。

在第 VIII 卷"论价值表的合规律性"中，哈特曼继续探讨了许多令人感兴趣的内容：概观的局限(Grenzen der Überschau)、"价值等级秩序的结果"、"价值表合规律性的类型"；价值对立的五种类型；对立关系和价值综合；价值充实；个人之间的价值综合；价值的高度和强度，价值王国的开端与终点；等等。篇幅有限，我们只能介绍到这里了。

四、哈特曼价值论伦理学的典型意义

在 20 世纪道德哲学发展史上，有五本书最为经典，第一本是英国人摩尔 1900 年的《伦理学原理》，开创了"元伦理学"的先河，直接表达了道德直觉主义的观念；第二本是德国人马克斯·舍勒的《伦理学中的形式主义和质料的价值伦理学》，表达了一种超越康德"形式主义"先验哲学的"质料的价值伦理学"的理念；第三本是尼古拉·哈特曼的《伦理学》，以一种来源于柏拉图的"存在逻辑"和亚里士多德的德性论实践哲学，又从现象学的价值哲学对之进行改造了的"新存在论”，而对“伦理现象”进行价值学奠基的原创性著作，对价值伦理学的理念、方法和原则，特别是价值内容进行了系统论证；第四本是汉斯·约纳斯的《责任原理——技术文明时代的伦理学尝试》，开辟了技术文明时代“责任伦理”以及随后世界流行的“应用伦理学”新范式；第五本是罗尔斯的《正义论》，迄今为止依然占据实践哲学的研讨的中心。

在这五本著作中，摩尔的“直觉主义”、约纳斯的“责任伦理”和罗尔斯的“正义伦理”都作为伦理学的典范形式获得了普遍认同，只有“价值论伦理学”作为独立的类型尚未得到承认，这是不公允的现象。当然，在价值论伦理学中，情况比较特殊，现象学的伦理学从布伦塔诺开始对“道德意识”的研究就已经建立在价值意识基础上，迈农在建立“对象理论”之后也以其《一般价值论》开启了“格拉茨价值哲学学派”，这派的特点就是将伦理学建立在价值论基础上。胡塞尔在 20 世纪前 20 年也留下了大量的伦理学讲稿和著作，将伦理学建立在由现象学奠基的价值哲学之上，但真正让“价值论伦理学”进入一般哲学的视野并获得了一种特色标志的，依然还是舍勒的“质料的价值伦理学”概念，而哈特曼的价值论伦理学在国内却一直没有被发现与研究，其实，在价值论伦理学的脉络中，准确地说应该是这样的：他接过了舍勒的“质料的价值伦理学”概念，但同时他又系统地超越了舍勒。作出如此定位的不是别人，而是 20 世纪著名哲学家汉斯·伽达默尔。他在《论一门哲学伦理学的可能性》中，探讨了当代哲学伦理学创造出一种新的范式的可能性，就是能创造性地综合古代的典范亚里士多德和现代的典范康德。① 古代的典范之所以需要超越，就是因为其古典性，它的伦理理念和论证并不能解决现代人的伦理出路。现代是个自由伦理时代，伦理道德必须建立在普遍的个人自由基础上，而这并不是亚里士多德时代的任务。亚里士多德的德性伦理是城邦伦理，城邦伦理的原则是正义，而不是个人自由。在城邦正义基础上充分实现人性自身的德性卓越，这才是亚里士多德伦理学的特征，因而被称为德性伦理学。德性伦理学采取的是目的论的论证框架，即善之为善的标准，不从外部而从事物自身因其自身之故的“好”来说明，这种“好”当然就只能是“自身品质”所能蕴含的最终目的(目标)作为最高善。但这种目的论框架被现代人普遍

① [德]伽达默尔：《论一门哲学伦理学的可能性》，邓安庆译，载《世界哲学》2007 年第 3 期。原文见 Hans-Georg Gadamer, *Gesammelte Werke 4*, *Neuere Philosophie II*, Mohr Siebeck Tübingen1987, S. 175-188。以下这篇论文的引文，只在文后注页码。

地抛弃了。现代伦理学面临的任务不是德性之完善，而是一个自由的现代人为什么还需要履行具有绝对命令性的道德，因而道德本身所蕴含的必然性和自由的二律背反成为亟须解决的课题。康德伦理学之所以能成为现代伦理学的典范，原因就在于他系统而经典地解决了道德的"绝对命令性"是如何基于个人的自由立法的，这就是必然和自由的二律背反的解决方案。康德的解决方法，当然不是亚里士多德的目的论论证框架，而是"形式主义"的立法原理。正是这一形式主义立法原理使康德从一开始就既遭到费希特、黑格尔等后继者的内部批判，也遭到形形色色的各种哲学的外部批判。但正如麦金泰尔所言，尽管如此，不管人们如何批判，康德依然还是康德，我们关于伦理学所能说的，依然就是康德所能告诉我们的那么多。

不过，在所有这些批判者当中，唯一一个获得了肯定的人物，即被视为真正克服了康德形式主义立法原理的人是舍勒。因为他以现象学的方法论证了有一种"质料的先天性"，先天性保证伦理道德具有普遍有效性，但这种普遍有效性又不是靠康德的形式主义立法来保证的，而是价值的"质料内容"来保证的。因此，舍勒的"质料的价值伦理学"被视为一种新的、超越了康德之根本弊端的伦理学形态。伽达默尔先是充分肯定了舍勒的功劳："价值伦理学是有意识地与康德的形式主义作对提出来的。如果说价值伦理学在舍勒那里也是完全没有分寸和不公道地错误认定了康德关于义务的形式主义伦理理性特征的话，但它毕竟具有不可争辩的正面的功劳：它使伦理性的实体内容以及不仅仅是应该和意欲的冲突形式变成了道德哲学分析的对象。"(Gadamer，S. 181)

但是，伽达默尔也在这篇文章中多次提到了舍勒改造康德的"失败"：但"这样一种由舍勒正确认识到了的理论必然失败了，因为每种道德都是一种具体的价值形态"。所以"这同一种先天的价值研究的方法要求是相矛盾的。没有什么人的道德体系——有限的、历史性的有效道德体系——能够一般地满足这种方法的要求。……所以，质料的价值伦理学，尽管区别于康德的形式主义，包含了伦理性的实体内容，但它依然不是我们正在寻找的出路。价值意识的直接性和道德的哲学相互分裂"。(Gadamer，S. 177)

但在哈特曼这里，我认为还是成功地完成了伽达默尔所说的对亚里士多德德性伦理和康德道德形式主义的有机结合，尽管这一结论在伽达默尔那里依然没有明确地表达出来，他只承认这么多：

“(尽管舍勒的)这种伦理学明显的是不能令人满意的。尼古拉·哈特曼，这位舍勒伦理学思想的系统改建者，就不会明确地放弃让一种道德的意义伴随价值哲学。价值哲学对于伦理的价值意识有一种助产术的功能，就是说，当它发现有些价值被遗忘或者被误导的时候，它能一再地推动展现出它们的丰富的伦理价值意识。”(Gadamer, S. 176)关键是，伽达默尔所批评舍勒的“质料的先天领域”在哈特曼这里通过对“处境”下的丰富价值内容的直接直观所取代了，使得他能够像亚里士多德的实践智慧所要求的那样，不是靠一种先验确立的“先天的东西”来“应用”于经验性处境以取得行为的道德性价值，而是始终像亚里士多德那样，在直接的多样化实践行为中“洞见”出德性价值的内容，作为“观念上的应该存在”，从而参与到存在的实体性(正确的逻各斯)造化(生存)进程中，以实现其“价值”。这种价值完全不需要靠“先天形式”来保障其普遍有效性，而是服从于事物本身向善的造化原理。这样既超越了康德的形式主义，也避免了对亚里士多德“实践智慧”的通常的误解：以为它仅仅是一个普遍正确的逻各斯在一个个经验性处境下的具体运用。所以，一个既克服了康德和亚里士多德各自论证中被诟病之缺陷又保留了其各自优势，以一个直接的价值内涵之现象学直观所引导的、以主体生命和存在本身的自我造化参与世界的意义生存的伦理学体系，无疑是一个将古代和现代两个典范推向一个更高综合的新的典范。

关于哈特曼价值伦理学对于舍勒的超越并作为一种最高形态的综合，《现象学运动》的作者是如此评价的：“哈特曼的伦理学比舍勒的伦理学有着广泛得多的百科全书式的观念。这种伦理学力图囊括整个历史中的价值，即不仅有古代的基督教的价值，而且有哈特曼在尼采的‘重估一切价值’中认出的那些价值。同舍勒提出的总括一切的先验要求相比，他也表现出一种带有尝试性的和灵活性的精神。”①

最为关键的是，他的价值论伦理学能够将亚里士多德的德性论和康德的道义论进行一种真正的创造性转型，从而使得一种基于价值论的伦理学既不同于亚里士多德的德性论也不同于康德的道义论，当然更异于功利主义的后果论，它确实是一种新型的伦理学形态，而这一价值论伦理学的形态却应该也必将得到学界的承认。

① [美]赫伯特·施皮格伯格：《现象学运动》，王炳文、张金言译，434页，北京，商务印书馆，2016。

非存在与存在的概念规定[①]

存在必须无所不包地被全面思考，作为对立面的非存在也必然在其中占有位置——与存在并立。存在不该是这种或那种存在，不允许用个别规定加以定义。对存在来说，这些始终都只是一些无法详尽阐明其本质的例子。所有前人的错误就是在这个或那个存在者中寻找存在的定义。他们全都仅仅指出，人们如何无法定义：因为在存在之外什么也没有，只有通过存在才有可能定义存在；只有在存在自身就包含着其对立面的那种总体性中存在才得以定义。由此，包含于存在中的一切都必须统一地被思考。这种思路是慢慢地酝酿的。它几乎隐含在从任何方面对存在的辩难(Aporien)讨论中，当然只有通过积极的规定它才成形。不在别处，就在早期《对话》中——这些对话表现出柏拉图谨慎的思想方式，主要是仅仅围绕着问题的展开进行思考，将结论则隐藏在背后，甚至经常根本不指出结论，而只是让读者去发现

① 本文选自于哈特曼1909年《柏拉图的存在逻辑》第一部分第2章“非存在与存在的概念规定”(Begriffsbestimmung des Nichtseins und Seins)，第112—172页(*Platos Logik des Seins*. Walter de Gruyter &Co.，2. Aufl. Berlin，1965. S. 112—172)。

结论。在这一点上《智者》的思路就是，诸种辩难，一直到对话终点，都是自动解决的并且自动过渡到积极讨论中。进一步地探究捕捉到了那些自身显露的，甚至更纯粹形式的概念。这就为攀登存在唯心论铺开了道路，而后者只有基于逻辑纯粹物的立场才得以阐明。

在这个研究的转折点上，也许要暂停一下、保持环顾。因为进一步的考察绝不仅仅取决于通观那些先前的积极暗示，同样也要考虑到在前期文献中已对存在所作的阐释。《智者》的思路恰恰已经奠基在早期研究之上，无法与之分离。如果我们事先能够忽视早期文献对存在问题的思考的话，那么所依据的就是这一事实，即《智者》的辩难讨论撇开了任何一种已认可的现成结论，且完全重新从底部开始。柏拉图意在于避免所有预先把握所带来的假象，因为很明显他认为对存在的任何预先规定似乎都只会起干扰作用。尽管如此，《智者》以前的文本仍不止在一个方面引导着柏拉图，并且必须注意到它们也为更深刻地全新思考存在规定铺开了道路。

存在(εἶναι)、本质(οὐσία)、存在者(ὄν)的含义在柏拉图那里绝不是固定的。早期对话大多把它们用作为概念之本质，正与苏格拉底的概念论相符合。这些作品大多数是尝试着下定义，但定义是根据存在者(τί ἐστι)做出的。于是随着理念的发现，存在(εἶναι)就明确地被当作存在者状态下的理念存在(Ideesein)。在这里真实的、"存在着"(seiend)的存在就与仿佛非真实的变易(Werden)对立起来了。理念存在中所包含的真相(Wahrhafte)一般地接近于"真理"含义，乃至最终几乎与之合而为一。不过变易者也并未完全被剥夺存在要求：前提或假说(ὑπόθεσις)将与之相一致者设定为实际上存在着的(参见：第二部分第 2 章)。在晚期作品中，变易者的存在要求得到了更深刻的辩护。除了这种明确的哲学术语外，存在者(τὰ ὄντα)与本质(οὐσία)的流行含义也并不少见。

这些含义尤其理念存在刻画了柏拉图的思想特点，但它们并未详尽阐明柏拉图存在论(Seinslehre)的特有属性。毋宁说只有当我们从柏拉图思想中所包含的特有新事物出发进行考察的时候，才能彻底地理解它。这个新事物涉及对存在问题的更宽泛把握，即不仅是存在概念，更是存在与非存在的整体相关性，因而也是古老的存在问题中那种原原本本的唯心主义特征。《泰阿泰德》及其对普罗泰戈拉的反驳向我们显示了这一思想的最微妙发展变化——而且不仅是实际的发展变化，还触及到历史起源。因为普罗泰戈拉也谈到存在与非存在，而不是独独谈论存在。也许他离唯心论并不那么远，只是主观主义妨碍他认识其中的本质性东西。因为他将关于存在和非存在的判决记在意识下。这意味着："人"是"事物的尺度"。普罗泰戈拉的这个面是柏拉图没有着手批判的。他责备的始终只是：从感觉(αἴσθησις)开始。而这当然也涉及"事物的尺度"。因为普罗泰戈拉恰好选取了感知着的"人"作为测度者。我们接下来必须从底部开始(从 ὑπόθεσις(假说)那里)更进一步考察柏拉图是如何并且出于何种重要动机会夺去感知权能并将之安置到思维中。在这里我们只需考察对存在与非存在的根本性革新所带来的后果。现在显而易见的是：那种不是被理解为感觉(αἴσθησις)、而是被理解为理性(διάνοια)的"尺度"必然产生出作为裁定者、判决者的"**判断**"概念；正如柏拉图及后来者直接将尺度(μέτρον)设定为判断(κριτήριον)或者评判(κριτής)那样，这正是对作为裁定法庭——判断——的典型表达(《泰阿泰德》178B—179A)。由此苏格拉底"存在即概念"的思想也获得了更深的根据。正是多亏了普遍概念，他才使思维摆脱了主观的感觉尺度，因为他对感觉尺度具有永恒价值提出异议，比如像明确定义了的思维内容那样。只可惜他并没有带来一种现实的思维尺度。因此**思维内容**(Denkgehalt)也就肯定被理解为**思维机能**(Denkleistung)了。而这两者的区别恰好是概念与判断的区别。当柏拉图将存在与非存在安置在判断中时，他绝不是由此而拒绝"尺度"概念，正如不会拒绝"概念"概念一样。毋宁说，"尺度"概念已经最接近他自己的思想。只不过他必须使主观尺度变成客观尺度。此外苏格拉底那里的概念要素必定会做到这一点，因为他的概念就意味着客观之物。以此方式得到的"判断"概念具有的优势是：它同时有了两个明确的方向，既是思维机能同时也是客观之物，是客观的思维机能。

很容易看到，柏拉图以这种方式只能达到存在唯心论。正是多亏了这种思路，柏拉图的理念也才第一次得到了更深刻的贯彻执行。因为只有如此，思维的自主性、自发性才不会被理解为任意的东西，而是直接地被理解为在其自身就孕育着某种内在必然性之胚芽。而这是必不可少的，以便使存在置于思维中并由此重建那个由于缺乏某种执行而再次消失了的古老的巴门尼德同一性观点。因此，在柏拉图这里至少**开始了**唯心论基本思想；不过这对于想要把将唯心论提升为哲学体系来说当然只是一个开端。体系思想本身最终会呈现出更深刻的形式化。因为从小格调上看是判断的东西——结合或者连接，正是大格调上的体系。

因此我们就来到了判断思想的核心。判断是连接。它并不消融在**某个**概念中，既不消融在主词中也不消融在谓词中。它必然包含它们两个。当然这种二重性并非判断的实质，毋宁说判断本身构成了某种统一；与概念统一相比，它绝不是第二性的，相反正是判断统一才实现了概念统一。概念起源于谓述活动。所以，判断连接是原初的统一，正是它最先为概念统一进行了辩护。但现在判断中这个包含着概念二项性的统一物是什么呢？难道它的统一品质不应进一步得到规定吗？判断具有陈述的形式，而这意味着一个概念被另一个概念谓述。因此，判断是统一，因为它**通过一个概念**“断定”另一个概念。所以说，这种统一、也即判断的本质必然存在于判断自身的机能中。

由此我们现在已经接近判断的存在品格了。为此我们必须定向于判断的形式。判断在其语词表达中包含着一个对判断活动自身进行特殊表达的环节：它就是介于两个概念之间的“是”/“存在”（ἔστιν）或“不是”/“不存在”（οὐκ ἔστι）。当人们立即将这个表述环节弱化为“系词”时，在其中当然也就没有本质性的东西了。但如果人们准确地使用它，如果人们不将其理解为偶然的语词表达，而是将其理解为在判断活动中产生的是/存在（ἔστιν）或不是/不存在（οὐκ ἔστι），那么这些小词就恰恰准确地表达了判断活动本身的机能，即逻辑上先于概念存在的那种连接机能。由此也就得出存在和非存在的另一种含义：**判断活动**或**判断机能**本身的存在与非存在——它们的区别标识着肯定判断和否定判断，这种含义正是柏拉图进一步形式化的出发点。

这实际上就是柏拉图原初的存在观念，对此我们在其作品中发现了多处证据；其中的典型代表又是《泰阿泰德》，它甚至已经给我们提供了有关柏拉图存在观念的历史起源线索。在这里，存在通过判断得到了如此清晰的表达，以至于让人难以置信这种深刻而系统的存在观念对理念论而言竟能够这么长久地被忽视。《泰阿泰德》通过硬和软来表明：尽管硬和软的感性质是感知的事情，但它们的存在及其对立属性就不一样了：“然而关于它们的所是、它们是什么以及彼此的对立，还有对立性的所是，灵魂自己尝试通过反复比较为我们作出判断”（τὴν δέ γ οὐσίαν καὶ ὅτι ἐστὸν καὶ τὴν ἐναντιότητα πρὸς ἀλλήλω καὶ τὴν οὐσίαν αὖ τῆς ἐναντιότητος αὐτὴ ἡ ψυχὴ ἐπανιοῦσα καὶ συμβάλλουσα πρὸς ἄλληλα κρίνειν πειρᾶται ἡμῖν 186B）。并且这个“判断活动”以同样的方式也涉及到非存在，对此人们事先在另一处（185C）就直接地看到存在与非存在被置于基本谓述的顶端（τὸ ἔστιν… καὶ τὸ οὐκ ἔστι)。这并不单单是谓述性的(prädikativ)存在与非存在，而且还清楚地指明了谓述着的(prädizierend)存在与非存在，比如直陈式的存在与非存在。这后一种含义也直接适用于本质(οὐσία)和非存在(τὸ μὴ εἶναι)，显然只能具有这样的含义：一般地"存在"与"非存在"的原初含义不是别的，就是谓述或者判断这种思维机能。也许这在《克拉底鲁》中变得更清楚，在那里真的逻各斯(陈述)和假的逻各斯(陈述)区分开了，无论存在者被**表述为**存在着的还是非存在着的：οὗτος(ὁ λόγος)，ὃς ἂν τὰ ὄντα λέγῃ ὡς ἔστιν，ἀληθής，ὡς οὐκ ἔστι，ψευδής(385B)。在这里很显然，柏拉图所意指的只能是作为**表述内容**的存在和非存在(ἔστιν ἄρα τοῦτο，λόγῳ λέγειν τὰ ὄντα τε καὶ μή)。类似地，也出现在《斐多》里，只是更加具体地与理念存在相关联。而更多的证据通常仅仅以短语的形式附带地散落在对话集各处。晚期作品给出了形式化表达，而实际上所述说的是同一个内容，只是采用了新的、深刻得多的形式。我们仅仅在碰到那些与这些形式化表达有关的问题时才会考察它们。而纳托普则按照贯穿着所有对话的发生学顺序把柏拉图的存在观念描绘为陈述含义(《柏拉图的唯心论》，尤其是第 4 章和第 8 章)。

在这些提示中最丰富的是《智者》。我们在驳斥物质主义时已经遇到了这种情况。在那里，添加给某物的东西或者竟是能够从某物中拿走的东西已经"是"某物了。换言之，为存在概念担保的正是陈述，不论肯定陈述还是否定陈述。因此人们只能说"存在"与"非存在"的含义是从判断的存在与不存在(ἔστιν 与 οὐκ ἔστι)得来的。在这里，正如在整个《智者》中一样显然已经以《泰阿泰德》对存在与非存在的陈述为前提。这篇对话完全建立在这些预先研究之上，而它所寻求的是更深的形式化。因为判断中的存在与非存在并不成熟，这对于非存在来说尤其明显，它通过这种形式根本无法解释虚假陈述。因为如果这种虚假陈述只是否定陈述，那么毋宁说它恰是正确的而不是错误的；但如果它包含了另一种非存在含义，那么该另一种含义恰恰就是在诸多辩难所暴露出的不可思性。但如果对非存在的这种把握仍是不充分的，那么对存在的把握也会变得困难。因为存在和非存在一样，两者都是成问题的。

早期作品中通过判断而来的存在规定与《智者》中的辩难讨论部分之间的关联点是**连接概念**。判断本身就是连接，即两个概念之间的设定统一(die setzende Einheit)。因此如果要进一步阐释存在概念的话，那么肯定更要阐释连接概念。因为迄今这些概念很少得到澄清。

现在不仅非存在难题(Aporien)，存在难题也引起了一个完全类似的观点，虽然它们从完全不同的角度面对这个问题。友爱理念(εἰδῶν φίλοι)将运动(κίνησις)和静止(στάσις)隔离开——既不把运动把握为存在，也不把静止把握为存在，恰恰相反运动与静止相互排斥，任一方都同另一方相对立。很明显唯有连接概念才能给出答案。不过一旦貌似不可调和的对立面发生了连接，就存在一个巨大的困难：存在如何能包括运动和静止呢？生成(παραγίγνεσθαι)和消逝(ἀπογίγνεσθαι)二者如何能在其中保持并得以完成呢？

而且非存在难题产生的结论在这方面显示出惊人的相似性。非存在也向我们提出连接要求，而且彻底地从根本上提出将存在与非存在连接起来的要求；也就是说，如果有另一种虚假陈述的话，就必须发生这种连接。在其中难道不该隐含着更深的暗示，即究竟哪种连接含义适合于存在与非存在规定？难道要在这一连接(συμπλοκή)含义中寻求存在和非存在的根源吗？这是不由得产生的问题，并且使接下来包括本质性连接－分离尝试在内的研究有其分量和深度。尽管如此，连接思想在这里并未进一步得到阐发。也许在研究结尾处才会亮出底牌。但连接思想未明言地存在于每个新问题的提出中；它似乎仅仅期待自身的完成、得以形式化。

在此意义上现在同样又提出了存在问题。并且这种深化从表面上看早已通过这一点而认识到，即那些迄今只是针对其他思想家的顾虑从现在起也向柏拉图自己提出的概念发难了。其中首先就是持存(Beharrung)与改变(Veränderung)，它们是从早先研究中提取出的**最高基本概念**。这两者互为反对。尽管如此，它们都理应存在着(εἶναι)。这是如何可能的呢？对此自然哲学家的做法是设定两个原则，不过而后就会陷入尴尬境地，一旦人们提出这样的问题：在这两者中存在究竟应该如何持存(τὸ εἶναι ἐπ' ἀμφοῖν)？所以说，如果像自然哲学家那样的话，情况也好不到哪儿去。只剩下唯一的道路：将存在设定为“这两者之外的另一个基本概念”(τρίτον παρὰ ταῦτα)。看来只能这样来考虑，即持存与改变仿佛被存在超越与“包括”(ὡς ὑπ' ἐκείνου τήν τε στάσιν καὶ τὴν κίνησιν περιεχομένην，250B)。因为只有将两者“聚合起来”(Zusammenfassen)并在这种聚合中“瞄向”必然的连接——这两者与存在之间的连接以及它们相互间的连接，才能说这两者都“存在着”(συλλαβὼν ἀπιδὼν αὐτῶν πρὸς τὴν τῆς οὐσίας κοινωνίαν οὕτως εἶναι προσεῖπες ἀμφότερα)。因此存在本身既不是持存，也不是改变，而是与二者都不同的东西（ἕτερόν τι τούτων，250C）。将存在把握为差异（ἕτερον）这种做法导致了对存在问题进行一种新的形式化表达，当然它初看起来像一个新难题。也就是说，存在似乎完全落“在”持存和改变“之外”（ἐκτός）（250D）。因为运动（κίνησις）和静止（στάσις）相互表现为如此矛盾的对立方：非静止的必然是运动，反之，静止的无论如何都不是运动。但存在本身既不该是运动，也不该是静止。这究竟是如何可能的？而且如果这是可能的，那么运动和静止如何分有在它们二者之外的相关者？

所以对存在概念的规定现在好像变得毫无希望了。然而关键在于如何理解差异（ἕτερον），即纯然地被理解为某种置身于存在之外的排斥者（Ausschlieβendes）。如果人们进一步探究这个概念的内在特征，如接下来所做的那样，那么就会发现这个“差异者”（Verschiedene）证明自身更多是区别者（Unterschiedene），而非排斥者。而区别绝不排斥共生（Gemeinschaft），从某种意义上讲它甚至在其自身中早就包含着后者，将之作为前提。因此存在实际上必须被思考为“在”运动—静止对立“之外”，当然也是因为它不会消融在这种对立中。它是一种更广泛意义上的、更根本的概念，与之相比任何别的概念都意味着某种限制、特殊化。但它并不与它们分离，而是与之如此亲密地联系着，以至于对它们进行思考、设定都已经意味着某种存在。“鉴于”此，这正是：“存在的共生体”（Gemeinschaft des Seins）。

现在进而回溯到一般判断理论。对某一概念，比如人的概念可以形成无数个不同陈述，肤色、身高、伦理品质等等；真正的谓词绝不单纯地重复“人是人”，尽管它们通过判断与人的概念相连接着，但决不会使这个概念变成另一个。在所有不同的谓词中主词保持为同一个。它维持着其**同一性**（τοὐτόν，251A）。因为这恰好是所有判断活动的本质，并由此取决于陈述的可能性条件：针对作为基底的概念，任何时候都有各种不同的谓词（ἓν ἕκαστον ὑποθέμενοι πάλιν αὐτὸ πολλὰ καὶ πολλοῖς ὀνόμασιν λέγομεν，251B）。智者们借此多次不断地抨击这个人人熟悉的逻辑原则——同一性思想规则：不同的谓词陈述一个主词，这是不可能的，因为一个主词，就只有一个对它的陈述——它自身。因此人们不可以说“人是善的”，而只能说“人是人”和“善是善”。他们以这种方式将同一性命题消解为重言式命题。自身反驳自身，那么恰好就没有思想了。柏拉图称这些钻牛角尖为“精神粮食的匮乏”（251C）。

借此，对存在进行正面规定的第一步已经迈出了。同样应该指出，一切都建立在同一性(τοὐτόν)的基础上。现在，连接问题才完全明确地走向研究的中心。要是没有概念之间作用力的结合(μηδενὶ μηδὲν μηδεμίαν δύναμιν ἔχειν κοινωνίας εἰς μηδὲν)，“一切就都抵消了”(πάντα ἀνάστατα γέγονεν, 252A)。运动(κίνησις)和静止(στάσις)也就不存在了。于是根本不会有存在了，因为没有什么能够分有它。谁仍要言说存在——随便他怎么表达——他将什么也没断言(λέγοιεν ἂν οὐδεν)。“这一个”总是必须关系到“另一个”，因而肯定一直都是不同的，并且由此被标识为“不同者的不同者”(ἑτέρον θάτερον προσαγορεύειν)。这恰好会导致共生(κοινωνία)：差异者(ἕτερα)的聚集(Zusammenkommen)。要是没有这种聚集，人们甚至就得放弃作为一种完全可笑方法的逻各斯(καταγελαστότατα… ἂν μετιοιεν τὸν λόγον, 252B)。因为正如存在被取消了一样，所有其他基本概念，如分离、关联、自为存在等也都要被取消，而要是没有了它们，也就寸步难迈了。

但我们现在会陷入另一个极端吗？所有概念应该都能够无例外地相互关联起来吗？这是不可能的，对此无需详细讨论。否则人们必须能够陈述：运动是静止，静止是运动。因为这意味着它们要相互参与。而“根据最高的必然性”，这恰恰是永远不可能的(τοῦτό γέ που ταῖς μεγίσταις ἀνάγκαις ἀδύνατον, 252D)。因此既不能否定连接，也不能要求概念间的任意连接关系；在第一种情况下完全没有了思想，在后一种情况下思想得出了最荒谬的结论。因此只剩下第三种情况：也许有连接，但并非针对概念间的所有任意组合而言。在特定情况下会有阻碍，不能形成连接，至少无法直接地形成连接。因此除了共生要求之外，必定总还有另一种要求，即作为禁令插入到某些概念对之间的，从而使后者无法通过某种判断实现共生。

这在语音例子中得到进一步的阐释。语音并不能全部任意相互组合在一起，尽管它们之间必定会发生组合。它首先必须通过组合才能完成其含义，变成思想的符号和表达。但它们之间的相互协调并不完全相同。元音可以任意与所有语音结合，相反，辅音只能有选择地相互叠加并且数量有限。而且辅音总是依赖于元音。辅音通过元音才可能讲出来。元音“对于所有语音似乎是连贯的**连接原则**”(οἷον δεσμὸς διὰ πάντων κεχώρηκεν, 253A)。没有它的中介，两个语音的相互“和谐”是不可能的(ἀδύνατον ἁρμόττειν καὶ τῶν ἄλλων ἕτερον ἑτέρῳ)。现在这种“和谐”必然也出现在概念之间，没有它，一个概念本身是无法独自形成的。我们把判断或一般思维称之为概念的和谐、和声，而这两者就处于柏拉图的逻各斯术语中。

现在为了研究哪些概念相互间实现了这种“混合”(μῖξις)，就需要一门特殊的科学，正如对于可能语音组合的规定有“语法学”一样，这门科学必须要对概念进行审查(διὰ τῶν λόγων πορεύεσθαι)，以便指明概念如何相互关联地协调一致起来；相反，哪些相对立的属性使它们互为排斥(δείξειν ποῖα ποίοις συμφωνεῖ τῶν γενῶν καὶ ποῖα ἄλληλα οὐ δέχεται，253B)；换言之，该科学必须确立起思维所遵循的规则。并且它的最终任务是弄清楚，是否存在着某些概念，它们完全构成了所有其余概念的**连接项**，以至于只有通过这些思维因素另一些思维要素之间的相互连接才“得以可能”(καὶ δὴ καὶ διὰ πάντων εἰ συνέχοντα ἄττ’ αὐτὰ ἔστιν，ὥστε συμμίγνυσθαι δυνατὰ εἶναι)。而且如我们所见，确实有些概念，它们无法协调在一起，因此所要求的这门科学也必须指明那些构成“分离的原因”的思维因素(εἰ δι’ ὅλων ἕτερα τῆς διαιρέσεως αἴτια)。柏拉图将这门科学称为连接知识(τὴν τῶν ἐλευθέρων ἐπιστήμην)，恰好是他经常描述的唯一真正哲学：辩证法。

辩证法的任务在这里得以更加清晰的澄清。它必须深入研究思维规则。为此它必须研究思维要素及其相互关系，即它们如何结合和分离。因为这种双重性恰是思维中合规则的东西：一方面(通过思维规则)创造并且必然构成连接——如图形(δεσμός)的连接和得到表达的结合者(συνέχοντα)，但另一方面，分离原则(作为第二个思维规则)，与连接规则相对立，规定连接的界限，并且在连接的界限内它们正是分离(διαίρεσις)的原因。《巴门尼德》展示了这种大格调的辩证法，并且最为清晰明确地告诉我们，这种探究方式的意义就是证明连接规则及其界限是真正的思维规则。

所以存在问题引出了判断问题。存在恰好是思维要素相互间的存在，而判断则是对概念间**互为存在**(Füreinandersein)的表达。现在我们就明白了，柏拉图为什么一而再地急切要求创建结合(συμπλοκή)并使之成为基础，而且在一定程度上从一开始就已经将整个研究聚焦于此目标。于是也就理解了，当他直接给哲学家下定义的时候，将之刻画为“一直跟随存在理念”的人(这不同于智者，后者的谬论在于把被误解的非存在推向前台而自己仿佛是躲在其后面似的)；但这种“跟随存在”只能通过理性思维才会发生(τῇ τοῦ ὄντος ἀεὶ διὰ λογισμῶν προσκείμενος ἰδέᾳ，254A)。任务的艰巨在于人们很难把握它的本质。因为“普通的灵魂之眼无法直观到神性”。

辩证法的任务现在更要分环细化了。它应该将诸多关联中的理念阐明为**“结合者”**(συνέχοντα)。为此必须从理念的低级阶段开始，而在这个阶段，理念的机能仅在于将极其丰富多样的事物联合为一个统一体——并且也正是借助于这种统一才能联合为一个统一体——(μίανιδέαν διὰ πολλῶν，ἑκάστου κειμένου χωρίς，πάντῃ διατεταμένην，253D)，如在《斐多》中通过相等(αὐτὸ τὸ ἴσον)以及其他更多的例子所表明的。但这并未详细阐明理念机能，还需要指明的是，所赢得的这些理念如何并列存在、它们相互间的关系，以及由此又是如何实现连接与统一的。但唯有理念本身才能创造统一——理念恰恰就是统一原则；因此必定存在着更高阶的理念，正是后者完成并且确保诸多统一的统一。所以诸多不同的理念必须回溯到更高的统一，而这种更高统一不可能如在“多”中那样出于诸多理念之中，毋宁说正是它才使后者得以可能，因此仿佛是“从外部”将它们全部都包括进来(πολλὰς ἑτέρας ὑπὸ μιᾶς ἔξωθεν περιεχομένας)。但这种向更高统一的攀升就其自身而言当然不能推向无限；因为只要思维本身应该是统一，那么就必定存在着某些更高的统一类型，正是它们使所有别的统一得以完成，而它们由此作为一切思维的基础显示出**“贯穿所有概念”**的固有特征，即它们“在统一中”(καὶ μίαν αὖ ὅλων πολλῶν ἐν ἑνὶ ξυνημμένην)实现了**“集合”**(συνάπτεσθαι)。

对于理念的这三个层级来说现在确实有第四个层级添加进来，但这一层级不会继续攀升，而是提供一个观视点，它很明显延伸至上述所提及的所有层级并且尤其应该作为内在于它们的原则突显出来：理念之下的分离原则。理念的所有层级中都有这种原则，即它们相互间无法连接，因而就会彼此排斥(καὶ πολλὰς χωρὶς πάντῃ διωρισμένας)。因此在这里同样应该指明，不仅仅取决于连接原则，不仅集合(συνάπτεσθαι)意义重大，而且为其划定的界限也不该被取消，只要那些理念价值不因这种分割而相互拉平，同样地也不会被取消。当然这期待借助于辩证法得到更精确的形式化表达。这第四层含义(也许显得有争议)也许能够从整个对话的结尾处推出来，它(253E)概括到，辩证法的整个架构源于这门艺术，即能够“通过概念”区分概念与概念之间在何种程度上能够或不能够共生。

现在人们也许会认为，这只是单纯涉及《斐德若》中(266B)所谈到的结合(συναγωγή)和分离(διαίρεσις)。但在那里，分离(如经常在其他地方那样)单纯被理解为种类的不同。而在《智者》中，柏拉图寻求概念关系规则。因此他不满意于单纯的结合，而且还要寻求结合的逻辑原因，而且同样地，他不满意于单纯的分离，还要寻求分离的原因(τῆς διαιρέσεως αἴτια)。此外也该为基本概念中的排斥者寻找思维规则。

现在辩证法最主要就是致力于最高基本概念以及对它们的核查。除此之外，理论思维没有别的任务。一切科学在处理和解决最高的科学问题中都能发现其方法。所以对存在与非存在的研究也转向考察作为最高的逻辑法庭和一切科学兴趣聚焦点的这些基本概念。在所有思维中都一同被思考的存在概念难道不是要证明自身是基本概念体系中的一个、甚或是最重要的一个吗？如果不能做到这一点，那么不仅存在，就连思维也将消失不见。因为思维就是存在。难道辩证法具有这样的力量，即它能够消除所有出自所提及的那些难题而汇集在“存在”中的矛盾？由于存在与非存在必然共生，非存在也确实应该“以某种方式存在着”，难道在这里也合法地提出存在要求，而不陷入与存在的冲突之中？在对非存在的把握中，困难在这里一点儿没有被减弱，毋宁说还加剧了，因为在这里第一次把非存在表达为“真正存在着的非存在”(τὸ μὴ ὂν ὡς ἔστιν ὄντως μὴ ὄν，254D)。整个难题系列都集结于此了。这就是规定对话进程的问题，并且柏拉图现在也以此方式靠向它们，尝试着阐释一些必需基本概念之间的相互关系。

而这种尝试并不会列举出所有的基本思维要素，这一点早已从研究目标中看得一清二楚。正如柏拉图明确指出的，没有必要制作一张范畴表，不需要谈及“所有概念”，相反应该选出“最重要的几个”(προελόμενοι τῶν μεγίστων λεγμένων ἄττα)；并且这几个例子就应该会说明，如何在方法上处理它们的相互关系。因为它们确实具有**彼此共生**的**倾向**(κοινωνεῖν ἐθέλειν ἀλλήλοις)，所以主要问题并不在于创造外在存在(ποῖα ἕκαστά ἐστιν)，而是怎样处理在它们中间产生对立关系的那种力量(κοινωνίας ἀλλήλων πῶς ἔχει δυνάμεως，254C)。这种“力量”就是彼此共生力量(κοινωνεῖν ἐθέλειν)，它是作为逻辑唯心论特殊标志的概念自发性。不难理解，对柏拉图而言“共生”问题是一个基本问题。因此当那五个直接从《智者》对话过程中获得的基本概念之间的组合几乎给人造成偶然印象的时候，对此我们不必感到惊讶。因为它们的基本问题就是共生问题，并且与之相比，所有的个别概念只具有例证含义。但在这里起作用的绝非偶然因素，而是完全的目标意识引导着选择，对此迄今的对话过程就有所流露，它确实表明：那五个基本概念是在逐步阐释存在问题的过程中出现的，并且一开始就是从它们相互间紧密的对立关系和互为条件的角度被思考的。

存在本身被置于基本概念的顶点，正如在《智者》250B处已经被描述为那种“囊括着”其他概念的基本概念。像在那里一样，现在**持存**与**改变**这两个概念也走向存在这一边。它们是互不相容的，在它们之间不可能有直接陈述意义上的那种共生；但它们却理应存在着。这三个概念中的任一个都与其余两个不同，但与自身相同一；因此就有另外两个基本概念加入到这三个概念中来，即**差异**（ἕτερον）和**同一**（ταὐτόν）。并且这两个概念也是我们在前面已经遇到过的：同一意味着概念在各种不同的谓词中持存，相反，差异的含义仅仅是暗示性的，没有现实地得以指明。在那里我们只是隐约地知道，差异作为思维机能所扮演的角色绝非微不足道，因为非存在和假象在回溯到这个概念时获得了一种肯定意义。现在从差异与同一的关联中，人们看到了差异的主要机能。它是同一的对立面，同样地也内在于所有这些概念中并且刻画出它们的相互关系，即每个概念都与自身相同一，同时又与任何其他概念有差异。就此而言，同一和差异绝不会与静止和运动相重合；相反，静止和运动的相互关系只有通过差异才获得其规定。因为对运动和静止来说，一个决不能是另一个，绝不可能在一个判断中相互陈述；因为否则的话“运动将变成静止，反之静止则运动着。”运动的本质和静止的本质不能同时在同一个概念中被寻求，因此既不在同一中，也不在差异中。要是这两者被迫放弃这种共生自然本性的话，由此也就丧失了其真正的对立本质。这正是柏拉图所看到的，当他说静止和运动就必定“转向其自然本性的对立面”的时候（255A）。

很明显，结合（συμπλοκή）问题在这里再次成为讨论的重心，将会越来越多地跟差异概念交织在一起。其实很显然早已承认，目前详细地证明了那五个基本概念是如何有差异地相互关联在一起的，也即是说没有一个概念与其他的相重合。人们现在可能会认为，分离的工作多于结合的工作，因此结合更多的是被抵制而不是被促进。确实不能忽视的是，从这些讨论研究来看，恰好基于分离概念，诸概念间的相互隶属性越来越突出。差异的本性就是：当所有差异者都相互关联着这一事实得以证明的时候，那种早已原初地一同被思考的概念间相互关联性也必然地被证明；并且除了结合外，还能是什么？因此差异必定通向了连接。

我们已经看到，运动（κίνησις）和静止（στάσις）是与同一（ταὐτόν）

和差异(ἕτερον)相关的差异者(ἕτερα)。同样地，存在(ὄν)不可能与它们中的某一个相重合。因为要是存在与同一是同一个的话，那么包括运动和静止在内的所有存在者就都是同一的，存在者之间的一切区别都会消失。同样地，存在也不能与差异相重合，因为存在不仅在其自身，而且也在关系中被设定；但差异总是与差异相关。差异恰恰在于这种关系性。正是借助于自在方式与关系方式(καθ' αὐτό 和 πρὸς ἄλληλα)的区别，存在(ὄν)的有效范围和差异(ἕτερον)的有效范围就清楚地分离开了。存在(ὄν)适宜于这两种方式，其概念与二者相一致。相反差异(ἕτερον)只适宜于关系方式。由此可见，关系恰好是差异的最内在本质：差异者总是相关于某一差异者。要是有某种自在差异者的话，那么它必定会是一种"无关联的他者"(ἕτερον οὐ πρὸς ἕτερον)，这显然是自相矛盾的(255D)。差异的这种本质规定不仅在这里，而且在整个《智者》讨论中都是核心思想：我们已经直接证明了，只要是差异者，就必然相关于他者(νῦν δὲ-ἀτεχνῶς ἡμῖν ὅτιπερ ἂν ἕτερονῇ, συμβέβηκεν ἐξ ἀνάγκης ἑτέρον το-ῦτο ὅπερ ἐστὶν εἶναι)。差异要求其相关项，这是它内在的思维必然性；并且正是借助于这种相关项，它才能实现差异多样性。因此，它绝不是单纯的分离原则(区别意义上的)，毋宁说它自身中更原初的东西是关联。关系更多地意味着连接，而非分离。

由于这种机能，差异贯穿着所有概念，同时在它们中建立起联系和区别。任一"他者"概念能够相关联于另一个"他者"，因此它以此方式实现与别的"他者"概念之间的共生；而这种机能并不是差异的特有属性，而是那种包含在差异这一基本概念中的创造性理念价值所具有的。("我们还断言差异贯穿于它们全部，因为每一个理念都不同于其他理念，不是由于其自身的本性，而是由于它分有差异这个理念。")(ἓν ἕτερον γαρ ἕτερον εἶναι τῶν ἄλλων οὐ διὰ τὴν αὐτοῦ φύσιν, ἀλλὰ διωὰ τὸ μετέχειν τῆς ἰδέας τῆς θατέρου, 255E)在这里已经明确地阐释了：差异(ἕτερον)作为基本概念是如何为具有各种不同对立属性的诸种概念之共生提供根据的。但由于这种对立性从本质上讲就是连接，所以必须弄清楚，结合(συμπλοκή)究竟是怎样与差异(ἕτερον)相关的，即一个概念能够与另一个概念发生关系或者对另一个概念做出某种姿态，这一点早已是**差异机能**。而正是由于这种机能，概念相互间的普遍联系才得以开启，由此产生了**思维连接的"可能性"**、概念的聚集状态(συμμίγνυσθαιδυνατὰ εἶναι)(253C)。

但差异应该得到更深刻的论证。运动应该是静止的差异者。但静止"存在着"，它分有存在(ὄν)。同样地，运动是同一的差异者，另一方面它自身又是同一者；因为所有概念都理应具有同一性，所以必然是并行不悖的：运动是同一，又不是同一。人们在这里并没有犯错(256A)，因为我们并不是在相同的意义上(οὐχ ὁμοίως)表述的。运动就其自身来说分有同一性，但通过与差异之间的共生，又获得了非同一性——正是借助于差异，它与同一相分离，不是变成同一者，而是变成某种差异者，因而又被正确地称为非同一。幸亏有了差异这一力量，运动和静止才仿佛是相互分有对方，以至于人们可以将运动标识为静止的，即标识为某种"能够停住"的东西。而这并不损害这一事实，即运动和静止应该属于那些没有表现出相互混合之倾向的概念。差异将这两个概念严格地分离开，正如它原本就意味着不同，但后者唯有在早已存在着某种关联的情况下才是可能的。因此无论如何必然也有对于运动和静止来说的连接者。

整个共生问题以这种方式追溯到差异概念，这乍一看也许显得很随意。而这种随意的假象只在于人们过于狭隘地理解差异概念。人们不仅应该要从中看到差异，这只是它的一个方面；正如我们所看到的，除了其直接含义外，柏拉图还强调差异者相互间的那种"必然"对立性因素。正是这种独特属性使差异概念对逻辑学的基本问题来说如此有益，即在这里**两种机能**实现了结合。一个就是分离机能，它使"一个"对立于"另一个"，差异者对立于差异者。另一个则是早就一直包含在分离中的那种连接机能，概念间的"互为"，后者并非事后才被带入概念中的，而是早已跟差异一起存在于此。因为差异者总是相关于与自身不同的"某物"。因此在差异中早已一同被思考的是概念间的互属性(Zusammengehörigkeit)，或者如柏拉图所说的"共生性"(Gemeinschaft)。因为差异者之间的互属性与共生性实质上是同一的，对此人们很难对问题的内在链条有争议；所以在差异中包含着共生之基础这一点并不是任意的，而是具有逻辑必然性的。同样并非纯粹偶然的是，柏拉图在一个研究中同时解决差异(ἕτερον)问题和共生(κοινωνία)问题。这种贯穿性的、连续性的东西使思维因素成为一个完整思维体系中相互依存的环节，它也正是作为除了分离原则外的第二种机能包含在差异中的。因此，人们不该只想着把差异理解为区别化，毋宁说必须试图从柏拉图自己的体系基础出发前后一贯地思考柏拉图的观点。因为柏拉图的直接文本表达当然不可能走得像体系预期得那么远。为了把握《智者》研究的内在动机，我们必须看出差异概念的**双重动机**：分离中的连接，或者普遍差异性中的**思维连续性**。接下来非存在(μὴὄν)的引入应该会使这一点变得更清晰。

正如运动既是同一也不是同一一样，它同时必定既是差异也不是差异。但在存在这里这个结论变得最惹眼，即运动同时既是存在(ὄν)又不是存在(ὄν)。因为它分有存在，却又与之不同。只要它不同于存在，它就是非存在状态(ὄντως οὐὄν)，即实际上并非存在；而它仍被判定为一种存在，① 在这点上它部分保留着存在，尽管它作为概念可能与存在概念相对立。并且这不单单针对运动概念。所有概念在某种程度上都被存在否定，虽然它们从另一方面来看都分有存在并且“存在着”。正是在这种情况下**非存在**再次登场了，它确实曾是研究的出发点。并且它首先就是从这一方面来表明自身的，即由于它从概念上使诸概念不同于存在并由此使它们变成非存在着的，使它们与存在相分离；因为与存在不同从某种意义上早已意味着一种非存在，尽管这种非存从另一方面来讲总是要求某种完全确定的存在。由此非存在(μὴὄν)就接任了我们之前早已在差异(ἕτερον)那里认识到的机能。所以我们就能理解那段文字(256DE)：“所以非存在必定存在，无论是对于运动而言，还是对于其他各个理念而言，都是如此；因为差异的本性使各个理念不同于存在，而这就意味着把它们变成了非存在……”(ἔστιν ἄρα ἐξ ἀνάγκης τὸ μὴὄν ἐπί τε κινήσεως εἶναι καὶ κατὰ πάντα τὰ γένη. κατὰ πάντα γὰρ ἡ θατέρου φύσις ἕτερον ἀπεργαζομένη τοῦ ὄντως ἕκαστον οὐκ ὂν ποιεῖ…)。因此非存在也以差异的形态添加入到所有概念中，它剥夺了后者的存在，因为他将所有这些概念的异质性显摆出来从而与存在相对立，并由此将之转变为非存在者。由此可见，对于任一概念而言有许多因素存在着，也有许多因素非存在着，因为非存在共生体像存在共生体一样都贯穿于所有概念。甚至存在本身如所有别的概念一样都受制于那种与非存在之间的混合：它通过差异机能而变成“他者”，与所有那些概念都不同。只要他者“存在着”，存在就不存在，因为它不属于别的他者；尽管它以自己的概念统一方式“存在着”，但它又不是无数他者。人们不要被那些对此表示反对的假象所误导。因为正是概念间普遍的共生要求得出了这一结论。如果我们不能接受这个结论，那么连接概念以及一切思维都会消失不见(257A)。但所有那些旧的想法究竟如何被扬弃的呢？非存在(μὴὄν)确实不能被阐述，甚至不

① 关于这个悖论的含义，参考下文第151页。

能被思考。这种看法取决于在旧哲学思想里非存在被理解为一种与存在相矛盾的东西；由于它与存在绝对地分离，所以无论如何不容许被赋予任何规定。但这种观点现在完全站不住脚了。清楚明白的是：我们并不将非存在(μὴὄν)意指为存在的对立者，即并不是某种好像针对于存在的“敌对者”(ἐναντίον)，而仅仅是**与之不同的**差异者。[①] 这是将非存在(μὴὄν)把握为差异者(ἕτερον)的意义所在(ὁπόταν τὸμὴὄν λέγωμεν…，οὐκ ἐναντίον τι λέγομεν τοῦὄντος，ἀλλ'ἕτερον μόνον，257B)。因为这立即就会在一切概念中得到证明，即所有概念都意味着一种非存在(μὴὄν)并且通过它而得以实现。非大(μὴ μέγα)应该不仅意味着小(μικρόν)，而且同样也意味着相等(ἴσον)和其他各种“不大”的东西。一般而言，否定小词并不标志着某种对立(ἐναντίον)，而只是标志着概念的不同者。由此就开启了非存在(μὴ ὄν)的正面含义，从而赢得了其中所包含的积极性存在价值。而且非存在与差异的等同使我们马上进一步预见到：非存在(μὴὄν)能够为其正面含义辩护，当且仅当它在基本概念体系中获得了一种极其确定的根本机能；而这种机能对它而言是确切无疑的，只要人们现在认识到它与差异原则一同发生。因为这肯定在共生体(κοινωνία)中担任了核心角色，对此我们早已隐约地知道了。其实正是连接本身，它本质上受制于这一事实，即所有概念间的联合以及思维本身都依赖于非存在。但我们还必须将这些结论推迟一段时间。

现在一切的关键在于我们进一步规定在概念共生体中新发现的非存在(μὴὄν)机能。它肯定在任何一个概念中都证明其力量。因此，差异必定将自己分摊到所有概念头上并且好像把自己肢解为一个个的单个机能(κατακερματίζεσθαι，257C)。从这方面来看它总是为每个概念创造“不同者”，为美(καλόν)创造非美(μὴ καλόν)，为大(μέγα)创造非大(μὴ μέγα)。而且这些新的否定性概念的产生，是由于肯定性概念与相应的存在者类型(γένος)相分离，因而形成了两者之间的对立。因此这些新概念并不比旧概念缺少存在(ὄντα)。因为不仅否

① 我们已经看到(第96页以下)，在《泰阿泰德》中已经着手进行差异(ετερον)与非存在(μη ὄν)之间的结合了。但其实行恰好落空了，就是因为这两个概念之间的本质统一仍未被认识到。在《泰阿泰德》中非存在是从外部被引向差异；相反地在《智者》中则是从差异开始，并且从《泰阿泰德》到《智者》将非存在追溯为更深的问题。所以与《泰阿泰德》的思路相比，《智者》对非存在的把握更加深刻。也许整个《智者》的研究发展过程的目的仅仅在于，从各个不同方面把握该问题。因为它在一个圆圈内运转，即以一种经历三个主要阶段的迂回方式积极地再次赢得非存在，难题由此开始：非存在—存在—共生—差异—非存在(μη ὄν-ὄν-κοινωνια- ετερον - μη ὄν)。

定物，而且肯定物也在它们中一同被思考。**非存在**(μὴὄν)**的存在价值**就在于借助于那个新创造物，它**并不**比在其中被否定的东西缺少存在。柏拉图将非存在所创造的东西标识为“存在的对立面”(ὄντος πρὸς ὂν ἀντίθεσις)(275E)。“与存在者相对立”[①]也必定是一种存在者，否则它就是全无。因为所有被设定的东西都因这种设定而“存在着”；对立(Entgegensetzung)也是设定(Setzung)，也是存在。这种存在“存在着”并不亚于“另一种存在”存在着(μηδ ἐντιμ ἀλλον εἶναι θἄτερον θἄτερον，258A)。存在确实是一种结合存在(συνέχοντα)，不论一个概念如何能够比另一个概念更多地“存在着”！所有概念都同样地分有存在。而且之所以如此，乃是“因为差异的本性就证明自身是一种存在”；因为如果差异的这种本性“存在着”，那么其任何一个个别机能都必然意味着某种存在。

而柏拉图在这一点上继续向前迈一步。与每一个概念相应的那种非存在、也即差异本性并没有同样被设定为存在着；而是两者的对立(ἀντίθεσις)应该意味着一种存在，并且不亚于存在本身。“既然我们证明了差异的本性，它把一切存在者划分为彼此相对的各个部分；我们也就胆敢说，与存在者对立的差异本性之各个部分确实就是本质。”(ἡτῆς θἄτερον μορίον φύσεως καὶ τῆς ὄντος πρὸς ἄλληλα ἀντικειμένων ἀντίθεσις οὐδὲν ἧττον, εἰ θέμις εἰπεῖν, αὐτοῦ τοῦ ὄντος οὐσία ἐστίν. 258DE)在这里当对立本身被标识为本质(οὐσία)的时候，其含义只能是它产生、创造了一种存在，正如所谈及的否定概念具有的含义实际上就在于，它们通过与别的概念之间的关联而保持了存在者的那种肯定价值。对立面显然被思考为那种赋予概念以关联的东西，即它通过自身的创造立刻深入到这种关联中进行设定、创造。唯有以此方式，非美(μὴ καλόν)才多于对美的否定。因此，**对立的“存在面”**(Antithesis)，从创造的意义上理解，毋宁说具有**存在原则的含义**。柏拉图的“非存在并不比存在(ὄν)本身缺少本质(οὐσία)”就非常清楚地表达了这一点。“存在(ὄν)本身”只能描述为一般的存在理念或原则。因此作为存在原则它也必须被认为并不比其自身本质(οὐσία)缺少是什么。不过柏拉图也许意识到了这种构思之大胆；所添加的“胆敢说”(εἰ θέμις εἰπεῖν)(258B)这一表达就证明了这一点。

① ἀντιθεσις意义上的“对立”从词源学上看很明显不同于 ἐναντιον 意义上的，后者之前就被非存在(μηὄν)拒绝了(257B)，而在这里几乎就是“矛盾”的含义。在我们看来，ἀντιθεσις(对立)很显然并不意指 ἐναντιον(矛盾)的含义(258B)。但这似乎并不是 ἀντιθεσις 的固定含义；因为在《泰阿泰德》中(186B)，对立(ἐναντιότης)被归于本质(οὐσια)。

并且非存在（μηὄν）就是这种存在原则。因为“对立”本身同样被描述为《智者》一直都想要寻找的那种非存在。由此而必然得出的结论是显而易见的：**非存在是存在原则**——并不比存在本身少。因此柏拉图高度评价非存在（μηὄν）的机能。①

但就柏拉图的评价实际上着眼于非存在的机能、也即纯粹的逻辑价值而言，我们还要多说几句：由于非存在具有自身独特的“本性”，所以它肯定“存在着”（ὅτιτὸμηὄν βεβαίως ἔστι τὴν αὑτοῦ φύσιν ἔχον）。鉴于其自己的本性（φύσις），它分享着逻辑**确切性**。但很明显，这里所意指的本性正是非存在的机能。由此恰好也意味着（257C和258D），它分布在所有概念上。但这种分布就其自身来说意味着在个别判断中的使用，个别情形下的机能。与之相比，这种本性（φύσις）很显然描述的是一般机能；因此在这里最终必定包含着存在确切性。

在这里我们再次不揣冒昧地说，对柏拉图的逻辑学作品有了更深的认识。借助于判断机能以及逻辑结构，思维要素的存在价值得以评定，它们在思维体系中的位置得到指定。但就其方法维度来说，它无非意味着：在这种**适用性**中包含着根据和确切性，思维基础的合法状态（βεβαίως ἔστι），如果人们想用更现代的表达，就是对思维基础的演绎。由这些前提出发的演绎恰是我们在康德意义上称为先验演绎的东西。因为先验演绎所给予的这种确切性就是纯洁性，其最深的方法论含义恰恰是应用或者机能。因此在这些最基本的方法论问题上柏拉图和康德密切相关。

① 《智者》所证明的非存在存在着观点与《蒂迈欧》那里的相对立，甚至看起来直接地相矛盾：“此外我们也这样说：已发生者是已发生者，正在生成者是正在生成者，将要生成者是将要生成者，非存在者是非存在者。”（τό τε γεγονὸς εἶναι γεγονὸς καὶ τὸ γιγνόμενον εἶναι γιγνόμενον, ἔτι τε τὸ γενησόμενον εἶναι γενησόμενον καὶ τὸ μη ὂν μη ὂν ε-ἶναι, ὧν ο ὐδε ν ἀκριβὲς λέγομεν 38AB）因此人们可以“不准确地”说：非存在（μηὸν）“存在着”，这种表达是错误的。但我们必须记清楚，这是在何种意义上说的。已发生者和未来者不“存在”，并且正在生成者也不“存在”，确确实实不存在，而是“正要存在”。因此在这个意义上人们也许不应该说这三种非存在者（μη ὄντα）存在着（εἶναι），而只能说它们非存在着（μη εἶναι）；它们现在（时间意义上）恰好并不存在着，尽管存在在这里显然十分狭隘地被理解为时间上的当下存在。但这并不必然与《智者》的思路相矛盾，在后者那里存在和非存在是宽泛意义上、最普遍意义上的。此外，如果非存在（μηὄν）在这里被剥夺任何存在价值，那它就必定恰好等同于巴门尼德意义上的非存在并且被扬弃掉。人们似乎无法洞见，正在发生者（γιγνόμενον）、已发生者（γεγονὸς）和将要发生者（γενησόμενον）如何能够并处在一起；当然无可争辩的是，它们都旨在于某种存在。也许关键只涉及表达方式：不应称作存在（εἶναι），而应称作非存在（μη εἶναι）；不过非存在必须在肯定的意义上被理解为存在必定由之产生的东西。

现在非存在(μὴὄν)的机能伸展得有多远、因而高级价值最终以什么为基础——柏拉图将之归于存在原则——在《智者》中并没有得以明确表达，尽管言辞中包含着意义深刻的暗示。实际上我们只是清楚地看到，概念间的共生处处在起作用。但这种共生体最终指向何处，这一点并没有言明。不过我们或许可以简短地预先暗示接下来在《巴门尼德》和《斐勒布》中进一步要考察的东西。逻辑学问题并不能固执于考察纯粹的基本概念、理念。它的目的和意义在于为具体实存、物之世界创建基础。理念被认为是原则——这是"针对于"事物的。并且如果有必要将理念之间的关系变成问题，那么在这里也不可能是终极问题。毋宁说这涉及是理念与事物之间的关系，它通过模仿(μέθεξις)早已出现在柏拉图的文献中。这个问题也许在整个柏拉图哲学中是最受误解的，同样地借助于《智者》所阐发的通种论(κοινωνία τῶν γενῶν)、因而最后通过非存在(μὴὄν)而找到了其简单而自然的解答：纯粹基本规定的相互碰面、"混合"就创造了具体的对象；该对象不能被认为是外在于它们的，而是就存在于诸基本规定的聚合状态中。当然这不会是正确的，如果整个概念体系以所列举的五个基本概念或一定数量的基本概念而闭合的话。此外，基本规定并没有为无限多样的实存提供活动空间。但在这里只是要求，我们将柏拉图思想比他自己所阐释的进一步往前推进，这样我们肯定也就弄清楚了实存多样性。正因为概念体系不是闭合的，而是完全维持相邻概念的顺序(如在《巴门尼德》中得到了大大地扩展那样)，所以必须持续不断地向前去思考那些有联系的概念序列。但最高的基本概念在其"混合"中对于所有更特殊的概念来说是典范性的，因为特殊概念被基本概念——处于对立关系中的结合者(συνέχοντα)所规定。因此在柏拉图指出结合者如何相互"混合"时，他实际上也就已经指出它们如何与实存概念关联，如何产生这种关联。共生体(κοινωνία)将其创造力量由理念跨越到个别事物。理念间的共生体变成了理念与事物之间的共生体，这就是模仿(μέθεξις)的含义。多种多样的现象如何在理念统一中赢得联合和规定，这最终要通过非存在(μὴὄν)才得以阐明。因为正是借助于非存在，才能够理解概念间的连接力量、内在联合、结合、连续性等。因此非存在实际上是本质(οὐσία)，存在原则，也即是实存原则，事物的具体存在之原则。人们也许在这句话(259E)中可以看到一种明眼的提示，"逻各斯通过结合(συμπλοκή)向我们显现"。因为逻各斯作为思想一般必然也包括经验性的实存思维。但因为结合自身是通过非存在完成的，所以也正是通过非存在，模仿和个别实存才得以实现。只是人们在这里不需要实际地得出这些结论。

借助于非存在(μὴὄν)中本质(οὐσία)的发现，柏拉图现在终于超出了埃利亚学派的“存在存在，非存在不存在”命题。现在不仅仅非存在获得了存在价值，而且还指明了：这种存在通过思维操作在自身中就使自身与基本概念之间的等同合法化；它现实地变成了那种在之前看来如此不可信却如此必然的东西：**“存在着的非存在者”**：“既然我们证明了差异的本性，它把一切存在者划分为彼此相对的各个部分；我们也就胆敢说，与存在者对立的差异本性之各个部分确实就是本质。”(ἡτῆς θάτερον μορίον φύσεως καὶ τῆς ὄντος πρὸς ἄλληλα-ἀντικειμένων ἀντίθεσις οὐδὲν ἧττον, εἰ θέμις εἰπεῖν, αὐτοῦ τοῦὄντος ο-ὐσία ἐστίν. 258DE)由此就完成了对巴门尼德学说的深刻修订。巴门尼德没有认识到结合(συμπλοκή)问题：对他来说，存在和非存在是孤立的，互不相容地分离着；由于存在同时是思维，非存在也必然是非思维，所以他所称谓的非存在(μὴὄν)确确实实是不可思者，而命名它只有一种意义，即摒弃那些与存在相矛盾的东西。这种矛盾的含义事实上与柏拉图理解的概念共生思想十分一致。巴门尼德的“非存在不存在”命题已经具有了思想规则的重要意义。在“分离原因”方面，柏拉图接受了埃利亚学派非存在中积极的、合规则的东西。① 只不过非存在这个面并未被充分挖掘。在其中必定隐藏着某种更深刻的、更原初的东西，而矛盾只是它的一个折面。为了把握非存在的存在，必须从思维与存在的同一性入手更进一步地把思维理解为概念、判断，最终理解为概念共同体。

巴门尼德却大大远离了这样的思维规定，因此并没有抓住非存在之存在这一实质内容。从这点来看他的学说失败了。非存在(μὴ ὄν)不仅不能孤立地——或者最多从否定方面——被理解为矛盾；而且存在(ὀν)概念也要卷入到了各种矛盾中(如 245 所显示的)。因此，智者可以玩弄非存在，并且提出虚假证明，一切都同样地是真的和假的。柏拉图嘲笑的正是这类人，而不是埃利亚学派(258E)：那个遭到误解的绝对非存在究竟“存在”还是不存在，它是否仍具有某种意义还是一种十足的荒谬(παντάπανσιν ἄλογον)，现在都变成了完全无意义的问题。而且费力地东拉西扯一些概念，由此自娱自乐、在其中找出貌似的矛盾，这种做法是不值当的。这证明其完全缺乏

① 至于柏拉图如何能够正面地重新发现埃利亚学派非存在的积极含义，留待下文阐述(第 146 页以下)。

辩证的教养和哲学的严肃性(259C—E)。在人们试着将思维要素彼此孤立化的地方(πᾶν ἀπὸ παντὸς ἐπιχειρεῖν ἀποχωρίζειν),这种闹剧就处处在上演。这是思维要素的完全丧失(τελεωτάτη πάντων λόγων ἐστὶν ἀφάνισις)。因为思维产生于结合(συμπλοκή)。

一切都取决于对存在与非存在之间结合的证明。因为这对所有具体的关联来说是有典范意义的。我们现在发现了对它的一种新表述:**存在与非存在完全相互贯穿**(δι᾽ ἀλλήλων διεληλυθότα, 259A)。柏拉图以如下方式描述这种"相互贯穿":由于存在(ὄν)和差异(ἕτερον)不仅穿过所有概念,而且彻底相互贯穿,所以差异(ἕτερον)就分有了存在(ὄν),并由此而"存在着";尽管它不是它所分有的那种存在,而仍是一种差异,但由于它不同于存在,所以它必然地、再清楚不过的是非存在(μὴ ὄν)。倒过来也必定适用于存在:由于它分有差异,它就被设定为不同于所有其他思维因素,所以它不是它们中的任一个,也不是它们的总体,而只是其自身。由此可见,存在者完全无可争议地成千上万次地又不存在着,也就是说任一存在者在与其他存在者之间的各种交织关系中存在着,但也不存在着(259B)。由此得出的结论就是,辩证法对所有概念提出的基本要求实际上都得到了满足。因为当每一个概念,通过存在和非存在对它的渗透,在很多方面被设定为存在着、同时也被设定为非存在着时,我们由此恰好就有了结合(συναγωγή)和分离(διαίρεσις)的共生根据,在其中应该辩证地包含着概念的本质和对立关系。在这里并不是轻蔑地把对这些原则的纯然要求搁置不管——就好像它们是哲学需要的纯然规则似的,而是对问题进行了更深入的解答,即把那些原则理解为内在的、与概念本质相连的规则,理解为思维本身的规则、由此也是存在规则。这完全契合了我们之前在柏拉图讨论辩证法研究任务的地方所看到的。不应撇开结合不谈,而是应该在结合者中指明其根据,而结合者也应该首先通过内在的黏合才会使结合变得容易理解。同样,分离应该回溯到分离的原因。存在和非存在的基本关系最终规定了所有的概念关系;所以在存在和非存在"贯穿所有概念以及这两者的相互贯穿"中也必定显露出思维规则,该规则作为存在问题的纯粹方法论方面总是只有通过对内容的深刻理解才会呈现出来。当我们把整个研究的逻辑结构线索汇集在一起并试着追溯到基本思想时,《智者》的言辞表达事实上已经建立了思维规则,并由此指明了存在的最深刻含义与终极含义。理念本身并不能从存在理念(Idee des Seins)获得存在,毋宁说理念只意味着所表达的陈述，意味着一般逻各斯。相反，重点恰好在于非存在。在这里理念变成了活生生的、主动的，变成了理念共生体，因为非存在引发了“相互渗透”。因此**存在的起源**不多不少恰好**就在于非存在**，在于柏拉图赋予非存在的新含义——不同于埃利亚学派那里僵硬的不可思物。并且目前存在本身也在经历着在非存在那里所发生的含义变化。存在不是僵硬的单一存在(Einssein)——其同一性是不变的，而是变成了结合(συναγωγή)的逻各斯，变成了思维的原则和含义。理念正是由于相互连接才“存在着”。这种理解不可能不同于《智者》所表述的。连接——非存在的产物——意味着逻辑上的存在。由此，**非存在**通向**存在**。因此存在并不是某种非存在之外的东西，非存在同样也不会被认为在存在之外。非存在是为了存在的原则；因此通过“存在理念”并没有引入某种与非存在对立的新东西，并非为了其他问题的其他原则，而只是表明为非存在铺开道路并使之得以可能。**非存在是结合(συναγωγή)的可能性条件，存在则是其完成**。对巴门尼德存在的这种纠正最有益于非存在。因为如此一来，思维和存在的同一性思想才真正地得到实施：概念共生是思维，同时又是存在。这是可能的，当且仅当思维和存在实际上是一致的、同一的。

基于前面所说，现在就容易更准确地把握《智者》中连接理论所阐释的那种思维规则了。一部分是显而易见的，一部分细心才能找出来。我们看到，思维把**同一性设定**为所有陈述的条件。因为主词必须与谓词的指涉保持一致。但陈述自身取决于概念共生体，正是后者才使思维得以可能。同一性也是思维的一个基本条件，但它并不是思维中的创造者、制造者，主动者；后者在于那种只能被理解为更深根据的共生原理或对立关系原理。最终所有都必定取决于这一更深根据，逻辑的基本问题也在这里达到顶峰。因此想要消解共生体、把概念彼此撕扯开是荒谬的；由此柏拉图也称结合为“**思维的创造**”：“因为我们看到，陈述以诸理念的相互结合方式而形成”(διὰ γὰρ τὴν ἀλλήλων τῶν εἰδῶν συμπλοκὴν ὁ-λόγος γέγονεν ἡμῖν，259E)。重点在于形成(γέγονεν)；思维的自发性以此方式被标明出来，而我们却极少在柏拉图的最深形式化表达中重新发现它。思维由自己的基本概念产生出来，后者毋宁说恰恰是根基。现在逻各斯本身变成了“基本概念中的一个”，并且我们可以补充说，变成它们中的最高概念；因为它是所有概念的囊括者，从另一个观点来看它无非就是存在。实际上任何观点都证实了这一点，即作为被创造者的逻各斯与同样作为被创造者的存在是同一的。随着作为共生体的逻各斯的产生——从非存在的方法论角度看，使存在问题有意地变成逻辑问题的时机就更加成熟了。概念共生体的辩证法就是**存在的逻辑学**。整个哲学的基本问题现在都取决于逻各斯的这种新含义。并且“要是我们否定了这种逻各斯，由此我们也就失去了哲学的最重要的(最根本的)含义”，而后也就不再有陈述、判断，因而也没有了存在(260A)。这正是柏拉图不厌其烦地强调的。因此，结合(συμπλοκή)处在整个研究的兴趣中心。现在逻各斯成为了最高基础——与《理想国》中逻各斯自身(αὐτὸς ὁ λόγος)相对应，由此结合也被提升到了**奠基**的高度。如果人们现在理解了结合规则的特点，就会发现它最终的和真正的含义是连续性，后者是在思维的设定中产生出来的，借于此基本概念得以连接起来。人们看到，这种连续性作为思维法则在这里最终隐含在结合中，无论它本身是否被明确地指出来。以非存在(μὴὄν)为基础的连接概念必定早已导致这一点，即便柏拉图不把**结合**看作理念的最高机能，不将其视为作为整体的思维关系。纯然的结合概念就包含了连续性思想。“联合”和“交织”都是类似的概念，如交织(ξυμπλέκειν)和捆绑(ξυνδεῖν)在《政治家》(309B)中以相同的意义并列出现一样。这二者通常的含义几乎已经与结合相一致了。实际上思维的连续性通过对结合的深入把握而变得完全清楚了。正是“相互贯穿”概念使我们看清了交织的内在本质。“结合”变成了相互渗透，概念的连续性变成了**原初的内在连接**，只有这种原初连接才有能力现实地产生一种严格意义上的“交织”。在此意义上“共生体”也才可能合法地被理解为连续性。而且与同一相比它是原初者，正如与差异相比它也是原初者一样。

但是概念的逻辑稳定性及其结合原理并未穷尽所有的思维规则。与之相对，必定有分离原则。而这可能看起来主要在于差异(ἕτερον)的首要含义。因为差异实际上是通过区别而分离。但柏拉图很显然用“分离原因”意指别的东西，即某些概念：比如矛盾物的不一致性，如运动和静止证明为不可调和的。这实际上不同于那种通过纯然的差异而被标识的分离。后者并不倾向于结合。正是在这一关键点上，我们必定为基本概念体系中的**矛盾**律找一个逻辑位置。然而这个逻辑位置却小心地被限定。人们可能会认为，在如此大规模的思维关联中并没有为现实矛盾提供空间。因为所有分离确实只对更高关联才存在；所以说，怎么会出现矛盾呢？我们无论如何都不可能料到“共生”体系会被取消。这意味着再次牺牲思维。所以它肯定没能被理解。但仍还有一个问题：为什么在思维中存在着无法直接作为判断被执行的概念组合？运动和静止并不像运动和存在或者静止和差异那样能够相互陈述。但如果我们回顾整个体系思想，很显然这是唯一能够被述说的。在该体系中必然有这样的点，它们无法直接结合，而只能通过隶属于一个更高的共同观视点而相互联系着，与之相比这两者只是组成要素。思维连续体对它们来说就是囊括者，也在它们中间架起了桥梁。但就它们自身来说仍是无法结合的：如果人们撇开那个共有的整体不谈——这两者只是整体的环节，连接并未建立起来，也就出现了矛盾、互为抵消。那种应该将它们连接起来的非存在在它们这里仅显示了其否定面，一直保持为扬弃样态。① 如果更高的思维统一被忽略并且运动直接地就变成静止的话，那这就恰好违背连续性思想了，因为这种跳跃意味着合规则的系统关联的破坏。这将再次损害同一性，而关联却只能建立在这种同一性之上。所以概念共生体(κοινωνία)要求作为“分离原则”的矛盾律做它的保障。

人们所称的三种思维规律最紧密地相互关联着，即在非存在概念中相互关联。这是从思维的连续性中早就看出来的。并且就矛盾律来说，这也是直接明了的。在埃利亚学派那里非存在已经意味着矛盾，当然被理解为绝对的非存在。但从某种意义上讲这种绝对非存在的含义在忽视更大视域的结合而只强调两个概念不可能直接“结合”的情况下都还处处再次得以确立。这样的两个概念必然会相互扬弃，因为在它们中间周旋的非存在并不能形成更高的肯定价值。与之相比，同一性似乎与非存在(μὴὄν)最不相关。但这是一个偏见，至少不符合实际的问题关联。这会使同一性孤立化，因为没有了非存在(μὴὄν)，一切都是孤立在此的。同一性作为逻辑的基本要求恰好产生于必须要保护概念内涵免遭差异化(ἕτερον)。由于差异化，它必定将变成另一个其所是。但差异是一种非存在。因此同一在一定程度上是差异概念本身的差异，是非存在的非存在。这是非存在的自我限制。只是这种限制面向的不是非存在和扬弃，而是存在和设定。这种自我限制保证了，在结合中所创造的那个存在不会由于更大的差异化作用而再次消失，而是保持着它。这恰好获得了同一。

值得注意的是，《智者》在“为我们所创造的逻各斯”(uns der λόγος erzeugt)这一研究高点上指明了创造原则，即今天所称谓的思维法则：连续性、同一性和矛盾。并非柏拉图想要以排序的方式展

① 在柏拉图那里也可以发现一些关于这种非存在样态的线索，对此参考下文第150页以下。

示它们；他事实上洞见到了这一哲学体系，却远远没有对其进行相应的系统描述。但在深入的辩证研究中，如《智者》所阐述的，每种思维动机自然必定会在合乎思维的内在结构的位置上出现。即便是很少的基础分析都必然导向思维法则。但由此我们也应该不会再期待对思维法则的暗示。逻辑学恰是在柏拉图那里才首次产生，它还会寻求自己最深刻的前提；这样一来，思维法则就得到全面洞察。①

《巴门尼德》的重要研究都完全以《智者》所开启和取得的这些思维规则成果为基础，以对它们的理解为前提。如果人们也根据年代排列这两个对话，那么就更不会否认，这两者的内容是最紧密相关的，并且是互为补充地相关联的。《巴门尼德》提出了连接要求，而这个要求在整部作品的结构中无论如何都是作为前提的。无论从肯定方面还是否定方面来说，都表明了该要求是不可或缺的。但《巴门尼德》并没有直接地证明它，也没有论证其动机和规则。这是《智者》的任务：思维的起源和运行通过连接概念得到证明并且表明了思维在其中的运行轨道。当然这种回答还隐含着一个更深远的新问题。不过这个新问题超出了对存在和非存在的单纯刻画。接下来我们只有基于《智者》所应用的方法——对非存在进行逻辑回答——才会理解这个新问题。

不过《智者》的这些结论中仍有另一处值得注意。《智者》为我们引进的思维规则就其自身来说也不是孤立的。相反它们也显示出最内在的相互关联。我们已经发现，它们之间是如何互为互渗。根据就是：它们全都产生于同一个源泉；我们预感到其深度，但远未充分挖掘。**这个源泉就是非存在**(μὴὄν)。这个惊人的概念形态，具有否定的外观却有肯定的含义，同时是思维设定中的连接者和运动者、驱动者和保持者。在其中包含的机能是多面性的——人们几乎能够说是全面性的，这就很明显使得非存在成为判断的最内在杠杆。当柏拉图从差异(ἕτερον)入手描述这个概念的本质时，自然地就禁不住令人想到，这种描画并不能穷尽非存在的全部本质。在其中必然有某种更原初的、更重要的东西。柏拉图自己从中汲取的一切就应该使这一点变得清楚明了。因为作为差异的非存在是作为“其中一

① 对于柏拉图在《智者》中的这种深刻洞见和博尼茨(Bonitz)的观点(《柏拉图研究》，第196页以下)——《智者》不包含“对理念论的论证”，人们必然觉得无法理解，如果不通过博尼茨所理解的论证概念解释清楚的话。在他看来，理念论肯定就是表明一种处于思维和概念范围之外的“实在性”。柏拉图在《智者》中当然并没有提供这样的证明——在任何其他对话中也几乎没有提及。如何理解“理念”以及如何理解对它的“论证”，也许首先可以通过《智者》中“最重要的基本概念”有所了解。

个”概念处于其他基本概念中间的。但这如何与柏拉图的基本结论相一致呢，即全部结合(συμπλοκή)首先只能以非存在为基础？对于这个问题，我们要着眼于整个理念哲学体系进一步地追问存在问题才有可能给出比较准确的回答。在这里我们只能一般地勾勒出逻辑上的基本机能，其概括性的表达就是**作为方法的非存在**：由于它每次都拒绝规则，所以就会导向对新存在的设定。这种向新存在的过渡正是非存在(μὴὄν)的含义；但新产生的却是一种存在(ὄν)。因此通向存在(ὄν)的这条道路超出了非存在(μὴὄν)。而且人们从中也许抵达了关于存在和非存在整个研究的最深处：非存在被揭示为**通向存在之道路**。或者说，非存在不仅是存在的相关项，而且是其**前概念**(Vorbegriff)、**过渡概念(**Übergangsbegriff**)**，由此最终的思想要素、基本概念——存在的工具——才得到规定。因为在基本概念中形成了体系、结合，而在结合中存在得以规定。存在只能处于结合中，这一点我们确实能够充分地认识到了。

从非存在到存在的这种过渡对于整个柏拉图哲学来说——并且一般地对于逻辑学来说具有什么样的深刻含义，这是在《智者》的框架中并未能加以指明。对此需要进一步探问。只是这个任务我们在这里能够确定下来。该任务需要说明，那些成为柏拉图学说基础的基本概念是否现实地为这种**产生于非存在**(Hervorgehen aus dem Nichtsein)的观点进行辩护，它们本身是否是从非存在中产生的。唯有如此，非存在(μὴὄν)的方法价值才能得到证实并获得绝对的逻辑尊严。因为在非存在中实际上确实包含着一种根本性的机能，如《智者》的结论所预见的，所以非存在肯定**一开始就内在于整体理念论中**(在时间较早的文献中也是如此)并且必定能够通过理念本身及其各种不同的表达形式得到证明。而这就是不再从理念论方法去刻画存在和非存在的特征，而是转换了问题，即从存在与非存在的方法论出发刻画理念论及其局部问题。

这里也许正是探讨非存在思想的地方；柯亨在《纯粹认识的逻辑》“判断起源与柏拉图《智者》之间的联系”章节中就谈及此。这是**非存在(**μὴὄν**)与不存在(**οὐκ ὄν**)的区别点**。该思想被赋予的这种含义绝不是基于诠释偏见，而是基于一种彻底的体系性考虑，它从其自身出发提出了这种区别的可行性问题。非存在(μὴὄν)的概念如此被改动，以至于它完全保留着设定(Setzend)的含义而没有保留扬弃(Aufhebend)的含义。非存在中的新事物是如此地重要，如此大大地超过扬弃一否定(Negation)，因此在这里只要扬弃仍是一种根本性的思维机能并且作为矛盾律在一切思维中发挥着公认的（在柏拉图那里也得到证明的）作用就可以了。这种机能的独立性如何具有正当性，这需要接下来通过诸问题的内在关联加以指明。这涉及问题的另一面。也就是说，由于扬弃是必需的，并且非存在是对扬弃的正确表达，所以问题就是：所有非存在都在另一种不同的设定含义上来理解，而其中的扬弃含义竟完全消失了，这是如何可能的。同样不可能的是，人们在一种意义上严格地使用非存在（μὴὄν）概念，同时也在另一种意义上理解它。因此不由得产生了这样的问题：除了非存在（μὴὄν）外，是否还能找到对它的另一种更严格表达，即能够被理解为作为扬弃的非存在。

现在希腊语恰好具有另一种术语构成所需要的东西：另一种否定。非（μὴ）和不（οὐκ）从使用上来看以此方式区别着：不（οὐ）是简单**的陈述否定、断言否定**，与之不同，非（μὴ）则是拒绝着的、制约着的、普遍化的，简言之，**关联着的否定**。因此可以料到，借助于这样的概念构成，非存在（μὴὄν）和不存在（οὐκ ὄν）的含义区别无论如何都必然值得注意。假定这种区别能够由句法条件来理解，那么就不难预见，这种简单的断言否定也只能意味着对它所否定的那个概念进行一种简单而直接的扬弃，相反，关联否定则是对“他者”的肯定性设定——这符合于柏拉图那里非存在（μὴὄν）的真实含义——。因为设定是**关系的产物**，而扬弃毋宁说是**关系的解除**，或者至少意味着忽略它。在柏拉图那里非存在的两种形式持续地出现；我们几乎从《智者》对非存在的每一研究维度中都会看到非存在（μὴὄν）和不存在（οὐκ ὄν）的并行而立。这两种形式严格地受制于句法属性，或者更具体地说受制于句法构成——其简化形式正是否定分词，尽管从表面上看这种理由极为干脆直接；但也许并不违反这一事实，即在这种由形式制约的区别背后也隐藏着一种受哲学制约的区别。因为这种形式上的制约对于句法构成的含义来说绝不是外在的，而是恰恰应该表达出一种内容上的区别；所以人们至少必须承认这种任务的合法性，即也要为这种形式制约找到它的内折面——**哲学制约**。无论柏拉图有没有意识到这一点，无论那个包含着形式制约的句法结构是否早已一同被这种含义区别所规定，这些自然都完全是另一个问题，是我们绝对无法处理的。因为我们的任务不是把柏拉图个人的观点作为他文献中的本质部分来考察，而是唯独考察客观的问题内涵，后者对他而言就像对任何思想家一样都是内在的规定，即便他并未完全看清这种问题内涵。

让我们进一步考查，**完整句法**必须具有怎样的性质，而且也正是从它们这里才产生出作为**简化形式**的成问题的分词构成。也就是说，如果这两种形式都受句法结构规定，那么很明显，句法结构早就发生了一种实质性的内容变动。因为从内容上看，无论我是表达“这个不存在的规定者”，还是表达“一种普遍者，只要它是非存在着的”，这都无所谓。其中一个的希腊语是 ὅ οὐκ ἔστι，另一个则是 ὅὰν μὴῇ 或者 καθὅσον ἂν μὴῇ。前者得出的分词形式：不存在(οὐκ ὄν)，后者得出的分词形式：非存在(μὴὄν)。仅仅由此就应该已经说明，非存在(Nichtsein)的这两个形式不可能是**概念上同一的**。普遍化的内在含义将它们区别开来。但这种普遍的含义最终是关系。在形式区别背后恰恰总是已经隐藏着某种内在的、概念的区别；但这种区别在形式史上完全无法自动形成。它必须被推动。

因此在不存在(οὐκ ὄν)背后最终隐藏着不存在者(οὐκ ἔστι)，对某一规定性内容的那种直接否定；但很显然，与某种规定性内容相关——并且仅仅与之相关的这种否定，由于它与其他逻辑上邻近的内容之间的关联没有一同被思考在内，所以意味着**单纯的扬弃**；因为比扬弃更多的是对他者的设定，而这恰恰在对规定性的孤立化中早已被排除了。**对内容的限制**导致了扬弃的绝对化。[1] 在这里只考虑有限的概念范围，并且由于该范围恰好就关涉这种否定，所以这种否定就是完全的或绝对的。非存在(μὴὄν)就不一样了，在它背后的句法结构是：ὅὰν μὴῇ(或者 ὅπῃ，或者 καθ’ὅσον ἂν μὴῇ)。这种普遍化的句法构成所意指的很明显不是某种有限的个别情形，而是一种普遍者，所有可能情形的总体。因而在后者这里，没有发生那种使否定变成简单扬弃的内容限制。在这里概念并不是孤立的，而是在概念共生体中来思考的；概念间的联系一直维持着。不过这种联系是与**未被否定者**(Nichtnegierte)之间的联系。后者尤其表明了由 ὅπῃ，καθ’ὅσον(“只要”)等而来的消解，“只要”总是已经包括了“只要不”，这两者不是在析取中而是在**合取**中关联在一起的。因此未被否定者就一同算在被否定者之内，或者超出其外而指向某种肯定性的东西。因此多亏了非存在(μὴὄν)的严格句法规定，它才与不存在(οὐκ ὄν)相区别；非存在标识着那种**超出自身**的否定，而不存在则是**保持在其自身中**的否定。

---

① 关于这种由限制而来的绝对否定的可能性与逻辑含义，参照下文第 152 页及以下；此外，关于作为否定的扬弃概念，参见：柯亨《纯粹认识的逻辑》，第 87 页及以下。

因此一种现实的否定概念，从其严格的普遍性意义上看，只能以非存在(μηὸν)的形式而构成。因为只有这种形式才能恰恰表达出那种普遍化和关系多样化，它标明了概念特征：非存在者(τὸ μηὸν)。而不可能有一种与此对应的不存在者(τὸ οὐκ ὄν)。从中我们也许已经看出，为什么严格的扬弃－否定——实际上它也必定作为概念一直保持着——并不能同样准确地表述非存在(μηὸν)的原因。我们似乎总只是看到非存在偶然地出现，比如在否定涉及某种特定的个别存在，却并不锁定于某一固定的扬弃概念术语的时候。全部的重心一直都在于这个新发现的存在着的非存在概念或者设定着的非存在概念。不难理解，扬弃着的非存在概念很少受到重视。因此它仅仅通过“不可结合”的矛盾概念而间接地显示出来；正如我们看到的，它也需要小心地对待，不过任何时候都并不作为绝对的分离。尽管这种否定概念并没有被系统地对待，但肯定在研究中留下有关这种思想的蛛丝马迹。所以找到这样的线索，并不奇怪。相反要是没有找到这样的线索倒是要感到惊讶了。在与否定分词的区别中也必定对此有所表露，① 即使柏拉图完全误解了矛盾的这种独立机能。这种机能好像是在柏拉图对它几乎不期待的情况下突然出现的，真的是非其所愿。但这样的问题价值是十分根本性的，实际上无法回避，决不能从问题关联中被抹除。而且它们不容拒绝地重现了，无论人们是否愿意。

于是，几乎没有必要对不存在(οὐκ ὄν)所出现的具体文本处进行研究。人们似乎也没有对非(μὴ)和不(οὐκ)的含义并未得以区别这一点提出异议——因为内在的语言逻辑对之提供了帮助；毋宁说最多的情况可能是，这种区别很少被谈及。不过当人们重视整个问题链时，也许就发现一种足够清晰的区分含义。比如在《智者》256D处就有一句：“运动实际上不是存在，但又是存在”(…ἡ κίνησις ὄντως οὐκ ὄν ἐστι καὶ ὄν…)。也就是说，要从不同的含义出发去理解运动。运动是“存在”，只要它分有了存在，因此通过概念连接起来了。相反，它实际上“不是存在”，只要它就单纯地区别于存在，因此两个概念之间的分离被强调了。在这种单方面的强调中，联系并没有获得其合理性；所以，否定可能就被理解为不存在(οὐκ ἐστι)，理解为直接的扬弃。它恰恰具有了**悖论**的确切含义：ὄντως οὐκ ὄν αἰὸν，而这当

---

① 当然有一处(257BC)似乎与此相反，在那里是说这两个否定小词并没有导致非存在(μηὸν)与不存在(οὐκ ὄν)之间的对立(ἐναντιον)，而仅仅是不同。不过也许得假定，在这里仅仅描述出否定本身的特征(ὅταν ἀπόφασις λεγηται)——在其中并不必包含有矛盾。

然不是偶发意外。这或许正好被引向另一个相关的非存在概念。因为这个概念随后确实同样以非存在(τὸ μὴὄν)形式出现的，一般来说就是“运动”(κίνησις)以及所有其他概念都分有的那种非存在概念。不过柏拉图在《智者》256E 处再次说到差异(ἕτερον)：差异导致了不存在(ἕτερον οὐκ ὂν ποιεῖ)。当然，否定对于“任何个体”来说都会成为一种不存在(οὐκ ἔστι)，只要后者能够被当作个体性的而又不会与未被否定者相关。在这个意义上“所有概念都成为了不存在者”(οὐκ ὄντα)，在这里显然同样出现了悖论；如那个命题的推论所显示的，它们在其中同时又作为存在者(ὄντα)。——下面几行是一种类似的总结，只是通过消解为彻底的不存在(οὐκ ἔστιν)而变得更清楚。也就是说，存在本身“不存在”，只要它又是他者；从这种观点看来，它被扬弃了。与此相应：“不存在在其自身中存在着”(ἐκεῖνα γὰρ οὐκ ὂν ἓν μὲν αὐτὸἔστιν…)。即：它在其自身中存在着，又不存在着，这只需要限定它与实际上的不存在事物之间的那种关系即可。一旦有了这种限定，就会出现矛盾，不过这种矛盾随着全面关系的建立很容易就自动消失了。

按照这种方式，大多数文本处的不存在(οὐκ ὄν)概念都能得到解释。这不仅适用于《智者》，同样也适用于其他对话篇：例如《巴门尼德》132C，136B，162A；《政治家》284A；《斐勒布》42B 等。为了进一步研究这些出处及类似处，我们将前进得更远，主要因为问题的核心是完全体系性的，因此几乎不会依赖于有多少处在相关研究中能够被理解，有多少处不能被理解。这总是在另一层面才去考虑。因为既然有了概念问题，那么该概念肯定被安置了，不论事后以何种形式为其提供证明。所以，不存在(οὐκ ὄν)作为扬弃着的非存在最终完全不依赖于我们对它的逐个诠释。这种诠释对它而言只是一种尝试性的辩护，它也可能得到不一样的处理。而这不会影响到事实本身。①

① 值得注意的是，谢林在《神话哲学》中早已察觉到这个隐藏在希腊语双重否定词背后的否定问题，并且从根本上使之发挥作用。所以他区分了(《谢林著作全集》第二部分第Ⅰ卷，第 288 页)：“非存在(μη εἶναι)不等于不存在(οὐκ εἶναι)，因为希腊语的优点在于，每个词都能通过独有的分词表达那种矛盾的、纯然对立的否定含义。”还有更加清楚的论述(第 307 页)：“在一般的语言使用中，这两个否定分词是以不同的方式进行否定的——这大概是希腊语胜过其他语言的地方——，并且……**完全类似于哲学区分**，一个仅仅否定现实性，而另一个也扬弃可能性。”当然模态词的卷入很容易再次使这种简单的区分含义变得昏暗不明。按照谢林自己的术语来理解就是，被扬弃的只是这一观点：不可能者、纯然现实性的被否定者与“第一可思者”(primum cogitabile)是同一的(第 289 页)；因此，后者很显然是作为起源的非存在。

最后剩下的就是从体系统一的角度总结整个非存在与存在问题。为此我们必须在一段时间内远离柏拉图文本，从而眺望向更广泛的历史联系，而这些历史联系正是那个由《智者》首次提出的非存在问题所引起的。因此对结论以及进一步深化的展望就在我们眼前，而这当然是柏拉图作为有意识地走上这条仍未开拓的非存在研究道路的第一人不可能预见的。

非存在难题作为否定问题从来没有在哲学兴趣领域中完全消失，即便是在对它的逻辑基本发问如此贫乏的中世纪。为了获得非存在难题的总体画面，我们必须再次回溯到它基本的否定形式。形式逻辑区别了两种否定类型。其中一个是从否定性的 A 最多到非 A，即直接的扬弃。对于可能超出这之外的东西就不去考虑了，不再属于这个思维机能阶段。在个别否定物中**停驻**(Stehenbleiben)恰好是这种否定类型的特征。从心理学上看这种停驻在思维过程中是否可能，这是另一个问题。在这里我们不涉及。从逻辑上看这在思维机能中必然是可能的；因为任何阶段都能从逻辑上把自己看作自己的机能。

另一否定类型是从非 A 过渡到 B。B 对非 A 来说绝不是陌生的、外来添加的内容。它就是非 A 本身，只是从不同的方面改换成新事物。在这种改换中非 A 的规定仍保持着，不过该规定变成了另一种事物的界限——既不是肯定的，也不是否定的，而这里的另一事物并不包含在 A 中。但由于从另一个角度看它是非 A 的折面，所以它一直都包含在否定机能中。B 本身就是 A 的第二种否定类型。

因此在这一否定形式中所完成的比在其他形式中都更多。它不仅被扬弃，而且也被设定。全部的重点就在于设定。而且很容易认识到，在这一应用中该否定形式的全部价值和目标就在于设定，而不是否定活动本身。与前者相比，后者下降为单纯的手段，或者最多可以说，下降为过渡阶段。不过这种否定活动"为了"别的东西而下降为手段绝不是其逻辑价值的降低；相反地，它由此才发现这种价值。这种直接的否定、即非 A 就其自身而言并没有价值。因为思维价值不是否定，而是设定。并非无，而是某物、存在才是思想内涵。并且真相在每个问题中必然总是某种肯定物。因为所有的问题提出都仅仅指向肯定物、而非无。非 A 独自并不提供这样的肯定性思维价值。但 B 也许能。因此在 B 中否定才获得了其肯定含义，即作为**设定方式**(Methode zur Positon)。在这里它变成了创造性的思维机能，变成逻辑上的新创造原则。

从扬弃性的否定转化到设定性的否定当然无非是通过转换，或者毋宁说通过**整个逻辑观视点的深化**才发生。直接的扬弃仅仅发生在 A 这一概念中。它并不超出 A。因为从对 A 的否定到非 A，这并不是超出，它仅仅意味着扬弃，因而从某种程度上看意味着 A 的概念范围中的**逻辑空**，别无其他。从这点来看这仍是未被超越的。另一种否定类型就完全不同了。在这里，在 B 中发生了一种现实的**超出行为**，而且是**双重的**：一，超出否定本身达到设定；二，超出概念内涵 A 达到另一种新的概念内涵 B。由此整个观视点就变动了：否定变成了另一种更深意义上的思维手段，而这是它作为单纯扬弃所不具有的。用康德的话来讲这就是“**综合**”。它不在别处，就存在于“超出”行为中。这种超出当然不是从思维本身的观视点来说的，而是从“分析”思维的观视点来说的。对于思维的分析本性而言，综合本性就是超出概念。分析就保持在概念范围内，并不超出所给予的内容。当然内容是如何被给予的，这是分析无法说明的。因为只能通过超出而达到另一个才能成为内容，但是分析思维恰恰无法理解这种超出。分析并不是独立的，它总是借助于综合才是某物。综合是一切的创造者、奠基者；分析只是综合的一个具体面，其中的一个品质特征。

这种关系恰好是我们从两种否定类型中发现的。在思维过程中一个绝不会没有另一个，它们**相互交叉**；每个否定同时既是扬弃又是超越；就像一般的任何思维机能总是有其分析面和综合面——值得注意的是，机能本身总是站在综合这一侧。这也正是否定的思维机能所表明的：思维实际上从来不会停留在空的扬弃中。它同时总是从 A 越过非 A 达到 B。因为思维的综合本性和分析本性完全只是同一物、思维自身所具有的相互交织特征。因此决不能认为这种双义性是错误的。它必定一直这样下去，是所有思维的特征。但正是因为这两个面是不可分的，一个绝不可能没有另一个，所以它们更多的不是被分离，而是被区分。

正如一般地将思维的分析本性与综合本性进行区分是有意义的且是必然的一样——尽管分析一直都只是综合的一个外在面(好像是形式面)；同样必然的是，将形式上的、囿于给定内容的否定与作为基础的内在面、超越的否定进行区分，后者会再次跨过所有通过自身创造的内容，进而超越到新内容，这正是通常柏拉图意义上的非存在，非存在者(τὸμὴὄν)——不同于那种局限于给定的个别内涵、因而纯然扬弃的不存在(οὐκ ὄν)。所以与之相应的问题就是，将上述的这种区分规定为**分析否定与综合否定**之间的区分。借助于非存在者(τὸ μὴὄν)这个概念，综合思维的基本特征得到了清楚的展现。因为它正是使所有概念联系得以可能的基本机能，它必然使每个差异者(ἕτερον)成为它的差异者，由此实际上就是思维的那种超越本性之原则。

也许值得在逻辑问题链的这个最根本点上停留一会儿，以便从一个更普遍的立场阐明它。今天我们在柏拉图问题提出的成果基础上刚好能够指出柏拉图所未能说明的。整个认识问题幅面，正如在柏拉图那里保持开放一样，在后来的时代也绝不会一成不变。亚里士多德的思维学说已经完全是紧盯着一个更片面的问题，强烈地偏爱思维的形式面、也就是分析面。而且由之出发还产生了经院哲学所称的"形式逻辑"，它完全回溯到分析的观视点；人们想到的是那种把一切思维确定性都贬低为有效范围问题的三段论。各个思维层面都视**矛盾律**为其最高原则。这在康德那里也得到了表达，他使矛盾律成为"**所有分析判断的最高原理**"。实际上判断和推理的形式面都很大程度上受思维法则所规定；尽管如此，不可忽视的是这种思维法则恰好是否定性的，正如它意味着对非 A 的排除。因此它保证的那种思维确定性自然只能意味着其本身：某种否定物。而且实际上逻辑学满眼都是排除矛盾，即无矛盾性。与思维的真正基本品格相比，分析只是一种否定性的特征。因此人们并不奇怪于，原则是否定的，在原则机能也是否定的情况下。

但肯定物、也即思维的真正综合品格又是怎样的呢？逻辑问题的重点就在此。实证科学及其可能性问题完全依赖于它；或者用柏拉图的话讲，"存在"依赖它。很容易就看出，分析性的否定思维特征并不能担保存在。巴门尼德所要求的那种**思维与存在的同一性只有在思维的综合知性中**才是可完成的。这取决于综合本性，或者毋宁说取决于全部逻辑的基本问题都建基于其上的那种原则。而现在如何看待这种原则？我们有过这样的原则吗？——比如像通过矛盾律所得的分析原则。由此再次关注思维综合特征的新哲学开始了；物理学的兴盛就在于彻底地与原则问题联系起来。牛顿已经把原则概念作为一切的根据。康德也将这种观视点引入逻辑学。这样一来，思维的普遍综合特征才被发现。从此以后它就是基本问题的指向。不过尽管康德如此多地赞赏和阐明综合原则，在他那里仍然缺少一点：**综合原则本身**，也即在基本原则统一中对综合本性的刻画。在我们看来"所有综合判断的最高原理"不可能充当基本原则，因为前者仅仅意味着认识与认识对象同一的可能性条件。人们或许会说，这纯粹只是对古老思存同一的更进一步把握。但它并不是综合的法则、内在力量。我们仍无法理解康德如何使思维**能够**超出概念之外而走向没有被概念所思考的东西；此外，还要需要证明一种包括一切的内在关联——它将一切可能的思维内涵或思维对象都原初地联系起来，正如康德在“综合统一”中实际上也将之作为前提，尽管没有指出其中的连接者、联系者。

毫无疑问，我们在这里遇到了逻辑学的一个终极核心问题。毋宁说，绕开这种原初的连接原则就是绕开逻辑的基本问题。在这一点上我们不能逃避以这个基本问题为定向的任务，这是置于我们面前的历史难题所要求的。因为在这里思维的综合特征与思维的存在特征重合了，所以综合原则本身也必定与存在原则本身相重合。

这种定向必然要从思考成熟的东西开始。它就是思维的分析属性。对此，我们具有一种无所不包的原则及其精确的公式：矛盾律。而对于综合这一基本原则，我们需要的是一种类比物。它必定具有同样的一般约束力，但并非同样是否定空洞的。因此，尽管它**保存着矛盾的作用效果，在内容上却超出了它**。更确切地说，这种超出必定会通向某种肯定物。因为在原初连接中所显出的那种新创造内容只有通过这一原则才能够实现。对**矛盾类比物**的这一要求刚好使我们置于第二种否定类型面前，即在前面描述的那种超出否定活动本身的否定行为——从 A 穿过非 A 达到 B 的那种否定。它具有矛盾的作用效果，因为 B 在一切非 A 中都被一同思考着。这两者恰好只是否定的不同侧面或阶段。可是 B 远远超出非 A，因为与 A 相比，它是内容上的新创造物，是不包含在 A 中的。并且这绝不是单纯外在的、形式的一致；实际上正是借助于超出非 A 的 B 才获得了所寻求的原则。**作为原理，它将意味着：“非存在存在着”**；与之不同，矛盾则意味着：“非存在不存在”。

因此我们恰恰在《智者》里论述的非存在(μὴὄν)那里赢得了“存在着的非存在”所意指的东西，它有别于巴门尼德的“不存在着的非存在”。剩下的就只是要指明，从一般体系意义上看**这种存在着的非存在实际上如何表现出思维的综合原则**。目前这是十分显而易见的。综合思维是在判断中发生的，而判断则实现着双重超越。第一，谓词超出主词，第二，整个判断超出概念性质——达到存在(对象)。前一种是后一种的外在面。判断是必然的，当且仅当谓词不论以某种方式必然地被主词要求。但如果这种要求并不像在分析中那样包含在主词的直接内容中，而是被排除在主词之外的，那么它就必定植根于两个概念之间某种更深的共同根据中。但是唯有那种将**所有概念**都彼此整合为一个系统统一的**原初连接**才能被思考为这种共同根据。而任何别的根据都要再次回溯到分析。因此对这种原初连接的证明必定意味着要指出那个原本就包含在概念中的、促使概念在判断活动中相互结合起来的纽带，或者**推动力**。因此综合原则必然意味着概念**倾向于彼此**，同时它必定使这种倾向得以实行，使从概念到概念的**过渡**道路得以可能。而正是存在着的非存在概念执行着倾向与过渡这两种活动，因为它使每个概念成为对于任何别的概念而言是非存在的，不过却是存在着的非存在。在这个意义上它意味着“他者的他者”。这是内容上彻底地被排除，但又是内容上彻底地相关联。虽然他者不同于他者，因此是被否定的，但同时也只是对于它自己的他者而言的他者，因此同样原初地与后者相关联地一起被设定。他者倾向于他者。因此概念间的这种相互趋向就是那种原初性的东西，它早已共存于概念的相互分离中，正如**互为的存在共存于互为的非存在中**一样。在这种“互为存在”中早已包含着原初的相互倾向。

不过关键还在于打开一条这种原初的相互倾向能够在其上得以运行的道路，它也是存在着的非存在得以运行的道路。对此，本质在于对过渡的定义。过渡必定是从概念到概念，因而是从存在到存在。因为每个概念都意味着存在。现在由于过渡肯定不是落入概念中，而是落在它们**中间**，[①] 所以它也肯定不是落入存在中，而是从某种意义上讲落在存在之外——更准确地说，落于存在与存在之间。因此它必定早已是一种非存在。尽管如此，由于它并不是彻底的无，而是对存在而言构成了一种十分确定的根本机能，因此所涉及的只能是存在着的非存在——借助于它，这一根本性机能的存在价值转换为执行原则。由此那种构成思维综合本性的系统性概念关联就呈现为一个巨大的**过渡联结**之**连续体**。这种连续性，作为思维的原根据就是**综合统一**；在康德看来正是这种统一使得认识条件实际上就是认识对象的条件。对象和认识在这里具有**无差别的同一性**。因此实际上综合思维不仅实现了对个别概念的超越，而且还实现了对概念本身的超越——即**超出概念而达到存在**。思维和存在的原初同一性也必定会通过这种回返找到其在**非存在方式**中的基础根据。

---

① “中间”概念实际上几乎与非存在概念一样是根本性的，我们将在模仿（μεθεξις）问题那里（第三部分第一章）进一步探讨它。对这个值得注意概念的完整评价只有在其历史中才能完成。

那种最内在的自发性创造原则的影响力、也即存在着的非存在原则的影响力延伸得如此之广，不引人注意地连接着矛盾律；不过并非与后者相等价，而是超过它、胜过它，远远地从其背后回过来把握它。因为所有真正思维机能的起源都在存在着的非存在中，而不在矛盾律中。

正是借助于存在着的非存在这一综合原则，我们赢得了柯亨“判断起源”的准确含义(在《纯粹认识论的逻辑学》的“判断起源”这一章中)。非存在思想作为无限判断变成了起源——正如它也是隐藏在康德“限度”概念中的。非存在就是“某物”或内容本身的起源地。这种起源涉及到每一个科学概念，甚至最终涉及到所有的思维内涵。它是**创造性**思维的原始特征。所以它要解答的正是康德那里的综合问题；因为新创作或“创造”恰恰是思维综合本性的最内在本质。从创造的意义上看“**起源**”肯定是先于所有内容而存在的，并通过自身才使所有这些得以可能。因此起源在与特定的思维内涵相关时必定就意味着单纯的“**问题**”，在与存在相关时意味着某种**非存在**。只要非存在必然走向存在，问题必然走向解答，那么起源同时就是必然的原初关联原则——因此也就是**连续性**原则。柯亨从“无”出发的“起源”概念就是**将康德的“综合统一”回溯到柏拉图的非存在**(μηὂν)。

康德不可能系统地赢得这种回溯，因为他无法历史地获得它。“纯粹理性”问题对他来说尽管本质上是思维问题——认识思维的问题，但除此之外也是未被准确表达的意识问题；① 这早已通过“先验感性论”的开头得到证明。与笛卡尔“我思”(Cogito)、莱布尼茨“统觉”之间的历史联系使他能够把意识问题保持在思维问题中——在这一点上他实际上早已超出了前辈。相反，他缺乏与柏拉图的直接联系，缺乏同古老的存在和非存在这一双重问题的联系。所以他当然也就不可能在非存在概念中为他的基本思想找到有利根据，而另一方面他思想中包含着同样的基本倾向，这体现在：不同于英语词源学，他重建了理念的声望。所以，康德为综合思维进行奠基

---

① 如果人们将康德的“综合统一”纯然地看作意识问题，当然所有将综合统一回溯到古老存在问题的这类做法就会失灵了。在贯彻这一重要的历史关联上，需要做的是：如何纯粹地且尽可能地把握康德和柏拉图的问题提法。与纯然的意识问题相比，绝对意义上的“物自体”要求是无法拒绝的；不过这种要求似乎从一开始就切断了与柏拉图存在问题之间的一切联系。相反，如果人们明确地遵守那种被康德视为最高原理的认识可能性条件与认识对象可能性条件同一性原理，这就最为准确地符合柏拉图存在逻辑学的基本思想：思维和存在在概念共生体中是同一个，并且它们的这种同一(Einssein)以非存在(μηὸν)为基础。

的核心问题——通过**某一**基本原则机能为综合进行奠基的问题肯定仍未被解决。这是自康德以来体系哲学今后所要完成的任务。它只有通过重新发现柏拉图的非存在才能解决。因此必须从“无”中获得“起源”。

对于这种历史状况来说再也没有比热切地补充康德学说更有教益的了，正如早期的后康德哲学已经感觉到的。**费希特**和**谢林**两人都以自己的方式尝试为新发现的综合问题寻找原则；费希特还不纯粹，因为没有摆脱心理学的混杂(在自我和非我中)，谢林纯粹得多，因为是完全客观的，只是从完整的系统效果来看仍不是客观的(如“潜能阶次”概念在他那里本质上被认为是亚里士多德意义上的)。无论如何，这两位哲学家都借助于存在着的非存在这一逻辑工具去处理体系性的基本问题；事实上他们都接近于柏拉图的存在逻辑学。

对这种方式的最全面尝试是黑格尔；我们感兴趣的是，他有意识地仿照柏拉图的形式化表达。体系的绝对封闭性这一特点迫使他通过原初连接去展示范畴，让它们“辩证地”从彼此中产生。为此需要方法论原则，因为在非辩证的意义上，范畴不会直接地相互过渡；使它们相互对立地分开的并且无联系地显现的正是矛盾律，或者更准确地说，以矛盾为原则的那种思维本性，也即分析本性。现在它们应该保持着联系并且必然地相互产生，因此任何情况下它们在矛盾中都不会独自存在着，而是无论如何必定被超出。在这一点上黑格尔可以摆出根据：“扬弃”矛盾。这是否是一个好的表达，对此我们不会预先做出评判。人们必须如黑格尔自己阐释它的那样去看待它。“扬弃”在他看来并不是否定性的，而是“保存着”的否定：“被扬弃者在其自身中就具有它源自其中的那种规定性”(《逻辑学》，第一卷，第110页，1833年版)。用我们的话来讲，这正好意味着对矛盾律的超越，即它不是取消被否定者，而是使之成为他者的他者，因而是连接着的、综合的否定。在他这里“扬弃”概念成为了“辩证法”的基础，由此成为了体系本身的基础。在一定程度上它是整个体系的基本概念。因为它是一个范畴过渡到另一个的原则，是基本概念的对立原则。因此综合思维原则与作为分析思维原则的矛盾律是相对立的。在这里看起来毫无关联，但实际上与“扬弃”相等同的正是“非存在”或“无”的概念，黑格尔将之与存在综合起来而置于体系的顶点，并看作绝对的“开端”。由此，它就被描述为存在的逻辑起源形式、那种去创造规定性的完全无差异性。它是超出属性之外的开端：作为预先推定，它是一切；作为贯彻实行，它是无。与个别的思维规定相比，它是无所不包的，或正如它曾被称谓的“纯粹连续性”(第 97 页)。这只能是非存在机能中那种无差异的思维连续体，它恰好就是体系关联的原初形式，是所有具体范畴都早已以之为基础的、通过“扬弃”——保存着地超越而实现的那种过渡原则。因此，绝对“开端”与过渡概念事实上就合而为一了。黑格尔诉诸柏拉图的差异(ἕτερον)概念，虽然他并未把握住柏拉图思想的系统深度，将之作为一个特殊环节纳入到自己思维体系中。要是黑格尔一方面处处固守住他所确立的“扬弃”含义而另一方面为实际的、非保存性的扬弃概念指定合适的位置，那么他可能也就贯彻执行了《逻辑学》第一卷中那个值得称赞的**开端**。但他辩证法的缺陷就在于没有满足这两个条件；而且他越是进一步扩展体系架构，缺陷就越发明显。随着**反思概念**的引入，就已经开始偏离他自己的辩证基本原则——更别提自然哲学的任意性了。此外他把矛盾这一控制枢纽看作是被扬弃的，并且每个被引入的概念——也包括站不住脚的概念——都能毫无阻碍地继续向前过渡，所以他的体系无法自我修正。因此黑格尔那里，最初意图与对它的贯彻执行之间彻底脱钩了。但让我们重新接受柏拉图问题的关键恰恰是最初的意图，因为对它来说作为综合思维原则的**存在着的非存在**是显而易见的。不过要纯粹地将之剖析出来，这对于诠释者而言或许是最困难的一项任务。

但由此我们就远离了柏拉图。因为绝不可能断言，柏拉图区分了思维的综合本性与分析本性，并借助于这种区分而提出问题。这是很晚才发生的事，在这时哲学可以眺望数学－物理学的固定指引域。尽管柏拉图逐步地靠近这个问题，我们仍必须小心谨慎地理解他的言辞含义；他处理的种种问题看上去都大大地超出他的预期。尽管如此，这样一种体系性的贯彻执行对我们的目标而言是必需的；唯有如此，我们才能衡量柏拉图所做工作的重要性，在多大程度上提出了“综合”这个基本问题，以及对其进行了肯定的形式化表达等。这个问题历史进程的转折点就是开始了对形式的分析思维要素的偏爱；而柏拉图直接面对着这个转折点，因为该转折点正是其逻辑作品中的亚里士多德。所以不用奇怪，柏拉图所应对的仍是具有统一品格的思维，无非是巴门尼德和德谟克利特意义上的思维。思维对他来说仍具有完整的、无差别的特征。这也恰好是他优于亚里士多德和后来逻辑学家的地方。后来者由于过度地偏向形式，偏向否定一致性，从而错误地高估思维的分析面，也即比较空洞的第二面。与之相比，柏拉图并不熟悉这种单面性，他无偏见地、自然而然地强调的思维面对所有创造性认识意识来说都是最主要的事和真正基本价值。而这恰好就是思维的综合本性，不论已知的还是未知的。

柏拉图甚至不需要首先使自己置身于这一立场中，因为他就历史地成长于这种思考方式。整个前柏拉图哲学都是基于这种方法论视角从事思考活动，只要它处理的是思维问题；该视角是所有最古老问题的未知统一，因为正如我们看到的，它从根本上等同于存在问题中的那种统一。正是得益于这些遗产，柏拉图非常熟悉这种统一思维。这种思维，作为有内容的思维、作为思维与内容之间的同一，也即作为思维与存在之间的同一正是思维问题所获得的第一个形式化表达。这种主导作用一直影响到柏拉图。思维的存在本性说到底无非就是思维的综合本性，所以它的形式化表达总是未完成的。因此，所有问题中最古老的存在问题早已在开端处就瞄向了思维的综合本性。思维问题是较晚才出现的；它源自存在之思(Denken des Seins)，并受其规定；无论如何，存在问题肯定一开始就与那个同样未知的、柏拉图在《智者》中将其作为所有思维机能之基本标志的非存在一方法论概念一起发挥着作用。非存在原本就蕴含在本原(ἀρχή)中并且由此实际上就是一种起源；对于这一历史事实，从这里开始我们不再将之看作“单纯”的事实，而是看作那种源自存在问题的内在必然性。也许我们可以说，古老的本原在这个意义上已经是综合原则。所以说，本原史就是综合思维史，或者就是存在史。存在的起源史是存在逻辑的起源史。德谟克利特对这个问题统一进行了首次清晰的表达，因为在他那里本原与“真实的存在”结合在一起走向了问题统一、概念统一，即作为“适用于”(für)存在者的原则。所以自然科学要被置于存在原则之上。这恰好就是我们所称的综合原则。这也适用于更高意义上的柏拉图理念，后者应该不仅为自然科学，也为所有科学思维提出了存在问题。由此可见，理念问题从一开始就确确实实是综合原则问题，是一般的综合思维本性问题。我们必将继续通过理念和假说(ὑπόθεσις)概念、并最终通过辩证法详细地探讨这个观点。并且将表明，理念实际上无非意味着从综合角度来理解的“原则”。对此我们必须暂时不予证明。我们在这里关键只在于弄清楚，柏拉图在多大程度上对这种综合特征或存在品格进行了深入的根本性论证。

令人十分诧异的是，柏拉图实际上把握住了综合思维，完全扎根在其中，甚至还发现了对之进行论证的基本原则，可他仍没有意识到他从综合中获得的东西。虽然《智者》和《巴门尼德》在这一方面都展现出最深刻的洞察，但从中决不会推出把整体概括为清晰成果这样的结论，这一点在很多地方都是一清二楚的。因此无论如何都无法确切地说，柏拉图在何种程度上澄清了创造思维问题。我们只能搜集那些最深刻的暗示，将之系统化，得出对于我们以及对于我们理解重要历史关联来说所需要的成果。而作为人，作为个体，对该结论进行自我意识地发问，这必定是我们永远无法解答的。

十分确定，在柏拉图那里，先是以具体概念为根据建构具体问题，进而继续上升到以原则统一为根据建构基本概念。正如在《斐多》和《理想国》中他必然在具体地探求根据的结论处努力探求绝对思维统一的根据那样（参考本书：第二部分第 2 章和第 3 章），在《智者》中他关心的是通过概念的这种原初特征、也即思维的这种原初特征使思维统一根据的内动力得以理解。为此长达几页的演绎就仅仅服务于这个目的。每个基本概念从某种意义上看必定都会相互靠近，因为这种仿佛自然而然的走近恰好通向了概念的共同本性。没有这种相互走近，概念什么都不是，甚至不可思。而且从事哲学思考的人都会落入自己的概念网中，只要他想要否认或避开它；因为恰好借助它，他才进行哲思，即思考，确定、设定或者言说基本概念，所以他早已承认了概念的这种走近。这是思维的必然性。因此概念的“共生体”或“连接”是必然的；此外还有这样一种含义，认识、哲思或思维一般地就是某物，因为“共生体”和“连接”只是对“相互走近”的另一种表达。

所以说，柏拉图对思维综合本性的认识是如此之深广；因为现在确定无疑的是，除了综合含义外，共生体中不包含任何别的含义。当然通过存在着的非存在原则为共生体寻找别的根据就是另一种情况了。在我们看来，对《智者》的重要主题研究同时也是对共生体和存在着的非存在之演绎，这一点绝非偶然。尽管如此，柏拉图在任何一处都没有直接声称要把共生体建立在存在着的非存在之上。更准确地说，非存在（μὴὄν）是基本概念之一，而不是所有基本概念的共同起源原则。正是由于这一点，我们不能说：他在何种程度上弄清楚了那个重要双重演绎的结论。想要对此开展争辩是无益的。因此我们必须超出《智者》的直接文本表达并最终借助于《智者》来思考这位伟大的概念辩证法大师的想法：他如何实现体系的完整统一。**此外**，毫无疑问的是，非存在（μὴὄν）正是在那个双重演绎中是**优先于**所有概念的概念。因为从这里出发仅有一步就能推论出，非存在也是所有概念都以之为基础的**体系性统一概念**。对于这个结论，我们可以紧紧地按照柏拉图自己的阐述去思考它的可靠性。每个真正的基本概念所依据的并不是某一特定的思维内涵，而是思维整体，也就是说思维整体也是为了任何别的基本概念的那种基本概念。柏拉图以同一、差异、静止、运动为例最中肯地说明了这一点。每一个都以别的概念为条件，每一别的概念又以这个为条件。以这种方式没有哪个是优先的，没有哪个在机能上高于别的概念。每一个都只是存在于别的概念中并且**通过**别的概念而存在。它们互为条件。正是这种"相互性"才造就了共生体(κοινωνία)。因此只要我们逻辑上需要将共生体建立在某种唯一原则上，那么这个原则只能是"相互性"本身。不过这种"相互性"最准确地说就是非存在(μὴὄν)，是作为差异(ἕτερον)的差异(ἕτερον)。对其至高的肯定性含义我们能够给出足够多的考察。用我们更常用的、当然也是较弱的术语，可以称之为对立原则。而对立，只要涉及到思维整体，准确地说就是我们习惯所称的"体系"。哲学的体系概念是体系奠基(Grundlegung)的交互条件概念，因为体系的奠基说到底只不过是通过概念统一体所成体系的根据问题。因此非存在(μὴὄν)的奠基从最深的、当然也是未被柏拉图充分认识到的含义来看就是**体系本身的奠基**。由此可见，非存在(μὴὄν)的含义实际上不止是基本概念"之一"：它是为整体，或者说为全体基本概念奠基；因为它意味着交互性条件，或者同样地是基本概念的体系统一。所以非存在以极其深刻的方式证明了自身是通向存在之路。因为存在从总体性上看无非是体系；而非存在则是这个体系的内在动力或者起源概念。这正是它的预知作用，它的方法意义，也是对自身合法性的辩护。

我们暂时还要再次返回到《智者》文本。在主要研究结束以后，柏拉图又着手处理虚假意见问题(ψευδὴς δόξα)。他明确地指出(236E)，其中的困难在于人们想要在逻辑上为虚假表象或虚假陈述的可能性进行辩护，正是因为人们表象了某种虚假物，就认为某种非存在者存在着。但这看起来肯定是完全站不住脚的，只要非存在仅仅作为人们既不能思考也不能命名的非概念(Unbegriff)。不过现在已经证明了，非存在绝不是在任何方面都是不可思的，毋宁说它被理解为对某一存在者的否认，意味着设定某种新存在。因此，现在问题就很容易表述为，非存在(μὴὄν)是否会与逻各斯(λόγος)和意见(δόξα)连接起来。因为这种连接恰恰必然产生出虚假言说(ψευδὴ λόγος)和虚假意见(ψευδὴς δόξα)(260BC)。假如没有这种连接，那么"一切都必然地是真的"。这时研究就转向了形式—逻辑学，因为所要展示的是，陈述是由什么要素组成之类的。对于这一点，在这里无法详细讨论。我们感兴趣的仅在于，柏拉图如何在言辞学中坚守住《智者》为逻辑学提供的结论。在这里结合（συμπλοκή）思想也得以保留，与之相应的是组合（πλέγμα）或联合（σύνθεσις）。逻辑观视点规定着语言。语词必然以句子为指向，由此才获得其意义，正如概念只有借助于概念共生体才能进入判断。

现在问题的答案似乎已经很明显了：由于思维设定了非存在（μή-ὄν），也就有了虚假陈述——在其中应该就包含着智者的定义。但事实上肯定会对这种回答提出异议。情况好像直接是，虚假概念由此就被改动了，而我们最终却对刚才那个如此确定的困难视而不见。非存在（μὴὄν）确实在某种意义上也应该“存在着”（sein）。只是它恰好是另一种不同的“存在”，是存在中的那种差异含义。但“另一种不同者”并不是说，陈述是虚假的。因此整个研究绝没有对现实的虚假也能够被陈述这一说法给出证明。对此，人们也许势必期待着，虚假陈述包含着一种绝对的非存在。而这又是不可能的，因为这样的非存在恰好无法被陈述。

正如在其他多处一样，在这里富有启发意义的或许是遵循着内在的问题关联，而不是停留在柏拉图直接说了什么上面。因为只有这样，才有可能找到那个与对话基本思想相一致的问题之答案。对此主要就是记住这两点。

第一，非存在（μὴὄν）既是差异原则同时又是联系原则。它一直都只是在特定的关系中完成设定。离开了关系，它就失去了其意义、其逻辑正当性。如果我们领会了这一点，也就清楚了，非存在是如何通过设定而导致虚假物的。存在（ὄν）必须在某一给定的情况下被设定，并与其他存在者（ὄντα）处于最紧密的关系中。现在如果设定的不是存在（ὄν），而是与之相关的非存在（μὴὄν），那么联系就不起作用了，关联本身也消解了。因为柏拉图反复提醒，并非所有概念都能够任意地以相同的方式实现共生，尤其并非在每种联系中都能如此。因此，在什么意义上（ἐκείνῃ）、相对于什么东西（κατ' ἐκεῖνο）（259D）、在多大范围内（κατὰ τοσαῦτα）（257A）等短语都一再地表明，这种**联系**是一切设定存在、扬弃存在的基本前提。所以说，当非存在（μὴὄν）取代存在（ὄν）时，原初的联系就消解了，另一种完全不同的联系产生了。而对此仍然可以追问：所涉及的非存在是否通过这另一种联系而被设定或被扬弃。在后一种情况中有虚假陈述的可能性。

第二，与此相关，就是这种问题答案的合理性。非存在包括两个方向：既指向存在，也指向绝对的非存在，指向扬弃。不论哪个方向，都总是必然来自于非存在，而非存在仅仅是中间环节，过渡概念。只要否认——也就是非存在中的非（μή）——不能过渡到一种新的肯定价值，从中也就不能产生出另一新东西，因为非存在中的否定含义显露出来了：从否认中产生了**扬弃**。因此虚假陈述是可能的，仅仅由于概念的交错连接而未能完全看透彻非存在（μὴὄν）在其中是消解为存在还是消解为非存在。因此，**真理假象**就有了可能性和逻辑根据；意见（δόξα）中的非真就带有这种真理－假象这种成分。也即是说只有在这种**已被认知的**虚假陈述中才发生着扬弃，才出现巴门尼德所说的那种真正的不可思的非存在。因为只有这样，陈述才真的变得不可能，它**扬弃了自身**。

在这处理虚假意见（ψευδὴς δόξα）的所有方法中，有一点值得注意：这个问题如何追溯到思维问题、逻各斯问题。由于没有进一步的解释，所以在这里可能显得很任意的是：为何必须绕到思维头上呢？《泰阿泰德》对此做了补充。在《泰阿泰德》中尝试着通过意见（δόξα）而直接地论证虚假（ψεῦδος）。与此同时，差异（ἕτερον）或不同（ἄλλο）与意见（δόξα）一起组合成新术语：错认（ἀλλοδοξία）、混淆（ἑτεροδοξεῖν）。不过这种尝试失败了，因为结果表明，在意见中差异与差异不可能互换。尽管如此，《泰阿泰德》中的结论并不像字句上显示的那样是否定性的，因为思维被标识为差异与意见之间的连接者——在此被称为推理（διάνοια）（《泰阿泰德》189C－E）。虽然意见（δόξα）总是把任何物都表象为存在着的，当然是另一种不同者，而不是他者。不过这种互换并不发生在意见中，而是发生在推理中：人们在推理中把某个存在者跟另一个存在者进行了互换（ὅταν τίς τι τῶν ὄντων ἄλλο αὖ τῶν ὄντων ἀνταλλαξάμενοςτῇ διανοίᾳ φῇ εἶναι）。意见没有差异。差异是思维要素。而在这种要素起作用的地方，涉及的无非就是思维。

或者我们可以更清楚理解这一点。意见（δόξα）必定如此被规定为虚假的，以至于它实际上接受对另一不同者而言的不同者（ein anderes für ein anderes）。只要它是“存在着”的非存在，也就隐藏在意见中。但“对另一不同者而言的不同者”所基于的立场恰好**不再是意见**，而是思维。**唯有思维才有能力差异化**（ἕτερον）。因为思维只有在差异的关联中才有其意义。但意见并不具有这种关联。关联是思维所特有的。因此，意见根本不是由自身被判定为假的或真的。**判决**

总是只能由思维给出。正如我们在《泰阿泰德》中所看到的，思维包含着评判(κριτήριον)，相反意见在真假面前则完全**无动于衷**。由于意见接受对另一个不同者而言的不同者，却忽视了这种关联，所以这一不同者也就在意见领域内失去了它的一种"并不亚于存在者"的逻辑本性；也就是说，从真实意见(ὀρθὴ δόξα)的立场看，虚假意见(ψευδὴς δόξα)的内容必定被视为绝对的非存在、扬弃、全无——如果人们愿意，也可视为不存在(οὐκ ὄν)。这也契合意见的实际状态，其特点就是把别的意见当作真正的**无物**(Nichtiges)，是完全的胡说(Unsinn)。真正孤立的、"什么都不是"的意见对象是不可思的、不可说的，这一点是如何可能的，就不再属于逻辑问题，而是意识状态问题，不是认识机能问题，因而是心理学的事情。从逻辑学来看，意见一直都是不可解的、"不可思"的，它必然包含某种**非理性残余**。由此不难理解，柏拉图在《智者》中也没有真正解决这个谈论得如此多的问题，这个问题实际上使他整个一生都煞费脑筋。他把奠基的任务分摊给所有领域，到处都尽可能保持纯粹性，甚至在应用问题上也都忠实于这一倾向。所以他并没有让终极问题(在体系意义上)获得其特有的独立性。心理学的兴趣在他那里仅仅零星地出现，并且总是为了逻辑的或伦理的兴趣，而不是为了其自身。因为意见(δόξα)的创造性行动不再属于他问题提出的范围。

但只要虚假意见(ψευδὴς δόξα)给思维带来了问题，他还是进行了解答。对思维来说，意见是前逻辑、未完成者。因此从表象的立场来看，不可能有一无是处的虚假。对它来说，所有出现在意识中的东西必定是真的，因为它只以自身为尺度。因此从表象开始的普罗塔戈拉说，人是万物的尺度，并且每次显现给他的东西都是真的。只有当人们把这种立场转移到思维时，情况才发生变化：在思维中不再有表象的那种孤立化。在这里一切都处于联系中。只有在关联中真和假才是可察觉的——即联系的**贯彻**和**断裂**。因为联系绝不是某种完成者，而只要它应该完成，它才肯定总是被贯彻执行。思维就在这种活动中进行着。但由于意见(δόξα)不具有这种关联，所以在它这里也决不涉及对联系的扬弃。因此，**虚假**(ψεῦδος)**概念**已经意味着**思维对于意见**(δόξα)**的尺度**。它是思维对意见的判断。在这种判断中意见所意指的东西被扬弃——当然不是其内容本身，而是虚假的联系，或者更确切地说，无关联性。从这种意义上讲，虚假概念实际上包含着绝对的非存在，当然也仅仅意味着丢弃了非存在的判断机能。

但是正如绝对的非存在通过设定到处都有反面一样，在这里也是如此。在意见内容通过真假标准消解在思维内容过程中，真实的关系就替代了虚假的关系；所以，那种关联也就确立起来了，并且可疑内容的肯定性存在价值也得以确立。这样一来，非存在通过假象(ψεῦδος)再次证明自己是存在着的非存在。只不过它不是一下子被思考到头的存在，而仍是未完成的存在。但它的目的在于存在。不管怎样它必须一直抵达存在，必须被彻底思考。虚假信念(ψευδῆ δοξάζειν)消解在推理的差异中(τὸ ἕτερον διανοεῖσθαι)(《泰阿泰德》189E)这一过程是对非存在(μὴ ὄν)作为肯定性的思维价值和存在价值的首次检验。因此该领域对大格调上的应用是敞开着的。

认识形而上学的基本特征[①]

《认识形而上学的基本特征》导论

下列研究从这一观点出发，即认识活动并不是创造(erschaffen)、制造(erzeugen)或产生(hervorbringen)对象的活动，就像新、旧版本的唯心论想要教导我们的那样，而是对先于且独立于一切认识而现成存在东西的一种把握(erfassen)活动。

由于认识论的最敏锐的推动者们都把巨大的思想工作花费在对相反观点的证明上，所以要使这个本来简朴、对于无先入之见的人来说绝无疑义的出发点之论题免遭误解，却绝非易事。尤其是，唯心论的敌手倾向于把它看作一种立场的凭证，他们长久以来就以各种论证手段使这种立场失效并把它们甩在了身后——也就是说，他们偏

① 本文是哈特曼1921年《认识形而上学的基本特征》的“导论”(Einleitung)，第1—10页(*Grundzüge einer Metaphysik der Erkenntnis*. Walter de Gruyter &Co.，5. Aufl. Berlin，1965. S. 279—311)。

爱将同样的立场视为“幼稚的”或“非批判的”实在论，视为经验论的或形而上学的独断论。历史上看，成熟的立场之索引多种多样，遇到一种新的尝试没有什么比把它快速地封印和了结(由于了结这样一件事，描述出来是轻松的、事实上的主导概念却是被克服了的)更容易的事情了。

这将逐一地在它的位置上遇到。行将对此立场进行任何讨论之前，需要强调的是，任一带着对已持立场的回顾性认同，都必定从根本上错失我们所关注的实事本身，因为实事恰好就是哲学思维之取得种种成就的立足点，而唯心论在其最为纯粹的代表那里却要求将这些成就占为己有：一方面是清晰地澄清逻辑东西的独立性与客观性，另一方面是在哲学的所有学科领域内强有力地发展先天主义(Apriorismus)。

将一切哲学思维的这两种基本动因视为唯心论的专有属性，这怎么可能呢？自为地看，这将是一个最终属于历史的终极问题。当今无论如何也不再缺乏对这一问题的立场中立的理解欲求；而眼下已经有了把哲学的这份共同财富从唯心主义的包围圈和片面化中解脱出来这种有意义的尝试，这确实值得被视为通达自由之路的第一步。但是在这个发展的关节点上，即在我们应该严肃地摆脱这种唯心论的偏见之处，假如我们错得越多的话，那就完全没办法承认，可归功于这一偏见之扎实的思维方式所具有的积极东西。不只是所有类型的经验主义，还有唯物主义、心理主义和实证主义都因其功绩而远离了这种哲学思想的核心点；而且，先天东西精致的胚胎，以及逻辑感官的也不差的精致胚胎，都需要一种唯心论的细胞膜来包裹，以便让其独立性的意识能够趋向成熟。因此，思辨唯心论立场上的论题就可被视为一种历史性酵素，而其自身的重要性在哲学的伟大共同财富面前需要退避三舍，这是源自一些微小的开端、被唯心论所接受并且经营千年之久的财富。唯心论是一个更大果核的历史性外壳。成熟已久的果核破壳而出，这是不可避免的并且也符合事物的本性。但同样清楚的是，在这里一旦唯心论被其自己的内容所撑破，它就不可能是批判法庭了。相反，它成了批判的对象。

从这一方面来看，认识活动不是制造对象，而是把握对象这个命题不应该有歧义。从另一方面出发它才得到确定。这个命题当然并不是意指，对唯心论的形而上假定有利于一个同样形而上的实在论假定而应该被取消。毋宁说，人们首先主要地把它理解为这种简单明了的含义：认识现象的一个现成事态，先于所有立场性的讨论。

认识现象的自然主义态度正是通过“把握”被刻画的，它与“经验实在论”的那种把握相一致，而这也是极端的先验唯心论不得不维护的，甚至从其自身出发进行辩护。这种自然主义的、朴素的实在论自身不在任何立场态度中，这一点也许可疑；但在“更高”的视点下只是对它进一步地解释、分解。正如在康德看来，不将所有认识论的这种共同起点视为可证明的事态乃是一个“哲学的丑闻”；我们所要求的也不过是简单素朴地承认一个无须解释的事态，同时暂时消退对其任何过分的临时决定。

对认识问题的处理并不想提供一个特定系统的建构，而是最好从这个问题情境出发赢得这种建构，所以它肯定必然地返回得足够远。它必须在其最初的开端处就站在所有立场性的临时决定之外，并且这也正是对它的必然要求，即展开讨论并积极处理哲学立场的问题。

但在问题立场上的克制并不亚于对一般形而上学的逃避，而这也是第二个要点。置身于唯心论和实在论之外的这个出发点不应当回避“问题形而上学”，而只是应该避免“立场形而上学”。后者是人为的、理论的产物并且可以通过批判的工作加以消除，前者则是自然生长的、土生土长的、植根于现象中的、不可消除的和无法避免的。就认识问题而言，我们的新研究并没有任何优于唯心论的地方；因为在进一步的问题展开中，是否仍要坚持认识意味着对自在存在者的把握，还是它应该归因于某种“制造”，并不改变问题的实质内涵。在两种情况下，这个命题仍然成立——它构成所有进一步探讨的基本命题：认识问题既不是心理学的问题，也不是逻辑学的问题，而在根本上是**形而上学问题**。它既不能通过心理学的手段，也不能通过逻辑学的手段处理，而是只能通过自己勾画目标的**认识形而上学**的手段来处理。它由此是否得以解决，在多大程度上被解决，这是另一个问题，而对它的回答也与接下来的研究有关。

在莱布尼茨时代，没有人对这个观点提出异议。但自从《纯粹理性批判》以来，人们习惯于将认识论视为所有哲学的基础。古老的存在论从第一哲学(philosophia prima)的尊贵位置挤下来，取而代之的是“批判”，它作为一个独立的理论应该构成任何未来形而上学的导论。在19世纪，这种批判主义立场确实被普遍偏爱，这也超出了真正的唯心论范围之外。

当人们仅仅对上帝、世界和灵魂这样的问题复合体才以形而上学的眼光来看待的时候，批判主义的要求就无从反驳了。这样也就没有什么会给一门非形而上学的认识论造成阻碍。当认识问题本身已经是一个形而上学问题时，情况就不同了。于是，认识论不可避免地要变成认识形而上学。但它并不因此就要成为非批判的；它只是不能仅仅保持为非形而上学的，并且它不能是任何形而上学的导论。

对认识问题的形而上学血统的证明属于一项特殊的研究，后者通向"对认识现象的分析"，与之紧密相连的是对认识问题本身、认识的存疑法(aporetik)的分析。同时，这种形而上血统也可以通过一个历史事实得以确证，即批判主义者的理论始终必须首先创造他们的形而上学立场，进而才能够解决其问题。对于这一事实的教导，并不首先来自后康德关于"物自身"的争论或者像费希特和黑格尔那里的大规模的、明显形而上学的思辨，而是早已清楚明白地显示在康德自己的立场、"先验意识的唯心论"中，正是其诸多重大的谜题唤起了那种思辨形而上学。德国唯心论变成形而上学的，这并不是对康德道路的偏离，而恰恰是对它一贯的坚持，正是在最终根据方面对形而上学问题的坚守。

对这种形而上学的反应首先始于实证主义和心理主义，但最为典型的则是以重要的基本问题为代价，首当其冲的就是认识问题。新康德主义运动中的先验主义(Transzendentalismus)也属于这个反应，它试图将认识回溯到纯粹的逻辑原理。认识的心理学和认识的逻辑学，虽然在其余一切方面都是对立的，但仍具有一个共同点：它们从根本上缺乏认识问题中的形而上因素，并且还将这种缺乏视为优点。尽管没有人会否认认识现象也具有一个特殊的逻辑面和心理面，但要是其本质就消融于此的话，那么在认识问题上的努力绝不会具有立场性的、形而上的反题，如唯心论和实在论所努力的那样。

在今天，在一系列哲学家的头脑中，清楚地开始复活了对于恰恰并非新的真理的理解，这一真理就是，**只有一门形而上学才能把握和处理形而上学的问题**，并且，意识到了出路的认识问题最起码要从这种洞见出发才能着手。而在更大的哲学圈里也逐渐意识到这一悲喜交集的事实，极力逃避形而上学，这源自对康德批判的根本性误解，恰好意味着对认识问题的一种普遍的忽视和荒废，因为正是在形而上问题的担保下才会思考认识。

要是人们看到这一点并且由此导致了不可避免地返回到形而上学这一后果，不过这种回返绝非意味着返回到前康德哲学，并不是倒退到独断论——而总是期待着伟大“独断论者”的一些成就也会在新的观点下重新被显现。但“批判”的成绩并不因此而被减弱，只是必须获得一个新的意义。这种新意义是显而易见的，因为把理性批判的任务看作认识形而上学应该正是一种更宽泛意义上的、康德式的任务。康德的命题——没有批判，就没有形而上学，仍然有效。所寻求的认识形而上学并不愿意成为非批判的。只是命题必须要反过来：没有形而上学，就没有批判。

康德的认识论，想要成为能够作为科学而出现的一切形而上学的导论，这种要求是正当的，**只要**它明白自身是形而上地被奠基的，并且因此才有能力考虑形而上学问题(如先天东西的“客观有效性”问题)。但正是从这个“只要”明显地得出，康德的认识论只是真理的一半，只是相互关系的一个方面，而这种关系在这里必须整体上被强调。其本质的反面在于，也有一门**批判的形而上学**，它是**每一种认识论不可或缺的导论**，它作为科学不仅愿意将认识的逻辑结构或心理显现形式接纳到自身中，而且也愿意将永恒之谜的形而上学内核接纳到自身中。这后一种导论的“不可或缺”是严格意义上的，在这里一种哲学探讨的思想链通过问题情境而成为不可或缺的，即无条件地被要求的，甚至被提前标识。这种思想也在理论尚未意识到它的地方出现，甚至在试图回避它的地方出现。哲学史不乏这类命题，即属于认识论的形而上学导论的命题，它们通过康德及其臆想的反形而上学的导论而很少是过时的，以至于毋宁说恰好在这里发现自己的本质得以丰富并且显然构成了认识结构的中心支柱。要是人们想要由此得出谦虚的结论，即理性批判恰好不是非形而上学的，或者那种歪曲的、非形而上学的新康德主义恰好不是批判的，那么这当然只是有必要作出改变的历史转折点上最微不足道的，但在这里首先要考虑的完全不是什么历史。体系性地看，一系列的结论就在于眼前的这一命题，它构成了第一个环节：**认识论以形而上学为前提，正如形而上学以认识论为前提一样**，两者互为条件。

更进一步地讨论这种相互关系诚然并不容易做到并且必须是在其正位上探讨。两者互为条件绝不是在两个方面完全等同，也不是在理论上是等价。这是以后要操心的。眼下重要的取决于，一种认识论，如果不愿错失其问题，就必须以形而上学为定向。而正是在这里，第一哲学即存在论(philosophia prima sive ontologia)的古老思想浮出了水面，它必然为认识论提供形而上学的根基(Fundamente)。这种存在论的第一者(prius)并不需要是对我们而言的第一者(πρότερον πρὸς ἡμᾶς);一门探讨基础的学科从思路上可能以别的学科为条件，从而也很可能同时就是最终的哲学(philosophia ultima)。它包含实事上的第一者就足够了。它也并不需要是理性的，或是"纯粹的"，或是确然—演绎的，就像旧存在论那样。进而言之，当它仅仅在一种对可能性的讨论中存在时，至少为了能够将形而上学的东西原则上纳入认识论问题并予以重视，这本身就足够了。一般而言是不会对它提出一些特定要求的；旧存在论的弱点恰恰在于，它被迫要去满足某些因袭的、对其问题完全无关紧要而且异质性的情感需求。仅限于暴露本体论思辨的无根基性的康德批判，也未曾看到过其主要缺陷：独断地歪曲和根本性地错失存在问题。一个纯粹以问题为定向并且在此意义上的**"批判存在论"**，即便它是在致力于作为灵知论(Gnoseologie)的基础，也很少能证明，存在着一种"对自在存在者的把握"，它也无法证明上帝存在。是的，它既无法证明也无法反驳这两者。但是，为了认识的存在(Sein der Erkenntnis)，只要有如此存在，乃至为了认识对象的存在，尽管充斥着不少问题，它能够证明有一个共同域：在这里二者是可比较的，可统一的，甚至一般地处在充满疑问的相互关系中。

这种存在论任何时候都无法摆脱灵知论的条件——甚至也根本不会有此趋向，认识论也同样地根本无法生长出存在论的条件。如何能够无矛盾地理解这种相互关系，是我们所面临的最重要任务之一。它无法外在地、从方法论上得到解决；它的答案也无法期待在开端处，毋宁说只可以且应该在终点出现，因为它无非是在实事本身的发展之中才能把握。毕竟在此发展过程中它也就由自身而解决了。

在这种联系中被展开的哲学论题(Philosopheme)在多大程度上实际上是新的，对此要避开这种判断，即说它纯粹是实事求是的、符合自然的，相反要以历史上的哲学共同财富确实始终只有基于鲜活地直观到的问题才能呈现给同时代人以理解为限。在此意义上完成传统的推陈出新，就要依赖被给予的各种关系与经过。可是，按照这个方向仍无法保证完备性。人们对在当今哲学史研究中所作出的推进持相当不同的观点；但是没有人愿意严肃地断言，我们占有的恐怕也只是一定程度上完备的问题史和哲学命题史。此外——对于我们时代的哲学意识而言不可否认——不对整个系列的通行概念进行彻底改造，我们在所期望的认识问题的形而上学核心这个成问题的方向上不可能迈开步伐。只要以创造概念为特征的哲学视域发现了其局限——并且谁也不知道所创造的概念是多么专制，问题的扩展就不可避免地要首先突破这种局限，并且与新的视野相适应，开始对所创造的特征进行改造。

所以对我们而言，“批判”不再意味着将所有内容和内容法则都固定在意识中——即便固定在“一般意识”中，而是意味着，有意识地从任何先前把握到的立场中，从主观主义和唯心论中退回，正如明确地从任何其他形而上学的前预设(Voreinstellung)中退回；批判的研究必须独一无二地在问题的内容中，**置身于唯心论与实在论之外**，选择其出发点，并且不同于大多数现有的理论，才能试图从实际的研究过程出发来形成立场。批判概念的这种革命性变革的意义将使每个人都明白，每种立场，只要它恰是一种立场，都无差别地已经意味着形而上学。

在这里如果人们看到，所有哲学都不得不接受一种立场，那么也就必须承认，所有哲学都必然是形而上学。但是，如此获得的形而上学概念本质上就完全区别开了批判所要迎击的那种形而上学。它可以是批判的和科学的形而上学。其任务并不是不惜一切代价解答它的问题，甚至必要时还从事最大胆的思辨。相反，它需要在它们之中凸显**最低限度上的形而上学**(das Minimum an Metaphysik)**以处理问题**。这种最低限度极有可能就是一种不可避免的、批判地权衡过的东西。并且，只要它并不逾越问题本身的形而上学的内容——在我们的认识问题的情况下，它就将是这样的东西，而且只是纯粹地将之凸显。亚里士多德那种讨论问题而并非要不惜一切代价来解决问题的艺术，伟大的存疑法艺术，它过去主导着所有哲学领域，却被我们今天的人彻底地荒废了。它必须再次从根本上被学会。它是自然的、唯一应当要求的道路。就形而上学问题的答案始终无疑地都是有条件的而言，这是哲学史以巨大的确定性带给我们的一种经验；但就对永恒的固定问题的分析而言，追求和定位于纯粹，并非持续地暗中静候系统性的结论，在所有过去的体系中向任何时代都提出了对某种永不过时的、必然的和真实的东西的要求，这一点在很长时间内都没有在相同的程度上被承认，虽然它恰好是那种历史经验的反面，却具有更加积极和丰富得多的意义。此外如果人们承认，所有真正的哲学问题——也就是完全客观冷静的而非冲天风暴般的问题，譬如认识问题——最终都是形而上学问题并且总而言之无非都是在某种对它们形而上内涵的批判—诘难意识的基础上得到处理，那么就该明白，必须正确提出和准确把握一种“批判的形而上学”概念对于哲学基础而言具有何种意义。

正如关于形而上学和批判一样，关于问题分析和立场问题也将重新改造整个一系列基本概念。其中包括具有多重含义的存在概念，尤其是极具争议的自在存在概念，以及与之相关的对象概念。而后者的含义变动必定同时反作用于认识问题的基础关系——主客体关系。而更为强有力的应该是重新塑造先天性概念，现在需要把它从那个开始时提到的、出于理性主义动机与唯心论动机而迄今都几乎被视为解不开的融合中分解出来，并且从其形而上的基本含义中把握它。

因而，在最紧密的关系中又有必要重新强调理性与非理性之间的关系，尤其是指出后者所具有的那种不清楚的或神话的谜之概念特征，并且保证它作为可知性的边界概念不可避免地理应得到的肯定性含义。在这个回顾中，需要将研究的道路一步一步地保持在独断的理性主义和怀疑的非理性主义之间的可行中间。非理性东西既不是理论的幻象，也不是形而上学的无知乐园(asylum ignorantiae)，而是朴素的、纯粹出自我们的(πρὸς ἡμᾶς)对存在者本身的表达，只要它并不消融在可知性的界限内。自在地说，非理性物像理性物一样并不是形而上学的，对它进一步的异质性假定才是形而上的。

这同时正是认识问题不可避免地过渡到存在论问题的关键点。在这里一些其他的问题复合体应该在新的亮光下得到展示，也就是从逻辑学和存在论之间核心关系方面来讲那束浮现在中世纪和近代经典作家眼前的亮光。这种关系不可能是简单的同一性，就这点而言那个逐渐变得时机成熟的非逻辑问题早已关注到了；但它也不会导致观念世界和实在世界之间的某种彻底相互分离——不相容的二元性，对此那种明确地指向实在存在者的自然意识和科学意识都给出了明证，因为这二者很明显遵循逻辑法则并且它们同样是按照逻辑法则来评判其对象的。因而，由此产生的普遍任务只能是逻辑物和存在物之间部分叠合的内容域的一个边界规则。

不言而喻，在认识论与心理学之间也需要一个类似的边界规则。不过这在我们研究的框架下只能作为初步问题被略微提及，仿佛是作为那个的对立面被考虑。更精确的澄清必须留给一门心理学，它在其自身中揭露对于决定其边界问题的法庭所具有的哲学重要性。

最后，我们的任务作为一种完全有限的任务从一开始就必须确定在存在论这一方向上。这里所涉及的不可能是发展了的存在论体系，而仅仅涉及初步的定向，就它是进一步阐释灵知论问题所必需的而言。另外这种定向也无法提供一个已实施过的认识形而上学，而只能勾画这种形而上学的某些基本特征，就那些纳入该研究中的问题内涵为此呈现了把手而言。但对研究仍然欠缺“体系”的担心也许要放到最后，应该放缓其脚步。体系就像立场一样，不允许事先被勾画，而是必须基于实事本质而被制定。谁一开始从体系出发，他就已经在无偏见地钻研问题上败坏了；谁带着对体系的构想走向事实，对他而言研究就是多余的了。人们不能完全抑制对体系的需求，且这种需求总是提早挤向前头了。

一个严格的、按照实事本身的研究过程无论如何都肯定会集中地导向某种体系。不过自然的、不做作的体系学并不源于哲学家的头脑，而是自身隐藏在哲学的问题状态中。它不愿被构造，而愿意被揭示。而获得这种体系的全部秘密在于纯粹自为地言说这个问题状态的艺术，倾听其自然结构，而非通过生拉硬扯的关系歪曲它。但这绝不可能是单个人的、有限的研究事情，不论它多么具有综合性和奠基性。这是所有哲学的缺陷。个人在这里只能贡献其微薄之力。

伦理学·前言①

第一版前言

19世纪以来的哲学伦理学仅限于分析伦理意识与伦理行为，这跟近代对所有主观性的东西感兴趣的传统相一致。它绝没有要去关注伦理要求、诫命及价值这类客观内容的意思；相反唯有尼采，一位警世者，孤自地发出了空前的断言：我们一直以来都还不知道善恶是什么。但那些行事仓促的跟随者与批判者几乎不曾听见，甚至错误认识了尼采对新的价值直观的严肃呼喊，因此这一呼喊也逐渐销声匿迹了。直至数十年后我们才培养了从早已成为遥远历史那里倾听尼采呼声的能力。今天，顶着巨大的压力，才慢慢地增强了对一种新的伦理学问题情境的意识，也即终于重新关注内容、关注伦理存在与非存在这一实质性的东西。

在接下来的探讨中，我会摒弃长久在死胡同

① 本选文出自于哈特曼《伦理学》的第一版前言(1925年)和第二版前言(1935年)(Ethik. Walter de Gruyter &Co.，4. Aufl. Berlin，1962.)。

兜圈子的传统而恰当考虑新创造的境遇，所以工作重心是对价值进行内容分析。之所以如此，乃是因为我们相信：只有以此为起点，而后才有可能使行为问题的讨论继续进行下去。不过肯定不是忽略行为问题，但有可能暂时将之搁置，从而首先补救已被忽视的、眼前最紧迫的其他问题，如新的问题情境。

因此至少我领会了这一问题情境。不过不是唯一者。我们能够捕捉住这一点，这要归功于**马克斯·舍勒**。“质料的价值伦理学”的理念根本不会淹没在康德“形式主义”的批判之中，相反它恰恰真正贯彻了康德伦理学的实质性东西——伦理先天主义。凭借非凡的洞察力，人们认识到要把表面上异质性的、相互矛盾的东西有机地融合起来。正是质料的价值伦理学，通过向我们开启价值领域的门户，实际上就将历史上根基完全不同而又势均力敌的两种尖锐思想综合起来了：**康德**伦理法则的先天性与**尼采**的那种远远就直观到的价值多样性。尽管尼采是重新看到伦理世界之丰富性的第一人，但这种丰富性对他而言却是流散在历史相对主义中；与之相反，康德却在伦理法则的先天性中对真正伦理标准的绝对性具有了深思熟虑的和纯粹的知识，只是这种知识对他而言却缺乏具有内容的直观和宽广的心灵，以便能给予这种知识以其完满的价值。质料的价值伦理学正是将原本就互为一体的东西重新统一起来，甚至正是它才又发现了事物的这种属性。经由它，伦理先天主义重新获得了所固有的丰富内容，而价值意识重新获得了恒定不变内容的确切性——尽管人的价值评价具有相对性。

由此这条道路得以指明。但指明道路与踏上征程完全是两码事。无论是舍勒还是其他人都还未踏上这条路，至少还没有置身于真正的伦理学之中，而这也许不是完全偶然的。这就恰恰表明了在价值领域的地基上我们全然是新手，表明了我们所持的新洞见，最初听起来像是一种结论，抵达了终点，可事实上又一次完全处于起点。并且这项工作量的大小是我们难以估测的。

这种情况又深刻地标示出了新的问题情境。而且跟前一种问题情境相比，它更为严肃，因为正是在这里才涉及关键性的思想学说，如关于伦理善的意义与内涵。眼下，回望我们多年来的努力，令人怀疑的是：我们能否成功地由此再向前迈出一步，假如没有**亚里士多德**这位哲学巨匠在伦理学探求上给我们提供了料想不到的帮助的话。就新的问题情境带给我的所有洞见而言，几乎没有比下面这一点更令人惊讶与信服：古代伦理学早已是高度发展了的质料的价值伦理学——这不是基于概念或者某种意图而作出的判断，而是出于事情本身与实际的方法措施。因为一切的关键不在于某种“质料的价值概念”作为术语是否在古代先贤那里出现过，而在于他们是否以及如何认识到通过多样性的价值分层去把握和刻画“财富”与“德性”。仔细一看，就会发现《尼各马可伦理学》不愧为第一流的宝库，它堪称价值描述的典范，很明显是充分运用某种得心应手的方法所取得的成果，并达到顶峰。

众所周知，一种新的系统性洞见会对历史财富产生新的理解。舍勒的思想能够毫无企图地、自然而然地使我们将新的目光投向亚里士多德，这正是对质料的价值伦理学的一种令人惊奇的检验。不过这门被重新阐释的“质料的价值伦理学”就其思路与视角来看，如人们所认为的，都完完全全来自亚里士多德所做的完备而详尽的工作——当然是它教会我们理解与充分利用亚里士多德的辛劳。这也就最清晰地证实了：我们在这里要处理的是新旧思想之间的一种更深层次的相互碰撞，在我们所置身的伦理学转折点上要处理的是一种更大手笔的历史性综合，即跟康德与尼采之间的综合相比，是古代伦理学与近代伦理学的综合。

然而这一切还处于理念之中。将之贯彻执行下去是我们时代的任务。谁能领会这一点，谁就肩负使命。不过单个人的作为只是一个开始。

马堡，1925 年 9 月
尼古拉·哈特曼

第二版前言

这本书十年前首次出版时受到各种各样的批评，以至于我曾想着整个结构都可能被毁掉。然而仔细看来却发现那些批评者互为矛盾。有的认为，价值过于多样化与对立化，而有的则认为，对价值统一性的展望实在太胆大冒险；有的认为，人的本质被解释得太自由、能动、英雄气，而有的却认为人的本质惨遭践踏，过于听天由命；有的觉得太多旧的、熟悉的形而上学成分需要缩减，而有的觉得仍要从旧的形而上学中得到更大的支持；严肃刻板的实践家不承认历史上各种道德的任何有效性，而具有历史主义倾向的人文工作者则指摘所圈定的历史相对性界限以及价值存在本身的超时间含义。

哲学伦理学的使命不可能是去满足所有个人的意愿。它必须致力于遵循自己的道路，苦苦思索已摆在那儿自己的问题。为了本书再版，当我重新认真查看当时所有的争论时，却注意到大多数指责其实已经在遭受批评的本书中有了回应，只不过那些回应可能并不总是恰恰对应着异议点。因此仅仅从读者各自的选择立场出发也许会列举出好些错误。单独章节呈现的是一幅局部的图画；唯有从相互关联上看单个章节才会发现它们各自的界限，整体才会找到自己的均衡。

所指出的各种异议之间的矛盾使我更加确信了这种观点。就如同在一个组织好的讨论中，总是一个回应另一个，相互揭示各自的片面性，从而也免除了我去纠错的辛劳。也正是如此，整个问题域的完整画面得以展现，只是它从某个方面来讲确实是二律背反的；由此所产生的结果就是构成大厦的石块层层堆砌、相互支撑，而整个大厦则完整无损。

人们不会责怪我根据这些粗略体会而又放弃了认真考虑较大异议的最初打算。由此一来我也就完全可以不重新修订该著作。好在伦理学所处理的确实不是从今天到明天就发生变化的问题。

然而眼下并非意味着我对《伦理学》没有任何新的东西可说了。相反我也汇集了一些在新版中添加的内容。如对人格—本质、伦理行为(意向、姿态、意志、行动)的分析本可以补充完整；共同体的伦理(ethos)也势必需要统一处理；价值分析也应该有所扩充。类似的还有“价值评价”的历史相对性问题，价值评价与价值本身的关系问题，以及价值的存在方式问题。就后几个问题而言，我原以为在本书的相关章节(第 16 章)已经将它们澄清，但后来才弄明白，正是在这一点上比在其他任何地方都遭受更多的异议——提出异议的不仅仅是无偏见的读者，还包括这类人，即他们也一并提出某个完好的价值概念并将其默许的前提带入我的表述之中。

贯彻实施这样的计划似乎毫无可能，除非对原本就规模庞大的《伦理学》进行实质性的扩充。由于目前我必须特别注意尽可能地使新版的价格降低，并且出版商也极力阻止我进行扩充的想法，所以我着实不得不放弃这一念头。

不过我认为自《伦理学》首版以来的十年间所出版的两部体系性著作《精神之存在问题》(1933 年)与《存在论的奠基》(1935 年)能达到扩充之目的，况且它们本来也考虑着用来填补《伦理学》之不足。不过这两本书对价值分析这方面确实未作出贡献。可是《精神之存在问题》卷Ⅰ详尽讨论了伦理行为与人格问题；同样，卷Ⅱ将共同体伦理学纳入“客观精神”问题域之中并由此被安置在独特的基石上。与此同时，这也为价值评价的历史相对性投射了新的亮光；“有效性”的变化正是历史上活生生精神的转变并且任何时候都受制于当下历史境遇中的现实物。由此出发我们也就全新理解了这一点，即一定时期内价值的“有效性”为何不等于它的存在。

对于价值的存在问题，我相信在《存在论的奠基》卷Ⅳ中已经进行了重点表述，因为该卷主要就是处理“观念存在”概念并由此把价值的存在方式放到更大的问题关联之中。正是由于不脱离存在问题的大背景，我才能够反驳当时对“观念性自在存在”概念有反感的那些人。在我看来时至今日仍需紧抓这个概念不放，所以我不曾用某个较弱的概念来替代它，尽管我知道这样一来就可能跟传统思维习惯相悖。就科学地对待事物来说，为不寻常的新事物取个恰当的名字并提出改变思想方式的要求要胜于经妥协而掩盖既有矛盾、向模棱两可缴械投降。

因此今天同十年前相比，最紧迫的事情也不是扩充《伦理学》。自那时就已添加的一系列新问题也许能够等待另一个时机，而保持原样的老问题也要开辟出自己的道路。我敢肯定，它们也会显露出同样的矛盾。一种更加合理的自然均衡是否会再次出现在这里，就让时间来告知吧。

柏林，1935年5月
尼古拉·哈特曼

伦理学的两个基本问题[①]

一、第一基本问题

近代思维传统在其工作的门槛前使哲学面对三个实际(aktuell)问题：我们能够知道什么，我们应当做什么，以及我们可以希望什么？其中第二个问题可视为伦理学的基本问题。它是总的人的问题的一种形式，赋予伦理学以“实践”哲学的品格。这种提问形式想要超出对现实东西(wirkliches)的单纯认知性把握，但似乎终究难以企及人的渴求与希望所指向的东西。它不依赖于可达成的一切保证，不依赖于对有条件者与可把握者的知识，同样不依赖于对最遥远者、终极之物以及绝对的信仰，内在地处于生活的坚硬现实性与愿景式眺望的悬浮理想之间，它本身并不转向现实，不过却与现实性相近，甚至既不是理论，也不是渴求，却永远接近现实，并从被给予的现实出发

① 该题目为译者所加。译自尼古拉．哈特曼《伦理学》导论(Ethik. Walter de Gruyter & Co.，4. Aufl. Berlin，1962. SS. 1—17.)。

发问，乃至它的眼前永远都是被给予者中的非现实的现实性。

“我们应当做什么”这个问题是从与我们最切近的东西中，从朴素的日常生活之流中产生的，这绝不逊色于是从个体(einzel)偶尔一次所面对的重大的、要作出决断的生活问题中产生出来的。诚然，后面这些问题，使他经历了只此一次、绝不再悬置的赞成和反对的艰难时刻，把他由半意识的随波逐流推升到其生活的聚变之中，从而透视到不可推卸又无法预见的责任。但是，实际上琐细事情也莫不如此。因为我们面临的事态(Sachlage)无论琐细还是重大都表现出同样的面目：它迫使我们作出决断、采取行动，而且在必须作出的决断面前不容许有任何逃避。但是这却没有告诉我们，我们应当怎样做决断，要做什么，以及我们应当承担并应该愿意承担何种后果。

每时每刻我们都要面对“我们应当做什么”这一问题。在每一种新的境遇中这一问题都会重新向我们提出来，在生活中我们都要逐步地重新回答此问题。这是无可逃避的，因为没有任何力量能够减轻我们在此问题上的负担，推卸回答它的必然性。甚至，对于日日常新的问题我们的行动以及现实的举止也要给予日日常新的回答。因为行动常常已经包含了我们中意的决定。即便我们事先没有意识到它，事后在行动中也能认识到它，也许还会为此感到后悔。因为在每一次的赞成或反对上我们是否做得正确，毕竟不在问题之列，亦不构成境遇的一部分。对此，不存在必然性，也得不到他人的指引。在这里任何人都要依靠自己，独自且由自身而作出决断。如果他做错了，就要独自承担责任和罪责。

然而谁能预见其行动的影响之所及？谁能知晓行动的后果链，估测到责任的大小？

行为，一旦实施，就是现实性的了，无法再使之未实施。行动中的过失，从严格意义上讲，将是不可挽回的，无法弥补。境遇是一次性的，不会返回，如同所有现实的东西都是个体性的(individuell)一样。但它在这里也同样是无可挽回的，作为一个环节被编织到世事发生的互相联系之网中。行为一旦发生，也同样如此。它的效果总是波及更大的范围，它的存在方式(Seinsweise)是蔓延性的。一旦被卷入实存中，它就生生不息，永不消逝——哪怕由它激起的冲击波四处飞溅，越来越弱，甚至被世界进程中的更大洪流所吞没，它也如同所有现实一样是不朽的。

无论它的源起是多么不现实和无因果，而一旦进入实存中，它就遵循另外的法则，即现实性与有效性的法则。这种法则给予它一种本真的生命(Eigenleben)，一种力量，来形塑或摧毁生活和存在。与这种生命和力量相比，任何悔恨与绝望都显得无能为力。行为远远强于行为者，并在它身上打上烙印，处决它也不会仁慈。

我们固然不能看到每个人行为举止的后果链。但每一行为都有后果，而且往往存在这种可能性，即在我们很少考虑到的地方这些后果常常又是非常严重的。进而言之，在小范围内适合于个别人举止的东西，在大范围内扩大化，亦适合于一个共同体、一辈人，甚至一个时代的行为举止。后代人的未来也许就与我们今天所理解和把握的东西、所做的决定和行动相关联。未来(die kommende Zeit)总是收获现在播的种，恰如现在收获过去播的种一样。在非凡的意义上这也是有效的：在古老东西的幸存之地，新东西、未经世者也欲生长，而新生力量一出世，迷糊未识的力量也在那里蠢蠢欲动。这就是说，只要个人有适度地参与到整体的首创精神中去，也能为几百年承当起某种未曾预感到的责任的重担。

在此，“我们应当做什么”这一问题的重要性是显而易见的。只是由于嘈杂的日常问题很容易使人忘记这一基本问题的现实意义——好像前者并不扎根于后者，仅仅从它们自身出发就能单独得到解答似的。然而，这绝不是说哲学伦理学应该到处直接插嘴。它的任务不是拟定一份现时的操作方案，不是党派偏见。恰恰相反，它原则上要对给定的、当今的和有争议的东西采取疏远的态度，超然其外，使伦理学不受其束缚，从而使它在此时此地给人以某种教导的能力。

二、人身上的造化者(Demiurg)

伦理学并不直接教导，在给定的事态中此时此地应当会发生什么，而是一般地指出，一般应当发生的东西具有怎样的性质。一般应当发生的东西也许是丰富多彩、各种各样的，但它不会在每一事态中都能发生。在这里，瞬间及其要求都在伦理觉察(Besinnung)所教导的范围内保留了其活动余地。伦理学创建了一个普遍基础，以之为出发点，如同出于鸟瞰一样，我们将现时的东西俯视为客观的。对于伦理学而言个人与时代的使命都是特殊性的，它要与这两者保持同等的距离，因为伦理学就是要超越个别情况(Fall)，免受外在影响，解除心灵感应，从伪装与狂热中解脱出来。因此伦理学不是别的，正是哲学：它教导的不是现成的判断，而是"判断"本身。

正是在此意义上伦理学提出了"我们应当做什么"这一问题。它规定、描述与定义的不是实际的应当"什么"，而是给出应当"什么"得以认知的标准。这就是伦理学高于各种特殊倾向(Richtungen)、兴趣与党派之争的内在原因。伦理学的视角与私人的日常视角和公共的日常视角相比，就如同天文学观看事物的角度与地球上观看事物的角度相比照一样。当然那些特殊的倾向潮流会为自己辩解，表明自身的正当性。然而两者的差距不是要分离出甚至丢弃个别情形，而仅仅是一种观察角度、一种概览与全观，就是倾向于理念中的统一、全体与完整。

"实践哲学"的品质就是要在此丢弃所有盛气凌人的东西。它不介入生活的各种冲突，亦不提供任何针对这些冲突的规定；与法律不同，它也不是诫命(Gebote)或禁令的法典。实践哲学直接诉诸人自身的创造力，从而使得人们每当遇到新的情况时都能直见(erschauen)到，仿佛是预见到，此时此地应当发生什么。然而哲学伦理学不是决疑论，从而也绝不允许下列说法：它似乎由此就会扼杀它在人身上应当唤醒与培植的东西，即在人身上的创造力、自发性以及人与应当的东西、自身有价值的东西之间活生生的内在联系。这不是要放弃"实践的东西"的高贵使命。伦理学只有通过这种方式才可能是实践的，即它培育、呵护人的实践力——人身上的行动力(das aktive)与精神性的创造力，并使之臻于成熟。伦理学的目标不是剥夺人的行动能力，不是作茧自缚，而是将其提升为一个具有完全行动能力与责任能力的人。人宣示成年才意味着他真正成为人，而唯有伦理的觉悟才能宣告他成年。

正是在这种意义上伦理学才是实践哲学。不过伦理学并不是不顾人的头脑而塑造人的生活，而恰恰是把他拉到本己地、自由地对生活塑造上来。伦理学就是它对善恶的知识(wissen)，这种知识使得他立于神性的高度，使他有力量和权能一同在世界生成(Weltgeschehen)的过程中说话、共同影响现实的创作。伦理学就是朝向他的在世天职(Weltberuf)教育他，要求他使他成为造物主的同仁(Mitbilderschöpfer)、世界的共同造化者(Mitschöpfer)。

只要人没能履行他在伦理上的造化天职，创世(Weltschöpfung)就不会完成。但是在履行这一天职时却走了样，因为他还没有准备好，还没有站在人道(Menschentum)的高度上。人道必须只在人自身中完成。赋予他在世(in der Welt)职责的创造，是包含在他自身创造中的，亦包含在他伦理(Ethos)的完成中。

人的伦理(Ethos)包含两点：混乱的东西和造化的东西。人的可能性，但亦是人的危险存在于前者，人的天职在于后者。履行这一使命就是成为人(Mensch sein)。

伦理学关注人的造化。在此，人的思想就在于追寻和开拓生命的意义。因此人的思想亦是实践的，它在自己的领域内塑造了生活。伦理学不是第一哲学，不是奠基性的哲学，其认知并不是第一性的、最确切性的知识。然而在另外一种意义上它却是哲学的首要东西，是哲学最内在的关切，属于哲学最负责任的部分，属于哲学的学科领头羊。伦理学的热情是一种不违背意愿的、完全由内在所决定的热情。与知性领域以及知性概念相比，伦理学永远是个奥秘，是智慧的一个天然圣殿，在这里最伟大的智者都停下了脚步。但同时伦理学又是最切近、最能把握的东西，它被赋予所有人、为所有人共有。伦理学是在人心中首要的、最实际的哲学兴趣；从历史上来看正是在这一点上哲学与神话才分离开来。伦理学是哲学思维的起源与最内在的动机，或许正是所有一般人类沉思(sinnen)的起源与动机，而且它亦是哲学思维与一般人类思考的终极目标和最大展望。伦理学活在未来中，它永远将目光朝向远方与非现实的东西，甚至要以未来的视角来看待当前的东西，因为它是超时间的。

三、哲学中“实践性”的含义

我们应当做什么这一问题比我们能够知道什么这一问题更难回答。就知识而言其对象是固定的、不会改变的，自在存在着的(an-sichseiend)。对对象的思想可追溯到对它的经验，任何经受不住经验材料检验的观念都是错误的。然而我们应当做什么则是尚未做的，是非现实的，没有预先给定的自在存在。只有通过做才能知悉应当要做什么。但是被问及的是要做的“什么”，虽然只有按照这个“什么”才能安排怎么做。

这里没有固定的对象，没有触手可及的东西(vorhandensein)。思想在它现存在此之前就预知到它。它缺乏经验的检验，只能以自身为准绳。我们一般认识到的都必然先天地被直见到(erschauen)。这种先天论的自主性正是伦理意识的荣耀，但困难亦正在于此。如果伦理的认识毫无标准，那么它的可信度在哪里？当独断地声称“你应当”时，这竟是不容争辩的；人的伦理的高贵难道是如此的确定无疑？它难道不是一直都漂浮在假说之中饱受争议吗？难道不是多样性、相对性、主观性以及相异性相继地在此占据统治地位？今天我在某种特定情况下应当做的，到了明天在另一种情况中或许我就再也不应当那样做，也许在生活中永远不那样做了吗？

现在有一点是明显的：决疑论的错误视野又强加于此了，向个别的东西与给定的东西靠近。但是与现时的东西保持距离也解决不了问题。谁能说出，关于应当“什么”这一合法性问题的界限在哪里？然而实践兴趣恰恰总是立足于现时的东西，并且确实一直遭受着宽广的视野被缩小的危险。这就导致人们尽管承认伦理学的普遍性与尊贵，但同时对其主题产生最严重的质疑。

从这个意义上来说，伦理学又成为最具争议性的哲学领域。真的存在“道德”(moral)的统一性吗？伦理(Ethos)自身难道不是随着民族与时代的改变而变化吗？人们应该相信，善自身的本质会随着每种现时性而发生变化吗？这难道不是重新否认伦理的那种自主性、质疑应当与善的本真含义吗？

伦理学在迈出的第一步就同时面对这一基本难题：伦理原则究竟是如何获得的，人们又如何能够确信它们？没有任何经验能教导出伦理原则，与可经验的东西对立，伦理原则必须是被觉察到的。但是，凡是在我们事实上觉察到伦理原则与现实东西对立之处，我们发现，它们是作为种种要求而建立起来的，这时我们就发现它们也总是可变的、可改动的、可替换的、可争议的。确实，事实上在伦理生活的别的领域，伦理原则在变化、改动、替换和争议中。那么，伦理学作为科学应该坚守什么呢？

与此相应的是伦理学“实践性”的独特含义。实践知识的其他领域总是已经从别的来源知道，其最终的目标是什么。在所有的技艺、卫生学、法学与教育学中，目的作为前提早已确定下来；所询问的不过是手段与途径。伦理学是实践的是另一种意义上的，我们几乎可以说是在相反意义上的。它应该指明目的自身，因此之故所有的手段都是在此的，哪怕是最高目的和绝对目的，也不再能被理解为某种别的东西的手段。尽管除此之外在某种限度内，某种手段的伦理学能够有其正当性，但其重点仍在这些目的本身。

所以，与其他领域相比，伦理学的实践性含义实际上是相反的。纯粹的、绝对不可化约的目的如何被发现？既然它们无法从实在的东西中获得，或者也只是事后才可检验，那么何种认识途径可导向它们？这正是“我们应当做什么”这一问题的困境所在……它是独一无二的困难，是伦理学特有的，构成了伦理学本质的一部分。不过这是不可拒绝地、无法避免地要向人提出的问题。每个人不论以何种方式都必须为自己解决这一难题，既然不能凭借思想，那就必定要用行动来解决它。如果实际上不能这样或那样解决的话，那他在生活中就寸步难行。这是他所面临的最高要求。它的重要性与那个自律的尊严、那个最高的正当性这些表现人的伦理优秀卓越的东西必然相关。只要人一息尚存，就得承受这一重担。

这种令人自豪的力量赋予人不是为了无所事事的游戏。但向往着游戏的，往往是他自身——甚至包括他的这种令人自豪的力量。因为他也可能会失去和输掉这种力量。

四、现实东西的价值充实及其对它的参与

但是所有这些只不过是伦理学基本问题的一半。与之相比，伦理学基本问题的另一半更少是现时的，也更少跳入我们的眼帘，更不紧迫，但它却是更加普遍、更多地涉及人及其人生的整体。伦理学的第一个问题触及这个整体的只是他的行动，触及世界的只是在他行动的力量范围内存在的东西。虽然这一力量范围对于人来说是最紧迫的，是从存在中向他提出要求，让他承担责任，关注他做决断、决定和意志的那些片段，但它只不过是消逝中的世界的一小部分。

然而人内在的品质，他的伦理作为态度(Stellungnahme)，作为承认与拒绝、尊敬与鄙视、爱与恨，都展示了一个无可比拟的更为广阔的领域。不过这种态度仅仅在某种特定的与我相近(Ich-nähe)处才有最高强度，随着与我距离的增大而逐步减弱；从某一特定的远处来看，却仅具有某种轻轻共振的感触色调的品质，多半是不易觉察的，但这种张力无论在哪里都不会完全消失。它伴随着认知的意识，并将这种意识以惊讶、兴趣的形式，最终作为想要理解的理论的张力要素带到它可理解的限度内。对于对象的纯粹理论的意识终究只是纯然的抽象；实际上一直都有实践的态度相伴随，这种态度如同一股潜流，偶尔会强有力地迸发出来，打破思辨的宁静。

这里不涉及外部的实效，不涉及权重后果的决断，亦没有发号

施令的“应当”。尽管如此，在纯然内在的态度中仍有高度现实的与富于责任的东西。因为人的天性并非对其兴趣范围及其强度无动于衷，而是随同它的扩展而扩展，随同它的成长而成长，并随同它的萎缩而萎缩。

谁要是对于人和人类命运麻木不仁，他就对震撼的东西不震撼，对兴奋的东西不兴奋。这样的人枉活一辈子，根本没参与到生活中来。谁对生活关系的意义缺乏官能，对人格和境遇、关系与事件所具有的永不枯竭的意义缺乏官能，世界对他来说就永远都是无意义的，生活永远都是无意味的。其生活的外在空虚与单调是对他内心空虚和道德失明的反映。因为他所处的现实世界以及承载他、携带他的人生河流并不缺乏丰富性和充实性，而他耗费在充实的生活中空无所有意味着他本身对生活产生了错误认识。所以，对于人的道德本性而言，除了行为和应当在狭义上实现之外，一直都存在着第二个要求：参与生活的充实，接受有意味的事物，对所有富有意义和价值的东西保持开放。

与应当做的行为和意志决断相比，这一要求显得更为内在、更为隐秘与缄默。但从根本来讲它与前者仍然是同源的，都是对赞成或反对内在的决断所提出的恒常日新的、活生生的要求(Ansinnen)；它要求在同样的内在自律和同样的伦理原则基础上，采取同样的道德态度。

哲学伦理学经常对这一点产生错误的认识，它让自己被其他更加现实、更有强大冲击力的要求所蒙蔽，并通过这种片面性扭曲教化，反过来又不利于人尽情尽兴。所有强调纯粹义务—应当的伦理学，所有纯粹律令的道德都犯了这种错误：忽视生活的充实。着迷于这种严格论的人，在这里就会愚蠢地问：有价值的东西难道不总是首先被放弃吗？伦理价值按其本质而言难道不总是一个永恒的非存在(Nichtseiendes)、一种应当存在(Seinsollendes)吗？世上真有实现了的价值吗？谁如此发问，就说明他根本没有觉察到，对生活的哪些错误认识甚至忘恩和狂妄禁锢住了他。好像现实的东西必然是恶劣的、卑贱的！好像人生本来就如同一场荒诞不经的游戏！世界真的就是红尘苦海！而所有的实存仿佛都只能指望他，以便通过他的意志与行动来获得光亮、意义与价值！

纯粹的应当伦理学是一种伦理的蒙蔽，是对现实东西的价值失明。怪不得历史上的悲观主义会紧跟其后，因为没有人能在一个失去价值、亵渎神圣的世界里苟活着。

五、第二个基本问题

一旦我们把握到这一点，即单单这些价值就能引导我们的意愿与行动，在生活中它们千百次地得到实现，在人格与境遇、关系与事件中同我们相遇，它们每时每刻地环绕着我们，支撑着我们，用光亮与辉煌充实我们的生存——这远远超过了我们有限的理解力，那么我们就可以直接提出伦理学的第二个基本问题：为了参与生活，我们需要关注什么？在生活中，甚至一般地在世界上，什么是有价值的？为了成为完整意义上的人，要把握什么、重视什么，才使自身成为属于自己的？为了完成这一使命，我们尚且缺乏的感觉与感官是什么，使得我们必须首先在我们自身中培养、磨砺并教育它？

这一问题的重要性与庄重性绝不亚于应当做什么的问题。确实，在内容上它比第一个问题不知要宽广多少、丰富多少和全面多少，在某种意义上它甚至包括了第一个问题。因为在境遇中要求我的，不过就只是要求我去决断、意愿与行动，如果我不知道境遇中的价值与非价值，那我又如何能够知道我该做什么！如果我肯定不会用笨拙的手毁掉那些也许像所有现实东西一样的不可挽回的有价值东西，那我不是将不在黑暗中摸索，不会犯下各种错误吗？

因此第二个基本问题就居于第一个基本问题之上了。它证明自己事实上是前提，是先决条件。

它除了在实践的现实意义上居上，在更宽广的形而上学意义上亦是如此。然而人存在的意义并没有在人成为造物主的同仁以及世界的塑造者这一荣耀天职中得到完全的阐释。如果劳作(wirken)在作品(Werk)中死亡，它的意义是什么？如果所创造的东西不包含意义，对于一个意义理解者不是有意义的，那么创世本身的意义又何在？人的形而上学意义难道不正是在这同一个世界内劳作并创造，世界对他来说才有意义？当然，世界也唯有在人心中才有它的意识，它的自为存在(Fürsichsein)。人之于世界是什么，不可能是别的，只能是对于世界而言的它的本质。人在宇宙中的渺小、短暂与无能并不能阻止其高于低等形成物的存在之上的形而上的伟大和优越。

人是客体中的主体，是认识者、知识者、经历者、参与者，是存在与世界的一面镜子；在此理解中他实际上就是世界的意义。这种思辨不是任意武断的、异想天开的幻象，而是对我们能够解释但又不能完全解释的那一现象的朴素表达，即人的宇宙地位之现象的表达。我们不知道，是否还存在另一面与在我们人的意识中所构成的镜子不同的世界之镜；在这一点上自由想象可能会导致幻想，但这不会对人的世界地位产生任何改变。我们可以确信人的这种世界地位，以便我们知道它，它足以使我们认识到在此地位中人存在的形而上意义。人也许是现实东西的一面模糊的镜子，但它依然还是镜子，存在者能够在这面镜子中照见自身，只有对于人而言它才有意义。倘若没有人，它是否还有意义，或者说，如果没有意识，世界是否就是无意义的，这超出了人的判断力。

人存在的这种意义不能在单纯接受这一形象中得到完全阐释。如前所述，不带兴趣的参与、意识的纯粹理论设置，都只是一种抽象。人首先是实践的，其次才是理论的。他的观看从一开始就是态度。人参与到来去匆匆的事件中，就是伴随着情感、兴趣、评价性感触的表态。不偏不倚、冷静清醒的思想只是第二位的蒸馏物。而且这里一切都取决于价值感的力量、影响范围及其正确的定向。价值感的狭隘化、目光短浅、缺乏对可把握的广袤现实东西的感受，这是司空见惯的现象。对于大多数人来说，最狭隘的生活兴趣之限度，最实际的、受眼前的匆忙所支配的自我关系之限度同时就是他们道德世界的限度。他们的生活是受限制的、琐细的生活，是一幅人性萎缩的讽刺画。

如果只是要获得如此受限制生活的道德上的低水准尺度，根本不需要伟大的形而上学视野，价值感的麻木已经将内在的烦闷印在额头，它直接对人实施了报复。与之对应的就是道德贫乏和生活空虚。对它而言，实存的艰难就是一种负担，生活不值得过。对生活的厌倦不是来自生活的充实丰富，而是来自生活的贫乏。

进而言之，现实生活的贫穷与富有，与永远现成在此且以万有的丰富性环抱我们的生活，处在何等尖锐的矛盾中！人的悲剧在于：一个饿得要死的人坐在摆满佳肴的餐桌前，却不伸手去拿，因为他看不见在他面前的是什么。因为现实世界的丰富性是不竭的，现实生活浸透着价值，充溢着价值，凡是我们把握到这一点的地方，生活就充满着神奇并富丽堂皇。

然而这些命题无法使自身得到“证实”。因为就像我们无法向任何人证实，有一个他根本不能看见的东西一样。进言之，在这里一个人能否摘掉另一个人的[价值]白内障——伦理学作为科学究竟能否做到，这必定还是存疑的。然而，一般说来学着去看，唤醒人的感受性，培养和教育人的价值官能当然还是很有可能的。存在着某种伦理引领、引向生活中的价值充实，通过自身观看打开眼界，通过自身的参与来分享。也存在着朝向人道的教育，如同朝向人道的自我教育一样好。

六、人格和境遇的价值内容

我们面对的要求要以这个朴素的问题开始：什么东西在我们的生活中未曾察觉地溜走了？被我们忽视的究竟是什么？

事实上整个困难都在于此。简单地指出这一点并没有排除这一难题。对于每一种价值内容来说，价值感(Wertsinn)必须本已地唤醒。价值内容无处不在。我们看见它们时，它们每时每刻都紧靠在我们面前，而我们看不见它们时却反之。每一个人、每一种人的特性都充满价值内容，都有意义，独一无二地延伸到最不可估量的幽暗之处。每一个都是一个小型世界，不仅是作为本己的存在结构，而且作为本己的价值结构。不亚于人格的每个实在的对应物、每种境遇，只要或宽或窄的生活联系把它们产生出来，它们无论如何就是一个相交错的各种约束力、张力和解决方案的复合体，是各种意念(Gesinnung)的相互叠加。各种激情、平静的情感后台，或者嘈杂的党派态度和粗暴的党派行为，所有这一切都多方面地相互牵制、互相限制，在相互反应中得以强化和复杂化，被流露出的好感或反感交织起来并进而提升到伦理的较高层面，最终被参与者或明或暗的境遇意识重新体验为一个整体，作为主观上扭曲了的整体印象而与各方参与者们同样印象性的理解相对峙。伦理的境遇绝不会消融在人格里，它永远都是某种不同的东西，是超出人格之外的底层物(liegendes)，尽管没有人格它就不是持存物。伦理的境遇还是一个自为的宇宙，具有自身的存在方式和自身的法则性；它对人格所起的规定作用绝不亚于人格对它所起的规定作用。并且，与这种自身存在相对应的是自身的固有价值。同时境遇也是某种个体性的东西，仅此一次的存在者，不再重来。对于置身于某种境遇中而又没有把捉到它的人来说，就不可挽回地丢失、错过、浪费了这一境遇。

但从近处来看，我们的人生无非就是那来来去去的、不会断裂的境遇之链——从最易逝、最偶然的关系到最内在、最重要、最持久地将人与人联结在一起的纽带。共同体的和个体的生活就根植于这些境遇，从头到尾地在其中度过。境遇是发生冲突并被迫作出决断的土壤，亦是希望与失望、兴奋与苦难、欢欣鼓舞与虚弱无力的内容所在。

当诗人生动地将人的境遇刻画在我们眼前时，我们就容易看见这一境遇丰富的伦理内容；我们无论如何都能突如其来地直接感受到(durchfüllen)它的价值内容，尽管对其特殊而又复杂的价值结构还是朦胧的，没有意识。这时，我感受着伟大者的伟大，崇高者的崇高。

只是这一点在现实生活中不同于在戏剧艺术中：生活中缺乏大师之手的引领，将有意义的东西不被觉察地带至前台，让普通人的眼睛也能看得见。但生活处处都是一出戏。倘若我们能够永远如同诗人看待生活那样生动地看待我们身处的境遇，那么境遇就会向我们显现出宛如在诗人的创作中那般丰富和充盈的价值。对此的明证在于这一事实：当我们回首往昔的生活时，对我们来说最高的价值音符恰恰就是这样的瞬间，它把完整的具体性和境遇的丰富性呈现给我们，而与我们当时的价值意识是否触及它们的伦理内容无关，甚至这常常与我们之前不成熟的感觉相反，而且对于这种曾经属于我们，但再也不属于我们的永远消逝了的东西，我们也许留下了隐痛。

七、论漠视

漠视(vorbeigehen)这一现象在人生当中是一独特的篇章。如果我们忽略不计我们漠视的一切，即不在意、不关注，更别说对其没有价值感而忽略的东西，那么最终属于我们现实的精神生活的东西就所剩无几了。

人生道路以各种各样的方式相互交错。一个人会同不计其数的人照面，但他事实上很少将他们“看作”伦理意义上的人，他只对少数人投以分享的目光——我们也可以说，这是爱的目光，因为价值感的目光就是爱的目光。反过来说，他自己又是被何等少的人“看到”！各个世界相遇，面对面地擦肩而过，各自孤寂，继而又立刻疏远了。或者说，人们一生一世都在平行线上奔跑，外表上有联系，也许还被捆绑得相互靠近，然而相互之间依然是封闭的。确实每个人都不能也不该随时随便地沉沦与迷失自我。恰好更深的参与依然是罕见和奢侈的。可是，在这种普遍的漠视中每一个人依然怀有一种静谧的渴望深入人的心灵之中，能被某人“看见”，带着爱意地理解他、感受他、觉察他，难道不是这样吗？而且每个人难道不是看到自己上百次地不被理解、被疏忽、被忽视？对所有人来说，带着一颗渴望的心开始，最后一无所得，徒劳地为他人而实存，不被人看见、不被感觉到、不被照应、不被重用就遭到拒绝，这难道不正是生活中普遍而巨大的失望吗？

这就是人的命运。但是，当我们考虑到，每个人的心底都明白他人渴望受到关注的目光，但依然连看都不看一眼就擦身而过，每个人都是带着隐痛独自承受孤独，这难道不是荒唐至极吗？

难道只是自身生活的匆忙与不和睦阻碍了每个人，或者也还是由于价值目光的狭隘、个人自我迷恋的锁链、缺乏伸手的能力？

毫无疑问，除了所有本性上的自私自利，除了人的畏惧与虚假的自大外，首先就是没有能力道德地“看”。我们不知道，我们每天漠视了什么样的财富，我们丝毫感觉不到，我们丢失了什么，什么东西从我们手中脱落，从而使得我们从旁边走开。因此最高的生活价值的丰富性就浪费在我们身上。我们所渴望的，就是在不可胜数的人心中为我们而在那里的东西。但我们却任其消失，最终自己也两手空空地走开。人的伦理的丰满充沛病死在伦理目光的贫乏与无教养上——这种伦理目光就是对同一个人就用同一个人的性情来看它。

这张图画在宏观上难道不会以扩大化和粗糙化的形式再现？在宏观中难道也不存在伦理的参与和理解，也有宏观上的漠视？在国家生活中党派的特殊主义不就是同样的东西，世界历史上大国的沙文主义不也是同样？一个民族好像瞎了眼一样对其他民族的独特性与世界天职失去判断力，但党派精神对反对党的合法性与政治价值是盲视的。每个利益共同体仅仅知道自己的目标，仅仅为此而生活，并将整体生活连同个人生活都套在其中。这样一来，个人生活也就从整体的真实生活旁边走开；这种生活对他并不神圣，而且他的组织的生活，正如他发现的那样，仅仅被禁锢在他的时代与他的理解力的狭隘套路内。没有人眼看着生活在构成整体本真生活的巨大联系，也没有人能敏锐地觉察到历史的脉搏。但是，每个人都身处历史之中，并参与和插手了历史的表演，并有资格成为整体生活的见证者与共同缔造者。他生活着，却漠视他的时代，漠视其时代的价值和使命，漠视其时代的独特的、仅只对于他以及他同时代人才有的本真生活。一个时代，拥有如此过量的党徒与党领，却严重缺乏忠诚的公民与政治家，这不让人感到奇怪吗？

不过此外还有一种历史意识，即历史科学，它重建了整体。但是这种意识却跟不上历史生活的步伐，它总是事后才从已逝生活的踪迹中重建历史生活，出于对遥远过去的模仿呈现出一个苍白的整体图景，即早已从我们生活中走过，再也不会成为我们生活的那些东西的图景。历史意识来得太迟。它不能代替同时代人参与的价值意识。它缺乏身临其境的直接性和参与的高度热情。模仿者的兴趣不是与历史生活相匹敌的关联物；他的爱再也帮不了过去了的生活，而过去了的东西也不会再爱他。

微观的伦理世界与宏观的伦理世界看起来具有惊人的相似性。它们相互映衬，比天真的人愿意相信的要可靠得多。谁作为单一的人不带爱意地打量自己，那他作为国家公民就会产生错误认识并心怀憎恨，而作为世界公民就会诽谤中伤、挑拨离间。对人的漠视，对共同体的漠视，对世界历史瞬间的漠视——这就是这同一种伦理的同样的面目，同样的到头来两手空空，一无所获，同样的自我谴责和自我否定。这就是价值失明与价值浪费。只此一次地给予一代人的东西再也不会给予它，亦不会重返另一代人；就如同当时的瞬间充盈只能一次性地给予个人一样。而就如同在人的存在的形而上学意义上的造孽，与在生命意义上的造孽是同样的，都同样荒谬。

八、现代人

如果说有对价值意识的唤醒这件事，那么这就是我们时代急需做的事情。这在多大程度上是可能的，无人能够预测。从哲学上来唤醒就很难做到，不过，这也还是哲学分内的事。有一些偏见，只有哲学才能根除。而且有一些情感上的抵触，大概也只有靠慎思与内省才能抗拒它。

今天人们的生活不利于深刻的活动。生活缺少平静与沉思，人人焦躁不安，行色匆匆，生活俨然一场没有目标和慎思的竞赛。哪怕平静地站住喘口气，马上就落后于下一个人。而且，就像外在生活的种种要求那样，印象、体验、感觉都竞相角逐。我们总是期望着最新的东西，而被每次最末的东西所控制；对于倒数第二个，我们不正眼看一下就已将之抛诸脑后，更别说理解它了。我们活在从感觉到感觉中。由于放手追逐有感觉性的东西，我们的洞察力变得肤浅，我们的价值感变得迟钝。

现代人不仅焦躁不安、行色匆匆，而且迟钝麻木、自命不凡；再没有东西能让他振奋、激动，触动其内心深处。到了最后他对任何东西都只是报以讽刺的或厌倦的嘲笑。甚至最终他把出于他自己的道德低水准变成一种德性。他把无动于衷以及没有能力去惊讶、赞叹、热忱与敬重提升为持久的、意欲中的生活面貌。然而未经接触就目空一切其实是一种懒惰的妥协。他对自己如此满意，摆出一副盛气凌人的姿态以掩饰自己内心的空虚和匮乏。

这种亢奋很典型。在历史上绝不是今天才第一次出现。但无论在哪里出现，它都是虚弱与没落、内在颓废与普遍的生活悲观主义的征兆。

想要趋于毁灭的东西，人们应该任其毁灭。在所有的衰亡中，健康的生命会长出嫩芽。我们的时代并不缺乏这种新生。今天奋发努力的这一代能否凭其猛烈的起跑开辟出新路，是否只有留给后代才能有力地推进到一种新的伦理，今天的人谁能作出预言？但新芽在此已出。它不曾也绝不死亡。而我们所要做的，就是要从这种精神困顿中走出来，成为它的唤醒者，唤醒眼前的理念和心中的信仰。

伦理人在一切方面都与冷漠无情的匆忙者、迟钝者是对立的。他是价值的见识者，是智慧(sapiens)的原初字义：品出世道者。他是对生活的丰富价值具有官能的人，那个“道德感官”(organe morale)，弗朗茨·赫墨斯特胡斯预言道，“闪闪发光的财富”向它敞开……

今天的哲学伦理学就在这一任务的旗帜下，它处于新旧哲学思维的分界点上。它的步伐是向有意识的价值研究迈开第一步。它能引领我们走多远，我们今天还不得而知。不过其目标明白地摆在眼前：让人有意识地获得他的“道德官能”，重新为他打开他自己封闭起来的世界。

从此之后，新伦理学要是什么和必是什么就不会认错了。它是否如此以及究竟能否如此，未来将会指教。但有一点毫无疑问：就其整体品质而言，它自身就是一种新的性情。它意味着一种新的对事物的爱的方式，一种新的奉献，对伟大之物的新的敬畏。因为对它而言，它要开辟出来的世界，是伟大而充满价值的，是不会枯竭也不可枯竭的——无论是整体上还是最小的细节上。

因此，新伦理学也要有勇气再去面对整个形而上学问题的困难——问题源自对永远的奇妙之物和无解之物的意识。新伦理学的姿态就是再次回到哲学的原始冲动，回到苏格拉底惊异的激情。

道德的多样性与伦理学的统一性[①]

第一部分　伦理现象的结构（伦理现象学）

第Ⅱ卷　道德的多样性与伦理学的统一性

第4章　伦理意识中的多样与统一

(a)伦理诫命的历史多样性

伦理学本身的任务一旦首先确立起来，更加具体的问题也就随之而来：伦理学处理的该是哪种道德？难道真的存在某种统一道德吗？我们有权从我们的时代与国家的道德出发吗？还是要从更远处着眼，一直追溯到把我们跟别的民族与时代都联结在一起的基督教道德？如果我们以此方向拓展下去，就不能再停留在历史经验界限内，就不该以“爱邻人”的道德而忽视“以牙还牙”的道

① 本选文出自于哈特曼《伦理学》的第一部分第Ⅱ卷：“道德的多样性与伦理学的统一性”(Vielheit der Moralen and Einheit der Ethik)，共包括四章内容(第4、5、6、7章)(*Ethik*. Walter de Gruyter &Co.，4. Aufl. Berlin，1962. SS. 36—70.)。

德。但这样的话，现象域就会变得漫无边际。斯宾诺莎、康德与尼采的伦理学，古希腊的古典伦理学，斯多亚学派与伊壁鸠鲁的智者理想，普罗丁与教父学派的彼岸道德，甚至印度人与中国人的道德等，不管它们离我们是近是远，在当下生活中是死是活，这都无所谓——所有这些都声称自己是人类的真正的伦理善，都要求成为分析课题。

这个问题域的内容幅面客观上拥有绝对的合法性，不允许由于个人的局限性与有限性而任意受到限制。哲学伦理学的任务不可能由于道德的多样性而陷入某种或多或少的机会主义选择；但它也不会消融于多样化道德的纯然并列组合中。这些"道德"的相互矛盾已经不允许那种简单的概览。伦理学必定**在其自身中就是统一的**，从完全不同于其他哲学学科的迫切意义上来说也必定如此。纯理论意义上的多样化仅在于缺少某种概览与把握，而各种要求与诫命的多样化则是内在的冲突，它们彼此间相互否定。

伦理学的统一作为一种基本要求，即以绝对命令的方式要求耸立于众多道德之上，也即置身于各种意见的一切纷争之外，这种要求先天地、绝对地清楚明白，不容怀疑。伦理学所要求的这种绝对的"一贯"在我们探究的门槛处就立刻有意地跟被给予现象的"杂多"相对立。因而困难就是：哲学伦理学如何能克服这种分样性与相互矛盾？怎样才能实现对就其自身而言就是背反性东西的综合？伦理学的统一何以可能？

(b)有效力(geltend)的道德与纯粹伦理学

在这里，人们倒是宁可直接从多样性的对立中寻求统一，只是这样做绝对太简单化了。多样性根本不会在统一性之外，而是一同被纳入了统一性中，或者原则上说在统一性中有其活动空间。

在某种界限内，跟真理统一之间的类比可以作为伦理学统一的线索。每个时代都有其"有效的真理"。亚里士多德的物理学"曾经有效"，伽利略的物理学也曾"被视作真理"。但跟所有这类有效真理不同的是"真理"本身：它是一个时代的所有认知向自己提出的理想要求，这种要求永远只是不完整地得到满足，而哲学就要为它寻找标准。同样，任何时代与民族都有其"**有效道德**"——人们也可以类比"实证科学"，称之为"实证道德"。它无论如何都是一个由人们所遵从并且视之为绝对有效的规章体系。

历史上有过各种道德，诸如勇敢、顺从、骄傲、谦卑、强势、美、意志坚强、忠诚、同情等等。但跟所有实证道德不同，伦理学自身具有对善的普遍的、理想的要求，如同它早已作为前提暗含在一切具体道德中。它的本质就是要指明，“善”究竟是什么，它要寻求的正是那些实证道德所缺乏的善之为善的标准。

由此立刻就清楚了：有效道德与伦理学之间，尽管存在着各种障碍，原本就是**一种内在关联**，是捆绑在一起的，即便是那种观念性的依赖关系。根本就没有**不倾向于变成绝对道德**的那种有效道德；甚至有效道德具有“效力”，当且仅当它成为绝对道德的信念是活生生的。

就此而言，一切精神领域都没什么不一样的。任何实证知识都有成为绝对知识的倾向；任何实证法都有成为“裁判法”(理念法)的倾向。在任何领域，**跟理念相关联对于实证的东西来讲早已是内在的**。这种相关性是有效本身，也即实证物得以存在的内在条件。但正是由于道德的理念不是别的，而是伦理学的内在本质，所以人们可以说：一切有效道德都倾向于成为纯粹伦理学，甚至相信它们会成为纯粹伦理学。唯有它们这样认为，它们才会是有效道德。

也就是说纯粹伦理学的理念恰好包含在一切道德中，由此人们可能会认为：随着伦理学的理念一起，所要寻求的伦理学统一同时也必定包含在其中。但这样的话，它就必定只能**在道德自身中**找到——既不在道德之外，又不跟它们相对立。当然，这不同于某种组成成分在其他组成部分中被找到，因为伦理学的统一不是对那些变化着的伦理诫命的某种有意的发酵，它也许更可能像作为**先决条件**、最初前提而得以指明，就当前的东西(das vorliegende)从实事本身上讲(而非从意识上看)植根于这类先决条件或前提而言。

如此一来，似乎有这种可能：通过单纯地反思一切当下有效或曾经有效的道德诫命之间的相似性就能穿透伦理学的统一。

这种方法似乎必定奏效，只要我们认定：所寻求的统一是某种在自身中的单一物，仿佛是一种逐点式的统一，并且除此之外，它作为某种统一能够被把握，或者至少凭借少数几种基本特征能得以详尽阐明。不过这恰是极其成问题的。的确存在着一种非常流行的偏见：“善”的本质是简单的、直接可把握的，一目了然的、十足理性的；但诸伦理诫命的多样性与对立性这一事实早该让人对此表示怀疑。如果人们更深入全面地探究价值王国，上述看法就会变得更加可疑。但这并不意味着人们在这方面必须放弃任何统一才好；而是说：**统一也可能是综合体**，甚至**在其自身中又是相互关联的，分成诸多环节的**。不过就对这种统一的把握而言，的确存在这一难题：

人们是否也直接能够将其把握为一；并且由此更进一步：即使从内容上把握到了它们，是否真的就认识到了它们真正的**统一品格**。

以多样性为出发点的这种惯用处理方法往往事与愿违：我们只能重复地把握到多样性，而仍又迫切需要专门从别的地方寻求统一性。但如果我们以别的方式把握到了统一性，多样性也许确实能够在它之下得以概览。古老的柏拉图智慧是：统一性必须**在先地，也即先天地被洞见到**。不过人们立刻就发现又身处这一危险之中，即**从内容上看**，先天洞见物**跟**被给予的多样性**相对立**。

因此，这一问题的准确表达就是：是否存在着这种先天直观，即在多样性的有效道德中洞见到那种构成纯粹伦理学统一的东西？

(c)多样性的其他维度

然而问题还得继续下去。伦理意识的多样性并不局限于实证道德的多样性。后者似乎只构成一种区分维度，更确切地说是一种纯然外在被给予的、经验上所采用的区分。事实上不仅各个时代与民族的观点——更不用说个别的、扎根于它们土壤中的哲学体系——存在分歧，而且在这些观点、体系与道德内部，各种伦理倾向彼此间的千差万别也明确地凸显：一部分只是在那些观点、体系中重新出现，一部分仅反映它们中的个别特点，不过所有这些倾向无论如何总以某种方式彼此交织着。它们之间的这种区分——这只是人们用模糊不清的概念隐隐约约地作出的区分——跟别的区分之间相互叠加，仿佛直直地悬在后者之上。

因此，共同体(国家)道德与个人道德之间有着某种原则性区别；相应地，男人道德、女人道德与儿童道德之间(如古代的道德几乎专属于男人道德)，或者权力道德、法的道德与爱的道德之间，都存在着原则性区别。这样的对立又出现在其他道德维度中，比如：

1. 劳动、创造的道德——知足、满足的道德；

2. 战斗、竞赛、力量施展的道德——和平、安静、温和的道德；

3. 最高或最隐秘的愿望之道德——普遍性的、严格的要求之道德(这些要求是人的自然偏好和愿望所抵制的)；

4. 权威性道德，对认识到的且已被承认的各种规范的服从这种道德——寻找、期望新的规范并为之而战斗的道德(由此寻找、捕捉、革新本身成为义务，而被找到的东西与生命中的代理自身成为责任对象)；

5. 当前的道德或最近的生活—塑造之道德——未来、遥远、理念的道德(由此对于后者来说，当前与被给予的人格、关系变成从属性的，甚至成了牺牲品）；

6. 行动自身的道德，能动着的生命的道德——评价道德，参与有价值东西之道德。

这类对立还可以继续添加下去。就任何一组而言，双方都具有合法性，它们的问题指向都源于丰富的、具体的生活现象本身。它们都暗示着不同的但又不可回避的生活使命的方向——这些方向中包含着自主性的基准点或生活所要锁定的目标，而且它们彼此间不会任意地迁移、更换或为对方所抹平。

(d)被寻求的统一与价值探索

很明显，伦理学不可以排除、忽视这些方向中的任一个。任何排除都将有可能使伦理学自身变得特殊化与片面化，它也就不再居于那些有效的道德类型之上，而是同它们并列。但它的理念就在于：要高于它们，是它们的统一。

然而各种异质性的要求如何得以统一呢？就此，人们再也无法乞求于这一点，即多样性是纯然经验性的，因而是“偶然的”。多样性只是缺乏对统一性的反思，缺乏“统一意识”，而事实上统一就隐含在多样性中呢，这种观点在这里显然是不真实的。之所以不再行得通，乃是因为所列举的那些道德类型根本不是经验地被抓取到的，而是任何一种连同其特殊的要求都完全是**先天的**，实质上都是确切无疑的。因此统一可能只是一种**综合的**、存在于它们之上的统一。这些道德方向中的任一个都意味着一种**固有的最高生活目的**；而这类目的中的任一个都要求**居高临下**，忽视就其自身而言具有同样权利的其他生活目的所提出的同等要求，拒绝同它们平起平坐。它**唯我独尊地**、**专制地**登台露面，极其强烈地倾向于要制服其余者，甚至有时要根除它们。那么，某种统一的总体目的怎样才能居于多样性之上呢？

可恰好是个别生活目的的这种登台方式证明了**目的统一本身的必然性**。追求的本质就在于变得统一，而目的正是追求的基准点。正如人从肉体—空间意义上不能同时走两条路，而只能选择一条那样，从精神—道德上来看他也不能同时在两种不同的方向上追求着，更何况是众多方向。他必须选择**一种**。最高生活目的的多样性撕扯着他，使他自身失去统一性、四分五裂、前后不一致地左右摇摆。它们肢解着他的力量，并由此肢解着他的追求行为本身。因此所有的可追寻的生活目的，所有的实证规范、诫命与道德类型都必然是唯我独尊与专制的。它们必定会如此，否则的话它们可能就会自我消灭，成为另外的样子。它们的这种僭越要求可能正是其有限性所在；但不是任意，而是不可避免的结果。

基于同样的理由，在伦理学的更高问题层面上支配性的目的统一也是一种不可避免的结果。同理论领域中原则统一相比，它更是一种绝对的要求。原则统一只是用于理解与把握的一种最高假设。而目的统一则是生活与行动的一种假设；倘若没有它，人们就无法信心十足地迈开生活的步伐。

目前我们还不具有目的统一。它是未知的。因此如果人们要严肃地对待它，就必须清楚这一点：这里仍缺少最高的观视点(Gesichtspunkt)。进言之，由于我们面对的是多样性——被给予的现象，所以解决这个问题的唯一可能出路就是从这些现象出发。人们自然会问：各种价值与规范之间存在着联系、关系、必然相关性吗？各种道德诫命实际上就是互不相称，还是它们之间显示出连接、隶属、限制与依赖的关系？即便真的没有这种统一，是否**在伦理要求中**至少也得有**某种秩序及秩序原则**？而这个有关目的统一的问题等同于这个问题：存在着某个目的体系吗？进言之，假如所有目的都包含价值——因为人们只能将清楚明白地向他显现为有价值的东西作为自己的目的，该问题就会立刻转为一个更普遍的、更客观的且视野宽阔得多的问题：**存在着某一价值体系吗**？

这个问题勾勒出了摆在我们面前的任务。秩序，或秩序原则，体系，**似乎就是被寻求的统一**。统一只能是体系统一。因为它不可以是排他性的统一。它必定是唯一的，却不专制。该问题就是一个典型的体系问题。

这就是价值探索，甚至在开始之前，就已身负难以想象的重担。

第5章　对善恶的认识

(a)诫命、目的与价值

伦理学要真正担负起这项使命是**价值学说**(价值论)阶段，正是后者从内容上构成伦理学的基石。不仅追求与行动的目的，而且道德要求及其品格、诫命、规范等所有这些都在一种独特类型的且具有独特存在方式的构成物——**价值**——中找到它们的根据。显而易见，当人们没有将之把握为(erfassen)“有价值的东西”时，就不仅不会意愿它或者将其作为目的，而且也不可能承认它是诫命、要求、应当存在者。无论如何人们必须首先把捉到“某物是有价值的”；然后并且正是借助于此，它才能成为伦理生活中一种规定性力量。

所以说，所要寻求的伦理学的统一性确实只是被赋予了一个新名称，甚至它跟别的统一之间的那种本质优越性在这里还没能被洞察。价值的普遍本质，如同目的或诫命的普遍本质一样，固然都是统一的；但这里被问及的不是这种本质之统一，而是一种内容之统一。从内容上看，诫命或目的王国同样都展示出令人迷惑的多样性，后者甚至是一个更大的多样性，因为很显然可能还存在着这类价值，即它们根本不会成为某一意志的诫令或某一追求的目的——它们或者已是现实化了的，或者从它们的内容上看压根就不为现实的追求所考虑。因此在价值王国这里我们面临的还是同一个问题：必须首先找到秩序、体系、统一。

内容多样性这一领域由此得以扩展，而这一点对统一性问题来说至关重要。如果只是某些个别的、分散的多样性环节被知晓，那么它如何能被一个与它不相及的视点直观到，它的内在秩序被发现的希望是多么渺茫。视点安置得越高，透视到诸环节的范围越宽广，概览到的内容也就越多。一切探索领域都是如此，价值域亦不例外。尽管目的或诫命总是且必定相对应于某一价值，可是并非任何价值都相应于某一目的或诫命。在这里除了"应当做"问题外，另一个基本问题(参见：导论)就变得实际了：什么是生活中有价值的，由此感触到了什么？它是一个内容上更加丰富的问题。随之对价值王国的探索目光也得以拓宽。

在这个更广泛的基本问题中并行存在着隶属于它的各种分支问题：什么是善恶，什么是德性，什么是"德行"①，什么是幸福，什么是生活、精神、人的共同体的财富？正是在这个更广的多样性中我们能直观到秩序与原则；但前提则是**在这一多样性中进行定向**。在对个别的、可把捉的价值进行探求与更详尽的规定之前，对统一性的一切仓促追寻都是毫无希望的。我们提前要做的并且最当紧的任务就是确证个别的价值内容，使它们清楚可见。这是伦理学首先要从事的，先于且独立于对所需求的统一进行的所有反思。它属于我们研究中的第二卷内容，并且是核心部分。

① "was ist die Tugend，was sind die，Tugenden."前一句是单数，后一句是复数，我们在这里把单数的 Tugend 翻译为"德性"，复数的 Tugenden 翻译为"德行"。因为"德性"作为品格是唯一的，"德行"作为"行为"是多样的。这是我们对哈特曼如此分别所做的理解，而不是他自己的解释。该词在一般德文汉译著作中，大陆学界都翻译为"德性"，港台学界一般翻译为"德行"。——邓安庆注

(b)知识之树的神话

这项任务是我们今天仍然远未涉足的领地。不过迄今为止的哲学伦理学几乎都毫不例外地持不同的看法。它们相信：不仅这项任务，而且就连寻求伦理学统一的任务也早已经完成，或者更确切地说，眼瞅着已经完结了。向来相互矛盾的思想流派倒是在这一点上达成了一致，即他们假装已经知道，什么是善恶。人们将“善”看作伦理上一切有价值物的绝对统一；尤其在有了“统一”之名且没有看到价值多样性的时候，他们可能更容易相信这一论断。他们也没有看到，所有那些思想流派事实上对“善”有着各种根本不同的理解，而且彼此都要证明对方在说谎。

这种相信本是空洞的，这是最新的洞见之一——我们要感谢尼采首先对之做了澄清。在此，有两点引起了我们的注意：1. 价值是众多的，价值王国是多样性的；2. 我们既没有认识它的多样性也没有认识它的统一性。进一步揭示这两点正是伦理学的任务。而用传统的概念来表达，就是：**我们仍然不知道，究竟什么是善恶**。

人们很难一眼就看透在这个转折点上为伦理学打开的视角，因为无论从思想上还是情感上我们都死死地固守传统。而构成西方基督教伦理学传统枢纽的正是知识之树的神话。“你们吃的日子眼睛就明亮了，你们便如神一样能知道善恶。”这是伊甸园里蛇的预言。而且人相信了蛇，尽管被蛇骗取了无辜(Unschuld)与至福(Seligkeit)。直到今天，人还相信自己知道善恶是什么。他是如此坚信，以至于连最具批判性的思维都成了这一大骗局的牺牲品。于是思想家全部的心思都致力于为他们自以为把捉到的“善”的本质“奠基”；为此他们一个个地构造了伦理意识的形而上学。但他们就是不花力气去**认识“善”本身**。他们不害怕可能会错失它，因为他们相信自己知道善是什么。

蛇的预言是个大骗局。罪并没有使人眼明，没有让人变得如上帝那样，人至今仍不知道，善恶是什么。更准确地说，他只知道一丁点儿，仅仅是些碎片。所有费心思的奠基都是徒劳的，都来得过早，都浪费在对伦理知识的某种臆想性的坚实占有上。伦理形而上学缺少基础——价值现象学，或者我们也可以称之为，伦理的价值论。这是伦理学首要的、最为关切的部分。从实质上看它要被置于一切理论和形而上学之前。价值王国包含了关于“善恶”的秘密。它作为整体才是善恶的内容。它的多样性与丰富性才是知识树的现实果实，才是我们要去品尝的。

(c)尼采的发现与发现者的错误

对无知的认识，在一切领域都是认识的起点。善恶之知也不可能选取别的道路，必须途经这个开端。

尼采的功劳就是将我们带向这一开端处。在这里人们**首次完全有意识地提出关于善恶内容的问题**——独立于且“超越于”(jenseits)在各个时代中被视为一切善恶的东西。

这种发问是一种冒险行为，因为它触犯了神圣的东西。它向冒险者实施了报复：它拖着他往前走，使他越界，进而作出毁坏性的批判，甚至是匆忙地掠取展现在他眼前的新事物、未知物。那刚刚才挣脱束缚的价值目光瞬间又扎进价值王国，同时在对胜利的初次陶醉中自认为洞察到整个王国。也许这位发现者没能预料到，对所开启的这片天地的认识工作会是全新的、不可估量的。

他的过失可圈可点。他臆想的非道德主义，梦想中的超人，那渴求美的权力道德——可惜它极其迅速地变成时髦哲学，并掩盖了他的划时代发现的重大意义，所有这一切都不该再长时间地误导严肃思考者了。就不幸地产生了这种错误认识而言，也许没人能完全脱得了干系。但如果这要以注定的错误认识为代价并且已成为历史事实，那就要归咎于错误认识的人。分析评价思想胜于批评错误。履行这项使命的时机已经成熟；目前正是需要我们去占有已敞开的价值域。

发现者很难完全知道自己发现了什么。尼采，像哥伦布一样，对此知之甚少。后来者继承了这份遗产。而他们要努力取得所继承的东西，以便占有它们。

这里马上要指出的就是——尽管后来才得到证实——尼采所犯的最具灾难性的错误恰恰在于最轰动其时代的“重估一切价值”学说。在这之中隐含了价值相对主义。如果价值能够被“重估”，那么也就能被丧失、被创造与被毁掉，它们就是人的作品，如同观念与幻象一样是任意的。于是这一重大发现的意义在第一步就立刻再次遭否定；这样，那条途经“对无知之知”开端处的道路就不会通向一个全新的、有待开启的未知领域。由此也就不存在任何继续去发现与寻找的东西，换言之，受到阻碍的门闩仅仅为创想(erdenken)与发明(erfinden)自由地打开。可如果这就是获得解放的意义，我们就无法理解：为什么长期受阻的发明源泉目前还没有喷射、涌现，或者人原本就缺乏发明精神？

事实证明刚好相反。人不缺少发明。只可惜所发明的东西无法慑服人心。它不具有那种使人的感受深深地被触动，对人的现实的、感受着的价值意识起规定性作用，并在内心深处为其定向的威力。因为价值意识——它也可能是别的什么东西——首先是价值感，一种原初的、直接地对有价值物的感触。事实表明：价值感受不会毫无抵抗地为所创想的东西而作出调整，在它自身中具有**某种不服从的、不可动摇的品格**，即一种固有本质与固有法则，**一种属己的价值定向**。

这种固有本质是什么，这恰恰是个问题。无论如何它都与价值自身的本质保持最紧密的关联，这一点从它具有抵抗力的事实中早已轻松地获知。除此之外，它的这种抵抗现象表明，价值重估的思想与价值相对主义是错误的。它完全不是思想草率、感觉冷漠的人所想象的那样。这确实为创想与发明打开了一片无边际的天地；但在这里没有现实的伦理价值，正是后者使价值感深受触动，使人的生活活动起来。这类价值具有别的起源。

究竟是何种起源，这也许永远都是个谜。不过有一点是明确的：确实存在着另一片天地，它不属于创想物，而属于本真的价值。而这正需要去发现。

第 6 章　发现价值的道路

(a)伦理习俗的革新与价值意识的狭隘性

接下来的问题就是：伦理价值如何得以发现？这个问题几乎等同于另一个问题，即有关伦理内容、诫命与规范等历史地产生与消亡的问题。只是它的范围要宽得多。这个问题也不能被看成是个纯然的方法问题。这里涉及的不是认识方式，而是能够寻找到价值的现象域。因此价值直观的先天主义之暗示在这里也极其不合适地提出来了。于是问题就干脆转变为：这种先天主义是如何显现的以及怎样在生活中证明自身。

在某种意义上人们或许可以说，哲学伦理学发现了价值。但现实中几乎没有一次是原初的发现；而通常都是事后才获得那些早先在伦理意识中已是现成的、起作用的东西——它们要么是已被有效道德所承认的诫命，要么是跟现实保持评价性联系的、自然而发的观视点。诸多价值在人的内心是如此活灵活现，因此用不着某种有意识寻求价值的思维活动直接地把握它们，根本用不着去透视它们的结构。但存在着这样的把握与透视，并且唯有哲学才能实施这一点。不过正是因此这种发现是**第二性的**。

对此如果人们要问，**第一性的发现**是怎样产生的，那么他就必须更深地向下深挖伦理生活本身。而这种发现工作也正是伦理意识通过它所有的显现形式要全力去做的。任何新的生活冲突都会将人置于新的任务面前，并由此能够指引他把握到新价值。**第一性的价值意识正是随着道德生活的加强而增强**，即随着道德生活的复杂化、强烈化程度，它的丰富多样以及道德生活内容的实际价值高度而相应地增强。但由此就有了这一结论：**整个人类都在持续不断地从事对价值第一性的发现工作**，并且用不着把这种工作视为目的去追求，因为任何共同体、时代与民族在其历史存在的界限内都会参与进来；同样从小处说，任何个体也在自己道德视界内自为地参与其中。

结论就是：根本就没有价值意识的绝对停滞现象。在这里，如同世界上的任何地方一样，一切都在流变。在看似平静的外表下进行着**持续不停的伦理革新**。在这一点上所造的概念可能会迷惑人：它们比当时的价值直观的实际界限更具持久性。但这些概念是由别的材料构造的，它们不是价值感本身，只是表层的东西。如果一个时代为所直观到的价值新造一个名称，那么下一代肯定不会再将这个名称与同样的含义联系在一起。语词是迟钝的，概念是粗糙的并且总跟不上趟，而价值目光则是极其鲜活、千差万别，不是思想所能计算出的。思想确实在价值多样性的观念层面上不被觉察地移动着它的光亮范围，但却总是缓慢地、远远地，并且经常是不连续地，一阵一阵地，常常跳过了具有细微差别的中间环节。由此可知，在所有时代那些真正感官灵敏的头脑会碰见“无名的”价值内容——亚里士多德称之为“匿名的德性”。

因此对伦理学而言，就有了新价值内容的一种持续自我凸显过程。但这不是重估价值，而是**重估生活**。价值自身不会在伦理习俗的革新中发生改变；它们的本质是超时间的，超历史的。但**价值意识会改变**。它当时从价值王国中剪取一个直观到的小片段；而该片段就“游弋”在价值观念层面上。任何在这之中出现与消失的价值结构对评价意识来说都意味着重估生活，因为在它看来，唯有当时直观到的价值才是现实物。

由此，各种行动、意念与关系，昨天还被看作善的，今天看起来可能就是卑鄙的。发生变化的既不是现实物也不是价值，而是对价值的选择——作为现实物的尺度——在变化。

伦理革新的过程是一个真正的发现过程，是真正的价值重启，**价值显现**；不过这往往同时是价值丢失、价值遗忘和**价值消退**。这个整体的变化现象表明了**价值意识的一种"狭隘"属性**。而这种狭隘并不是固定、明确的，价值意识从内容上看也可能会增强或减弱；对此有大量的证据。但这也有其不利面；因为价值意识的强烈度与直接性会随着其范围的扩大而减弱。伦理习俗的单面性就在于，它总是赋予价值意识以独特的敏锐力、全身心投入的激情与创造—运动性。

(b)理念载体与大众

道德生活的最内核，即伦理习俗的自我发展**同**对价值的第一性发现**相一致**。但那隐藏在表面下的持续性革新过程绝非整齐划一地向前推进。它在某些时期会通向形势严峻的危急关头，强有力地突然爆发，如同一个旋涡紧攥住人们，从而催逼着他采取历史行动。这样的危急关头就意味着价值发现，正是它赋予了年轻的基督教以突破力，从而去发现"爱邻人"这一本真的伦理价值。

某个核心价值，甚或整个价值群(Gruppe)走进伦理意识之中并且从根本上改变看待世界和生活的目光。对旧的、现有的评价的反驳点燃了斗争的焰火，并且不仅仅是精神斗争。重新唤醒的伦理热情向旧的伦理热情发起挑战，而后者则竭力自卫，以防被消灭。被认可物的那种惰性就是一种随着冲击力的增大反而增强的抵制。之所以如此，那是因为**在旧的伦理中**所直观到的真实价值也是活生生的。殉教是这种危机的持续性伴随现象。伦理革新的进程恰恰在其自身中产生出实质性的背反物。正是通过对旧事物的批判，跟神圣事物相对立，新思想才得以产生、成熟与强大。它必须否定旧事物，以便赢得突破；它必须这样做，即便从本质上看它要接纳现存的事物并以之为根基。它就诞生在冲突来临之际；并且这种冲突会长久地持续下去，直至获胜或者溃败。

事实上个体对伦理革新的参与完全是另外的样子。普通人只是总体进程中微不足道的一分子。但价值意识的完整性又在个人的伦理中强化，它借助后者才首次得到塑形与表达，并且正是从这里开始才对别的领域产生影响。很显然这种现象在这一进程的历史性转折点表现得最为生动。

在这里就出现了那些伟大的伦理领袖、精神的英雄、先知、宗教的创始人、**理念载体**。正是他们发起了革新运动，彻底变革了民众。我们很容易就相信，新的价值内容就是由这些领袖"创想"的，价值自身就诞生于这类载体的理念中。事实却远非这样。理念载体并没有创想任何东西，他们只能去发现；甚至他们的发现也是有条件的。他们只能**发现那些早已隐约地存活于大众的价值感中**而又急于表达出来的东西。正是他们仿佛从大众的内心里读懂了新感受到的价值，从中将它们拾取，将它们带到意识的光亮之下，把它们奉为标杆，并用语言表达出来。

唯有在人们活生生的伦理中趋于成熟的东西，唯有出于伦理的贫乏与渴望而可做决断的事物，才具有突破力，它的时机才是真的来临了。理念载体也是**第二位的发现者**。在他们之前，活生生的价值感已是隐约地、有意无意地发动了，一直不停息地寻找着、尝试着；并且他们所发现的东西总是在内心深处早已具有生命与活力。

这就是他们在大众那里引起共鸣的秘密，它也正好构成理念的力量——这种力量不像波纹，在向前行进中会减弱，而是宛如野火，一经点燃，就迅速蔓延并且火势越来越凶猛。这股力量不仅存在于火花中，而且存在于遍地摆放着的火棉里。在有意识地发现之前，理念**早已是活生生的**。它的生命只是等待着来自思想的**赋形**并迅速获得构型，就如同碱液中的晶体物突然结晶一样。洞见在这里也是落后的。尽管如此，正是洞见唤醒了隐藏在理念中的生命力，将之连接成一个可见的构成物。

但那种隐藏的生命力本身既非绝对无意识的，亦非绝对有意识的。它的内容，一旦被理念载体由言语带入光亮中，不仅仅像熟透了的果实那样突然存在于此，而且是每一个人都**早已知道它，重新认识到它**，相信已表达出了它的最本己、最内在的东西。它就是大格调上真正的柏拉图“回忆”。而理念载体就是大众的催化剂，迫使他们在伦理生活的关键时刻诞生了最具生命力的东西。

任何时代都孕育着模糊的理念种子。新的价值意识总是处于酝酿成熟中。但对于理念载体来说，客观条件并非总是成熟的。即便这一客观条件允许，也并非处处都有发现理念的载体出现。也许我们目前就已经隐约地预感到某种价值的来临，它完全不同于被我们承认的且受教导的价值。没有哪个时代在道德上对自己了如指掌。现实的伦理生活是一种深层次的生活。

当然也存在着相反的现象，即那些不为人们所理解的理念载体，它们不合时宜地来到世上，而后带着自己的真理孤独地离去。它不是要反驳事实真相，而是要证实它、审查它。它的理念就其自身来讲既不缺少生命力也不缺少活力。但该理念只是在它这里，而不是在大众中，才拥有这两种力量。它在大众心里没有引起共鸣，因为它不是从大众的内心中读取到的。它的时代会到来，只是宣告者不会再看到这一天。谁超越他的时代活着，谁在他的时代就是死去的。

对于洞察价值本质而言，再也没有比理念载体与大众之间的关系更具启发性了。如果宣告者孑然一身，没有引起反响，我们就有理由质问：它将之宣称为有价值的东西难道不是一个纯然的想法、一个孤零零的梦？可一旦火花点燃，一旦理念在不计其数的人群中重现——在这里理念被宣告者的语言得以唤醒、获得解放，就不会有这样的疑问。相反，我们要问的是：为什么所有那些人都有着同样的需求，在内心中怀着同样的渴望，都暗暗地、有意无意地归于同样的理念，以致这个理念在他们这里**仿佛是事先形成的**，只是等待着有人来唤起它？为什么大众伦理没有四分五裂在像思想头脑那么多的理念之中呢？因为时代—生活方式、各种冲突以及伦理境遇对所有人来讲都一样，这个理由是不充分的。为什么并非人人都在别的道路上乱跑瞎蹿，为同样的良知问题寻找其他解决途径？是什么迫使所有人眼朝同一个方向看并致力于寻求同一种价值？

对此只有一个答案：**因为仅存在一种价值**，它就处于那些有着同样的需求与渴望的人们将其目光锁定的地方。这些人不能根据既定境遇的状况而随意地编造有关善恶的各种不同规范。仅仅存在着一种规范：它跟所提出的生活问题相一致，并对这个问题给出现实的、清晰的回答。它就是所要寻求的裁定法庭。没有别的能够替代它。

而这就意味着，实际上价值具有**一种独立自存的、不依赖于任何创想与渴求的本质**。也就是说：不是价值意识规定价值，而是反之。

(c)向后看的伦理学与向前看的伦理学

同价值意识的活生生的起源相比，哲学上的价值直观是次要的。但它仍大大超过理念载体的价值直观。因为理念载体很少是哲学家。在苏格拉底、费希特、尼采身上我们或许会找到这种结合的典范；但他们仍不是大格调意义上的。也许中世纪与近代的宗教改革者是更伟大的典范，也许具有传奇色彩的毕达哥拉斯、恩培多克勒也属此列；然而哲学成分在他们的价值意识中并不占主导地位。柏拉图相信作为伦理领袖的哲学家所肩负的世界使命；但如果我们撇开柏拉图本人的历史性影响不谈，唯有作为孤独思想家的乌托邦信仰者才承认他的想法有合理之处。

哲学伦理学实际上几乎无例外地走了另一条道路。它处理的是别的学科所发现的价值，它要努力地澄清它们、有意识地看透它们并为其寻找根据。原则被接受，就意味着"人们已经认识了它"。这两项工作绝不可小觑。尤其当接受一原则扩展到所发现价值的整个问题域幅面的时候，接受并不是狭隘的、任意的选取。而为价值寻找根据的道路则更为曲折迂回，诉诸形而上学，将实践世界观同理论世界观结合起来。它从思想上把模糊的、纯粹感受的东西提升到科学层面；因此它自然地就挤进理论与价值体系行列。

然而，一旦为价值寻找根据被视为任务，那么就必定会确立另一个倾向。奠基性的伦理学肯定要侧重于寻求、直观和价值探索等方面。取得成效的希望很渺茫，这一断言不应该成为阻碍这项工作的理由，因为它只是由还几乎没有认真从事过价值探求的哲学经验推论而来的。如果人们意识到，并非所有的价值都是已知的，甚或人们还不知道"善恶是什么"，那么伦理学就不可能满足于向后看，不能满足于那些长久以来已知的东西。伦理学压根儿无法逃避这项使命，无法抗拒直视价值的那份渴望——而对于把捉到这些价值，人们也许早已胸有成竹。一种向前看的、建设性的、寻找的和权衡的伦理学趋向就自然而然地迎面于后看的、纯然奠基性的伦理学趋向。

唯有在后一种趋向上——长时间以来受到人们深深的期待——伦理学才是现实规范性的；在那种独特意义上它才可能如此。也唯有在这种趋向中伦理学才会回溯到它的理念，即成为人的指引者。柏拉图的理想不会在此破灭，即通过哲学直观、理念直观等从精神上管治与塑造人类。但它也根本不像柏拉图借助于那众所周知的仓促试验去实现他的理想那样乌托邦。因为这项任务不是单枪匹马所能完成的事情——否则确实是僭越的，是乌托邦主义者所犯的错误，而是大家共同探索的事业；甚至不单单属于我们的时代，而是一个广泛的、逐步往前边的科学连续体。单个探求者及其工作只是微小的一分子。

但转折点已迈过；新起航正当时。

(d)理论性的原则探求与伦理学的原则探求

不过要在另一层意义上重提这个问题：价值如何才能够被发现？它涉及的是第二位的、思想性的价值发现。活生生的价值感受、昏暗不明的价值直观所蕴含的宝藏——它们在任何地方都是丰盈的——如何才能被挖掘？思想如何能够应付它们、抓住它们，进而将它们带入光亮之中？

科学地理解胜于情感地触碰。现在假定我们时代的价值感无意识地顺利捕捉到一系列价值，那么如何进一步科学地占有这些价值？哪里才会有更细致的指明、描述和界定，对其进行概念上的规定与构造？

价值探寻属于原则探寻。因此前者也必定享有后者的一般性品格。原则是自在独立物，是别的东西所依赖的。如何从原则出发进行推导，这一点是完全明了的，如果原则是给定的；而如果它们不是给定的，那么它们本身该怎样被推导出来，就不明了。没有什么是原则之上的，只有隶属于原则的依赖物。而假定这种依赖关系的确是一种固定的关系，那么借助于被给予的依赖物，原则就能够在这一结构中——作为前提——被直观到。

以此来看，自然法则正是借助于具体的自然发生事件被直观；而存在范畴亦是如此，就它们能够被人们直观到而言；在同样的限制条件下，认识范畴也只能是被直观到的。法则总是早已现存在此的，对依赖于它们的被给予物产生影响作用，并且它们总是事后才得以认识。对法则的认识，尤其是对范畴的认识并不是在先发生的。对第一性东西的洞见绝不等同于第一次洞见。人们曾经所犯的一个根本错误就是想要使认识论不遵循这一规则；没有先于经验，也即先于具体的对象认识的“纯粹的方法论思维”。对认识中先天物的发现恰恰不是直接地，而仅仅迂回地通过事后的东西才得以实现①。

这种探求路径的前提是一个**实事领域**，一个被给予的、可分析的现象域，一种“事实”(Faktum)。理论哲学不会为事实所难住。各种存在者、以物的形式存在的可经验物以及经验现象——这些要么是直接素朴的，要么是科学的，都是它的事实来源。在这里起点是分析，正是从质料中看出、提取出本质法则，或者人们愿意也称之为逆向—推断。“推断”在这种关联中不是别的，就是通过未知物同被给予物之间固定的对应关系使未知物变得可见。为此无论如何，人们要直观到这种关系；而至于人们赋予这种直观方式以何种名称，则无关紧要。

就原则的非被给予性来说，伦理学亦是同样的困境。伦理学也必须首先“推断”出原则，更确切地说是从具体的现象中反转过身来直观到原则。在意愿、决断、行动、意念、姿态或者默默地参与中，

---

① 参见：《知识形而上学》，第2版，1925年，251-253页。

原则比行规定的东西(bestimmende)更丰富。因此人们似乎肯定能够在它们中直观到原则。但事实上仍然无法凭借这类被给予的现象直观到伦理学原则，几乎不会意识到它们，就像很少意识到认识原则一样。在这里意识到的永远只是具体情形、境遇、所追求的特殊目的。假如一个人在一场残酷的生死决斗中不敢占对手的便宜，他甚至帮助对手，与对手分享自己独有的优势，那么他就根本不需要知道，自己是出于正义感、出于仁爱还是出于个人的同情心这样做。他只是确切地感受到："出于善"而行动。昏暗不明的价值感无法区分原则，它仅仅一般地对具体行动给出鉴定。"如此行动是'善的'"，在这一认知中并不包含对"这种善隐藏在什么地方"的认知，也不包含对"如此行动为什么是善的"的认知。原则对行动者来说是现成存在的，并且规定着他，但他却对原则一无所知。

因此人们也许会认为，伦理学中原则探求的方法程序肯定严格地类似于理论性的。确实有跟理论性经验差不多的伦理经验。甚至跟现象相比，它更加贴近生活，更加不会错失。但困难恰恰由此开始。因为**伦理原则自身具有不同的本性**(Natur)。价值不是存在法则，对现实来说没有必然的约束力。我们可能永远都不知道，这些价值是否会在被给予的、可经验的人的行为中得到实现。至少凭借经验，人们无法知道这一点。更准确地说，我们必定早已携带善恶之知作为一般可经验物的价值尺度，以便能够知道可经验物是有价值的还是反价值的。在上面所举的例子中，这种认知早已作为前提而存在；它不是源于行动，相反在行动者身上是先于行动而发生，而且在伦理评价中，在对方所表示的称赞中，也是如此——而不论该认知在伦理意识中的扎根是多么昏暗不明。它是一种**纯粹的先天知识**。只有根据这种知识，我才能挑选出经验事件，也即某一伦理原则对之起规定性作用的经验事件。而我们不能反过来想着要从它这里洞见到伦理原则。因此这种经验——据此我应该能够为自己定向并且由之出发也应该能够找到原则——以对伦理原则的认识为前提。因为它肯定早就**经由原则之手**筛选过。

这确实有点颠倒事实。这是一个难点，是理论性的原则探究所碰不到的难题。看起来像一个无法摆脱的循环论证。

(e)范畴与价值，法则与诫命

一般而言，伦理原则不是范畴。范畴是法则，一种无条件的**强制**；是形式，隶属于它的一切东西都要毫无抵抗地服从。从最一般意义上来讲，就是对于一些现实物层次的具体显现形式而言的自然法则：在这里**没有例外**，哪怕一次例外就会证明这些法则根本不存在。其有效范围是牢不可破的。在真正的存在法则与具体存在物之间根本不会出现不一致。具体情形要彻底地以法则为依据，在盲目的臣服中"遵守"法则。法则在任何"情形"下都要被贯彻。这就解释了，为什么任一"情形"都会直接地向探索者显露法则的迹象，只要探索者在试验中懂得机智地将法则与具体情形分离开。任何一种情形，只要它是一般地可观察的，就代现着普遍物。它是它所隶属的**范畴之代现者**。

价值就不一样了。它确实能够现实化并且也许是很大程度上得以现实化。但也可能无法现实化。作为原则，其本质并不包含这一点：现实物与其相一致。在这里大多数情况下可能是任意的较大偏离甚至极端矛盾。这对作为原则的价值不会造成损害；它的本质不像存在法则的那样。它不强制亦不主宰存在物。**价值独立于它在现实物中的充实程度**。面对着现实物，价值只意味着某种要求、某种**应当存在**（Seinsollen），而不是某种牢不可破的必须存在（Seinmüssen），不是一种实在的强制。价值以理念的方式存在着，这一点不依赖实在性存在与非存在。价值要求合法地存在着，即使它未被充实，甚至不可充实；它**不会**由于存在物的例外、偏离、不服从而**取消**。

因此价值并不是借助于它们是否包含在现实物中而得以认识。即便既定的情形，甚至所有实在性情形都与价值相矛盾，价值也持存着。**具体情形并不显露价值**。因为只要人们还没有从其他方面认识到价值，具体情形究竟是否同价值相一致这一点就永远是个问题。

如果我们仍把这个问题局限于那个较为狭隘的、伦理上更加实际的应当做问题，那么这种差别就会更加醒目。伦理原则在这种意义上仅仅是未被实现的，或者仍未完全得到实现的价值。它们作为**诫命**而出场，表达的永远是一种非存在者，并且由此恰恰是**实际的应当存在者**。伦理的善在生活中从来都不会是现实的，人从来都不像他所应当存在的那样存在着。无论从人的可经验的实际行动、决断与意念而来的诫命是多么清楚可见！在诫命与人的现实行为之间存在着自由的决断、公开的服从或违背。恰恰在人抵制诫命的时候，诫命也威胁着他、谴责着他。自然强制力不会被违背，唯有价值对人提出的强求与要求才是未被充实的，如同诫命向人发出的那样。它对人而言并不是一种难以承受的重担，反而恰好将他提升到伦理存在者。要是诫命对他而言如同自然法则的话，那么他必定会盲目地遵循着它，就像石头遵循自由落体定律一样；这样，他就会是纯粹的自然存在者并且从根本上讲与石头无异。正是诫命与法则的这种区别才使人成为人，也即是说：除了人毫无意志地必然服从的一切自然法则外，还存在着他也能够违背的诫命。

(f)伦理现实性与作为事实的原初价值意识

人们无法通过行动发现伦理价值。恰恰相反，为了能够区分他的行动是有价值的还是反价值的，他必须早已认识到伦理价值。伦理探求无法指望这一点，即纯然地分析伦理原则就能使其变得清晰可见。这是伦理学领域中的普遍难题。伦理价值的发现必须采取不同的道路。单纯的现实情形无法通向它们。

要是情况就如最终描述的这样，伦理学原则探求的道路就会大大地缩短。可是在进一步全面深入思考之前，人们就已经感觉到事情不能就这样了结。即使人的行为无法揭示出原则，在这里被给予的也不单单是事实。毋宁说，**对事实的某种价值意识**也总是一起被给予了。它不是原则意识，不是对价值的纯粹直观，而是一种价值感(Wertgefühl)，一种对事实行为的价值与非价值的或明或暗的共知(Mitwissen)。

这种感知是对事实进行筛选的前提，可这并不因此就是某种循环论证。因为所要寻求的正是价值结构本身，它具有自己的观念性特征；而作为前提的仅仅是这样一种无区分的、经常是模糊不清的意识，即具体情形一般会包含某种价值物。因此这种伴随着的、**昏暗的价值意识**——它不可避免地也引导着哲学探求者——**也一起属于事实**。正是借助于这种意识，伦理的现实与存在论的现实得以区别开来。两者都同样是实在的，不过前者还包含一种本质要素。而这一点恰是关键。这两种现实类型共同拥有实在的本体—基本结构：实在人格的行动与意念是实在性的，就如同实在物的属性与运动是实在的一样。但除此之外，就实在人格而言，另一种东西也是实在的，并且不是基于存在法则而构建起来的：即**伴随着的价值感**，正是它进行着拒绝或承认、谴责或辩护。

伦理现实比理论现实更为丰富。它包括**伦理意识这一现实性**。一切都只取决于伦理意识的可经验性。伦理意识不在于决断或意念——它们可能是善的也可能是恶的，也即能够相悖于伦理意识而是以独特的价值感为内容，它区分了决断与意念中的善恶并构成了它们的伦理尺度。

伦理意识从这种意义上看固然从来都不是完整的，甚至在它的运用中，即在实际的评价中也许免不了出错——该评价赋予行动与意念以伦理意识；但它永远都是**真实的**(echt)价值意识。它对于现象分析来说是足够的，即在现象中去发现并概念地规定伦理的价值结构。

因而如果人们把这种伦理意识看作被给予的现实物——它的确也是人的生活中一个无可争议的事实(Tatsache)，那么再也不会说：根本就没有伦理学原则探求能够与之相关联的那种"事实"(Faktum)。毋宁说，肯定**存在着**这种事实。我们只是无法在虚假的现实层面上寻求它。它绝不会存在于人的实际行为中，就如同人类共同体并不存在于各种实际的公共设施与历史现象中一样，而是唯一地存在于**对善恶自身的原初意识**中——只要该意识随时都是当下存在着的。它是原初第一性的伦理现象，是伦理学"事实"。

不过这种事实非常不同于理论事实。它是实在的(real)、可经验的(erfahrbar)，然而就其本质而言不是经验性的(empirisch)。因为这种原初的价值意识也是先天的。因此人们在此有理由谈论某种"先天的事实"。其中的悖谬只是表面上的。实际上这种意义上的**所有的**先天洞见都可被称作一种事实。即使在理论领域，先天认识的理论也是以它的这种事实性为起点。要是没有这种事实性的话，也就根本不存在先天认识的问题。在伦理学领域康德早就确立与表达了这一点；因为正是他把"伦理法则"看作"理性事实"。康德所确立的这种理性事实本质上正是我们所称呼的原初价值意识的事实，即价值感事实。从这一点来看，伦理的现实性比纯然从存在论角度理解的现实性更为丰富。

这一事实也不会受到上面所提及的"同原则相背离"难题的影响。这种原初的、感受性的价值意识——它一般是现成存在的并且只要是现成存在的——不会像意念与行动那样随意地符合或违背原则。**它必然符合于原则**：它不是别的，正是以意识的方式将原则表达出来，也正是以此方式原则规定着意识，且是现成存在着的。

并非人人对所有的伦理价值都具有价值意识，正如并非人人对所有的数学命题都具有洞见一样。可一旦某个人拥有一种现实的价值意识，那么该意识在他身上直接就是**价值自身的某种凭证**。因此借助于意识的现成存在，价值自身就能够被直观到。这种现实不需要进一步被挑选，它直接就揭示出原则。

(g)欺罔的可能性与不真实的伦理意识

人们也许会怀疑，究竟要对从这一事实中得出的观点产生几分信任。因为这种事实甚至根本就不具有严格的普遍性，人的价值感受是变化着的。此外，为了将价值感这一事实跟与之相似却又不是理智的其他事实区别开，人们难道不需要一种新标准?

这些疑问表明，针对伦理意识现象，存在着一种认识上的不确定性。不得不承认，在一定范围内可能确实如此。但这种认识上的不确定是否普遍存在，这一点并不重要，相反所要关心的是它是否根本上不可避免地发生。只有根本上无可避免并且人的洞见在这上面完全无能时，这个问题才令人担忧。如果纯粹是普通人缺乏敏锐的目光，如果只是道德上无经验者或气量狭小者，或者完全未受过哲学训练的人在这方面失灵，那也就没什么好说的了。这种担忧在其他领域也同样存在，并且也就是那些已被承认的、纯粹先天洞见的领域。训练人们对某一现象的目光朝向，一直都是有可能的。而这恰是伦理学家的任务。在这一点上，伦理学的情况也绝不比其他领域的更糟糕。正好相反，人们根本不会错失伦理现象，而原初的价值意识就在这之中显示出自身，只要人们已经把握住它的意义。该现象组包括诸如道德的赞同与不赞同、控告、自责、良知、责任感、罪责意识以及懊悔等。当然可能也存在着对这些现象的歪曲。但大体上讲，它们是真实的，基于真实的价值感受，甚至在歪曲中也总隐含着真实性的种子。此外，伦理学家真正要做的就是发现歪曲现象的蛛丝马迹。对此我们的目光要变得敏锐，不亚于针对艺术中虚假的价值判断以及美学上畸形物的矫揉造作。

真实与虚假的标准只能重新是原初的价值意识。价值探求中的哲学家早已自身携带着这种意识。它就暗含在哲学家的探寻工作中，也就如同包含在哲学家所定向的伦理意识现象中。因此受误导的可能性并不像初看上去那么大。人们在评论整个程序时绝不可忘记，价值认识，作为第二性的、哲学的认识，绝非单单从事实中获取，绝非后天的认识。价值直观是并且一直都是先天的洞见，无论它采取的原初形式是价值感受还是有差别的透视。

经由伦理意识事实的这条迂回道路所起到的作用仅仅在于一种引导，一种目光转向，即把**自己的价值目光**转向那些一般不会纳入我们眼帘的东西。对各种被给予物、诱因和动机的发现根本算不上发现，同样它们也不是所要发现的对象。如果价值目光借助于伦理意识现象一直通达了价值结构，那么它必定同样会**自主地直观到**该结构。它不会忠厚老实地接受“事实”—分析所产生的东西；这种分析的作用只在于将目光引向更深层的、自身独立的、由自己洞见到的另一种现象，即真正的价值现象，它不再是某种实在物现象、不再被禁锢在伦理现实性中。这种新的、不同种类的观念性现象只能是纯粹自为的且纯粹这样地被洞见。

因此这里开始了一种独一无二的认识，具有自身的法则性与直接性，即一种先天直观，独立于后天的实在现象及其诱导作用。后天物在这里如同在理论性的原则认识中一样仅是通向自主性先天洞见的一条迂回之路。

第7章 伦理现象的定向域

(a)价值探求中被给予物的范围

如果我们总结一下已阐述过的各种问题关系，就会发现先天认识与后天认识之间的交错对于伦理学来讲意义重大。先天洞见处处都是奠基性的，无论是在原初第一性的价值意识中还是在价值认识中的哲学方法上。但由于先天洞见从来都不会是完成了的现成存在，相反总是首先被唤醒、指引与诱导，所以对于哲学探索的起始阶段而言唤醒与诱导作用就受到重视。目前还要做的是：为了在最大范围内确保获得这些现象，就要对那些在其中能够发现这类现象的诸领域进行概览式研究。当然在这里也要避免各种错误发生。

这个问题类似于被给予性的问题。对于任何哲学研究来说这都是最关键的问题。大多数的体系错误从根本上来讲都是在这个问题上所犯下的错误，大多数的立场片面性从根本上讲都是任意地限制被给予物。自“批判哲学”以来，人们普遍操心的就是尽可能少地承认“被给予物”，尽可能少地构建作为基石的前提；而这都源于这种明确感受，即所承认的任何“被给予物”都可能遭到异议从而可能使整个建筑大厦倒塌。由此就导致了对被给予物的挑选。从纯然的有理有据、无懈可击的视角来看，这确实不会受到非议。但在实际中情况就不一样了。人们在现实中根据完全不同的视点，根据事先选定的立场或者预定的体系进行挑选。因此这势必会片面化，进而蔓延到整个思想大厦(起先是被给予物，而后是结论)并自毁其身。避而不谈的问题并未被消除，相反它们会在我们几乎考虑不到的地方昂首耸立。这种立不住脚的做法即便在前提中人为地避免了，随后却又会令人吃惊地扩充到整个体系。

随着旧唯心论的历史性垮台，逐渐产生了这一相反的倾向：尽可能多地囊括被给予物，从一开始就尽可能宽地构建问题幅面。避免个别的假设错误——反正它们会自动地彼此抵消掉——远远没有避免事先预定的挑选视角更加重要。更为严重的损害不在于实证性的假设错误，而在于忽略现象并背离合法性问题。视域狭隘是哲学的痼疾。各种“主义”所犯的错误，不论是理性主义、经验主义、感觉主义、物质主义、心理主义还是逻辑主义，就在于问题立场的狭隘。它们都误识了现象的多样性并错误地将其一概而论。

在伦理学中也是如此。幸福主义与功利主义、伦理学的个人主义与社会主义都同样是片面的。这归根于它们任意地限制对伦理现象的挑选，并且从名称上就看得出，主要是限制对价值现象的挑选。

正如我们已看到的，伦理学今天仍处于要把价值多样性纳入其视域之内这一初始阶段。因此出于某种特殊原因，齐全的伦理现象在此仍是第一需求。一切主要取决于：在**任何一个恰恰可通达的定向**中价值目光都要转向它的对象，转向价值结构。由于这种目光转向仅仅从被给予的且已把捉到的现象才会发生，所以整个重心就在于获取与概览伦理现象。

在理论领域限制被给予物的倾向具有某种合法性，因为形而上学—构建性的特点在这里更处于显著地位并且通常从一开始就主导一切。与之不同，由于**伦理学唯有在自由问题上才真正成为形而上的**，所以在此也就取消了这种有前提的合法性。事实上伦理学从其质料性的研究主题来看就要充分挖掘现象。尽管我们怀疑某种错误把握到的或不正当地获得的现象可能会歪曲所追求的价值表，但不可忘记的是：哲学的价值观看根本不会从被给予的伦理—实在现象那里获得它的观念客体，而是根据随之而来的指引，直接地且独立于实在现象地直观到观念客体。

因此伦理学完全没有必要从质料上去关心已被接受的被给予物所包含的东西。它保持着洞见自由，哪怕实在现象以各种各样的方式都被给予出来。它直观到的可能永远都同这些实在现象相对立。它的对象是观念性的。

(b)法与伦理学

在此前提下不言而喻，精神生活的一切领域，无论是仅仅包含某个伦理问题动机，还是表现出来的某种评价、态度、倾向或者具有实践本性的规定，对于作为现象宝库的伦理学来说都意义重大。它们的质料所提供的东西都在我们的探求范围内。

但在通常情况下对伦理学来说具有定向性的，除了原初第一性的现象外，还包括对质料进行某种程度的加工处理、思想上的把握与创造。由于伦理内容的表达在日常口语中是非常不完整的，所以任何致力于价值概念的尝试都是一种需求。由此，一般地将目光朝向人的生活并不足以为我们定向，尽管事实上一切都恰恰扎根于此。还必须对已创造的、得到明确表述的价值概念进行概览。

即便共同体生活的伦理创造显示了清晰的概念，在它们身上所要做的准备性工作仍是最大的。因此很容易就想到，首先要勘察一下各种科学。目前只有一门实践性的科学拥有一套结构完好的、精准的概念系统，即法学。以法为定向具有某种程度的合理性，这一点不容怀疑。这是因为一切法都以伦理学的基本要求为依据，都以真实直观到的某种价值为根据，都是对某种伦理追求的表达。法调节着人与人之间的关系，即便仅仅是外在的；它告诉我们，什么应当发生或不应当发生，不管它告知的形式是否道出了应当。由此任何实证法早已显明了它跟价值之间的关联。但这并不是最后的定音。一切实证法都倾向于成为观念法。这一倾向体现在有效法的持续发展中，体现在有效法通过立法而进行的持续不断的创造中。在涉及法律制定的一切地方，我们就有理由承认原初的价值意识。

从这一角度来看，各种法生活的概念就获得了一种更高的伦理含义。由此就不难理解：完全以法学为定向的伦理学这一思想是怎样产生出来的①。当然道德生活太过于接近共同体生活的法的形式就会导致一种错误定向。也许人们忽视了：伦理(Sittlichkeit)从根本上讲不同于法，并且在内容上比法更为丰富；它绝不能并且也绝不应该消融于各种法规中，哪怕是观念性的法典中。伦理学必定也包含法的最终根据，必定会通过它的价值列表为一般法的价值指明位置；但它的任务和使命绝不止于此。它要展示一种完全不同的幅面与内容丰富性。也许它的局部任务是以自身的方式进行定向，因为它要展现一种有价值的、不包含在任何别的局部任务中的形态。但首先存在着其他伦理生活领域，它们展现出完全不同的具体现象丰富性。其次，一切法的生活仍作为手段，其任务和使命是第二性的。法并不对它的最高目的进行规定，而唯有借助这个最高目的，起规

① 从赫尔曼·柯亨的《纯粹意志的伦理学》中就可得知，以数学为定向的“逻辑学”对纯粹意志的伦理学来说具有决定性的作用。

定性作用的价值才能够被直观到。

法—“科学”完全把这种价值作为被给予的加以接受。它不对它进行概念规定，而仅仅对由它出发产生的各种关系与结论进行规定。法学是间接意义上的实践科学，如同技术与医学一样，完全不处理它们的最高观视点，而是以之为前提，但伦理学却是关于最高的实践观视点的科学。

由此可得，法学，甚至连同法学背后活生生的正义感都只能在极小范围内为伦理学定向。它们固然会导向某种现实的、真正的价值，但只是众多价值中的一种，并且绝对不是一种具体的、占主导地位的价值。甚至严格地来讲，它们还未通向这一价值自身，而仅仅通向该价值的推论体系。对这种价值进行规定，只能留给伦理学了。实际上伦理学向来都在另一种精神与意义层面上处理这种价值。

(c)宗教与神话

较为古老的哲学伦理学尽可能在宗教中确定方向。数百年来，它都不经审查地接受实证宗教中有效的道德观，并且其荣耀就是成为宗教道德观的注释者。

伦理学对宗教这种依赖关系的时代固然已成过去；但两者之间那种实质性的、不可泯灭的基本关系却保留了下来。因为实证宗教，不管多么受时代限制，永远都是伦理内容的重要宝库，是我们所拥有的最为丰富的宝库。不过在这种关联中我们绝不该只看到宗教。与宗教有着亲缘关系的并且历史上先于宗教的，而又从未与宗教严格划清界限的神话也一同属于这个巨大的现象组。跟原本意义的宗教相比，它甚至内容上更丰富，并且更加具象，进行了栩栩如生的差异区分；但其不足是缺少思想规定性与概念清晰性。

神话与宗教永远都是某种有效道德的载体。它们是人类伦理倾向最古老、最令人敬畏的明证，是人类伦理意识的最古老语言。甚至从历史发展的轨迹上看，它们是伦理理念的唯一载体。几乎一切有效道德都是以宗教世界观的形式出现的。当然宗教与神话肯定不会消融于道德中。但道德却是它们中的一个本质性要素。至于道德作为跟它们相对的另一种实质是否是独立的，这是另一个问题。宗教本身对此作否定回答——这是必然的，是符合宗教思维方式的。因为在宗教看来一切道德仅仅是手段。

凡是激动人心的东西，不论是压抑或振奋、诱骗或引向，不管以什么方式都会在宗教和神话中表现出来。但在后者这里表达的语言一般不是概念——宗教只是在逐渐成为教义(Dogma)时才开始使用概念，而是直观、图像、比喻、符号、理想人物，甚至是艺术形象。不过这种语言的灵动性极大地丰富了伦理学现象的宝库。该语言的永不褪色的生命活力和创造力简直使宗教与神话永不枯竭。在这里伦理学也看到了自身动机的活生生源泉。它通常局限于从某一特定的实证宗教中汲取养分，这种片面做法当然极其有害；但这不是必然的、实质性的，它能够被消除并且在日臻完善的概观中必然会被消除。

也就是说从宗教与神话是实证道德的载体这一前提出发，不能推出道德无条件地需要这些载体的结论。道德内容原则上完全可以脱去神话—宗教的外衣。因此人们不应该对这个问题事先裁决，即在生活中道德性是否也跟一切宗教相脱钩。该问题在这里无关紧要。当然伦理学家也不能对此作出完全否定的回答，因为这样的话他势必就一同否定了非宗教信仰者的道德性。这将是一个粗暴的妄自尊大做法。而这里所涉及的只是，伦理内容、直观价值确实能从它们的神话—宗教的铸模中清楚地分离开来。

这种分离不仅原则上发生在哲学思辨中，而且也发生在生活中，即作为精神的一种实际的、持续进行的差异化过程。我们目前就处在这一过程。因为宗教外衣任何时候都不属于价值与纯粹价值意识的本质。有宗教信仰的人把他无法认识其起源的一切都归于神；于是首先就是将伦理诫命的起源归于神。由此他就错误认识了伦理价值的自主性品格。这种观点长时间以来就占据统治地位，直至人们洞见到伦理原则的自主独立性，而后伦理学才脱掉稚嫩的外衣，觉察到它独有的起源。

因此在这里有一种内在的双重关系在起作用。从历史上看，我们大多数伦理学概念具有神话—宗教的起源，但实质上正是由于此，神话—宗教的道德概念也都具有伦理学的源泉。因为**真正的伦理的善**从一开始就隐含在神话与宗教中。

在这里人们千万记住，不可将这条规则变成法则。因为并非所有宗教的道德概念都证明自己是伦理善的载体。人们或许会想到“献祭”概念中的那个众所周知的罪责转移。像这样的观点不包含任何价值直观，这样的概念也不是价值概念。它不涉及自身目的与原则，而仅仅涉及救赎手段，但伦理学却跟原则打交道。

(d)心理学、教育学、政治学、历史、艺术与艺术形象

同宗教和神话相比，其余精神领域的财富相对贫乏。确实，具体而现实的人的生活在道德的被给予性上远远超过它们。伦理意识的多样性——体现在活生生的道德自身中，如道德的目标与任务，它的作用倾向与暗流涌动，它的价值判断与价值成见，体现在人的争夺、痛苦与欢乐中，体现在感觉到的生活冲突以及对解决方案的评价中，体现在一切表达意念中，体现在爱与恨中，以及体现在人格性的日臻成熟并通过他者来理解自身的独特性中——所有这些内容远比单个的精神生活分支所映现的，或者构造出的更加丰富。

如心理学，它仅仅从事某种特定的入门准备工作，也许在某些界限内能够揭示出各种情感、意向、激情或意志现象的心灵存在结构。但对作为事实科学的它而言，观念性的内容最终还是陌生的，尽管观念内容只有通过各种情感、意向、激情或意志现象才构成伦理现实性。

与之相反，教育学可能会聚焦于这类观念性内容。教育学主要负责的是品格塑造的价值，诸如服从、勤奋、毅力、牺牲精神以及责任能力等。但它像法学一样，与其说倾向于纯粹地把握价值结构，倒不如说倾向于价值实现的各种手段。它假定已经认识到伦理学最先试图把握到的东西。

国家生活与公众道德，由此也间接地包含政治学与历史，应该会覆盖一个更大的空间。国家的组织结构不会消融在法的关系中，就如同国家的道德不会消融在法典中一样。国家远不只是一个法的机构，它是一个具有身心的实在实体。它具有高于个人生活的固有生活，具有自身发展的固有法则，自身的倾向与视角。国家理念存在于它所固有的、仅仅借助于它且仅仅对它自身来说富有意义的价值中，存在于特殊性的共同体价值中。我们通过自己的政治意识对国家的尊敬、爱戴、谴责、渴求、希望或热烈赞同等与国家自身之间的关系，就好像单个人格的道德质性和特点与单个人格之间的关系一样。差别仅在于，在国家共同体里一切都以扩大化的、客体化的且更具权威的方式显现着，并由此就更容易把握、规定和讨论。这个事实解释了柏拉图的一个动机：即他尝试从国家而非个体的角度阐释他的伦理学思想。当然在这里指引着他的是集体与个体之间的彻底相平行这个成问题的前提。但即使抹掉该前提，集体所固有的价值领域仍一直存在着，并且只有从集体生活与集体的伦理现实性出发才能被直观到。

艺术在伦理学面前也扮演一个特殊的角色。就自身来说它对伦理习俗的价值漠不关心，但它却把这些价值纳入它的素材中并赋予后者以可见的形象，就如同为别的素材赋形一样。以这样的方式，艺术使对普通的目光来说不可见的东西变得可见，并且十分具体，不带有思想与概念的抽象。艺术是伦理习俗的一种绝无仅有的语言。也许我们根本无法知道人的伦理习俗的多样性与深度，要是没有诗人、艺术家、肖像家将它们令人信服地摆放在我们面前的话。诗人自古以来就是民众的导师与教育者，同时又是知识者、明眼人、识见者与歌颂者，一言以蔽之，是父亲。荷马不仅仅塑造了希腊人的神，而且还塑造了希腊男子。

那些实际性的、还未实现的价值正是作为理想出现在伦理意识中；但理想是死的，只要赋形的创作之手还没有将它们以可见的形式摆放在世人眼前，当然不单单是在肉眼面前。艺术史包含了伦理理念史。艺术是人的另一张面孔。它最初仅仅对于少数人选才是被给予的，但这并没有缩减、限制它的普遍意义。艺术会吸引无创作灵感的人朝向自己，培养并将他们塑造成水平相当的人，打开他们的眼睛和心灵，引导其目光指向永恒的价值物与意义物的深处，教导他们去看并参与到不懂艺术的庸俗目光不经意间所漠视的地方。艺术教育者不自觉地进行创作，他并不拥有任何左右年轻一代人的心灵的更强大手段。正是在艺术品中各民族之间相互理解与尊重，超越一切仇恨和民族误解，各民族通过它们的艺术品彼此迫使对方及其后代心生敬畏。艺术使人敞开他的内心，唤起他的渴望，展开他的伦理，激发他的原初价值意识。

不过有一点不能忘记：艺术不用概念去表达，不用名字来称谓事物。艺术直观并塑造所看到的东西。谁想要聆听艺术语言，分析评价它的内涵，谁就必须不仅要理解艺术，还要能够把它翻译为概念语言。不过这是不同于艺术享受的另一码事。

哲学伦理学的迷途①

第8章　利己主义与利他主义

(a)自我保存的道德与自我实现的道德

各种哲学伦理学也都有独特的定向意义，即便它们是站不住脚的。错误见解也往往给人启发性。在任何领域都没有像在伦理学这里，经验主义心理学是如此盛行。只有首先对这些偏见进行有意识的批判，才能对主题与方法有所澄清。当然从事情本身上看似乎很有必要对整个理论序列展开分析讨论，但实际上短时间内无法做到这一点。因此我们只考虑两个最具代表性的：利己主义与幸福主义。最本质的东西唯有通过它们才能得到阐释。

利己主义的考虑如下：各种要求有意义，当且仅当它们能够得到满足。这就需要诉诸人身上的某种积极力量，某种驱动力，某种引发活动的基本动

① 本选文出自于哈特曼《伦理学》第一部分第Ⅲ卷："哲学伦理学的迷途"(Irrwege der philosophischen Ethik)，共包括三章内容(第8、9、10章)(*Ethik*. Walter de Gruyter & Co.，4. Aufl. Berlin，1962. SS. 71—97.)。

因。因为人的一切行动都是“被激发的”。而最一般的动因只能存在于作为实体的自我中，因为所关心的正是自我的行动。但自我却显示出朝向其自身的基本倾向，而这一倾向肯定包含着一切意志规定的基本动因：自我保存。斯多亚学派的“ἑαυτὸντηρειν”更好地表达了这层含义。在此包含的不只是“自保”，还有自我实现的倾向。

如果对本己自我的兴趣是最高的且唯一的，那么就只存在“利己主义”伦理学，而一切道德要求的真实意义就必定导致这种准则，即成为精致的、有远见的利己主义者，感知到现实的自身利益，避开纯然表面上的利益。

结果就是：一切看似是另一种类型的动因事实上只是自我朝向的局部现象。任何别的溯源都是自欺。正直与博爱从根本上来说并不是原初地朝向他者的，而**应该正确地理解为利己主义**。再也没有比从这简化了的伦理图式出发来构造一个全面的历史学—生物起源学理论更容易的事情了。情形大概是：强者奴役弱者，利用弱者；强者的话语就是法则；但由于弱者对强者有用，所以强者出于自身的利益肯定会照顾弱者；弱者的利益与强者的利益是有机地联系在一起的；强者从自身出发制定法律秩序，但也是从被奴役者出发的；弱者的利己主义是强者的利己主义所需的，正如后者是前者所必需的一样。

按照这个图式，可以毫不费力地解释人与人之间的一切关系。任何种类的利他主义，甚至包括爱、友爱、牺牲精神都是伪装的利己主义。所要做的就只是充分而全面地领会这一原则。这种理论的便利就是使道德现象极其简易化、透明化。存在着一个统一的道德原则，一个包含所有从属价值的统一体系，不论是外在价值(财富价值)还是人的行为自身的价值(德性价值)。此外还轻而易举地回避了自由问题；人像动物一样是纯粹的自然存在者，仅遵循自然法则。因为利己主义不需要任何命令，它就是自然法则。它的“道德”就是本能在发生作用；甚至最终根本就不再需要伦理学了，也不会再有伦理学。伦理学的自然主义转变为纯理论的事实断言。再也没有什么是被命令的(geboten)，没有什么“应当”。应当消失在“就是如此”之中。

(b)利己主义的合乎情理与悖谬之处

当然很容易就能看出，这里隐含着对问题的极大回避态度。但仍然追问：利己主义对在哪儿，错在哪儿?

不可否认，在对自我的兴趣中实际上包含着从他者的利益那里寻求自己的利益，孤立的个体(der Einzelne)仰仗着他者的好意(Wohlgesinntheit)。然而在伦理人眼中，这一整套人生观有悖于情感；并且为了使之显得可信，任何时候都需要一种极其人为的心理学。

由此这种人生观确实未被驳倒。但人们能够驳倒它。并且使用的武器正是这同一种心理学。

假定我为了“行善”而作出自我牺牲，如我救助一个儿童(历来的好榜样)；我应征入伍奔赴前线；我夜以继日地工作，堂堂正正地养活老婆孩子。利己主义会说：我由此寻求的不过是自我“满足”。千真万确，想到这种目标就令我现实地感到满足；倘若我停止作为，那么我所经受到的不快比牺牲带给我的要多得多。从这层意义来说，任何有意识的意愿都是朝向自我满足的。

但同时也要弄明白一件事。浮现在我眼前的目标本身并不使我得到满足。我压根儿就没想到这一点。意愿的目标只是一个事态，如救助儿童、报效祖国、养家糊口等。**满足不是意愿的对象**，而只是实现目标后附随的一种心理现象，是它的情感面。“我想要某物”所要表达的，与“某物会使我感到满足，当它得以实现时”所要表达的是同一个意思。意志指向满足，这是一个分析命题。它仅仅表达了这样一个事实，即一般地任何意愿都必然带有情感面。伦理学从中得不出任何结论。命令绝不可能从事实中推出来。难道我“应当”意愿，目标使我感到满足？这毫无意义，因为我本来也根本不可能意愿别的什么。就机械的、必然发生的事情而言，命令是无意义的。因此这里无论如何都不会是命令、规范或价值的起源地。

语言习惯把一种富有献身精神的行动称为“利他主义”，并由此就想锚定一种跟利己主义相对立的理论，即目标并不着眼于本己的自我，而在于他人的自我。如果该理论所说的是，目标在我这里如同在任何别人那里一样总是令我“感到满足”的某物，那么对此提出的反驳：正是在这里令我感到满足的东西也使他人感到满足。本己自我的这种满足类型就是所称谓的利他主义。它不是把他人的福利作为本己享乐的手段，而是出于他人自身的缘故对其幸福感到高兴。

而如果我们换个视角看待它，如果我们在“意愿成为善”中——如在追求自我尊重的过程中也看到自我满足以及某种精神性的自我保持方式，那么就更容易碰见这种理论。随着这种转变，它把整个伦理价值序列都纳入自身之中并将自我相关性仅仅作为隶属于它的一般形式。因为除了本能性的自我肯定外还有自我尊重与自我轻视(也称自我否定)的其他可能性，所以在关节点处，即在伦理上自我评判的开端处，这种原则已经**遭到破坏**。于是对这种(伦理的)自我肯定或自我否定的裁定就不在于自我实现这种一般倾向，而是在于自我实现的特殊种类与形式，也就是说，在于完全不同种类的价值或标准——**本己行为的质性标准**。这就区分开了我身上能尊重的与不能尊重的，同时也区分了他者身上能尊重的与不能尊重的。因此自我相关性在此完全无关紧要。并非自我是自在地就值得尊重，而是自我中某种质性的东西才值得尊重；而它的尊严很显然超越于自我—非我之外。

(c)利他主义的形而上学

在这里人们自然地就感觉到面临一个极其困难的形而上学问题：他者对属己意识而言是如何被给予的？他者如何能被认识？感官向我提供的只是他者的肉体部分；但所指并不是肉体，而是其内在精神、伦理世界、人格，即让我们爱或恨、厌恶或尊敬、信任或不信任的那些。我们人与人之间并没有相互“看见与听到”，但却彼此理解，甚至在某些情况下我们对他人个性的了解胜于对自己个性的了解。这一点究竟是如何做到的呢？

很容易就能作如下论证：我们直接地认识的只是自己的人格，而对他人个性的任何表象都必定来自对自己个性的表象。当然并不是毫无改动。对自己内在世界的认识会发生各种偏离，这一点不难想象；甚至还会想象着成为完全另一个人。于是对他人的认识就是将自己置入他身之中。各种动作、模仿、言语是诱因；对他者的认识了解肯定不是从它们这里才“推断”出来，而是有着同感，共同经历。对他人手势语的“释义”要先于对自己手势语的意识，就如同一般地对他人意识的意识先于自我意识。自己立刻就成为“同党”：他人痛苦会直接使我跟着一起痛苦，他人愤怒也直接令我一起愤怒，当然我也可能直接对他人的愤怒不予理睬。而冷静的权衡考虑是第二位的。在我三思时，其实早已作了表态。

正是在这一点上各种理论发生了分歧。有人把这种共同经历理解为“移情作用”(如利普斯的看法)，由此自己的相似行为固然不必提前意识到，但仍然作为先决条件早已发生，并且无论如何都扮演着解释法庭的角色。对他人意识的一切理解都是对自我意识的经验类比。此看法的有力支撑就是这一众所周知且极具人情味的现象：正是在无法把握自己伦理的情况下才对他人的伦理产生误解。其缺点则是没有能力解释对异质的、不相似物的认识。而这种异质性元素在互相认识的人格中究竟有多重要，这一点不必言说。这种理论却无法解释这一事实。

或许有人会假定一种道德“官能”(Sinn)，一种针对他人伦理的感官。确实存在着对同情与反感的某种直接性认识，对他人的爱、尊重、敬畏与恨、嫉妒、卑鄙等某种直截了当的、无欺的感受。这种现象也许是个谜，却无可否认。这种做法的确太形而上学了，即假定存在着一个用来针对他人意识现象的“感官”。这一假定对任何人都会显得多余，当我们考虑到以下情况的时候，即仍存在着道德经验，甚至确实是我们对他人的道德理解随着自己道德生活的丰富而增强。

一般说来，极端的理论由于其片面性会将自己推向不合法的边缘。一种做过头的道德“官能”的形而上学就是一场危险游戏。它从来不会证明自身，因为它越过事实。但人们不必走向极端，根本就无须作如下断定，即对他人想法的感受要跳过自然的、人人皆知的经验来源。没有眼睛与耳朵，这种感受也是茫然的。正是各种感官知觉的中介作用保持着它们足够的活动空间。但光有这仍不够。还要启动其背后的另一种官能，它活动于不同质的另一体系内。在这里没有什么神秘可言。美学上的价值感就显明了外感官素材所起的这种中介作用。在这一限制条件下，为了认识到他人的伦理——尽管永远是经由感官知觉而中介性地才得以认识，而假定一种独特的“官能”就在所难免。

不过也完全没有必要把共同经历和参与这一系列丰富内容都归在某种“道德经验”的名下，都要推给那毕竟还昏暗不清的“官能”。相反很容易就能证明，这里起支配作用的是一种广泛的先天论，它总是早已包含在所有这些“经验”中。因此主体本身，即针对他者意识而言的自我极——它给所有可经验的意念打上自己的印记——不是(在严格意义上)“被经验到的”，而是作为前提。在这里我们能够指涉一种心理先天。或者人们更愿意说：指涉一种伦理先天?

事实上这种先天论比人们想象中要走得远得多。天真单纯的人原本就倾向于亲身了解事物，只要这些事物很有影响力地介入他的生活之中。儿童会敲打他碰到的那张桌子；神话人物会赋予自然力以灵魂，并试图将其看作友好的或敌对的力量。在这里先天论越了界。但它仍是同一种理论，不管是否合法(是否“客观有效”)；它仍是这同一种先见，即在有意识判断之前的一种判断，它赋予肉体形式以灵魂，在其中看到人格。

(d)移情与反移情

一切高度复杂而又内容丰富的道德—共同感受的先天起源是什

么——相应地在人格存在者的普遍情感结构中应该有其根据，这仍未弄清楚并且构成一项专门的研究任务，从其特点上看处于心理学、认识论与伦理学的交叉领域。伦理学也许可以期望从中获得几把钥匙。

就我们面对的这个问题来说，一般的见解就足够了：即总之存在着这样一种先天性。对具体的实践意识而言——它一直是境遇意识并且总已经将他者意识与自我意识作为组成成分囊括在内——道德先天物与道德后天物一直相关联着，不论是某种原发地直观到的或者根据类比把握到的东西。并且在这里自我意识与他者意识也总是相互依赖。任何自己的经历都会加深对他人的理解，而任何共同经历都加深对自己的理解，甚至提升自己的经历。自欺绝不亚于在他人的道德存在上产生的欺骗。一般的自欺会更加严重。总体上讲我们与其说试着通过自己去理解他人，倒不如说是通过他人来理解自己。从某种更高的伦理学经验层面上讲，可能不是这样；但原初的相互理解关系是相反的，即从他人到自己。

面对着这一复杂情形，如果人们还抓住“移情”概念不放——由此人们也许把道德“官能”的形而上学与道德先天论的形而上学一同纳入此概念之中，那么不可避免会遭受一种至少同样原初的、同等重要的**反移情作用**。首先是这两者的相互作用，而后才有可能形成对道德内在世界的意识。这种意识作为现象，正是被给予的、原发第一性的，而任何对其组成要素的分解都是一种抽象，是理论上的人为割裂。这种割裂化的自我意识是一种理论性的人造品。它不懂得伦理现实。并且所有以之为基础的利己主义都同样是人为的抽象。利己主义的一切困难都是人为的，同割裂化“利他主义”的困难一样是虚构的。

真理并不包含在这样的片面理论中，而是要到将这两方面结合起来的具体伦理生活中寻找。人从小就生活在人与人之间的这种关系里，扎根进去而得以成长，从而逐渐发展自己的伦理意识并借此塑造自己。**“我”与“你”之间的这种原初联结**是无法解开的。唯有它们的统一才构成了理论的起点，不管多么地像谜一般。

(e)“我”与“你”的基本关系。两种倾向的冲突与价值

以下这两点可以由利己主义与利他主义之间的关系中得出，如果人们还想保留这两种误导性表达的话。

首先，**它们在人身上都能找到各自的根源**。一切精神生活从本源上讲既是公共领域，同时也专属个体。我们对意识的认识，一方面只能通过自我被意识所包围以及意识的个体化过程，而另一方面

又必须借助于那种超出个体之上的意识关系。精神性东西的重要特征就是交互主体性，当然由此并不是说它们是先天的，而只表明时代—部落共同体的同构性。集体在相对意义上是同构的，但作为集体的单个成员仍是一种本己存在，是具有本己含义与法则的自为存在，而且唯有通过自身才能实现其本质。人与人之间从人性这一深层面来看具有同一性，但同时又具有抹不掉的非同一性。“我与你”这种基本现象把人分开，同时又使他们联合。统一与对立是彼此相关的。不过你我关系不同于认识中的主客体关系。我与你既是主体又都是客体。行动的客体、实在行为的客体、意念以及道德经历的客体永远都只是人格主体。正如只能是人而不是无人格的物，采取行动，而对之采取行动的也只会是人，而不管他们多么希望人是中间环节，是手段。正是人格与人格之间的形而上对立才产生了伦理实在关系、境遇，而正是由后者出发才能作出决断、采取行动。

正是“我与你”的这种基本关系导致了不可能从理论上将利己主义与利他主义扯开。人的这两种倾向，就如同作为实在关系环节的“我与你”一样，是原始地结合在一起的，是相互关联的。不过它们的关系并非均衡不变，可能会改动，发生各种各样的变化；并且在这些变动中显示出实质性的价值差异。但它们一直保持着关联。

而仅仅在自我倾向中看到我与你之间一切行为关联的动机的那种理论就错误认识了伦理学基本关系中最本质的、最独特的东西，即我与你之间的张力关系，相互间使对方喘不过气来的阻碍与抵抗。那种学说误识了我与你之间的冲突，后者不是压制或削弱道德生活，相反使其成长，得以提升，甚至恰恰首先使之达到自身独有的高度。

其次，还能得出以下结论：“利己主义”并非就其自身来说是“无价值的”，并不像利他主义认为的那样是恶的东西，相反它也是善的。在其界限内它确实是有价值的，而且作为利他主义的对立面以及部分先决条件已经是有价值的了。所有的共同经历与共同感受肯定比个人独自的经历要丰富得多，活生生得多，这的确是事实；然而没有人能对他自己都无法感受到的东西产生同感。谁不具有荣耀感，就无法理解对他人荣耀的伤害；谁从来没有爱过，就会嘲笑他人是出于嫉妒或狂热。对“我”的独有感觉是并且永远都是对“你”产生感觉的基石。

不过这仅是利己主义的一种手段价值，而非固有价值。它是具有固有价值的，并且是极其基本的、众人皆知的。这种价值不是别的，就是关心自身人格的那种合法性倾向。我们的生活就是建立在这种倾向基础上的；要是没有它，会寸步难行。任何一种力量都必定要关心、守护、保存自身人格。一个人，若不具有“人人为自己”这种自然本能的话，恐怕很难是一个样样得当、事事顺利的典范。利己主义就其自身而言是某种善的东西，尽管肯定不是“善”本身。人们当然有理由把利己主义看作最初的、最底层的“德性”，要是大自然还没有使它成为生命体的普遍法则的话。此外，把自然法则变成某种命令，使应急(Not)成为一种美德的做法是毫无意义的。在这里确实隐含着一种价值，而大自然早已操心它的实现问题。因此它是一种价值。即使退化危及它，对它的价值意识也会重新显露出来。我们正当地将这种所谓“合理利己主义”珍视为所有强大的人格存在者的基础，也就是珍视为身体上的健康。

无须雄心壮志的形而上学言说，人们似乎很容易就想到这一点，即在这里我们发现了价值意识变动的一般本质法则。也许所有价值的实现途径都是从命令到法则，从德性到本能。于是利己主义也就充当了价值实现阶段中的一种德行，而也正是由于此，它对历史上任何时代的人来说不再被视作一种德行了。在底层物得以践履的情况下，价值目光就会朝向更高的东西。我们精神生活中的很多东西或许都可以用这种方式来理解，如极负使命的正义感就是来源于强者的利己主义(参看上文第 65 页)，其对善的“拟色模仿”是盲目的，但又如此自然而然。

不过人们必须警惕对这种思想的过分阐释。我们不能以之为根据进行价值推导(Wertableitung)，而不管人们多么经常地做这种尝试。以这种方式产生的财富之所以不是善的，乃是因为它源自利己主义；而完全可以反过来说，它源自利己主义，因为它是善的。更高的价值不是从低级价值“演变”(entwickeln)而来的，只是前者的实现要受到后者的制约。唯有先实现低级价值，紧接着才开始了更高价值的实现，尽管偶尔会出现与之不相符的情况。要是没有更高价值的话，低级价值就是空的、无内容的，它的充实、意义不在于自身中，而在更高价值那里。因此它的实现一直倾向于超越低级价值，超越自身。它仿佛“抓住”了较高一级的价值内容，并且这种实在性过程似乎毫无间断地转变为另一个具有不同方向的过程。

很明显，更高的价值对低级价值的这种实在性依赖关系隶属于价值之间的一种观念性依赖关系，即低级价值依赖于更高价值。这是纯粹的价值论基本关系。它贯穿于实在性的依赖关系之中，处处闪烁可见，并且就其自身而言也是可认识的。它对于利己主义与利他主义来说也是决定性的；就如同价值感受向我们每个人表露的那样：利己主义是低级价值，利他主义则是更高价值。简言之，在这里我们触及了价值秩序问题。

第9章　幸福主义与功利主义

(a)阿里斯底波与伊壁鸠鲁

通常人们将幸福主义与利己主义粘贴在一起，但这是一个极其严重的错误做法。尽管它们经常会同时出现在人的伦理中，但就其自身来讲两者之间不能画等号。幸福主义认为幸福不单单是本己自我的，而且同样也关涉他人；而利己主义则根本不会指向幸福，甚至也不指向同幸福本质相关联的感受价值域，而仅仅朝向生命的自我保存与自我实现。至于这会在感受质性方面带来什么影响，是利己主义完全不关心的。而对于幸福主义来说，关键就在于这类感受价值。因此有必要对幸福主义进行一种全面的专题性研究。

启蒙伦理学在任何时候都是幸福主义的。在17、18世纪一再出现的就是自智者以来古代伦理学的各种细微变化与变形。这一观念的诸发展阶段确实也有启发意义。

阿里斯底波的极端论点就是：快乐是唯一的善，最大的快乐就是生活之目的，而最强烈的快乐就是最大的快乐。而另一说法，即肉体快乐就是较强烈的快乐就不再是一种价值判断，只是众多心理学观点中的一种而已，它将主论点搁在一旁不予讨论。

他的观点是我们能想到的最露骨的了。它忽视了，快乐根本就不具有绝对尺度；快乐总是相对于不快乐而言的，是不快乐的对应物；人们根本无法直接地追求快乐，追求的仅是那个(臆想的)快乐引发者，而后者无论如何都不具有同样的快乐价值。总之，它忽视了有关快乐—不快乐平衡的那种极其复杂的心理学，与此同时它也几乎没有考虑到任何快乐都是以不快乐为代价的——美味以饥饿为代价、休养以劳作为代价，甚至艺术享受都要以具有审美鉴赏力官能的令人痛苦的敏感性为代价。所以说这个论点从心理学上讲是不可能的，而伦理学上也不合法。

伊壁鸠鲁的观点纠正了这种错误。最大的快乐不是最强烈的，而是“持续的”快乐，是平静而又贯穿一生的“幸福”。此时纯粹的精神快乐占据了第一位。道德学就是要照料属人的最高贵的财富，并且这些财富总是现成在此的，而人们只是必须抓住它们、学会利用它们。压抑低级的、不安分的冲动，施展发挥对丰富多彩的、一直包围着我们的美的东西的感官感受，塑造自己的生活——在这些理想标准中就包含着自制、智慧与友爱等德性。德性，原本上讲就是"εὐδαιμονια"，从性情上看就是宁静与不动心，是最高的价值。而有关掌控自己的命运、智者的自我满足以及痛苦与死亡的虚无等，只是相应的结论。

多么令人钦佩的理想蓝图！但“幸福”变成什么了？不再是主观上感觉到的情感价值，因为后者甚至还远未让人联想到快乐动因。毋宁说在这里对快乐的追求与真正的“快乐”是相对立的，独立于后者。实际上一整系列的更高价值已不知不觉移置进来：内心坚强、自由、灵魂的崇高、以认识的方式愉悦地参与到对生活的价值充盈中。现实中这些被视为幸福与不幸福的标准，而“幸福主义”对于一整套暗自的、已被承认的更高价值标准而言，只不过是外在的工具。

人们自然地就会自问：这种被承认为最纯正表达的个人幸福主义事实上不就是对幸福主义的最透彻反驳吗？实际上，在一种有意义的幸福概念背后难道不是存在着，甚或是必然地存在着另一种全然不同的伦理价值？

(b)斯多亚学派

尽管斯多亚学派的学说被晚期古希腊罗马最强大的人物看作生活智慧的化身，但它并没有带来根本上的改变。在它这里德福一致也是首要的；只是价值音符更明确地移向德性这一边。**人的举止**(Verhalten)本身是真正有价值的；而人的感觉则完全是次要的，一种无关紧要的附属物。**对正当举止的意识**就是幸福。这是对享乐主义的极端否定。快乐是情感冲动，而情感冲动是“非逻辑的”，是人身上低级的、易被激情煽起的东西，内在地阻碍了人身上较好的东西，阻碍了逻各斯。克制不住而献身于这一冲动就是恶，是更高层面上的不快乐。因为它是对人的内在奴役。

在斯多亚这里，幸福就该存在于自制、自我满足与智慧中(ἐγκρέτεια，αὐτάρκεια，σοφία)；不过这些灵魂状态类型所指的跟在伊壁鸠鲁那里有所不同。幸福的确应该以德性为荣，不过斯多亚学派还添加了一种特殊的价值因素 ἀπάθεια，就像人们通常转译那样，即“心满意足”。但原初则含义是“πάθος”，即摆脱情感冲动的束缚。因此斯多亚学派的德性不是强烈的情感，也不是某种对生活进行价值充实的情感，不是有智慧地参与和挖掘创造，不是内在的财富；相反，它是对那种能够唤醒我们愿望与激情的有价值物的**不理不睬**，是对得到价值充实物的**否认**，是对属人的一切财富，也包括最高贵物的**蔑视**。这实际上是与德性相对立的倾向。即使不完全具有犬儒主义的那种粗暴，仍会走向生活**贫乏化**、精神**迟钝化**。这意味着从根本上恰恰在荒废伊壁鸠鲁所照料与加强的价值感官。“智者的自给自足”，即什么都不再需要，是对一切的拒绝，是否定意义上的空洞专制。斯多亚学派的德性不知对生活、世界与现实性的感恩。卢克莱修曾非常有代表性地表达了这一点，即斯多亚这里的德性与那种对丰富充实的生活怀有重大的感恩基调之间形成了最强烈的反差。

在这种幸福主义学说中，幸福概念也完全走了样。它的伦理含义事实上处于一个完全不同的价值序列中，而这类价值就其自身而言既与快乐无涉，也与幸福无关。彻底地否定价值与蔑视生活，这一点是千真万确的。只是它们既不存在于伊壁鸠鲁所要寻求它们的地方，也不存在于丰富充盈的现实生活中。斯多亚也认识到了一个崇高的完满王国，它就是逻各斯王国，是法则、意义与灵魂的世界。并且斯多亚知道自己要与这个王国相一致。在他看来，使人性去价值化对自身才最有益。属于幸福范畴的价值就是遵从逻各斯的生活，是绝对力量，是自由，是人的精神对虚无的超越，对死亡的超越，使自己的本质从日常生活、瞬间生灭物以及追逐幸福的分裂化状态中超越出来。甚至在这里，基本价值就是直观到的真实的精神人物，是“智者”典范。

(c)基督教与新柏拉图主义

基督教也没有摆脱幸福主义。彼岸信仰带来的正是幸福主义。尽管这一信仰不是基督教的起源，但年轻的基督教仍接纳了它并且由此成了一个令人忧虑的大块头——根深蒂固的彼岸道德。永恒的报酬与惩罚在那里等着世人。他在此岸播什么种子，就会在彼岸收什么果实。对于行善人来说至福(Seligkeit)已准备好了。在它面前，今生的痛苦，甚至连今生的价值也都消失了。今生的去价值化就是来世目的论的背面。人在今生中善举(Gutsein)只有在灵魂不朽以及为了永生的使命中才找到其价值。

人们可能会如其所愿地摆弄这个学说，可能会把它看作一种外在的、有历史条件的形式，即它没有触及基督教伦理学的本质——爱邻人道德；然而不可否认的是，它极深地刻画了基督教世界观的总体图样，它串起了基督教的所有主线概念，而且只有人为的干扰才被清除掉。而同样无可争辩的是，它的基本结构是幸福主义的，是一种**彼岸幸福论**；甚至更能够断定的是，它是一种个人幸福主义，尽管原基督教具有社会伦理学的倾向。个人不会去关心邻人的灵魂得救，而是首先总是只关心自己的——“当恐惧战栗，作成你们得救的功夫”。由于爱邻人道德与今生的财富和行为有关，所以也没什么前后不一致的。尘世的人通过操心邻人也同时操心着自己的灵魂得救。要是他想要颠倒这种关系从而首先考虑邻人的灵魂得救，那么他也必须首先感兴趣的是邻人的爱邻人，而不是自己的。今生的利他主义同时就是来世的利己主义。这正是关键所在，即从基督教的彼岸形而上学来看，基督徒必定是一个利己主义者与幸福主义者。

这并非基督教伦理学的外在附带物，而是事情的本质所在。人在上帝面前要对他的行动负责，但只对他自己的负责。同侪人的行动是他意愿不到的。因此他只能操心自己的至福。同时清楚明白的是，在这里并没有什么具体的基督教义，而是任何与彼岸相关的此世道德学都必定具有同样的倾向。在这方面人们无论如何都不要忽视“共同责任”这个含义深刻的观念。但它具有不同的起源，属于基督教人生观的另一层面，而且无论从历史上来看还是从内容上看它跟前者毫无关联。另外，彼岸幸福论，在“共同责任”这个话题中，也仍保持为同一个东西；只是它没有个人主义—利己主义的需要。

这种幸福论在基督徒的隐居、苦行与殉教上反映得最为明确。在天堂聚集财富，这是基督教生活中实际上最为关切的事情，而且绝不只是一个比喻的说法。即使保罗通过信仰而来的辩护——反对所有的劳作神圣性与人自己的功绩，也没能改变什么。不管恩惠还是功绩，所渴求的东西仍是彼岸的崇高性。

新柏拉图主义以及与之相关的晚期古希腊罗马的各种流派都完全表现出同样的彼岸幸福论特征。普罗汀的思想彻底地带有对“回返”的极大渴求。“回返到一”是最为冒险同时亦是最严格意义上的幸福。因为这种回归不是人的道德—基本倾向，而是针对所有存在者的某种宇宙的、形而上的一般性倾向，所以在回返目的论这里我们具有一种投射到宇宙之中的、拟人化的幸福主义。由此开始，它就转变为中世纪的基督教神秘主义。

无须证明，在这种幸福论的背后处处隐藏着**不可比拟的另一种更高价值**。人人都明白，爱邻人**自在地**是有伦理价值的，不依赖于一切彼岸的至福，而彼岸只是一种流传下来的、深深根植于时代的思维形式，而且以幸福论名义掩盖了爱邻人道德。同样一目了然的是，就连“至福”这个价值概念本身包含的东西也不同于纯然的“幸福”，如赎罪、无罪、纯洁、与上帝靠近、与上帝同在。这几种价值不再是伦理价值，而是地道的宗教价值。对幸福主义的本质更具启发意义的是，幸福主义能把这些宗教价值纳入自身之中，而它也能成为后者的工具。快乐因素在此重新受到更大的重视，这一点无可怀疑。某种强烈而原始的宗教感觉幻想用各种粗糙的象征去装饰天堂与地狱，但我们不大可能从中看出幸福主义的胚芽。基督徒不是斯多亚主义者。对于他们来说，灵魂得救是不容小觑的。最高的价值就是他们最狂热的对象、最热切渴求的对象、最纯粹快乐的对象。这种快乐的质性就是其对象的映射。因此基督徒把这种快乐看作至福。由于快乐得到了客观上的价值充实并被赋予痛苦的特征，所以不会滑入低俗的享乐。

(d)近代的社会幸福主义

到了近代，人们几乎看不到一种新形式的个人幸福主义了。但随着现代的共同体问题、国家问题与法问题的出现，出现了一种社会幸福主义。它意味着在“利他主义”基础上一种极其特殊的实践生活理想。它的内容不再是自己个人的幸福，而是所有人的。或者，正如那个更为完整的表达式所言：目标就是最大多数人的最大幸福。

跟以往任何时候的伦理体系相比，它的整个道德现象域都更加同幸福保持一致，甚至直接地同追求幸福保持一致。所有的集体感、正义感、公民德性唯有在追求幸福中才有意义。国家也是这个最高目标的手段，而且国家所有的设施、措施与规则都服务于此。最大多数人的幸福是用来测量一切现有秩序的尺度。对于一切，所要问的就是：它们是否对这个目标“有用”。

于是就出现了怪现象：由于有用物的数量如此大、样式如此多，目光就完全迷失在局部现象与问题中，以至于人的眼中就没有了整体与最终目标。由此**功利主义**就应运而生了。人们眼里只有“有用物”，却已经忘记了有用物应该是“对某物”(zu etwas)才有用。生活就变成了追逐各种手段，而没有真正的目的意识。甚至，各种概念的变化幅度最终是如此之大，以致人们把“有用物”“有用”本身看作最高目的，就好像设定一种“自在—有用物”很有意义，仿佛“有用”这个概念根本就不是为了某种自身价值而言的手段价值似的。

这种概念改变不是纯理论上的。在具体生活中也发生着，并且还影响到了价值意识的转变，更具体地说转变为否定物、空无内容物。人使自己变成有用性的奴隶，却根本不再认识到，发生的一切对谁有用。他失去了同那种真实存在的且赋予一切以意义的价值之间的联系。他毫无思想地待在这个冷漠的世界里，没有重大的观视点将他提升到日常生活之上，一切都淹没在有用性这个灰暗的单色世界中。“启蒙”，即带领人们走向这种道德的启蒙，事实上就是对价值领域的彻底掩盖。启蒙的精神向导——“健全的人类知性”是一种非常粗鄙的官能。它不可能看见伦理价值。

因此社会幸福主义在最实质性的关节点上完全不同于古代的各种幸福主义。不像它们那样，因为它不是作为高度发展了的价值意识的某种工具，不是一种活生生的价值直观形式——后者缺乏的只是为真正的价值进行哲学上的概念创造。相反它是价值感的枯竭与贫乏，极端地讲就是纯粹的**价值虚无主义**。它的目光避开价值域，由此最终也避开了幸福的固有价值。它最终走向就是错误地认识幸福主义的含义，走向自我背弃。

第10章　对幸福主义的批判与幸福主义的伦理含义

(a)功利主义的自然界限

对功利主义进行哲学批判并不难。它的一切荒谬后果都源于无知地混淆善与有用性。

有用性绝不是伦理学意义上的善。不过语言确实助长了这种概念混乱。因为我们也会说，某物“对某物来讲是善的”(gut zu etwas)。但这并不是善的伦理含义。只有当人们问某物是“为何”(wozu)是善的时候，才是善的伦理意义。如果人们把“为何”一直追溯到那种东西，即它不再为别的某物是善的，而是就其自身而言是善的，那么就拥有了另一种含义上的善——它也包含了其伦理含义。伦理善自在地就是善的。它的本质就在于不是为了某物是善的。从其本质上看它绝不是有用物。

因此，有用性观视点绝不是要予以摒弃的。它是必要的，无论对于生活来说，还是就道德而言。它掌控着实现生活目标的实践手段。功利(Utilität)就是工具—价值的准确概念，是自身价值的必然相关物。其本质就在于，它总是瞄向在先存在的自身价值，而且从它这方面来看，一切价值物都是仅仅作为自身价值的“手段”。有用性从根本上讲是被排斥在真正的、原发的价值域之外的。但它并不因此就是无价值的，因为那些原发价值通过它才得以现实化。

一切具体的道德，只要它现实地介入实践生活之中而不是停留在理论或想象的理念中，由此都必然具有某种功利主义的特点；而它们也必定是一种工具道德。苏格拉底具有的这种功利主义特点并不亚于现代社会伦理学的。这是一种本质必然性。但道德的内容品格并不因此就是确定的，它取决于作为手段的整个有用物结构都与之相关的固有价值。这些固有价值可能是各种各样的，正如价值目光的聚焦会时时地发生改变。而随着这种变化，有用物的含义也变动着。

某物是有用的，但这种有用性是针对法与公共秩序还是舒适安逸，是针对个人福利还是教育与精神发展，是针对权力与荣誉还是信任与友谊，则是根本不同的。只是在这里道德途径才分了岔。但有用性本身到处都一样。它是一个普遍的实践范畴，是手段与目标之间的一种关联形式。因此从功利概念出发得出一种功利主义的做法，是毫无意义的。由此人们会致使手段变成目标、依赖物变成原则、空无内容的自以为是变成生活内涵。

(b)效果伦理学的合法性及其界限

伦理学对付幸福主义就不那么轻而易举了。尽管它一再地受到充分的驳斥——不仅通过哲学理论，而且还借助于活生生的道德自身的发展；但目前为止的任何一种幸福主义理论最终还是走向别的价值，或者被揭示是虚无的，使人误入歧途的东西。

但我们不是单单要驳斥它，而是要发掘它的合理内核与价值思想。为此我要消除所有的价值误识与伪造，而后者在一切时代不同程度地紧盯着幸福主义。

像在利己主义那里一样，也有一种类似的反驳。

追求幸福是一种自然倾向，无论如何都会伴随着人的一切追求。所追求的东西都是作为善的东西浮现在人眼前的，而这种善的东西又是一种令人愉悦的东西。因此从这个意义上看幸福主义似乎不是别的，就是追求的一种普遍心理形式，甚至也许就是价值评价的一种心理形式。

而问题的关键不在于此，而在于将幸福价值提升为最高的自身价值。如果严肃对待之，人们必定会说：**幸福的人就是善人**，不幸的人就是恶人。事实上斯多亚学派的自相矛盾就接近这个命题。

然而我们的道德意识害怕承认这一点。人们似乎肯定只有根据效果才能评价人的生活与行动；而内在根据、意念、动机以及行为质性之类的好像是无关紧要的。这显然与伦理评价事实相矛盾。在一定程度上效果可能会误导伦理判断。但尽管如此，由于“善恶”观念，它意指的仍是另一种东西，即意图、内在看法、意念等，正是从它们出发才会采取行动。效果伦理学不涉及事实本质。效果不单单依赖于意志，而仅就意志说来，它在某一行动中可能是善的，也可能是恶的。因此意志仅仅关涉人格的伦理质性。再也没有比勾勒一种前后一致的**效果伦理学**更容易的了。社会幸福主义从最大范围上讲是可行的，但它却无法对个体，或者只对共同体进行伦理评价。

不过人们也不能说，效果根本不属于伦理学问题。对此人们可能很容易走过了头。效果如何，肯定不在人的能力控制范围之内；但人们感觉到有理由对它负责。只是默默地意愿正义，是不够的；现实的意愿要求我们，在自己能力范围内维护正义，找到维护手段，并且是在知情的情况下这样做，还要全身心地投入。动机并非无关乎效果；如果它对效果漠不关心，那它就早已不再是真正的动机了。

就动机、意志同行动效果之间的内在关联这层含义来看，效果伦理学是所有真正道德的一个合法组成要素。但也只是在这层含义上才如此。而且这也从未使得根据实际效果对行动进行道德判断合法化。

因而幸福主义在这里已经遇到了首个不可攀越的界限。

(c)重现所忽略的价值

当意志指向某一价值物的时候，仍会关注幸福，这会是真的吗？首先在这里给出的回答，如同在利己主义那里一样：有意识的意志对此一无所知；它眼前只有事情本身。因此一般地说，追求幸福作为无意识的基本动机也许能够参与进来。但人们还会问，幸福究竟是为了自身的缘故而被追求，还是为了某种其他利益？存在着许多种幸福状态，但它们被幸福主义者彻底地拒绝；存在着某种幸福，而我们对它的意识却是迟钝的、未发展的、退化的。或许事实上迟钝就是最大的幸福——犬儒主义就正好接近于这种观点。但人们不可能意愿这样的幸福；相反，还会将它视为对人性的枯萎。况且犬儒主义者似乎也不可能意愿这种幸福，如果不是他们中的智者代表把它跟另一种完全不同类型的、具有威严崇高性的幸福联系起来的话。一般地我们会在幸福与幸福之间作出明确的区分，如我们不会同等看待利己主义者的幸福与利他主义者的幸福，就好像古代人不会等量齐观智者的幸福与愚人的幸福一样。正如那位遭受诋毁的伊壁鸠鲁所言：“有理性的不幸胜于非理性的幸福。”

并非所有的快乐都是等值的，所有的幸福也并非都是等价的。这个命题彻底改造了幸福主义学说。要是有一种道德上无价值的幸福，甚或违反价值的幸福，那么这种幸福自身就不是价值尺度，而是另一种东西，具有不同的质性、内容。所略过的伦理价值得以重现，并使自身高于一切——简直就好像这些伦理价值由于其忽略幸福主义而造成了严重后果似的。

这正是伊壁鸠鲁主义与斯多亚主义带来的历史性启发意义：幸福价值在他们这里事实上是一种依赖性的、借来的价值。它仅仅是一件衣物，一块遮羞布——伊壁鸠鲁是为了最高贵的精神财富，为了参与其中，而斯多亚则是为了性情的力量及其对命运与偶然的超越。此外基督徒的“至福”就是一块面纱，在其下面隐藏的是基督徒热切渴求的真正至高者，即纯粹性、神圣性、与上帝同在。

这一点在社会幸福主义中自然还没有显露出来，因为它作为手段完全停留在理论域中。大体上来说，人们也不可能对另一种评价思路产生错误认识。此外功利主义者将诚实无欺的收入看作是善的，把偷窃看作是恶的，尽管这两者可能会有同样的“幸福结果”。对于他们来说，秩序、法律关系、忠诚就是实际的固有价值。即便迟钝麻木就算作是一种幸福，功利主义者可能也要避免最大多数人去渴望这种“幸福”。在这里也不会认可另一种真实的价值标准。

(d)社会幸福主义的价值欺罔及其危险

在有关真实的价值内容的一切地方，都有这种价值欺罔。而它并不像第一眼看上去那样显得毫无害处，尤其是对社会生活充满着危害。受压迫者、劳作者、受剥削者——或者他自己这样认为的那类人不可避免地活在这一信念里，即富有者是更幸福的人。他看到富有者拥有自己费劲地渴求的一切东西。他从另一种生活方式里只看见了幸福价值，却没有看到现实中另外一些完全不同的价值，即教育、文化、知识等——这些价值隐藏在背后，且是更高的价值，以不快乐为代价。他也认识不到精神劳作的艰辛与更大责任的负担。不过在他追求那种臆想的“幸福”过程中仍有一种类似于更高引领的某物。因为一旦他成功地从底层向上攀升到所渴求的生活形式，该某物恰是他曾错误认识的、参与其中的那些价值。但他却被想象中的“幸福”所欺骗。

看起来情况是这样，即祈福(Segen)暗含在这种欺罔中。但祈福会变成坏事，一旦目光短浅的社会领袖利用这种欺罔，从而用一种大体上类似的幸福来欺骗大众并由此吸引大众去行动。像这样的欺骗伎俩在一切领域都是致使慢腾腾的大众活动起来的手段。它靠的就是人的低级本能与最底层的价值意识，而且它挑起的是一旦迸发就无法勒住的激情。而悲剧就在于激情的迸发是由欺罔产生的，是源于“πρῶτον ψεῦδος”(最初的欺骗)。激情迸发者总是受骗者。他攒十足劲儿能实现的总是完全不同于他所梦想的。即使它是有价值物，也仍不能让他满足，因为它不是那种曾经令他神魂颠倒的“幸福”，因为他不可能看到他自己争得的那种现实的有价值物。

假如普通人受制于这种欺罔，这是完全可以理解的。假如煽动者(Demagoge)利用它作为实现他目标的手段，那么它就是他手中的一把双刃剑——不过在他眼里这是富有意义的。但如果哲学家受到引诱，也赋予这种价值欺罔以“根据”与权威，那要么是丧尽天良，要么就是伦理上最大的无教养。可近代的各种社会学理论自从诞生以来已经走上了这条危险的道路；而这种创造理念的方式持续着并且会继续遗传下去，这一事实可被视为一直延续到我们当下的这种社会运动的不幸。不真的种子已经萌发且还结出了相应的果实。即便费希特所具有的那种强大力量与严肃思想对此也无能为力——他以另一种方式从法的理念推导出社会主义的根据。如同在我们道德生活中的许多其他领域中一样，在这里仍有大量工作要去做。

(e)幸福的固有价值及其同真正伦理价值之间的关系

幸福主义是一种太过于古老且令人崇敬的伦理意识形式，以至于人们在展开批判时可能会忘记了其中的肯定性成分。后者并没有由于这一点而得到充分阐释，即幸福主义数百年以来长久地被尊崇为忠实可靠的工具但又成为遭到误识的价值意识。更准确地说，幸福主义压根儿就不可能包含这种肯定性成分，要是经它挑选出来作为北极星的幸福价值根本就不是一种真正的、无可置疑的价值的话。

要对此进行证明，完全是多余的。每个人都直接感知到了幸福的价值特性，同时也感知到了不幸的非价值特征。并非所有的幸福都具有同等价值，这一事实也不会改变什么。甚至人们还得承认，快乐也是一种价值。这些价值持存着；而通过人为的理论去除这种价值自明性的做法似乎是一种徒劳的冒险。真正的价值意识固然无法免除争论。但从这个事实出发，既不能得出所有追求都朝向幸福的结论，也不能得出所有追求都应该朝向幸福的结论。换言之，幸福与快乐固然是价值，但并非唯一的，亦不是最高的。幸福这一视点在人的伦理生活中合法地扮演了某种角色，但却不合法地扮演了领导角色。幸福价值的无可置疑并不能为“幸福主义”辩护——不论后者以何种形式出现，就如同快乐价值也是无可争论的，却不能为“享乐主义”辩护一样。

同其他价值相比，幸福价值很明显具有一种独特的地位。人们不能把它看作狭义上的道德价值。幸福价值不是人格的伦理质性，它对善恶保持中立态度，似乎**置身于善恶之外**。人们无法对任何人的幸福与不幸直接负责。但幸福又很难被归为像人们通常所理解的财富价值之类；它具有极其一般性的品格，从来不依附于任何一种实在的价值载体；它一直是一种感受价值。但本质上它还是关联于一切具有“善”特征的东西，或者更确切地说，相关联于某种财富的实在性、被给予性，以及对财富的占有。

也许最大限度地接近幸福的本质是通过这种界定，即它是伴随着一切实在的、有意识的价值占有的感受价值；因而是随着一切价值实在性与价值相关性——或者人们应该说，一切价值参与——而来的必然的**价值感反应**，并且具有第二性的固有价值尺度。虽然这种表达方式只能部分地切中这里所包含的那种基本关系，但人们从中差不多可以得出以下两点。

1. 幸福价值普遍地相关联于整个其余的价值序列，从最高的、最具精神性的伦理价值直至最低的、最平庸的物性的财富。这也应该是幸福的价值差别极其多样性的内在根据。

2. 幸福原则能够充当趋向真正道德价值的独特手段，即为最种类繁多的、最矛盾重重的行为价值提供独一无二的、有内容的活动空间。

由此不难理解，幸福价值尽管从实质上看只是一种伴随现象，但在价值意识尚不成熟的一切时代，它充当了一种普遍的价值感形式，即扮演了一种伦理学范畴的角色。幸福价值没有通过合法途径而担当了这一角色，这一点从历史事实上看不会造成什么损害。在理论领域我们能找出足够多的、类似的有关个别范畴越界的例子。有过这样的时代，即在这期间目的范畴驾驭着一切自然观念；而今天科学已经将它的有效范围缩减到相当小的程度。但正如曾存在着这样的理论意识——它只能通过目的发生(Zewckgeschehen)才洞见到某种素朴的事情发生，那么长久以来并且也许在更长的时间内，也曾存在着这种道德意识，它也只能借助于“幸福”才表象某种“善”。在这里也要急需纠正的就是对范畴的合法界限进行彻底的限制。但这不意味着要取消范畴，而是将现实的起规定作用的原则从背后拉出来，而跟这些原则相对立的工具则要退下去。

如我们所见，幸福不是最高的价值，而是价值域中一种完全附属性的价值，是一种伴随价值。但无论如何，它仍是一种固有价值。它作为感受价值伴随着那些较高或较低的价值内容，可绝不会消融在后者之中。它不同于所有这些价值内容。幸福的这种异他性(Andersheit)相关于一种独特的道德要求。最幸福的人肯定不是最善的，这一点无可争辩；但我们却可以有理由说：最善的人**应当**是最幸福的。伦理善的本质在于配享幸福。

这种要求只是一种缺乏(Desiderat)，但却证明了幸福的固有价值。而这种缺乏是否应该期待得到充实，这不再是伦理学问题了。它属于宗教问题：我们可以希望什么？而这种要求不依赖于自身的充实与否。

就只是意识到配享幸福就已经是一种幸福而言，充实确实取决于事情的本质。为此我们要先于探究而行动。因为事情的本质，即配享幸福根本不在于人与幸福价值之间的关系，而在于人与更高的、固有的伦理价值之间的关系。

(f)幸福追求与幸福能力

撇开幸福价值到底属于何种类型以及它如何被安置这个基本问题不谈，仍还有一系列其他的伦理学问题——它们黏附着幸福主义学说并且使其变得最具歧义性。在这里最终只能顾及这个问题，即对幸福的追求究竟是否是富有意义的。

对幸福的追求并不是理所当然的，这不仅依赖于幸福的价值品格，从本质上还依赖于它的价值质料。追求外在财富仅在一个非常狭小的范围内才有可能；而追求性格特征，如果不具备这方面的资质，早已是不可能的了；追求爱似乎更成问题。对幸福的追求十分类似于对爱的追求。

每个人都知道，“追逐幸福”是啥意思。那幅画着任性乖张的幸福女神的图像击中了问题的要害。它不只是一幅图画。它告诉我们“幸福”的本质就在于，戏弄与愚弄人，并且只要人活着，它就会吸引他、诱骗他，而且始终让他两手空空。只要人避开幸福而追求别的价值，幸福就会满怀醋意地紧盯着他；而只要人去追逐它，它就立刻逃离人的视线。人满怀激情地追求幸福，它就从人眼前消失得无影无踪；而人一旦冷静地避开，它重新又去迎合他。要是人绝望地放弃战斗，幸福就会躲在他背后猛烈地嘲笑。

如果人们撇开这种随意的、带有诗人般的夸张特点不谈，就会发现其中隐含的一种本质法则，一种内在的必然性。也就是说，幸福不单单取决于它看起来所依附的生活财富；而毋宁说，更取决于一个内在的前提——人自身的**接受能力**，即他的幸福能力。但这种能力要忍受追求幸福之苦。幸福能力是最强的，当那种相关的善(das betreffende Gut)是不费劲地追求到的，甚至作为意外全不费力地就能得到的时候；而幸福能力是最弱的，当人们满怀激情地渴求与追求这种善的时候。

幸福能力减弱的真正原因是什么，这是一个困难的心理学问题。似乎不难想象：人们对幸福的预期就贬低了幸福价值，因为在幸福到来之前，他就期待着纯粹纵情享乐地停留在幸福中。但所期待的东西根本就不会到来，因为人们的幸福预期早已歪曲了它——这种预期的价值感对现实物抱有偏见，却有利于非现实物与想象物。或者是，享乐能力早已提前耗费殆尽？无论如何，追求活动在获得所追求的东西之前就已经否定了所追求东西的幸福价值。获得由于追求而成为幻象，因为对于追求者来说所获得的已不再是他要追求的那种幸福。

换句话说：人们固然可以渴望与追求幸福，但却不能以追求的方式获得幸福。对幸福的追逐否定性地反作用于幸福能力，它总是立刻摧毁所要追逐的东西。对幸福的追逐牵制着人，可它又将一切幸福从人的生活中清除掉，让他焦躁不安、举棋不定，从而倒向不幸。这就是幸福的诱惑与逃离、逢迎与嘲笑的含义所在。

现实的幸福总是以不同于人们想象的方式到来。它总是存在于人们不去寻求它的地方。它总是作为馈赠而来临，却不能从生活中强行夺得。它存在于对生活的无处不在的价值充实中。它为这种人开门，即他将目光聚焦于价值充实，也即聚焦于原发价值；而要逃离这样的人，即他只是好奇地瞧一眼这种伴随着所有价值的感受价值，即幸福价值。他对实实在在价值进行充实的那种目光是虚造的。谁不懈地追求着幸福而又无心于幸福，却沉浸在原发性价值中，谁就会实在地分得幸福。因为幸福作为伴随价值要依附于那些原发性价值。谁让幸福独立化，像追随一个实在物那样追随它，它对他来说必然还是一个幻象。

对于人来说，所有追求如此轻易地就采取幸福追求的形式，所有的价值参与也轻易地采取幸福的形式，这难道是人的一种厄运，是永远的谜团？或者说，永恒的智慧与正义就意味着追求是通过自身进行自我实现的，也即对真实伦理价值的一切真心追求就携带着自己的幸福，是自我酬劳——并且越是向上抵达价值表中更高的价值，也就越幸福？由此看来最配享幸福的人就是根本上最幸福的人，因为他是最具幸福能力的人；人们可以这样认为吗？“最善的人就是最幸福的人”这个命题从更高含义上看仍是合法的，难道不是如此吗？基于此，幸福主义到了最后还不是恢复了名誉？

这些问题不再是伦理学的。人们也可以不回答。但明确无疑的是，对这些问题进行肯定性回答并不意味着为幸福主义辩护，假如这种回答是正确的话。这恰恰指示了那种本质关联：幸福作为道德公设是人心中的一种永恒需求，而“幸福主义”作为幸福追求的道德类型则是一种自我否定的生活倾向，因为这种倾向会体系性地导致幸福无能。

康德伦理学[①]

第11章　实践理性的主观主义

(a)康德有关应当的“主观”来源学说

自康德以来以意志现象为起点来研究善本质的问题，就变得流行起来了。这的确是康德的一个重要且极具批判性的洞见：行动的伦理质性绝不在于效果，也根本不在于可见的行动，而在于内在倾向、人格行为、意志方向。从这个意义上讲，唯有善的意志才称得上“伦理上是善的”这一命题是正确的。

我们要暂时撇开这一点不谈，即由此引发的意志问题并不覆盖善的整个问题幅面。如果我们在其界限内考虑这个问题——“应当做”问题，那么一切重点都落在“意念(Gesinnung)”这个概念上。意念包含了意志的内在方向；而意图的内容与范畴结构又存在于我们命之为“目的”的东西中。

① 本选文出自于哈特曼《伦理学》第一部分第Ⅳ卷：“康德伦理学”(die Kantische Ethik)，共包括三章内容(第11、12、13章)(*Ethik*. Walter de Gruyter & Co.，4. Aufl. Berlin，1962. SS. 98—119.)。

由此带来的结果就是伦理学成了一种目的伦理学。由于所要处理的是道德生活的统一，所以就必须超越变化不定的个别目的而转向目的体系，并最终转向终极目的的统一。

眼下我们也不要考虑这些，即目的伦理学根本无法胜任自己的任务，以及行动的终极目的与伦理评价用来衡量行动的那种价值标准并不相符合等等。在所有目的背后仍隐含着真实的价值，即使通常并非固有的伦理价值。不过即便人们彻底忽略所有这些不一致，总还是要问：如何理解意志与价值之间的关系。价值就是诫命与“伦理法则”所表达的内容，是应当存在者。意志正是诫命“发生效力”(gelten)的东西。因此善良意志受伦理法则“规定”，它“听从于”伦理法则。它也接受不属于自身的、其他种类的法则，因为即便是违反这种法则，这也恰恰取自善良意志。

第一眼看上去这也是康德的观点。但这不是真正的见解。对外来法则的接受，对法则权威的忍受，是“**他律**”才对呀。康德却得出了相反的结论：伦理法则肯定是意志自身的固有法则，是对意志真实的、最内在倾向的表达；“实践理性”必定是**自律的**，它肯定自己为自己立法。意志的形而上学本质正是这种自我立法。

但由此就颠倒了应当与意愿之间的关系：应当不规定意愿，而是意愿规定应当。应当作为客观性的东西却证明自身是从属物；它仅是对法则的表达，好像是纯粹意愿的客观化。而意愿作为主观性的东西则真正地起决定作用。在这里我们重新面临着要把价值本质(Wertwesen)追溯到与之类似的另一种事物；并且价值物(Wertvoll-sein)(也即诫命)也要通过非价值物才“得以阐明”。在这里如同幸福主义那里一样，**主体的一种内在倾向**就是阐释原则。不过没有人会忽略这两者之间的巨大差别；幸福主义基于自然的冲动倾向，康德伦理学则从一种形而上的理性倾向出发。不过这两种阐释方式根本上仍是同一类型的。它们都把一种自在的客观物追溯到某种主观物。

就这点来看，康德的应当学说只是符合自己哲学的普遍气质。也就是说，所有属于原则的东西都存在于主体中。空间与时间是“直观形式”，范畴是“知性概念”，客观的统一植根于“意识的综合统一”。唯有多样性的东西才是被给予的，它缺乏自身所需要的原则。无论在任何领域，主体、意识都占主导地位；客体则是从属的、第二性的，它要接受来自主体的规定性。

因此所有原则都显示了一种普遍的机能特性，即“自发性”。谁在理论领域中从这些前提出发——在这里主体对客体只是一种纯然的把握关系，谁在实践领域里似乎也只能这样做。但在后者这里，主客关系是颠倒的，从现实中早已看到这一点：在认识中是客体规定主体，而在行动中是主体自己主动地走向客体，并由自身出发按照自己的尺度去改变和改造客体。在实践中主体正是规定客体的主体①。因此这里首先指明的并不是唯心论学说，而是这种相反的主客规定关系。

由此我们也就很容易看到，康德的**主观自发性**观点在伦理学中获得了一种确证。实际上这里存在着这样一种原则类型，即它无法借助于现实物而得以现实化。“伦理法则”所表达的要求同实在的生活关系相对立。如果人们把“对象”理解为这类实在关系，那么就有理由说，下达有内涵的命令的那种东西只是**经由主体**才能被赋予对象，准确说来是添加给对象。

导致这一结论的根源在于：《实践理性批判》断言，是主体立了法；意志的规定根据不在客体，而在主体这里。所以康德的意志“**立法**”学说必须这样理解。意志立法“规定了”，什么是应当的；因为要是它从既定的关系中、从客体世界中得出“什么是应当的”的话，它就不再是实践的了，而是要隶属于“知性范畴”了，也就是要隶属于自然法则了。但由于实践理性不是别的，就是纯粹意志自身，所以应当必然为意志所规定，而不是相反。

而用价值问题的话语来讲，就是：**意志规定或创造了价值，而不是反过来**。因此意志不为自在的有价值物所约束，相反价值存在物只是对意志所指向物的表达。价值是纯粹意志所指向的概念。

(b)先验主观主义与意志自由

康德的主观主义在理论领域中如同任何一种形而上学理论一样是易受攻击的。它是否站得住脚则取决于“先验唯心论”立场。对这种立场的批判是认识论的事情②。不过在这里用不着认识论，单是先验唯心论自身的局限性就足以使主观主义变得模棱两可。

然而在伦理学中，主观主义却有不同的烙印。在这里客体为主体所规定，这一点不用怀疑。因此主观主义在实践中比在理论中更贴近事实。正是康德伦理学才包含着主观主义的最重要根源。一切都取决于意志自由。意志是自由的，是就其自身的规定根据在其自

---

① 参见费希特：《伦理学·导言》，1798年。

② 参见：《知识形而上学》，第17章，1925；同时参见：“对唯心论与实在论的超越”，《康德研究》，第25卷，第二部分，1924。

身而言。因而意志的最高原则必须起源于主体本质，哪怕它对意志采取了命令的形式。

这种思考却暗暗地忽略了两个问题要点，而它们会立刻作为分歧点醒目起来，一旦人们以确定的方式将其提出来。

第一个关涉自由。假设对自由问题的肯定性回答是伦理学的最大需求——即便就其自身而言这个需求根本不会得到满足，那么有关原则的一种先验主观主义学说真的会有助于满足这种需求吗？就意志应当具有遵循或不遵循原则的自由而言，它难道可以同时又是这种原则的发起者吗？难道可以是这样，即意志先为自己颁发命令，然后又触犯它？不过意志必须能够触犯命令，否则它似乎就不是自由意志了，而是像服从自然法则一样服从原则。但要是原则早已包含在意志的本质中，意志又如何能够违反它呢？

不过在这种情况下，除了伦理法则外，人们自救的方式还有另一种“反道德的”动机，正是它使意志偏移它的固有方向。于是就有了**两种不同的**意志：一是纯粹意志，它给出原则；另一种是经验性意志，除了服从纯粹意志的原则外它还服从其他的规定根据。但是两者中哪一个才是自由的意志？很明显正是面对着开放可能性的意志才是自由的，也即或者遵循意志原则，或者遵循别的规定根据。因此**经验性意志是自由的**。但康德恰恰认为它**不自由**——并且正是因为它不只服从自律的意志法则！纯粹意志看来是自由的，只要除了包含在自身中的原则外它不具有其他的规定根据。由此可见康德的“自由”意志基于这些规定才可能具有本己法则（严格意义上的“自律”），但却不具有真正的自由。意志服从由自身的自律原则，俨如自然服从自然法则。

换言之，先验主观主义在伦理学中根本就没有通向意志自由，尽管正是为了意志自由的缘故它才被引入伦理学的。对意志自由来说，所需要的根本**不是意志自律**，也不是意志的立法原则，而恰恰是**意志跟这种原则之间的距离**，是在原则面前的灵活性，是服从或违背原则的活动空间。显而易见，保持距离这个条件正好符合实际，如果原则具有别的起源，也就是说它不植根于主体，它不是意志自律或意志自身的立法。

因此第一个问题点带来了意想不到的洞见：先验主观主义不但不利于意志自由观念，反而正是它的绊脚石。

康德未能看清这种棘手的关系，这并不在于事情本身的不一致，而在于他对自由概念做了彻底的改动。当然这属于另一项研究（参见后文：第 67 章 f，以及第 72 章 b，c)。

(c)康德的选择方案

第二个问题点不涉及结论，而是涉及康德观点的前提。

让我们假定，通过应当的先验主观性而为意志自由奠基确实具有合法性；但究竟哪种推论有资格假定这种立场性前提呢？意志自由——应该首先被证明——自然无法为之辩护。因为意志自由不是被给予的现象，而是仍成问题。康德确实看穿了这个问题境况：伦理法则被视为重点，它是一种智性事实；而自由不是重点，则必须加以阐释，并且只有从伦理法则出发才能得到阐释。因此对伦理法则的理解成了一切的关键点。

那么，伦理法则具有主观性起源这一假定的合法性在哪里？又是在这一点上康德的论证一目了然。在他看来只有**两种可能性**：原则要么源于外部世界，源于物，源于自然；要么源于理性。在第一种情况下，原则就是“经验性的”，同范畴和自然法则相比，它缺乏普遍性与独立性(自律)，并且也是纯然的“假言命令式”，不是那种能够抵制自然倾向的真正诫命。而在第二种情况下，原则就是普遍的、先天的，是一种无条件的“定言”命令式，也就是说是真正的诫命，独立于一切自然法则，是自律的并且优越于自然法则。

人们可以不加限制地承认这两种情形的特点。甚至在作必要修正的前提下很容易就能将它们由康德对统一性伦理法则的要求转到价值多样性上去。这两种可能性原则上存在于任何价值中。它们作为经验的价值相对主义与先验的价值先天主义之间的选择会重现在任何个别价值中。因此康德的问题使我们置身于那个体系性的、关于价值本质的基本问题之中。究竟怎样才能够历史性地对价值本质问题展开实质性的论述？

康德是如何对这个问题进行裁定的，这一点从其伦理原则的含义来看是明确的。原则不可能是经验性的、依赖性的、纯然假言命令式的；它必然具有真正诫命的品质，而不用考虑它是否会得到某种经验的充实。所以说，原则只能源于理性；它就是实践理性的自律，是应当对纯粹意志的依赖。

(d)康德先天主义的错误推论

康德的整个论证形式是析取式的选言推理。只有两种可能：其中一个证明是错误的；那就只剩下另一个了。这种推论才是正确的，如果选言推理的大前提是完整的话。问题是：**康德的选择方案是一个完整的选言推理吗**？事实上对于原则而言就没有别的可能性了，只是要么源于“自然”要么源于“理性”？或者，如果我们转到价值问题上来：价值只能要么是从物（或者自然倾向）中抽象得来的，要么是意愿主体所强迫的？

对此的回答必然是否定性的。康德排除第三种可能性的做法仅仅是他哲学气质狭隘的结果，这同样使得在范畴问题上只保留有“主体”的机能，经验不再是认识起源了。在理论领域中把先天认识到的东西关联到“纯粹直观”与“纯粹知性概念”是康德的一种纯粹立场性偏见；同样地在实践领域里将通过伦理意识先天地可证明的东西归因于立法的“实践理性”也是一种立场性偏见。倘若选择方案无非就是“要么先天，要么后天”，那么它似乎很符合逻辑并且还排除了第三种可能性。人们从后天起源的不可能性中必然得出原则的先天性这一结论。但康德“要么源于自然，要么源于理性”的选择方案并不与之相一致。由它出发无法进行选言推理。取消其中的一支并不能设定另一支。先天概念与理性起源的概念并不等同。**康德的选择方案是错误的**，选言推理是不完整的，但却照此进行推理，因而是一种错误推论。

事实上这里恰是康德主体主义的关节点。它不是通常意义上的主观主义，而是在任何地方最终都要依赖于先天物。康德无法想象某种竟然不在主观机能之中的先天物。明显不过的是，实际上恰是实在的个别对象不被给予的情况下，才存在着先天洞见。这才正是它的先天性。主体并不是从被给予事实那里才拥有这类洞见，而是由自身出发把这些洞见添加给对象表象。但正是这种“由自身出发”包含所有的歧义。

主体必须由自身制造这种添加物？在这背后肯定存在着某种创造性的、自发的主观机能？反过来，不也一样可能吗？主体难道不能对象性地直观到先天物，就如同对象性地直观到后天物那样？先天内容能够从实在的（“经验性的”）对象中而被觉察到，这一点根本不会损害它的对象性。几何学关系固然不能从物体中也不能从绘制图形中抽象出来，而至多能够通过后者得以验证；但即便如此，它们还是纯粹的客体物，是可直观的客体，而与意识功能毫无关系。原因与结果之间的关系固然从来无法被感知，即便这两个环节都是感知到的；但它仍是一种对象关系，并且它仅仅是这样才添加给被感知物。由此无法推出因果关系是诸意识机能之间的一种关系。

绝对命令难道有所不同吗？个人意愿同观念性的全体意愿之间

相一致这种要求必定不会从某种经验性意志中获得。由此就可推断，这种要求是某种机能，某种行为或者是理性立法吗？很明显同样不能这样推论。毋宁说，它也是某种纯粹的客体物，它的内涵则是一**种观念的对象性关系**，作为这样的关系它浮现在伦理意识面前，不依赖于自身在现实生活中的现实化程度。

康德仅仅把经验性的东西(同时亦是“感性的东西”)看作有价值的对象，正是这一偏见使得他对先天识见物的对象性存在产生了错误认识①。归根结底，所有的唯心论错误都得归咎于这种偏见。正是由于它，整个观念性的对象域——它早已为柏拉图主义所发现并且作为一种“自在存在者”从理论上得到扩展——重新对 19 世纪的我们变得彻底陌生起来。

不单是伦理学问题深受其害，还有认识论，尤其是纯粹逻辑学也都被主观主义歪曲了，更别提诸如美学、法哲学、宗教哲学之类的。所有学科，只要其对象是观念性的，都被这种偏见弄得颠三倒四。由此人们也就不必惊讶于价值领域竟然没被发现，尽管这把打开价值大门的钥匙——先天主义一直攥在手中。主观主义的与机能主义的先天论都是一种错误，都完全错失了所有先天可知物的那种原初的对象性品质。

而伦理学倒是可以从中学到很多：原则的普遍性、先天性与定言命令品质根本不需要某种主观起源，甚至原则就是最高尊严的起源，是实践理性本质的起源。更准确地说，它只需要这种起源，即它既不包含在实在对象中，也不在自然或感性的可经验物中。伦理意识不能从这种领域中借来原则；相反，它必须是自主性的。它必须通过另一种原则同这个领域相对立。但从中可以获取原则的另一个领域究竟具有什么样的性质，这根本不会影响到跟经验物相对原则的自主性。人们当然可以设想，原则起源于理性。然而却无法通过这条途径得到证明。

目前我们也只能暂时这样认为，通过别的途径也无法证明它，反而是其对立面完全可以被证明。最终的裁定取决于人们对这一点的证实，即有**一个自在存在着的观念域**，而这就是价值的源发地；并且价值作为独立的、不依赖于任何“经验”的内容，是先天地洞识明见的。

---

① 这种偏见，纯粹就其自身来说只是一种唯心论的偏见。这是一个特例。就“观念存在”由于它脱离实在存在而被错误认识而言，人们可能更愿意将这种偏见看作实在论的而且是一种天真的实在论偏见。

不过在持有这一裁定性的洞见之前，仍有一系列像先验主观主义之类的其他偏见是我们必须首先要摆脱的。

第 12 章　舍勒对形式主义的批判

(a)定言命令中“形式”的含义

除了先验主观主义外，康德伦理学还包含了“形式主义”。在康德看来一种真正的道德诫命，“定言的”、自律的命令只能是一种形式法则。它不容许涉及意志“质料”，不可以从内容上事先指定意志究竟应当意愿什么，而只是给出意志应当怎样意愿的那种普遍形式。意志的所有“质料性”规定都是他律，来自各种物或物之关系；而因为它们以自然倾向与冲动为根据，所以只是看起来值得追求。一个受质料规定的意志是经验性地被规定的，也即受“外界”所规定。质料性的规定是自然规定，不是理性规定，不是由法则与善的本质而来的规定。因为善的本质是意志的纯形式性质。

“形式主义”所带来的清晰可见的且无法抹去的成就是：1. 彻底否定了伦理经验主义，洞见了伦理学原则绝不包含在意志对财富的依附中。2. 拒绝决疑论与所有对具体目标的预先指定，因为这些目标总是仅仅基于经验性的既定境遇才得以产生的。总之积极面就在于要求严格的普遍性，排除各种外在规定，洞见到善是意志本身的一种价值质性，而不是它所追求的目标。

这些贡献是否真的取决于康德的形式主义，甚至是否仅仅通过它才得以促成，这完全是另一问题。一种命令——它指定了“善的意志”的普遍属性，只能是纯粹“形式的”，不可以包含任何内容规定，这无论如何也是无法洞见的。毋宁说，最普遍的质性规定也必然肯定是**有内容的**，即使它也不涉及意志的“质料”，也就是说不涉及意志随时可变的对象。

因此人们很容易就能确信，康德的定言命令式从这种意义上讲是一种完全无内容的法则。经验性意志与观念性意志(人们可能愿意把它的意向或“准则”视为“普遍立法”)之间的一致已经是一种有内容的规定性。唯有它的高度普遍性才能使我们受骗。一种不对任何东西要求内容的命令是空洞的，因而实际上也不是命令了。

(b)有利于“形式”的历史偏见

在康德伦理学的形式主义背后是他哲学本身广泛的形式主义气质。而在这背后又是一种更古老的、一直追溯到亚里士多德的传统形而上学偏见——它有利于纯粹形式。

根据这种传统，“质料与形式”不是等值的对应物。质料是无规定性，是存在的一种阴暗背面，就其自身而言是价值低劣物，甚至在某些观点看来直接就是恶。纯粹形式就是行规定的原则，是构建原则，是区分原则，是尺度、美、生命以及一切有价值物的诞生地。亚里士多德竟将它等同于目的(隐德莱希)；而普洛丁重新把最高的形式原则等同于柏拉图的善理念。

这种倾向一直延续下去。它活跃在经院哲学的共相学说中，并且绝不亚于在笛卡尔与莱布尼茨的理念学说中的活跃度。它完完全全地主宰着已发生主体观转向的康德认识论。认识中的质料与形式这对概念规定着《纯粹理性批判》的架构：“质料”由感官所提供，反之一切原则都是“纯形式”。这适用于范畴与直观，适用于图型，适用于原理、理念、命令式与公设。由于所有这些原则都具有先天特征，所以在康德看来先天性与形式品质就结合为一个固定统一体。如范畴可能会包含某种质料的东西，这对康德而言是不可能的。而康德的这种结论令人感到十分奇怪，因为事实告诉我们，他的范畴如此明显地包含着有内容的原则，如实体、原因性、交互作用等。更让人诧异的是，时间与空间如何能够化作纯形式，当处在法则与关系结构后面的基底要素更加不可阻挡地挤向前的时候。

范畴论的一项特殊任务就是要证明，所有这类原则事实上都包含着未转化为形式、法则、关系等图式的本质要素①。不过，康德的整个观点是建立在纯然的迷误之上这一点，即便没有范畴论的证明，也能从以下事实中看清楚：形式与质料的对立完全是**相对的**，任何形式化的东西都能重新被视作更高形式的质料，而任何受规定的质料也会重新被看作更低级质料要素的形式。绝对形式与绝对质料最多只能视为这个阶梯秩序中的两个极端，而它们肯定在我们的思想和概念把握的范围之外。整个现象链条，也就是说一切自然与精神领域的现象都活动在各个中间环节，活动在相对范围内。

一旦人们认清了这种偏见的形而上学来源，也就不难摆脱它了。法则、范畴与诫命，不同于对之有效的个别情形，确实总是普遍物，并且从这层含义上看是“形式”。但从内容上看，这种形式品质并不与质料相对立。所有原则从其自身来讲也都具有质料，

① 详见：《知识形而上学》，第2版，257-266页。

否则它就是空洞无意义的。而因为所有原则，就它们是一般可知的而言，只能是先天可知的，由此十分清晰地推论出：存在着**先天质料**。

正是在这一点上舍勒开始了他对形式主义的批判，而这种批判尽管是先辈们已经作出了的，但只有借助于现象学知识才能够是普遍有效的。只要人们先验—主观主义地看待先天物的观点仍是主流，形式品质就会富有诱惑力地附着在先天物之上。唯有对象性地看待先天智识物，才能最终为理解原则中的内容提供可能，并由此为在价值中起裁定性作用的“质料先天物”提供空间。

(c)形式主义与先天主义

一个关键性看法就是：“形式—质料”与“先天—后天”这两对概念就其自身来看彼此毫不相干①。**并非所有先天物都是形式的，也不是所有质料都是后天的**。虽然先天物总是普遍适用的，而后天物则不是；但普遍性本身并不是某种形式物。在先天物范围内，如几何学体系内，也有适用范围更大或更小的法则。普遍物跟具体物相比，前者总是形式的，后者是质料的。而这只是意味着具体物无论如何拥有更丰富的内容，一切命题在这里都同样是“先天的”，不区分内容的丰富性或普遍程度。

伦理学可得出以下结论：像伦理法则这样的某种原则，或者某种诫命，甚或一种价值标准，都完全能够拥有“质料”，而这不会有损于它们的先天性。“受质料规定的意志”并不像康德所认为的必定是经验性地被规定的。意志无须来自外部的影响而发动自己。质料的规定性不是自然规定性。它并不必然地起源于普遍的存在法则，并不意味着因果依赖性。它并没有将人的意志贬低为“自然存在者”。因为它的来源能够是完全自主性的，它的被给予性是纯粹先天的。

康德观点中的宝贵之处，即对伦理经验主义与他律的否定，对决疑论与预先规定特殊目标的拒绝，对原则的严格普遍性及有效性的要求——不是作为目的，而是作为相关于伦理质性的价值标准，所有这些在原则不具有“形式”—品质的条件下也都能彻底地得到维护与贯彻。如果原则的质料是纯粹先天的，它并不起源于被给予的、所欲求的财富或者某种有内涵的自然冲动倾向，那么整个要求系列

① 参见舍勒：《伦理学中的形式主义与质料的价值伦理学》，第2版，481页及以下，1921。

在质料中得到满足的程度绝不亚于在原则的纯形式品质那里的。换句话说，对于一种自主性的伦理原则而言问题的关键不在于形式与质料之间的差别，而仅在于先天性。

肯定性的表达就是：价值能够如其所愿的是形式的或质料的，它们必须只能是某种**自立物**，不依赖于所有其他的原则，并且对它们的价值意识也必须是先天的。只要人们不把这种先天的价值意识理解为某种机能，而只理解为认识对象物的一种特殊方式——这种对象物既能被把握也可能会错失，那么就会毫无困难地同**质料的价值内容**打交道。在先天问题上正是主观主义助长伦理学的形式主义。一旦人们拔除它，形式主义也就失去了支柱。

第 13 章　舍勒对智识主义的批判

(a)智识主义与先天主义

康德伦理学的另一个偏见是与形式主义有关，但又是有所不同的智识主义(Intellektualismus)。跟他的伟大前辈，如与莱布尼茨相比，康德在对“思维”“知性”“理性”的偏爱上要温和得多；甚至有意识地要与莱布尼茨不同，他为感性感知提供了一个独立自存的重要位置。但他也就只做了以此方式产生了内在二元论这件事。感性与知性、感官与理智之间的对立不仅主宰着他的认识论，而且还有他的整个哲学。

对于这个体系性的基本问题来说这几乎是无关紧要的，如果不是默默地将其他的对立概念跟先天—后天等同起来的话。这种同等的做法并没有持续地得以贯彻：先验感性论及其基本概念“纯粹直观”与之不相符合；图型论亦是如此。但大体上仍说得过去的是，感性、直观的被给予物是后天认识，知性、思维与理性是先天认识。在这里上面所论述的质料—形式对立仍发挥着中介作用，而在其背后重新又是客观物与主观物的对立，也即源于客体的被给予物与源于主体的创造物之间的对立。

后两对概念从本质上看既不相互一致，也不与先天—后天相符合，这一点早已揭示出来。但也无法立即就推出先天—后天与思维—感性不相符合的结论，虽然康德通过那两对概念得到这种同等性。这需要专门加以证明。

现象学也为这种证明提供了令人信服的根据①。对于伦理学来说它具有重大意义。因为只有通过它我们才清楚，先天的—质料性的价值洞见对于伦理意识来说最初是以何种形式存在的。弄清这一点是一切后续工作的前提。

(b)感性、被给予性与后天性

证明的第一部分在于把后天的被给予概念跟感官感觉(Sinnesempfindung)相分离。个别的感官内容、孤立的颜色、曲调等从来不是直接地“被给予的”。如果人们想要如此地意识到它们，就必须首先通过人为的方法、某种特殊的心理学方法将它们从所感知的对象复合体中剥离出来。感知而非感觉，才是给予性的(gebend)法庭。感知往往是高度复杂的复合体；感觉可能是感知的组成要素，并且作为这种实在性的前提条件，才证明自身是给予法庭。然而唯有理论才能发现这一点。

这个感知复合体——它只能被看作非反思性的、现象的被给予物，总是包含着丰富的先天要素，至少包含着康德的整个范畴序列，当然实际上还含有许多其他的先天物。康德凭借他的被给予概念(当然是模棱两可的)拥有的根本不是自然态度立场上的被给予物，而是一种灵知论的。后者早已从理论上被规定为跟先天物相对立；它当然可以等同于感官凭证，却不是作为现象而现成存着的、可把握的；因而无法成为某一理论的根据，相反它自身早已是理论的副产品。康德的经验概念同样也是有歧义的。它一方面代表着全部的自然知识与科学知识——在此意义上它当然包括先天成分，另一方面仅仅意味着认识中的非先天成分。

这种模棱两可给伦理学带来很严重的后果。在康德看来意志的任何“质料的”(经验性的)规定都是感性的，都关联于快乐与痛苦，都受制于趋乐避苦。所欲求的财富的价值并且尤其是财富自身应该是首先通过这种关联才间接地被给予。从自然态度的立场出发这又是对现象的颠倒。毋宁说，对欲求意识而言直接被给予的仅仅是价值载体以及依附于载体的价值音符——正是出于价值音符的缘故，载体才被欲求。所欲求的恰恰正是**这样的“财富”**，而不是快乐——它相关于对财富的占有。其次，紧接着能够意识到价值本身，正是价值使欲求对象成为价值对象，即成为“财富”，并且由此才使它们变得可欲求。而只有到了第三个阶段，才可能随着价值意识

① 参见舍勒：《伦理学中的形式主义与质料的价值伦理学》，第2版，49-67页，1921。

而出现对苦乐的认识，“我们把快乐和痛苦归因于财富对我们的作用效果(这种效果所指的是体验到的刺激、是因果性的)”。感性，就人们从苦乐中看出它而言，不是给予法庭，而是与欲求相连的、第二性的。

适用于欲求的东西，也同样适用于更高意义上的**真正的意愿**。它不是占有财富的意愿，而是实现目标的意愿，是完成使命的意愿。直接地浮现在这种意愿意识眼前的永远是使命，是目标本身，并且是一种有内容的、质料性的东西。意愿越是强烈和充满热情，对意愿主体及其状态的反思就越减弱。所意愿的内容使意愿者从自身中超脱出来，使他消融在他的意愿对象、理念中，使他完全投身于所意愿的东西中。

在这里所有对快乐与不快的厚望都完全是第二性的。意志指向的“质料性”、对象性与“实事性”同感性，尤其是后天性与他律规定性之间毫无关系。

(c)思维、知性与在先性

论证的第一部分只是一个前奏，重点是第二部分。即使感性与后天的规定不是同一个东西，思维与先天洞见似乎仍能够同时发生。它们做不到这样，对此康德的先验感性论已经提供了有力的证明。尽管如此，在康德那里先天物的智识主义差不多还是完整的。范畴是“知性概念”，原理不单是对象认识的前提，还是行规定的“判断力”原则。综合是判断的实质，而且理性批判的整个核心问题不是指向一般先天知识，而是先天的综合“判断”。这项任务从一开始就是有局限性的；或者更确切地说，被视作理所当然的是，一切先天物都取决于一种判断机能、一种特殊的智识机能。

结果就是：在一切复杂的对象感知中综合判断机能必定早已实施，因此在物或事件被把握的一切地方，思维也早已参与其中。但实际上思维或判断机能在感知活动中一点也没能得到证明。一个被透视的事物也有“背面”，但人们并没有首先阐释这一事实，没有有意识或无意识地将之考虑进来，而是如同把握“看见的”正面一样，决然直接性地、直觉地把握它。

只有对不能直接被把握东西的某些特定属性进行反思的时候，“思维”才开始运作。这同样适用于实体关系与因果关系。这两者固然**能够**通过判断被推导出来，也即在它们不是直接地一同被给予的时候。但从意识自然地指向实事本身及其关系来看，它们一般是直接性地一同被把握的。这无碍于对这些关系所作的直接的、直觉的把握行为是先天的。**先天认识恰早已包含在对物的一切认识中**。即便如此，它并不是思维或判断本身，毋宁说它总是**原初的、直觉的**。与之相比，判断是第二性的、外在的、无关紧要的，它不会对先天识见带来任何改变；当然，通过判断也能够把握先天知识，要是人们事后孤立地提取它的话。

概括起来就是：对物理世界的自然主义观点从一开始就贯穿着先天要素；一切把握活动早已在范畴的本质结构中进行了，而这正是范畴本质结构的先天性。从根本上讲康德完全透视到了这种关系；**"可能经验的条件"**这一表达最能说明这一点。只是康德进行的智识主义阐释，插进思维、概念、判断等使他取得的重大成就又变得模糊不清。为了正确估计这种先验"条件"的影响，人们必须彻底撇开康德的智识主义阐释。

从更高层次看，这同样适用于伦理学。康德认为，定言命令式是一种"理性"法则，它不同于冲动、偏见、欲求的自然法则，而这里除了伪装的主观主义外，还隐藏着像范畴学说那样的智识主义。伦理之先天肯定像理论之先天一样也是概念上的理性推理，以判断形式出场的；对康德来说无法想象，还可能存在着另一种现实的先天物。

这里的心理学前提是：我们的伦理生活是由某种实践意义上的思维—判断机能所贯通的；我们的选择与决断、赞同与反对、对行动和人格的道德态度都依据于将个别情形**逻辑地归入**事先识见的先天伦理法则**之中**。照此观点，**某种实践的智识机能**主宰着道德生活；而它用以贯通生活情境的多样性与生活冲突的这种形式是纯逻辑学的。

不过康德并没有将这种伦理逻辑主义极端化。在《实践理性批判》的类型论中甚至有意义地尝试着**使它转变为情感主义的东西**。康德并不认为，天真单纯的道德意识会拥有明确的命令表达式，并且带着它就像手握一把标尺一样走向各种生活境遇。这种表达式只是将每个人暗自的、没有正式承认的那种东西，也即良知流露出的东西加以科学的表达。对他起决定作用的不是对道德法则的认识，而是"对道德法则的敬畏"。但除此之外归纳、有意识的标准—衡量等逻辑图式仍一直持存着。而这正是康德伦理学中的误导性因素，它掩盖了伦理先天主义所具有的不可抹去的意义。

(d)价值感的情感先天主义

这种归纳性的判断机能在具体的伦理生活中很少出现，正如也很少现实地影响对物的自然的、具体的认识一样。毋宁说，所有的道德态度都是直觉的、直接性的，总是早已包含在对被给予事态（境遇或行动方式）的概念把握中。它首先期待的并不是进行判断的知性。

对伦理现实性——它们存在于各种财富、人的关系，或者对个人决断所提出的要求中——的理解总是早已浸透着价值评价、情感反应以及那种普遍的赞成—反对态度；这甚至也适用于最天真简单的意识。所有这些把握现实性的行为**同时也是把握价值的行为，是选择价值的行为**。但它们绝不是纯粹的认识行为，而是感受行为，不是智识主义的，而是**情感主义的**。而这正是围绕着我们的生活现实物得以现时化的根源，是人终日生活在赞成或反对的张力状态中的根源。

因此，这些有选择性的价值音符对现实物而言不是"经验性的"，如同那些范畴要素对经验物而言不是经验性的一样。它们还不是判断因素。由此可见：存在着某种纯粹的价值—先天，它直接地、直觉地、情感性地贯穿着我们的实践意识以及整个人生观，并且它赋予所有落入我们视野中的那些东西以价值—非价值音符。"精神的情感方面，即感受、偏爱、爱、恨、意愿都具有某种原初的先天内涵，不是从思维那里借来的，而是伦理学能够在完全独立于逻辑学的情况下所指明的。布莱斯·帕斯卡说得很确切，存在着一个'心的秩序'，或'心的逻辑'。"①

除了思维先天主义与判断先天主义外，还有一种**情感先天主义**；除了智识先天原初外，同样还有一种独立自存的、原初的情感先天。**原发的价值意识**就是**价值感受**，原发性地承认某一诫命就是去感受那种无条件的、通过诫命得以表达的应当存在者。

这种感受先天性跟经验主义毫无关系。价值音符并不来自各种物与事件——它们只是被赋予后者，更别说来自这些物与事件在主体身上产生的快乐—痛苦效应。毋宁说这些价值音符是通过价值感受而烙在物与事件上面的印记。这就是感受行为的"先天"规定性，并且间接地是实践—现实物的价值音符所具有的先天性。如同理论领域中的逻辑先天主义与范畴先天主义一样，在实践领域中情感行为的先天主义同样是一种"纯粹的""原初的""自主性的"法则，并且如果人们愿意，也可称为是一种"先验的"法则。

---

① 参见舍勒：《伦理学中的形式主义与质料的价值伦理学》，第2版，59页，1921。

但这并不意味着，也竟然存在着某种原初的、明确地现成在此的法则意识。没有对价值—应当法则的这种意识，正如没有对存在—认识法则的意识一样。在这两个领域中，都需要一种专门的哲学方法来发现价值—应当法则，并且有意识地、概念把握式通达该法则的内容与“质料”。只不过这种方法是第二性的。它在伦理学这里早已相关于原发的价值感，并且所做的只能是将已经包含在情感现象中的**先天内容**提取出来。价值—先天的首要席位是且永远是那种渗透着在现实把握与生活态度之中的价值感本身。唯有在这里才有原初的、含蓄的“伦理认识”，才有对善恶的真知识。并且正是由于价值感在一切道德态度、意念与意志方向中的现成存在，才有了活生生的道德现象；而正是由于价值感的扩展与变动，才有了道德的内在变革、道德的发展进程，才有了不断地对生活的重新定调或“重新评估”，才有了人生观的转变。

所以说，像上面已提出的(第六章 f)，内在地包含在活生生道德中的先天价值实际上属于被给予的现象、事实复合体，或者说是**伦理现实性“事实”**。伦理学作为科学所要做的思维工作就是把这些含蓄的、被给予的先天价值变得明确，为其打上概念与言辞的烙印。

事实上跟这些原发地感受到的、情感—先天地直观到的(如良知的呼声所清晰地指明的)价值相比，康德的伦理法则就是第二性的，是先天价值的思想印记。但不能反过来说，通过这种法则而得以表达的道德是源于法则意识的。

这同样适用于所有类似的哲学术语，如众所周知的古希腊罗马给“德性”下的所有定义。无论在什么地方，具体“德性”所指的都是某种原发直观到、感受到的行为价值，而哲学术语表达则是第二性的，也许就是亚里士多德那里的“μεσότης”或者斯多亚学派的“εὔλογον”。

(e)“质料的价值伦理学”理念

只有首先推翻伦理学的智识主义，取消形式主义与主观主义这一想法所带来的整个效果才会显现出来。如果原发的价值意识就是一种明确的法则意识，那么，将它视为一种形式意识，总还是具有一定意义的；甚至能够从某种主观机能中看出它的本质，也是可以想象的。而目前却表明，从价值意识来看法则意识才是第二位的，甚至从价值本质来看法则结构只是事后的一个印迹。相反，原初的价值感是对某种完全有内容物的赞同、肯定与偏好；

而这种有内容物又实质性地区别于这同一种价值感所反对或否定的东西。

因此，价值意识必然是一种**质料性的、对象性的意识**。而这就意味着价值原本并不具有法则与命令的品质属性，更别说具有来自主体方面的立法或颁布命令的品质属性；**价值是具有内容的—质料性、客观的形成物**，尽管不是实在性的。伦理诫命以它们为“根据”，一切应当存在都以它们为先决条件且都指向它们，而这些不会损害它们的质料性—对象性品质。价值结构恰恰是**观念性的对象**，超越于一切实在存在与非存在之外，也超越于实在的价值感之外，尽管唯有通过后者才得以把握。

价值是有内容的质料物，而非空洞的、抽象的形式，正是这一点才使它们成为原则上可实现的——只要它们还未被实现。因此正是由于价值的质料本性，它们才能够去规定那些跟积极性伦理生活相关的诫命。因为也只有肯定性的内容才能够被命令与现实化，而空无内容的形式与抽象规定绝对做不到这一点。

这就是伦理学为什么必须要成为“质料的价值伦理学”的原因所在，而这恰恰是在遵照康德的先天主义。

伦理价值的本质①

第14章　作为本质性的价值

(a)本质性的暂时含义

人们很难能成功地把握价值的普遍本质，只要他没有将目光朝向个别价值，没有借此而更加具体地、直观地发现价值的基本特征。显而易见的是，普遍本质无论在什么地方都不是直接被给予的，至少不是作为这样的东西，而总是连同另外的特殊物一起被给予的。所以，我们接下来的研究就是以研究具体的价值为出发点，准确地说，也就是以在我们的研究架构中只有“第二部分”才接上的东西为出发点。

尽管如此，我们先前所做的调整仍是实践上必要的。如果人们甚至连最最基本与普遍的前提都不承认，那么就很难在价值质料与价值品格上达成一致。目前所要处理的就只是这些前提，并

① 本选文出自于哈特曼《伦理学》第一部分《伦理的现象学结构》第Ⅴ卷：“伦理价值的本质”(Vom Wesen der ethischen Werte)，共包括四章内容(第14、15、16、17章)(*Ethik*. Walter de Gruyter & Co.，4. Aufl. Berlin，1962. SS. 119－170.)。

且也仅仅在暂时的规定性含义上。只有我们更仔细地观察个别价值及价值组序列，实际上才能更深入地看清价值本质。在“第二部分”才有更重要的结论。

一种古老的看法就是，存在着另一种存在者领域，它不是实存，不是“现实的”物，也不是“现实的”意识。柏拉图称之为理念，亚里士多德将之命名为艾多斯（αἶδος），经院学派则视其为本质（essentia）。这个领域由于近代以来盛行的主观主义而长时间地被人们错误认识并剥夺了合法权利；今天借助于现象学所称的**本质性**领域，它重新获得了认可。

“本质性”（Wesenheit）就是对 essentia 的翻译。事实上这两者也就是一样的，如果人们撇开附加在本质（essenz）上的各种形而上偏见的话。但就其自身而言，essentia 就是对亚里士多德的“某物曾是的东西”（τὶ ἦν εἶναι）的翻译——确实是十分直白的翻译；在这一术语中过去式“曾是的”（ἦν），被理解为无时间性的，它暗示的就是作为前提存在于诸结构要素中的东西，也就是说构成了具体事物的那种实质性最先的东西（prius）并因此总是早已包含在具体事物中。

在亚里士多德看来这种“本质”当然有其逻辑结构。它曾被看作某一定义的诸规定部分的完整序列，或者被看作区分序列——它的涵盖范围从最普遍出发，进而越来越狭小直至“最后的东西”。人们还把如此诞生的艾多斯（eidos）视为形式实体、完整结构。这种逻辑主义的前提是将“本质”与“概念”等同起来，更准确地说是消除两者之间的差别。正是它掩盖了中世纪“本质”学说，并且助长了大胆冒险的概念实在论形而上学。从中获得解放的首先还得是柏拉图的本原思想（Grundgedanke）。只是黑格尔的“本质”论①才实现这一点。这同时也意味着回归到古代的“本原”动因，而后者早已属于柏拉图“理念”中的本质性含义。

“理念”的存在方式就意味着某种“真正存在”（ὄντως ὄν）的存在方式，即一切分有它的事物“何以”（wodurch）因其自身地存在着。具有典型性的是，在柏拉图的理念中也包含了伦理原则，即“德性”理念，它们正是柏拉图伦理学所依据的价值。这尤其对价值论富有启发意义：**价值从存在方式来看就是柏拉图的理念**。它们是最先由柏拉图所发现的另一种存在领域，是人们也许能从精神上洞识到却无法用眼看见与用手抓住的领域。对于理念的存在方式，我们固然还

① 黑格尔：《逻辑学》，第Ⅱ部分。

不知道更为确定的东西；这有待于进一步探索。但眼下立刻一目了然的是，针对理念的命题也适用于价值，并且从卓越的意义上也是适用的：价值就是所有分有它的东西“何以”因其自身地存在着，也即是有价值的。用今天的概念来表达：**价值就是本质**。

以上所概括的主要还是源于对康德伦理学的批判。价值既不源于物(或者说，实在关系)，也不源于主体。价值的存在方式既不是实在论的，也不是主观主义的。价值远非“形式的”、全无内容的构成物，而是具有内涵、“质料”与结构——它们构成了各种物、实在关系或者人格的一种特殊质性，这取决于这些物、关系或人格是赢得还是缺失它们。再者，价值不仅不像人们经常听闻的那样是“构想的”，甚至也无法直接地被思维把握，毋宁说就像柏拉图的“理念”只能被一种内在“观看”而直接把握。柏拉图“观看”正好契合“质料的伦理学”所称谓的“价值感受”，契合像态度、赞同、意念这些行为所展示的东西。人的价值感受就是向主体宣告价值之存在，并且是价值所固有的、像理念那样的存在方式。我们对价值的先天性认识不是理智的、反思的，而是情感的、直觉的。

这就是目前所了解的“本质性”含义。确实，没有什么积极性的规定。接下来应该首先还是回到质料性内容以及对它的直观把握上，并且所要讨论的一方面只是价值本质与实在的对象世界之间的关系，另一方面是价值与主体(包括主体行为在内)之间的关系。

(b)财富与财富价值(Güter und Güterwerte)

价值不仅不依赖于有价值物(财富)，相反还是后者的积极性条件。各种物，包括更广义上的实在事情与一切种类的事态，都是借助于价值才具有“财富”的品质，也即是有价值的。人们可以把这个命题转变为康德式的：价值，就它一般地相关于实事关系而言，是财富“得以可能的条件”。

此外，人们从财富中能够洞见到的不是别的，就是物之价值，这是无可争议的事实，并且从经验论的角度就能很清楚地解释这一事实。难道不是很明显，物之价值(Dingwert)是从价值物(Wertdinge)中抽象出来的，尽管存在着被给予方式；也就是说，我们对价值的认识源于我们通过财富得来的经验?

但什么是通过财富而来的经验?也即我们把一些体验为令人愉悦的，把另一些体验为有用的、可使用的、有促进作用的。在这类体验中对愉悦、有用、可利用等价值的认识早已是一个前提条件。在此人们只是“体验到”这一事实，相关物仅仅证明自己是手段，而它们的价值早已**事先确定下来**。并且这种事先确定行为是情感性的、未经反思的，无论在“经验”之前还是在“经验”之后都不会受到怀疑。它是先天的。

在实际生活中，人们怎么能够把物看作财富，如果当真没有一种独立于实在物的评价行为，一种告诉人们这些物具有价值的评价行为？当然价值并不是毫无区分地关联一切事物；存在着财富与恶事之别。但由于财富与恶事的存在方式是一样的，具有同样的现实性，那人们该如何作出区分，如果他的价值感没有告诉他怎样区分？人们必定已经具有区分愉悦与不悦的标准，而各种物从一开始就落入他的这个标准域内，并据此才被区分开来。他肯定拥有一种原发的生活感受，从而将所有进入他视野中的物与关系都跟生活价值关联起来并由此分选财富与恶事。否则就会发生永恒的回溯循环，一旦人们问到“这个为什么是善的”。而如果人们回答，“因为它对别的那个东西而言是善的”，就会立刻出现“那个东西又是对什么而言是善的”问题。人们的提问就这样无限后退下去，并且只要总还只是继续发生在财富范围内，很显然就是在做圆圈运动。只有人们不再用某种财富而是用**某种价值**来回答——正是它首先使财富得以可能，这种无限循环的提问才会终止。

“我为何而工作”这个问题并没有通过诸如“为了金钱”或“为了生计”的回答得到解决。它首先要用生活价值来解答，而正是出于这个缘故赚取生活资料才是值得的。或者即使答案不是生活价值——因为人们很容易就反问道：“值得为赤裸裸的生活而工作吗?”——也必定是一种特定的生活方式，一种生活理想，简言之一种“有价值的生活”；唯有这样才能回答那个问题。由此工作与所追求的价值之间的先天相关性才得到承认；在这种情况下所追求的是一种比生活价值更高的价值，正是它才使生活“有价值”，使工作有意义。并且在这里更加明显的是，价值评价**先于经验**。因为被追求的东西根本还不是实在的，甚至无论如何都无法“经验到”。

但如果有人提出异议，我毕竟能够从别人身上获得对价值的经验——也就是别人通过工作已经实现的那种价值，对此的反驳就是：我以这种方式还是无法经验到别人所追求的那种生活方式的价值；更准确地说，为了知道别人达到的那种生活方式是有价值的，我反而必须**已经拥有关于这种生活方式的价值标准**。我的感受必定会第一时间告诉我，那种生活形式一般是有价值的。因为一切都取决于那种生活形式作为事实、作为可经验现象，实在地迎向我；而根本不在于它是值得追求的。有无数种生活形式现实地摆在我面前，但我没有选择任何一种作为自己的追求目标。而如果我一定要选择，也必须早已拥有选择视点。

哪怕别人追求的生活方式是放之四海而皆准的典范，还是无法使我相信它包含着某种价值，除非它里面有一种默默地被接受的**先天前提条件**：也就是说，别人的追求也指向一种固有价值这一点是由追求与固有价值之间的一种原发性关联所决定的。这个前提依然成立，即使我自己的价值感受失灵了，即使我无法理解另一个人追求的是什么，为何而工作、为何全身心地投入。并且别人的生活方式之所以能吸引住人、有着强烈感染力，就在于这个非知性判断的、自然流露的—情感性的前提——这个前提表明了一切真正先天物所拥有的抢先发生品质。

简言之，各种各样的经验要素在这里登台亮相，但其中的任何一种都不会减损在财富域中起主导作用的那些价值之在先性。

我们能很受益地看到，柏拉图在《吕西斯》篇中已经清晰地把握到了这种基本关系。柏拉图是通过“值得友爱的”(φίλον)这个概念展开论述的。“朋友”的较狭隘含义“值得爱的”非常接近于更广义的“一般有价值的”。如果我们从第三者那里寻找“朋友”的本质——出于第三者的缘故“朋友”关系才成立，那就要证明第三者必定早已是“朋友”。要是这种回溯无限地进行下去，要是在任何地方都没有发现最初者、绝对者，那么整个序列就会崩塌；而我们仍无法理解，为什么那些依赖性的环节还是“朋友”。因此必定存在着一种“最初的朋友”，正是由于这个缘故所有的环节才能都是“朋友”，而最初的朋友自身却不是由于第三者之故才是朋友。它就是本真意义上的、真正的“朋友”，而所有其他的只是对他的“模仿”。它是存在着的朋友，是整个朋友链条的原则(ἀρχή)——起点与原则①。

这一论证过程中的决定性概念就是“原则”：某物之所以能够是值得爱的，仅仅因为它相关于某种绝对者，某种原则。或者一般来讲：某物之所以可能是有价值的，仅仅因为它**相关于某种价值**。这种价值肯定早已确定下来。它是某物一般地是“有价值的”以及被感觉为有价值或者财富的可能性条件。我们仅仅出于某种原发直观到的(或者感受到的)价值才去爱某物、追求某物、欲求某物；但绝不能反过来说，爱、追求、欲求是某物有价值的前提，甚或是价值本

① 柏拉图：《吕西斯》，219c—220b。

身的前提。这种关系不可颠倒取决于爱、欲求、追求这些行为的本质。它是一种单方面的依赖关系。不过从中能够很明显地看到一个事实，价值具有真正的本质性，即绝对性与原则性品质，并且对它们的认识只能是先天认识。

(c)价值的先天性与绝对性之间的关系

价值的绝对性与价值认识的先天性是两种完全不同的论题，需要专门加以证明。上面的论证可看作对财富价值的先天性之证明；但绝对性却包含一个并没有一起被证明，甚至根本还未被提及的要素：价值的存在方式。正是它有待于我们来处理。目前所确定的绝对性含义仅仅涉及财富对价值本质的依赖性以及对于价值而言的相对性。价值视点相对于财富而言肯定是固定的、独立的，而财富则属于价值观视点并且唯有如此它们才是财富。但价值观观点就其自身来说是否又要依赖于另一个，这是我们迄今不了解的。因此，人们必须立刻区分价值的绝对性与先天性。

这种区分首先是使价值的先天性含义进入合法的光亮区。也就是说，价值的有效性是一种先天的有效性这一命题依然成立，哪怕一切价值评价都可能是纯粹主观的、任意的。价值就是“先见”；因为不涉及“判断”，所以更准确地说是一种成见，是主体的一种预设。也即是说，似乎真的没有关于价值的任何经验性线索，也没有任何能够迎向价值的经验相关物。因为现实物自身不包含价值尺度，毋宁说它们永远只是能被丈量的东西，从而显明了多种可能的价值尺度。如果人们撇开这点不谈，就会重新陷入柏拉图的无限后退难题。但它也会被一种主观的—任意的尺度所制止，只要后者具有不同于现实物的另一种起源，也即应该是现实物尺度的那种起源。

人们绝不可忘记的是，所有先天物，也包括理论认识中的，都带有主观性与任意性的嫌疑，并且总是首先通过一种专门的“客观有效性”证明才能应对这种嫌疑。这一点自康德的范畴学说以来就已是众所周知，即需要展开彻底的“先验演绎”以确保范畴的客观性。但先天判断可能永远都是先见，先天表象或表象方式可能一直是成见、虚构。它们当然能够是表象，但不是认识。康德的证明就是要揭示范畴与不同种类的、后天的被给予物之间的关联。

这在理论域中是可能的，因为范畴就是这样的法则，即牢不可破地适用于一切具有可把握现实性的个别情形。但在伦理学领域则不行。因为价值，即便它具有最真实的客观性，也绝不是存在法则，不会在所有现实物中得到实现。由此，价值的“客观有效性”无法通过它们与现实物之间的一致性得到证明。这是因为**现实物与价值之间的不一致性根本说明不了前者违反了后者**。因此主观性与纯然的虚构给价值带来的危害远远大于带给范畴的。

但就价值本质而言，关键是这种危险不会对先天性造成威胁。即便价值是虚构物，它们依然还是价值评价的那种内在前提，是"财富"与之相关才是财富的先决条件。同样地它们仍然是一切追求和欲求的前提，即某物何以是值得欲求的前提。它们也仍然是柏拉图无限后退的支点。简言之，价值先天性的全部含义都继续保持着。它们唯独缺少客观性、普遍有效性与必然性。

因此从先天性上讲，理论洞见与实践洞见之间存在着某种区别。理论先天的唯一意义在于成为认识要素，而这种意义就会失效作废，只要理论先天缺乏客观有效性。它只是一种跟对象不一致的纯然表象方式，因而也就没有认识价值。与之不同，实践先天的意义则不在于成为认识要素；它自身是生活、评价、表态、欲求、拒绝等的规定要素。所有这些行为，以及更多的其他行为都同样关联于这种先天价值，即使价值只是主体的一种成见。确实，每当我们遭受人的成见的时候都处处感觉到这种主体先天性类型。它实际上就扮演着先天价值的角色，并且规定着所有那些行为。即便是不合法的，也不会改变什么。这根源于对客观价值的错误认识。但客观价值如何能够被认识，以及怎样同主观成见区别开来，这些都不是被给予的。它不再是价值先天性问题，而是**价值的存在方式问题**，或者**价值样式(Modalität)问题**，同时也是价值的可知性问题。不过价值的先天性，也即价值对经验的独立性，在哪里都是一样的。

价值的先天性比理论上的范畴先天性更是无条件的、绝对的。之所以如此，是因为价值与现实物之间没有一种固定的关联，因为价值与经验性的被给予物之间的不一致性也不能构成对价值评价的有力反驳。价值的先天性好像悬在空中一样。因而真正说来是先天的价值直观，也即最终是价值感受本身要对价值评价的合法性与客观性承担全部责任。

在这里我们所面临的首要任务就是：确保价值直观的原初性与客观性，向它提出真实明见性的合法性要求。而这些无法通过对纯然先天性的证明得到实现。并且由于对价值来说并没有康德意义上的"先验演绎"，所以问题就变成了：究竟可以用什么来代替这种演绎。

(d)意志、目的与道德的价值判断

当前还要扩充上面(c)提出的那个命题。它在那里仅仅涉及价值跟财富之间的关系，间接地涉及价值跟一切指向财富的行为之间的关系。但实践主体的行为并不局限于这类指向财富的行为。更高的、本来意义上的伦理现象就存在于其他种类的行为中，关联于另一种类型的价值，也即固有的伦理价值。价值不仅是财富的得以可能的条件，而且也是所有一般伦理现象得以可能的条件。

适合于对欲求行为的必定更适合于更高种类的追求行为，适合于其目标并不包含在财富中的本来意愿。意愿对象对于意愿主体的意识来说具有意图、目的的外形；但是目的的本质在于，它的内容是有价值的，或者至少被视为有价值的。人们不可能决心把某物当成追求目的，要是从中看不到有价值物的话。价值质料固然无须被明确地意识到；但它的价值品质无论如何都肯定让意愿着的、设定目的的意识主体感受到了，必定是打动了他，说服了他。而这就意味着价值本身在这里已经是前提，是先决条件，并且是先天的条件。因为目的自身从来都不是“可经验到的”。它是非实在的。一旦得以实现，就不再是目的了。

做必要的修正后，这也适合于看似是他律的意愿，如儿童或下属的盲目服从。服从者不需要理解发布指令者的目的，他感受不到规定着他目标的那些价值——也只有在这种情形下才是纯粹的或者盲目的服从。对于他而言，指令的内容就是目的，发布指令者的意志就是固有价值。就指令的价值内容而言这里或许隐含着某种价值变动。但间接说来，服从恰恰就依附于指令的价值内容；因为在没有看清指令的价值内容的情况下就相信了它。而在这种相信中又包含着服从这一道德价值。这样的话，内容的自主性与个人对价值质料的清晰度都不起作用了。因为无论是不加批判就被接受的权威指令，还是独自地被直观到的、规定着某一目的的价值，都同样是先天的——对意愿来说这两者的现实化状态一直是未到来的。

这同样适用于意念的道德质性，以及适用于对道德质性的价值意识，适用于通过赞同—反对显示出的善恶意识。而在这里无论人们意指的是像某个人纯然的行为方式、可见的举止之类的外在物，还是间接的像意向、真实存在的道德行为之类的内在物，都是无所谓的。这两种情形都意味着道德的价值判断把判断标准应用于实在的行为，都意味着**伦理价值构成了这种标准**。因此对伦理价值的感受总是早已作为前提而存在；这种感受只能是先天的。

很显然，这里又表明先天性仅具有这种含义，即那个裁定某物是善还是恶的法庭无论如何都不可能来自实在的伦理行为域——尽管伦理行为方式也归属于这一范围，相反它要对这些行为作出裁决。如果它不是独立自存的，就会立即出现像在财富那里的圆圈运动，一种无穷后退，而因为它总是留在同一个领域内，所以最终必定再次回到它自己的起点。但这样的话道德的价值判断似乎就是幻觉。

(e)榜样与追随

人们可能会这样反驳，并非所有道德上的赞同与反对都根源于独立自存的价值感。在实际中道德判断也以活生生的榜样确定方向。甚至这种定向在实践生活中起着如此广泛的作用，以致人们可能会反问，要是完全没有它，无论是谁，真的还能进行价值判断？

众所周知，在教育中没有什么比榜样更为直接与有力。而成年人也树立具体的榜样。基督徒向来都是把福音传教士描绘的耶稣形象看成自己的伦理榜样。他就把自己的道德性理解为“追随”基督。他过着自己的生活，人类的具体理想形象就在他眼前；对他而言基督就是善恶的尺度——它关系着自己的决断或者他人的赞同与反对。

这如何同价值先天性相一致呢？处于追随中的人的价值评价难道不是很明显来自现实、来自经验吗？它们由此难道不是后天的吗？

对此的回答是：**先于一切追随而发生的是对榜样的承认**。如果榜样是一种纯粹的理想，没有实在性，那么它从一开始就跟价值处在同一层面，也一样是先天的，而只是通过活生生的具体性才使自己同价值区别开来。但如果榜样是一个现实的、特定的人——我们有意撇开那原本总是起作用的理想化成分不谈，那么问题就是：我为什么恰好选择这个人而不是另一个人做我的榜样？我恰好这样选择肯定不是偶然的，就如同斯多亚学派选择芝诺或苏格拉底。这样的选择具有十分确定的根据：人们不可能承认随便哪一个形象为榜样。他只会承认一种具有确定的道德质性、符合一定道德要求的榜样，简言之，一种用它的内容、“质料”来照亮人的榜样。

“照亮人”(einleuchten)是什么意思？我从哪里知道榜样必须具有哪些属性，必须符合哪些要求呢？我如何知道它配当榜样呢？

对此唯有一种回答：榜样照亮人、榜样属性自身早已跟我有意或无意地使用的价值尺度相一致。将某个人提升为榜样已经是对这个人作出了道德的价值判断。这种选择正是在价值观视点的支配下进行的。

只有当我从一个现实的(或者仅仅意想中的)榜样人身上看见价

值观视点的时候，这些价值观视点对于我来说才是清楚明白的，而这一事实并不会带来什么损害。存在着很多价值，它们只有以具体的形式(现实的或者实在意想中的)才能被带向意识的亮光下。尽管如此，价值并不是从榜样中抽象的，相反，它们早已作为前提存在于我对榜样的意识中了。因此，不是道德的价值判断依据于榜样的被给予性，**而是对榜样的选取依据于这种价值判断**。对榜样性直观的、情感性的认识已经是一种原发的价值感受功能。在此，价值是并且永远都是先决条件，是前提。我们对榜样性的意识不是别的，就是一种先天的价值意识形式。

可以看作对这种情况的形成考验的例子就是，**也存在着否定性的榜样**。究竟是善的榜样还是恶的榜样(引以为戒的榜样)能更强烈地唤醒伦理意识，这是一个很难断定的问题。在任何情况下，事实都是恶的例子能产生好的效果。哪怕它的影响作用可能是误导性的，也不妨碍这一事实。因为一切恰恰取决于，人们是否感受到了那种在否定性榜样中受到损害的价值。如果他没有做到这一点，为此在否定性榜样中很容易得到充实的某种低级价值就越发强烈地主宰着他，那么别人的行为就令他“印象深刻”，照亮着他，进而否定性榜样对他来说就成了肯定性的了。

不过他一旦感受到了别人的行动所作下的孽，那种隐约不明地感受到的价值也正由于他所受的伤害而走向意识中来。对卑鄙行为燃起的愤怒使价值质料变得直观化，将它及其具体的价值质性推向意识的亮光之下。没有什么比所发生的不公正现象更强地焕发人们的正义感，也没有什么比一种露骨的利己主义更大程度地激起仁爱之心。

但在任何情况下价值感本身早已是前提。它绝不是由坏的榜样所“创造”，而永远只是被唤醒，因为它已经是现成存在的。即便是拒绝态度，也已经是隶属于价值观视点之下的一种选择。因此这种价值观视点不仅是积极性榜样而且也是否定性榜样的先天前提。

(f)伦理的理想塑造(Idealbildung)与价值意识

最后不能忘记的是——上面恰好就忽略了这一点，积极性榜样绝不是纯粹凭借现实性就被把握到的。一般地只有人们首先把它投射到实在人格身上，也就是将之理想化，它才会变成榜样。

当然在这里缺乏了对现实与理想之间界限的意识。人们用榜样所不具有的质性去美化它，抽象掉它的缺陷，给它戴上一种虚构的完满性光环。现实可能完全被直视到的理想所充塞，以致批判的目光几乎再也无法从中认出它。对于榜样自身来说，现实与理想之间的所有不一致完全是无关紧要的。因为对追随者来说一切只取决于理想形象；而人们将其看作理想形象的那种实在人格在多大程度上符合理想形象，这是无所谓的。

但正是实在对理想内容与力量的漠不关心强有力地证明了纯粹价值感对于“榜样”来说的先天性。也就是说价值自身在这里不仅表明自己是一种选择性的先决条件，而且也是**创造性的、构造性的**。价值形塑、规定、创造了榜样；跟榜样的观念性相比，价值就是活生生的东西、动起来的东西——价值也正是榜样拥有指引人的力量的秘密所在。

人们可以把这里揭示出的这种依赖关系看成榜样与一般的伦理理想塑造之间的那种普遍的本质法则。这就是说，**理想对原发直观到的(感受到的)价值的依赖关系是不可逆转的**，并且不管动机的经验性成分是多还是少。这同下面这一事实一致：价值被意识到的顺序正好相反。因为对于头脑简单的人来说，榜样的被给予性先于清晰的价值意识而发生，就如同财富的被给予性先于对物之价值的清晰性意识一样。认识途径的方向逆反于这种基本依赖关系。认识秩序就是对存在秩序的颠倒。但存在秩序自身不会自我颠倒。

这一基本法则在伦理现象域中产生了更大的影响。一切道德中活生生的价值都通过具体的理想形象得到了最确定、最明白的表达，而不论这些理想形象是想象的自由创造还是仿照活的榜样。任何形式的英雄崇拜都是具体的、活生生的道德，是当时价值意识的一种历史形式。不过它肯定不是虚构的价值意识，而恰恰是人所具有的最真实的、最纯粹的价值意识。毋宁说，概念性的文本表达从历史上看往往是第二性的，包含着虚构，很少是原初的。反思行为已经以虚构的方式介入其中。价值探索就是由这里得出结论的。

(g)归咎、责任与罪责意识

人们越是深入伦理现象的内里，价值的先天性以及价值统摄一切的本质特点就越明显。意志规定、意图、目的设定、道德赞同—反对都算不上是最内圈。伦理意识并不权衡评价各种行动与意念；它还将直观到的道德的价值质性归到人格身上。它不仅仅判断(urteilen)，还要判决(verurteilen)。它将罪责与责任归咎于行为者(Täter)，并且不区分本己人格与他者人格。行为者通过行为来审判自己，而受动者通过价值或非价值指明意向。这样就会不可贿赂地、铁面无情地转向本己自我，让他在罪恶感中否定自己，在懊悔与绝望中受尽煎熬。或者是相反的结果，即本己自我洗心革面并进行道德更新。

在这类现象中价值与现实性之间的关系就内在化了。对本己—非价值的意识审判着地迎向对本己—现实性的意识。价值感在这里通过本己的实在主体证明了自己的自主性；而且在某种程度上通过个人的自我意识这一关键点，它要证明自己的固有法则是这样的一种力量，即无论是自然的自我关切还是自我保存、自我维护、自我肯定都无法与之抗衡的那种力量。实在性的本己人格连同其实在行为以及实在的可经验的行为——经验性的人格——将自己看作跟那种能够对自己进行判决的人格理念相对立。自我把自己分裂为经验性的自我与先天的、道德的自我。前一种自我屈服于后一种自我，承认后者统治的合法性，担负起后者交付给它的罪责，并具有一种沉重的罪责意识。它承担着先天自我托付给它的责任，并且将没有跟后者相一致的过错归咎于自身。

无论在何处，价值先天性很明显是被给予的。因为道德自我理念正是由纯粹的价值质料所建构与制造。伦理人把这种道德的—超经验的本质，也即他的内在规定、他的理念看作**本我**。正是从本我的各种意向出发伦理人才尝试着活下来，尝试着塑造他的经验性存在。这种本我是伦理人的道德自我意识的根源，是他合法的本己价值意识以及被感受为合法的本己价值意识的根源，是他尊重自己为人的根源。而随着意识到自己错失了这种观念性本质，也就失去自我尊重。正是价值感这种内在尺度——它伴随着生活中的每一步，甚至包括最隐秘的波动——构成了他的本质，即作为伦理人格。因此要是没有纯粹的先天价值，伦理人格根本不可能存在。

在这里我们发现了同样不可颠倒的基本关系：不是人格创造了价值，而是相反。如人格自主性要以价值自主性为前提；它早已是价值的机能——即便肯定不单单如此。如果人们重新将价值理解为是伦理意识的机能，那么这是彻底错误认识了价值。这会导向根本上就是永恒循环的无限后退。

(h)良知与伦理的价值先天

谁还没摸清价值先天主义的头绪，谁就必然会对这种论证提出异议：责任与罪责意识真的需要一种先行发生的价值意识吗？每个人不是具有那种指明正确方向的“良知”法庭吗？良知确实是那种显明本己行为之善恶的内在“声音”，它给出警告，提出要求或作出判决。将一切归因于价值的角色在现实生活中正是良知扮演的；在它之中包含着人格的伦理本质。除了良知外，不需要什么价值—先天。

这一异议确实很中肯地刻画了良知的特点。但它却不是异议。自我归咎，责任以及罪责意识恰恰构成了更广义的良知现象。因此人们可以说，上面的一切论证都以良知为起点，都彻底以良知的被给予为依据。但却不能由此得出这种结论，先天价值是多余的。除了良知外确实没有某种先天的价值意识，至少没有相关于本己人格的价值意识。但在良知自身中却有这样的价值意识：我们称之为“良知”的东西从根本上说就是那种原发的、在每个人感受中的价值意识。

在实际中我们还能对“良知”作出什么不同的理解呢？每个人都认为良知是一种作出反对(或赞成)的内在法庭，是一种善恶指示器，是一种未受呼唤地、突如其来地、谜一般地从本己的内在深处发出的“声音”，并且是绝对地、令人信服地发出的声音，尽管不同于自然主义的自我肯定。但这其实已经包含了对这一事实的承认，即这种“声音”是先天的。人们确实可以说人们内在的“经验”良知的判决，而且正是因为人们不是自动地“作出”判决，而是“接受”判决，所以“经验”在这里不是一个纯然的譬喻。尽管如此，这也同经验主义毫无联系。毋宁说，一切先天内容，包括理论上的，都是在同一种意义上被“经验”，也即被发现、揭示、直观；并且即便我们在这种关联中谈论“先天经验”，也根本不会有矛盾。但由于这种先天物是情感性的，由于它是原发第一性地给予感受，而后才间接地为认识所把握，所以这种内在经验是突然感觉到的，是突如其来的，就如同某种感受会突然在人内心处涌现出来一样。

因此，这种众所周知的方式——“良知”自我表达的方式，最准确地切中了价值意识的情感先天性，切中了那种昏暗不明的、半意识的、未受呼唤地参与决定的、内容上未被看透的价值感。所谓“良知声音”就是原发性价值意识的一种基本形式，也许是价值感在人身上产生作用效果的最原始种类与方式。那谜一般的东西——良知“声音”所依赖的，任何时代的虔诚者都把它理解为更强的作用力量、人身上的神之声，正好完全符合情感先天概念。因为当人们呼唤它，或者探求着地寻找它的时候，它不会显露出来；而只有当人们不期待它的时候，它按照自己的法则才会不受呼唤地显露出来。它很显然是人身上的一种独立自存的、自我行动的力量，是避开人的意志的一种力量。实际上它就是某种“更强大”力量的作用，是来自另一个世界——观念性价值世界的声音。

不管这种观念性价值世界与人的情感生活的实在世界之间的关系还是多么模糊不清，不容置疑的是，我们就是这两者保持联系的关键点。良知就是在向实在意识传达伦理价值，就意味着伦理价值要介入现实生活之中。它是价值感的一种原初形式。

但唯有价值自身是一种存在着的最先东西(das seiende prius)，这才是可能的。价值恰好是良知的“可能性条件”。

(i)作为质料的价值概念的古代德性概念

古希腊伦理学在德性学说中达到了顶点。在亚里士多德看来德性是“品质”(habitus，ἕξις)的固有属性。在《尼各马可伦理学》中，像在后来的“残篇”里一样都存在着对正当行为的一种大规模的现象学分析。它就是试图通过描述方式为个别德性确定内容，也即确定“质料”。现代人再也不可能在一切方面都遵循这些多样而变动的德性学说，他的价值感变成另外的样子，引起他重视的是其他价值。但不可怀疑的是，古代人对德性本质的探求，或者更准确地说对个别德性本质的探求从根本上讲就是真正的价值探求——一门有关多种多样的伦理价值质料的现象学。

如果人们更仔细地考查一下古代人的方法，就会发现在不同种类的操作形式中——即便是看起来是经验性的——处处都隐含着纯粹先天的探求。柏拉图与亚里士多德之间那种人人熟悉的差别——纯粹地直观“善的理念”与仔细地描述“属人的善”(ἀνθρ ώπιον ἀγαθόν)，也构不成原则上的对立。亚里士多德也不是从经验出发阐释德性概念的丰富内容，而是基于道德的价值判断表达，基于赞扬与指责、蔑视与尊重、爱与恨[1]；并且在他这里最终的决定性观视点是纯粹观念的：适度(“中庸”)、能量、美(καλόν)、应当如此(ὡς δεῖ)。

德性先天主义在柏拉图中表现得更为纯粹，尽管所做的多样性区分要少得多：德性就是“理念”。正是从正义理念出发他投射出“国家”。根据智慧、勇敢、审慎等理念将人的行为区分为高贵与卑贱。人之理念完全由这些“德性”理念所规定，它就是一个同现实相对的、先天的理想形象。

这种德性先天论在斯多亚学派那里也没有消失，尽管完全片面化了，内容空乏化了。“遵从自然”无论在什么地方，即便在唯物主义头脑里，也并不意味着从给定的经验中获得规范。它就是有限存在者的内在顺从，是对绝对逻各斯的服从。“自然”仅仅是对永恒的、非人所创造的法则整体的表达。

柏拉图、亚里士多德与斯多亚学派几乎一直都是后来伦理学的榜样。基督教伦理学从根本上也分有了他们的先天主义，尽管内容

① 参见：下面第29章d。

上是全新的。在奥古斯丁那里更显示出柏拉图的面孔，到了经院哲学更显现出亚里士多德的面孔。这都是细小的差别，没有触及原则。伦理要求在基督教这里被理解为上帝的意志这一点更加构不成差别。上帝的意志正是价值的工具，也就是斯多亚那里的“自然”。这两种观点在后来的泛神论那里几乎毫无阻碍地被结合在一起。

总的说来，不管人们赋予价值域什么样的形而上含义，不论人们在背后开始的是哲学世界观还是宗教世界观，这对于伦理学来讲是无关紧要的，而不管个别思想家是何等重视世界观。对伦理学而言一切仅仅取决于价值先天性。

对价值本质性这个问题来说，这种历史视角是一个极具启发意义的明证。我们今天的质料性价值探求尽管还处于非常初级的阶段，但却把自己看作跟刚刚过去的哲学相对立，也即跟康德以及19世纪的康德主义流派相对立。因为康德用伦理法则的统一代替了内容多样性的德性，用形式原则代替了质料性的充盈，用主体立法代替了伦理理念的客观本质。正是由于这种对立，今天的价值探求仍然还感觉不到脚下坚实的地基。

这种基础不坚实的说法虽然很容易理解，却是个错误的看法。历史的支持实际上就是所能想象的最广泛和最可靠的支持，它几乎将以往所有的各种各样伦理学说都集结在一条线上。对这一事实人们自然会产生错误认识，如果人们抓住那些少量的学说不放——在这些学说里出现的是某种创造出的价值概念(如斯多亚学派的“有价值的”，ἀξία)，它甚至还缺乏普遍性这一维度。问题的关键不在于所创造的价值概念，而在于事情本身，并且是从柏拉图自主性的、自在存在着的德性“理念”以来就不可动摇地确定下来的。

这种价值探求由于对“价值”—本质具有清楚的方法论意识可能确实新颖，而不受哲学上所创造的价值概念约束的一般价值探求却更为古老且令人崇敬。因为人们从古希腊的德性概念及其一直对近代的影响就能了解到：几乎所有的哲学伦理学，只要它们差不多能够达到伦理学问题的一定高度并且配得上伦理学探索这一名分，**从根本上看都已经是质料的价值伦理学**。不过康德及其追随者却是这一历史链条上的例外；他们造成了将我们同伟大的古希腊与中世纪传统分离开来的鸿沟。

正是由于质料性的—先天的价值本质概念，我们才有意识地重新接受这些传统，即伦理学“理念”的客观先天主义及其内容的丰富多样性，也即德性的多样性①。

第15章　价值的相对性与绝对性

(a)主体性与相对性

各种物(Dinge)以及物之关系可能是财富，也可能是恶事；某一追求可能指向财富或恶事；存在着这样的意愿目的，即它们都是观念性的却又实在地规定行动；对人的行为表示赞同或反对；良知在意识深处参与判决，把某事归咎于某人，宣判某人有罪并使其承担责任……所有这些仅在这一前提下才是可理解的：价值，作为行规定的先天物，主宰着人生观。

古代伦理学的财富—德性学说暗暗地以之为依据，人们甚至都不是“无意识地”，而只是毫无批判意识地就指出，这种先决条件是什么，不过却没有价值概念。

但我们仍没有更近地了解价值概念。因为这种条件依赖关系与那种完全在伦理学问题前域中产生的价值先天性仍都无法规定价值本质的特性，即与其他本质性不同的属性。这仍是我们需要寻求的。

价值受到怀疑的地方就是主观性。“财富”难道不是对于评判的人来说才具有价值吗？行动、意念、人格等的道德质性难道不是重新对于人格来说才存在的吗？罪责与责任难道不仅仅是理念中的？而如果一切被评价者的价值品格仅存在于人的意识中，那么很显然价值品格也仅仅是“对于”(für)人的意识“而言”才存在。这样价值本质性就没有了客观性。如果价值只是相对于主体而言的，那么它的存在方式也是相对的，也就**一直被看作主体的一种评价功能**(eine Funktion der Wertung)。由此就为尼采的价值相对主义打开了门户。

这种观点很难同我们谈及的整个现象序列相一致。现象本身就具有一种存在品格。它们绝不单单是为了某种观看主体而存在，而是自在地持存着。它们就是我们所发现的而且绝不会随意地发生改变；它们不是相对于现象意识，而是独立于现象意识；它们为哲学的现象意识所意指，但也独立于它。

相反，对主体而言的相对性(Relativität auf das Subjekt)在这里

---

① 我们的时代在多大程度上把重新接受传统的可能性归功于舍勒伦理学的原则性论断，因为已经有了上面的论述，在此就不必详加说明了。但舍勒的这些论断只是成功地批判了康德的观点，这一点应该可以在我们已提到的那些历史视角中找到依据。

具有完全不同的含义。财富对于人而言的相对性根本就不在思考范围内。人根本就没有能力去改变对于他来说是财富或恶事的某物，而仅仅在一定范围内能够追求对于他来说"是"财富的东西，能够避免对于他来说"是"恶事的东西。此外他对财富与恶事的价值意识也有很大的变动性。并非任何对所有人来说"是"财富或恶事的东西都被所有人感觉为财富或恶事。很显然这仅仅涉及价值感的敏锐或迟钝，根本没有触及"对于他而言是——善"(das "Gut-Sein für ihn")与"对于他而言是——恶"(das "Übel-Sein für ihn")。

(b)财富对于主体而言的相对性与价值质料的关系结构

我们在这里要处理的"对主体而言的相对性"并不是人们通常所说的价值相对性。前者根本就不排斥价值的存在品格，相反很明显还包含它。

主体无法改变这一事实，即某物对于本己人格而言是—善。因为"是—善"并不相对于主体的价值评价，也不是相对于作为评价主体的人格，而是相对于人格本身。刚好相反，价值评价相对于这一点，即财富对于主体而言有价值。在"对……而言"(für)中主体所扮演的不是规定价值或赋予价值的角色，而是一个包含在价值质料中的关系基准点。它同样也被嵌入许多范畴结构中：几何学法则只"对于"空间图形有效，机械法则只"对于"实在物有效，心理学法则只"对于"有机体有效；然而没有人从中看出这些法则的范畴内容的"相对性"。并且在这里按照某种特定的构成物种类，人们能够同样合法地谈论这些法则及其基本范畴的相对性。在这种意义上讲心理学法则也是相对于心灵存在者的，但这并不意味着它们仅仅存在于这些存在者的法则意识中，甚或首先是由法则意识支配，或者能被这些存在者取消。相反这类法则是主体要无条件地服从的，只要它们对于主体有效。

正是在这个意义上对善与恶的价值意识——只要主体一直具有这种意识——也要无条件地服从有价值—反价值法则。某一主体不能凭借个人的喜好将某种对于主体而言"不是"有价值的东西"解释为"对于主体而言有价值的。他固然可以如此错误地行事，但这会带给他伤害并教导他作出改正；但他也可能会毁于这种错误。简言之，这类价值对于主体而言的相对性不是对于主体的意见(Dafürhalten)或"评价"而言的相对性，而是**对于**包括整个主体的范畴结构在内的**主体—存在而言**的相对性。这就是为什么诸物与关系的属性对于主体而言并非无关紧要，而是有价值或反价值的原因所在；而主体的

"评价"或"意见"从其本身来说就是诸物与关系的价值—无价值品格所体现出的一种功能，与此同时这种品格又是相对于存在着的主体(das seiende Subjekt)而持存。

但这就意味着：财富对于主体而言的相对性，如对于主体而言的愉悦，根本不是价值本质自身的相对性，而是**包含在价值质料中的一种关系**。它先于并独立于一切关系意识；它不是别的，正是价值附着其上的诸物自身的实在存在。价值质料的关系结构不是价值相对性，就如同范畴的关系结构(并且所有范畴都具有关系结构)并不意味着范畴的相对性一样。一般地，关系性与相对性之间的差别经常被人们泯除，但在这里如同在理论域一样，它是我们理解事态的基本前提。关系性对应的是基底，相对性对应的则是绝对。存在着相对的基底，也存在着绝对的关系。财富价值对于主体而言的相对性是一种绝对的、包含在财富价值的内容中的关系。在这里物与主体都被对象性地纳入价值质料的结构之中，就如同原因与结果被纳入因果结构之中一样。在这两种情形下这种联结关系都是纯粹客观的，并且跟一切观点相比也是绝对的。它们内容上的彻底差异性不会对这一关键点带来什么影响。不过关系意识在这两者中都同样是相对于存在着的关系(das seiende Relation)。这种主次顺序不可颠倒。

由此可见，财富价值的存在并没有由于财富对主体而言的相对性受到一丁点儿影响。它同主体及其价值感相比具有**自在存在的品格**。财富价值存在的绝对性一同包含了那种关联的自在存在。用公式来表达就是：财富的为我存在早已以财富价值的自在存在为根据了。它包含在财富的本质中。

由此出发人们就很容易预料到，价值的自在存在问题变得多么严肃。这种自在存在究竟意味着什么，构成了最首要的基本问题。然而为了解决这一问题仍需要拓宽基础；因为财富价值还不是伦理价值，而对后者来说这种客观的相对性现象是另外的样子。

(c)伦理价值的绝对性与作为依附性财富价值的相对性

更高的、狭义上的伦理价值仅仅只是人格与行为价值。它们并不附着于各种物或关系，而是附着于行动、意志、意图、意念。它们仅仅关联于赞同与反对，它们也唯有通过良知、责任感、罪责意识才表露出来。不过人们仍要问：在何种意义上它们的绝对性会遭受质疑，尽管其先天性已得到证明？在这里也存在一种对于主体而言的相对性，从而危及它们的自立性吗？

那种客观地包含在财富价值中的相对性在这里被排除了。某一人格行为的伦理价值——至少这样的价值并不是“对于”主体“而言”的，无论是本己主体还是他者主体。伦理价值只取决于人格，或者取决于作为价值质性的某种人格行为。正直、无罪责、忠诚、信任、精力充沛、牺牲精神等**自身就具有伦理价值**。人格的伦理价值不在于人格通过自己的价值质性而“对于”其他人格“而言”是有价值的（也就是说，是财富），而仅仅在于人格自身就具有有关的价值质性。同财富价值相比，德性价值拥有**一种更纯粹的自在存在**。在它的质料中并没有一种本质必然的“为我存在”，就好像作为客观的关系已经包含在价值的自在存在结构里似的。伦理价值拥有另一种并且更加绝对的自主性。在这种意义上人们能够合法地谈论一种隐含在事情本质中的“德性自足”，尽管这个概念的创始人斯多亚学派对它有着完全不同的理解。

不过这种情况并不排斥其他意义上的“对于主体而言的相对性”。清楚这一点对于我们来说很重要，便于我们正确判断伦理价值同财富价值之间的区别，尤其是让我们自己相信在伦理价值这里隐含的价值相对主义要大大地弱于在财富价值那里的。

所要处理的相对性包含三个层面。

首先，**任何伦理价值直接地也是财富价值**，而这样的话它实际上也是相对于某一主体，也即是“为了”其他人格而存在。一个人的忠诚对于受到忠诚对待的另一个人而言是财富；一个人的信任对于向其表示信任的另一个人而言是财富；一个人的精力充沛与牺牲精神对于为其投入的另一个人而言是财富。爱者对于被爱者而言是财富，朋友对于朋友而言是财富。

但在这种“为了”别人而是财富的结构中并不包含表示爱意与友爱、投入精力、作出牺牲、坚守忠诚等的道德价值。道德价值**取决于自身**，即便它没有给别人带来好处，“对于”某人“而言”也不是“财富”；它仅仅作为本己人格自身的价值质性，或其行为的价值质性而存在。它根本上不同于伴随着它的财富价值的另一种价值。它在道德的价值判断上获得的评价不依赖于它所具有的财富之价值高度，而后者是它在实际中或者倾向上能为别的人格带来的。

所以说，这层含义上的“对于其他主体而言的相对性”不仅不是价值相对性，甚至也不是一种内在的、隶属于价值质料的客观结构的关系。因为这种相对性根本不涉及行为及人格自身的伦理价值质性，而仅仅涉及伴随性的财富价值。但道德的价值判断无关乎财富价值，而只关乎伦理价值。

古代伦理学在这一点上造成了混乱的影响，就是由于它几乎全部地把“德性”归入“财富”之下。德性是“最高的财富”（大多数情况下通过幸福概念而获得）这一观点固然以最高级的形式承认了德性价值的某种优越性；但这种优越性仍只是一种比较级的。德性显现为诸多财富中的一种。也许没有什么比像自亚里士多德以来一再出现的“最高的财富”这样的学说更加阻碍古希腊伦理学的自由发展了。但这种学说之所以是可能的并且能够如此顽固地流传下来就根源于那种既定的关联：行为（ἕξις）的伦理价值同样也依附性地具有财富价值的品格。如果人们不把这种依附性价值同行为自身的原初性价值区别开来，就自然不得不将德性变成财富——即便人们在这里如同古代人一样首先考虑的是对于本己人格而言的那种财富，而非对于他者人格而言的。因为就相对于本己人格来说，财富价值也依附于伦理价值。

不过具有典型特征的是，古代的这种概念混乱还没导致对伦理价值彻底的错误认识。伦理价值的特殊性问题完全是从不充分的概念图式中冒出来的，并且该问题还获得了合法性。行为价值捍卫自己的特殊地位。但那种归纳与事实不相符合。这种不一致仍会继续下去。

(d)伦理价值对于作为客体人格而言的质料相对性

与之最紧密关联的是第二种“对于主体而言的相对性”，并且也是对于作为人格的他者主体而言的相对性。

任何伦理价值都是某一行为的价值，而任何行为都是针对某人的行为。它拥有某一实在的客体，并且该客体总是某一人格或人格共同体。它也拥有这样的客体，即便它只是一种纯粹内在的、纯然意向性的行为，是没有行动的纯然意念，甚至就没表现出意念。某一人格的行为对象永远又是一个人格。人们应对的是人格，而不是物；所意向的是人格，而不是物。

我们在这里要处理的这种关系是包含在道德行为的本质中的，而道德行为也就是在伦理的价值判断中才涉及其价值质性的那种行为。这种对于主体而言的相对性类型，也即对于他者人格而言的相对性**存在于伦理的价值质料的结构中**——这样就区别于伴随性财富价值的相对性了。而财富价值也正是有别于伦理行为价值的另一种价值。

尽管如此，这两种相对性种类之间仍存在一种依赖关系。对于他者人格而言是财富的那种外在关系早已以行为指向他者人格的内在关系为根据，而不会因此导致这两种关系相重合或者两种价值品质相混淆。忠诚对于他者人格而言的财富价值就在于确信(Sicher-sein)，即能够信任忠诚的人，而忠诚者自身的道德价值在于他心灵的坚强、意念的坚定、可信赖。不论这两种价值多么相关，它们根本上还是异质性的，绝不会叠合。这两种关系也是如此。他者能够信任忠诚的人涉及他者对忠诚者的行为态度；但恰恰相反忠诚则关系着忠诚者对他者的一种行为态度。很显然前一种关系取决于后一种关系。而这就意味着，对于他者而言是财富的关系根源于忠诚者对待他者的伦理行为态度这一内在关系。

伦理价值质料结构中这一内在的、意向性的相对性是财富价值的外在关系的前提条件，是财富价值所依赖的。但这种依赖关系既不会使这两种关系也不会使这两种价值相重合。

(e)伦理价值对于作为主体人格而言的质料相对性

第三种更根本的是对于人格主体而言的相对性，最终存在于价值与价值载体之间的关系中。

某一特定的价值类型**本质上总是关联于某一特定的价值载体类型**。物之价值关联于物，财富价值一般关联于实在性基底(不论是物、实在关系还是实在的人格行为等)，生活价值则关联于生命存在者，伦理价值关联于人格主体。

一个存在者，只有当它能够意愿、行动、设立并致力于目的、怀有意念、感受价值的时候，才有能力作出伦理行为——无论是积极的还是消极的。这样的存在者就是**道德主体，是人格**。伦理的价值或无价值之所以依附于这种存在者，就是因为它们绝不会纯然地关涉个别行为，而总是关涉整个人格。任何行为背后似乎都有伦理人格在支撑着，并且各种行为价值质性也都同人格有关，而不论这些行为或价值质性对同一个人格而言是多么千差万别，甚至相互矛盾。人们固然有理由说，某一个人的行为是豁达大度的，他的意念却是卑鄙下流的或不配当的。但这绝对会触及人格本身。由于它的行为，它也同时或者是豁达大度的，或者是卑鄙下流的。所有的道德归咎都指向人格，人格承担着罪责与责任，它就把别人赞同—反对的价值判断看作是自己良知的判决。从这个意义上看**伦理价值相对于作为价值载体的人格**。

但这更加不是价值相对性。这并不是说，豁达大度—价值与卑鄙下流—无价值要取决于是否存在着拥有这类意念的人格主体。恰恰相反，在实际中豁达大度之所以是有价值的，是因为它本身就是一种伦理价值。“对于作为价值载体的人格而言的相对性”根源于**质料自身的本质**：价值质料存在于其中的那种质性只能是某一人格行为的质性，因而间接地是人格本身的质性。所以这种相对性也是纯粹质料性的。价值质料早已包含了同人格之间的那种关联性。它只能借助某一人格而“出场”，因为从内容上看它具有人格(作为实体)的某种偶然属性；或者用逻辑语言来讲，价值质料是人格(作为主体)的谓词。这里所意指的“对于人格主体而言的相对性”是伦理价值的内在的关系性本质结构。价值谓述及其活动空间一起被扯进这种关系结构之中；但它自身却是绝对的。

(f)各种相对性的相互交错与伦理价值的根本绝对性

如果我们现在总括一下后两种相对性类型(d 与 e)，就会对伦理价值质料的关系性基本结构了如指掌。

这种价值质料同人格之间有着双重关联：其一，关联于作为伦理行为主体的人格，由此同时关联于作为伦理价值载体的人格；其二，关联于作为伦理行为之客体的人格，即行为所指向的关联点。在伦理行为的这种基本关系结构中**人格总是两次性地出现**。伦理行为，不论是意念、意志还是行动，本质上都是**超越行为**；但不同于认识行为意义上的超越。伦理行为首先拥有主体朝着客体的方向，并且要根据它们通过客体所意向的东西是有价值的还是反价值的——这样的话，伦理行为的价值—无价值又与通过客体所意向东西的价值—无价值之间不一致了。其次，伦理行为总是把另一人格主体作为客体，它就穿越在人格中间。这恰恰就是这一说法的形而上根据，即在这些独特的价值质性中出现的就是伦理价值。因为任一种伦理行为——不论是实在的还是纯然意向中的，所攫住的伦理主体也正是它以之为起点的那个伦理主体。情况也正是这样，当行为指向的是本己人格的时候。于是，这种人格就两次出现在同一行为中——既是行为主体又是行为客体。并且这种关系结构，连同其超越关系在内，就差不多以对他者人格的行为态度为内容。人格作为客体而被攫住，它甚至处在危险的游戏之中，这一事实恰恰构成了伦理行为的重要意义。这还反映在主体人格的责任中，反映在赋予主体人格及其行为以独特印记的伦理价值质性中。

正是伦理行为的这种两极性的关系结构，也正是人格的双极，决定了它们价值质性的双重“相对性”——相对于作为行为主体的主体与作为行为客体的主体。而由此，相对性也得到详尽阐释了。它已经彻底变成内在的、为质料所特有的(包含在人格行为的本质中的)基本关系结构。并且这是一种普遍的关系结构，是多种多样的伦理行为及其价值在其中都仍拥有无限活动空间的关系结构。

由此这种双重的相对性本质就同价值自身的本质截然分开了。准确地说，伦理价值—无价值维度以及连同它的质性差异化正是在这一普遍的关系结构中才得以充分施展。但这就意味着，**价值自身完全未被这种相对性所攫住**。价值是绝对的。这种关系结构只是价值出现的前提，是价值的范畴性的(而非价值论的)先决条件：当且仅当人格存在者彼此置身于这种行为关系中，才能够有伦理上的有价值物与反价值物。但价值自身既不包含在这种关系中，也无法从中推导出来；价值是作为尺度，作为创新物添加进来的——它另有起源。

第16章　价值：一种观念性自在存在

(a)价值：一种灵知论的自在存在

价值是本质性这一观点目前已从这两个方面得到阐明。第一，价值是所有道德生活现象的一种决定性的先决条件，其中价值意识的先天性仅仅构成了局部现象。第二，跟评价主体相比，价值具有绝对性。这就说明，所有“对于主体而言的相对性”类型只关涉价值质料的结构。但质料的价值并不等同于质料的结构。

质料与价值品质并不相重合。质料只是有内容的构成物(Gebilde)，它具有价值品质。信任的伦理价值并不是信任本身。后者只是质料，即一种特殊的而又完全一般的可描述的人格与人格之间的关系。信任的价值品质并不是这种关系，并且不仅不是某些特定人格之间的实在关系，也不是像这类关系的理念。“质料”在这里正是信任的理念。质料，就其是一种纯粹存在论的而非价值论的构成物来说，是某种具体的存在关系的那种观念性本质结构。**质料自身固有的价值存在完全是另一种东西**，无法继续追溯，但借助于它的这种异质性肯定能被人们感受到，通过价值感肯定能得到证明。它不同于质料的所有本体结构与关系性，尽管它依附于后者；它是一种独特的实体，是另一种本质性。它是这样的东西，即由于质料自身的多样性而有了多样性的区分——因为绝不仅仅是信任的质料本质不同于忠诚的质料本质，而且信任的价值也完全不同于忠诚的价值；但它还是这样的东西，即便是进行了彻底的区分化，仍不同于质料，仿佛是建立在、矗立在质料之上，它向质料投去更高含义、意义的亮光，对于质料的本体属性而言永远是超越的、彼岸的、无可比拟的并且将质料纳入另一关联域、一种智性的价值秩序之中。

对于这种特殊的价值论秩序，即一种具有质的、高度等级的价值秩序——不同于质料的结构秩序，我们在价值分析中还要专门地处理。在这里可以把这一视角看作一个提前行动。但其本质取决于价值的绝对性品质，它合法地居于一切的质料相对性之上。

但价值“本质性”的含义并未由此而得到详尽阐释。从存在方式上看，那种不是相对于主体而是作为独立物—不可动摇物同主体相对立的东西具有**一种自在存在品质**。它以一种自主的固有法则与固有力量抵抗主体对它的把握，而主体只能够把握或错失这些法则与力量，但却无法避开。

价值就是一种自在存在①。这个论点最初只是对康德主观主义批判结果的一种肯定性表述。价值不依赖于意识而存在；而意识也许能够把握或错过价值，但却无法制造价值，或自发地“设定”价值。质料就不是这样了。主体在一定限度内凭借自己的力量很有可能创造质料(如建立起某种信任关系)；但主体无法左右这样的质料是有价值的还是反价值的。事实绝对地“是”如此，用不着主体的帮助，并且如有可能还会抵抗主体的不同意见。因此，价值具有一种自在存在性这个论点也适用于价值品质。

因此，一般地适用于灵知论视域下所有自在存在者的东西也都会在价值这里重现。价值是可能的价值观看之**对象**，但却并不首先通过价值观看而产生出来，价值不是直观的产物，正如不是观念或表象一样。这正是要赋予价值观看(或者说价值感受)以灵知论的重要意义。价值认识是真正的存在认识。从这个方面来说，价值认识跟任何种类的理论认识都完全一样。它的对象也同样是与主体对立的、独立自存的存在者，就如同空间关系对于几何学认识、物对于物之认识一样。对价值的“把握”——或许从别的方面来说完全是不同类型的——也像真正的认识行为一样是一种超越行为②，并且认识论中超越问题的所有困难都会在这里重现。在这种“观看”中主体

---

① 这里所引入的“自在存在”(Ansichsein)概念自本书首版发行以来就饱受狂烈的批判。但这一批判却中伤不了我们阐释观点的任一点。因为这种攻击的主要根据是简单粗糙地将这一概念混淆于康德的“物自身”(Ding an sich)。其他的则是将自在存在误解为某种实体物，或者至少是某种自为存在的孤立物。所有这些错误认识在这里都要受到急切的警告。毋宁说“自在存在”意味着某种彻底的素朴物(Schlichtes)，可查明物(Nachweisbares)：完完全全地不依赖于主体的意见(Dafürhalten)。

② 参见：《知识形而上学》(第2版)，第61、第72章。

是接收者、获取者。它把自己看作受它的客体——自在存在着的价值所规定；而它自身却不规定任何东西。价值并未由于价值观看而受到影响，就好像认识对象并未由于被认识而受到影响一样。相反，主体在伦理“行为”中的自发性正是由于原发的价值观看才开始的；但这种自发性并不针对价值，而是针对其他人格。

就此而言，价值的自在存在概念还只是一种纯然灵知论的。由此价值的真正存在方式根本还未触及。但伦理学所要关心的不单是价值认识，还有价值自身。所以价值的存在方式还需要进一步的规定。

(b)伦理现实性与伦理学观念域

理论哲学认识到两种本质不同的自在存在：实在性自在存在与观念性自在存在。前者包括所有的物与事件，所有“现实物”，所有实存物；后者则涉及纯粹数学、逻辑学的构成物，此外还有一切种类的本质性——它们存在于个别实存的变动之上并且通过这种分离而能被先天地直观到。在这两种存在类型之间有一种深刻反映整个存在域—认识域特征的本质关系：观念性自在存在的结构在实在性自在存在的结构中重现，尽管这种重现不是彻底的，也不会完全涵盖后者，但范围如此之大，以致对观念存在的先天认识同时也构成了所有实在认识的一个内在基础。先天的实在认识，就一般会达成而言，都要以观念性存在结构与实在性存在结构的部分相符合为依据。

在实践领域中**唯有实在性自在存在才具有“伦理现实性”**：一切现实的道德行为，诸如现实的行动、意念、意志决断、意图，但同时还有现实的价值判断、罪责意识与责任感；而从更广义上讲，也包括所有的伦理重要物，即整个财富领域，从有价值的物向上到精神财富直至依附性的德性财富。因此实在性自在存在包括一切早已以价值存在为前提的东西；但价值存在却不属于此列。

价值不是实在性的自在存在。价值作为行动原则能够一起规定现实物，甚至它可能在各种各样的区分层级中得以“现实化”，但它的本质，它的特殊存在方式仍是纯然观念性的。某物的真正价值品质，如像真诚或爱这些具体“质料”的价值品质根本不会产生什么差别，不论是否存在着通过其现实行为而使价值品质得以现实化的人格。价值质料的现实化固然又是有价值的，但这种价值却是另一种的、派生性的，早已根植于质料的价值。价值本身跟现实物相比总具有某种“理念”特征——在现实物跟这一理念相符合的情况下，它固然也赋予现实物以价值品质，但该理念及其观念性本质仍保持在现实化之外。严格说来，被“现实化的”根本不是价值自身(质料的价值品质)，而只是包含着一般价值品质的质料——不论是观念性的还是实在性的。

价值的真正存在方式很显然是一种观念性自在存在。价值原初地就是伦理学观念域的构成物，属于一个有着本己结构、法则、秩序的王国。它同理论观念域、逻辑—数学的存在域以及一般纯粹本质性领域都有机地结合起来了。它是后者的延续。无论价值的存在结构本质上是多么不同，它仍分有着观念性自在存在的基本样式特征。

这就证明了，这个具有同样存在品格的观念域从内容上来讲是完全异质性的。它似乎同整个实在存在域相叠合，而后者不仅包括存在上的现实物，而且还包括伦理的现实物。与之相对应，观念存在域也要作出划分。甚至，很容易就看到，存在—观念域与伦理学—观念域并不是唯一的两个环节；与之相连的还有一个广阔的美学—观念域，并且也许还有其他环节，它们会带来更大的内容区分。但就存在品格来说观念域仍是统一的。从认识上讲它也是统一的。因为一切观念域的构成物永远只是纯粹先天地可知，而不论认识行为是智识性的还是情感性的。价值感受与逻辑推理在这一点上完全是一致的。观念性的存在认识只是先天认识模式中的一种。

(c)一般的观念性自在存在

同逻辑学、数学的对象相类比，这对于价值的存在品格来说非常富有启发意义。因为价值的自在存在虽然只是观念性的，却遭到了各种怀疑。甚至从观念性自身中就能看出对这种自在存在的疑惑。鉴于此，我们就从理论观念物的自在存在开始着手。天真幼稚的思想太容易只承认实在的现实物为自在存在，而将观念物从中排除出去。

这一假定包含两个偏见。

首先，人们错误地将实在与存在等同起来——在这里根本不必把“实在物”的范围局限于物性的东西(Dingliche)。于是，所有非实在物就不加考虑地属于非存在者(Nichtseiende)。并且除非人们是在柏拉图的意义上把非实在理解为另一种存在种类，那么它对人来说就只意味着绝对的无。

其次，人们混淆了观念性与主观性，而这种混乱要归咎于“观念”术语的双重含义。如果“观念”被视同于“表象”，那么观念性就成了这类东西的存在方式，即所有纯然地存在于主体表象中的且纯然是为了表象而存在的东西，而且除此之外又是毫无意义的东西。“观念”的这种含义就把哲学“唯心论”降级为主观主义。从这种意义上看“观念域”当然不具有自在存在品格。在这种偏见的逼迫下 19 世纪的逻辑学变成主观主义逻辑学并最终转化为思维心理学。

逻辑学尤其是数学的正当含义是不同的；在这里涉及一个由各种法则、依存关系与结构组成的体系；该体系就其自身来说固然主导着思维，但它既不是思维的产物，也不可能以任何方式受到思维的损害——这就是我们今天通过长期以来对心理主义的全面批判重新赢得的洞见①。逻辑学与数学是对象性的科学；这同样适用于由现象学所开启的一切本质直观域。这些科学的对象作为真实的“对象”，绝不亚于实在科学的对象；只不过它们不是实在对象。

因此，为所有这些具体洞见提供支撑的一个基本论点就是：存在着观念性的认识对象，它们像实在性的认识对象一样独立于认识主体；也就是说存在着观念性的自在存在。

这一基本论点当然适用于理论领域。观念性自在存在究竟是什么，这一形而上规定并不重要；因为不可能作出这样的规定，就像不可能形而上地规定实在性自在存在是什么一样。这两种存在方式必须作为事实加以接受。与此相比，有关这两种存在方式彼此间的关系的一些看法则是微不足道的。现象的确切性很明显是通过这种方式得以揭示的，即观念构成物是如何向认识意识呈现的。

认识意识是这样的，它把逻辑的、数学的构成物意指为(meinen)独立于自己的。它意识到这一事实：即便人们没有“思想”或“认识”到“$a^0=1$”，“a^0”也不会不是“$=1$”，而是永远且在任何情况下都“是$=1$”。并且它知道，不仅无法通过思维从两种否定的“判断”中推导出结论，而且独立于思维，这两种否定的事态从纯粹形式上就排除了推论出第三种事态的可能性。所意指的“独立于意识”就是所意指的**“观念性对象的自在存在”**。如果人们提出异议，这种“意指”是一种苍白无力的凭证，做梦的人、受欺骗的人或者犯迷糊的人也都把他的对象“意指”为自在存在着的，对此的反驳就是：有从梦中、从错误、从欺骗中苏醒的情况，却没有从逻辑洞见与数学洞见中苏醒的情况。此外**对观念性自在存在的“意指”完全等同于对实在性自在存在的意指**；因为物是实存着的(existieren)，对此我们无法证实，而只是感知着的“意指”。这种说服力度仅仅对于最天真简单的意识

① 最令人信服的批判应该就是胡塞尔《逻辑研究》的第Ⅰ部分。

而言才是不同的，因为它已经携带了对实在对象的自然主义态度，而必须通过某一特别的兴趣转变才会指向观念对象。而一旦成功了，所意指的“对象对立于意识”在两者中是一样的。

所以说，谁怀疑观念性自在存在，也必定会怀疑实在性自在存在。由此而导致的普遍怀疑固然从未能够彻底根除，但一直是悬在空中的，是所有假说中最冒险的。并且由于这种怀疑与自然主义观点相矛盾，所以它不得不首先证明自己的合法性才行。

被感知到的实在物同纯然的表象物（纯然的意向性对象）区别开来就是在于人们不可能随意地改变它，不可能将它感知为不同于它恰被感知的那种东西。同样地，先天地认识到的观念性对象也要区别于人们也能够将其想象为别的样子的“纯然的观念”。康德意义上的先天物的普遍必然性当然不是心理学的；但也并不意味着，任何人都能实际地洞见到 $a^0=1$。实际上，不是每一个人，而只是对此有洞察力，或者说具有数学素养的人才能洞见到 $a^0=1$。但谁拥有此种洞见的认识水平，也不能随意地洞见到这或那，而只能洞见到，a^0 自在地“是”什么，即客观必然的“$=1$”。

先天洞见到的这些观念性对象具有同样的不可更改性以及对主体的独立性。像实在对象抵抗感知一样，它同样绝对地抵抗主体的一切任意。而这种抵抗就是它的“对象存在”。由此我们发现了观念性自在存在的灵知论含义。

(d)价值作为伦理学上的观念性自在存在

理论领域中观念性自在存在的这种确切性——不具有任何形而上含义，纯粹作为对象现象与事实，为我们提供了某种类比；而依照此，我们也能够理解价值作为伦理学上的观念性自在存在。价值也遭受那样的误解与偏见。在价值这里也诱使“非实在性”接受“主观性”；但在这里同样也存在着“意指”（meinen）以及坚定不移地根除一切任意因素。

伦理的价值判断，比如，“破坏信任是令人气愤的”或者“损伤友爱是卑鄙可耻的”，所意指的并不是令人气愤或卑鄙可耻这种感觉（empfinden）本身。毋宁说，价值判断自身就是感觉，或者是对感觉的表达。但它“意指”是另一种不同的东西，是一种客观的、独立于感觉的“令人气愤地存在着”（empörend-sein）与“卑鄙可耻地存在着”（verwerflich-sein）。它意指的是对象性的、自在存在着的某物，但却是一种观念性的自在存在者。

与之相应的是这种伴随着一切真实价值判断的信念，即其他人必定会作出同样的判断，必定具有同样的价值感觉。并且这种信念所显示出的普遍必然性也不是心理学事实。因为在实际中其他人偶尔也会有不同的感觉与判断；而且判断者知道，甚至能够十分肯定地知道别人的价值判断同自己的相背离。

这里的情况就同数学洞见是一样的。并非人人都能拥有数学洞见；同样地，并非人人都具有看清“事情如其自身存在着”的那种目光、伦理成熟度以及精神智力水平。尽管如此，价值判断的普遍性、必然性与客观性从理念的角度看有其合法性。因为这种普遍性绝不意味着，任何人都能够应对成问题的价值洞见；而只是意味着，谁有了这种能力，也就是说谁拥有了对价值洞见的某种精神上的感受，他的感觉与道德判断肯定必然地且只能是如此。这从根本上讲完全是一个司空见惯的真理。比如，对于某种默默地作出的豁达大度行动或某种灵巧地从事的体谅行为的伦理价值，并非人人都能感受和理解；然而任何人，只要他感受到了这种豁达大度与体谅行为，就必定把它们评价为有价值物并由此敬重行为者的人格。

正是在仅仅我们所提出的这种意义上，道德价值判断及其所包含的原发的道德价值情感才是严格普遍的、必然的与客观的。因而从这种意义上来看通过价值判断表达出的价值才是一种独立于判断主体的价值；它如同数学法则一样具有真实的观念性自在存在。

价值具有一种观念性自在存在这个命题对伦理学来说具有决定性意义。它所表述的不只是价值观看的纯然先天性与被直观的价值的绝对性；而是表明了，有一个自为存在着的价值王国，一个真正的观念秩序(κόσμος νοητός)，像置身于意识之外一样也置身于现实物之外。它不是一个构建的、虚构的或想象出的领域，而是实际上持存着的、通过价值感变得可把握的**伦理学观念域**；它同伦理学的实在域与实际域并行存在，就如同逻辑学观念域同本体实在域与灵知论实际域并行存在一样①。

(e)价值欺罔与价值盲

价值的先天性与价值的自在存在并不一样。人们比较容易相信前者，并且对这一点也有足够的认识，即价值尺度是伦理现象的前提。但先天物也可能是偏见、任意假定、表象、情感态度等。价值

① 就“现时域”而言，我们可以基于这两种超越行为领域对之进行理解，即认识行为的理论域与行动、意念以及意志行为的伦理学域。此外有关观念域的看法，参见：《认识形而上学》，第2版，第27章c。

原初地就是作为情感态度而显现自身。于是，价值客观性就受到如此多的怀疑，即价值感受不如数学洞见那样客观。

正是自在存在这一观点才使价值摆脱了所有这些怀疑。这根植于这一事实，即人们不可能引发一种价值感，正如不可能任意地构造某种数学洞见一样。在这两种情形下，自在存在是一种客观直观到的存在者，它显露出自身，是感受、直观、观念只能遵循，却不能损伤的。**人们只能把自在地是有价值的东西感觉为有价值的**。人们当然可能没有这种感觉能力；但只要他有这种能力，他就能将价值感受为其自在地所是的样子，而非它所不是的样子。价值感的客观性绝不亚于数学洞见的客观性。它的客体只是更多地被行为的情感面所掩盖；如果人们想要认清它，就必须首先专门地将它从掩盖中凸显出来。但这种事后的行为也不会对客体(价值)的结构造成任何改动。

这里不由得产生这样的反问：原发性价值直观的明见性是否会屈服于某种欺罔。并且很容易就会认为，如果存在着价值欺罔，价值的自在存在就重新变得可疑并让步于某种程度上的价值相对性。

这是一个很大的错误。事实上即便存在着欺罔与错误，也是根源于**与实事本身不一致**。实事本身是固定的、独立于对真相与错误的认识，也即是自在存在本身，因此它恰恰就是欺罔的前提；否则欺罔根本就无从谈起。而在这种情况下"实事"就是价值自身。因此不论哪一种东西要为价值的自在存在作证明的时候，也就是一种欺罔。

要是价值仅仅作为主体的设定(Setzung)，它们只存在于"评价"中，也就是存在于评价者的情感态度中，那么随便一种情感态度肯定与随便的另一种是同样合法的。这样的话，价值欺罔也根本不可能了。

但目前我们能找到可证明的各式各样的价值欺罔，甚至是价值虚构——它们源于反常的价值感，如怨恨①。这些怨恨现象，即便通过完好无损的道德价值感都不可能将它们揭示出来，也就是说它们根本不可能是虚构物，除非那些被它们错失了的真实价值具有独立于它们的自在存在。错失与纠正才是可能的，当且仅当对象是固定不变的，具有本己规定性——它们不会由于切中或错失而发生改变。

通常的价值欺罔当然都是纯否定性的，是没能力直观到价值，是价值盲；但它们都不是真正的价值欺罔，而只是在某一点上缺乏

① 众所周知，这种观点来自尼采；另外参见舍勒：《怨恨与道德的价值判断》，1909。正是尼采为所提到的事态提供了证明。在存在着价值虚构这一论断中，他事实上是要证明他宣告的价值相对主义是一派谎言。

价值感。这同理论领域中未受过数学训练的人或缺乏数学才能的人没有洞见能力完全是一个道理。在价值感上也存在着未教化与教化之别，在价值直观方面也有着天赋与缺乏天赋之别。**既存在着单个人的个体化的价值官能成熟，也存在着整个人类的历史性的价值官能成熟**。而是否后者总是意味着进步，这必须暂时搁一搁；因为它可能导致**价值意识的狭隘**，即它在别的方面总是再次失去在这方面赢得的东西。这种狭隘或许也会有所扩展。但事实是，我们永远只是洞察到有限的价值王国片段，对其余的部分则是价值盲的。这就是以下情况的原因所在，即为什么价值目光及其照亮范围在自在存在着的价值层面上历史性地游移(wandern)——这通过“道德”的多样性与暂时性而反映出来——对于哲学的价值探求具有如此大的启发意义(参照：第6章a)。与此同时它也决定了，为什么价值目光的游移与变动并不意味着“重估价值”，而是要重估人生，重新为人生定向。不是价值在变动，而是**价值目光在变动**。而之所以如此，乃是因为价值自身及其观念性秩序并未随着价值目光一起变动，因为价值是对象性的、自在存在着的。

(f)价值目光的游移与价值认识的界限

价值认识过程既不同于一般理论认识过程，甚至也不同于对观念(Ideal)的理论认识过程。不过总体认识运动的背反论在它们之间也许是可以比较的：在价值认识过程中增减关系是不同的，它显示出一种稳定的平衡性，但这一过程本身还是有问题的。就我们所了解到的而言，它并没有走向更广泛地包围、扩展、洞察——这些只是后来的哲学价值直观所独有的，相反它给人**造成了无计划地四处乱窜的印象**。任何运动，只要人们还没有认识到它的运动法则，都会造成混乱无计划的印象。目前我们没有认识到价值目光域的运动法则；而这并不排除它确实拥有法则。一种有关人的伦理(Ethos)的形而上学，就其想要把握伦理的各种现实形式及其历史变化而言，除了价值王国自身外还必须要了解价值认识过程法则。

在这里至多给出一般性视角。

对于所有真正的存在认识领域而言——不论是对对象的实在性认识还是观念性认识，存在着这两种为存在者划定的灵知论界限：1. 因时因地的认识界限，或者可变动的客体化界限；2. 绝对的可认识或合理化界限[1]。在前一种界限外，存在者只是超客体化的；而

① 参见：《认识形而上学》，第2版，第27、第28章。

在后一种界限外，存在者还是非理性化的(并不是非逻辑的，而是超理智的)。

在价值认识中存在着第一种界限，这就表明了价值目光的"片断化"以及因时而异的有限性。而也存在着第二种界限这一点要在具体分析价值时才能够给出证明。这两种界限之间的关系在这里跟在理论认识中是不一样的。至少在原发的价值观看中客体化界限并未明确地靠向合理化界限，相反倒是它所圈定的、因时而异的整个区域，即伦理学观念性客体的"晕圈"(Hof)连同其中心域一起在合理化界限内部变动：它仿佛游遍了整个直观到的价值多样性领域。

这种游移着的目光就将综观概览的任务留给了第二性的价值观看，而后者正是历史性地在各个游移阶段中拾取价值质料的。由此哲学伦理学的使命就跟活生生的实证道德学说明确地区别开来了。它的缺点，即它的第二性、依赖性也有其优势，即它通过追随与综观的规模范围而直观到全新的独特物：各种联系、秩序以及贯穿着整个价值王国的关系与法则。对于哲学伦理学来说各个游移阶段并没有丢失，而是得以保存与连接。它们都朝向一个价值体系。

哲学上的价值认识的相对性界限不同于原发性价值观看的界限。前者更为广泛，不为价值目光的"狭隘"所束缚；它的客观化半径更大。但由于它一般地只能追随，一旦原发性的价值目光已经在前发生，并且即使它自发地、力求发现地向前推进，也只能在某一特定方向上改变原发的价值目光；所以很显然，永远只能在原发性的价值观看所能通达的界限内活动。而这就意味着，价值认识的绝对界限无论对于哲学的价值认识来说还是对于原发的价值直观来说都一样。哲学的价值探求只能把握活生生的道德价值感所把握的东西。

第17章　价值作为原则

(a)价值与现实性之间的关系

所有的观念存在都跟实在存在之间有着某种关联：相一致或不一致。因此逻辑学的观念性结构，以及数学的观念性结构、一切可直观的本质性，在我们的问题关联中有其重要意义，即从更大的范围来看它们同时也是实在存在的结构。这种一致性是逻辑学、数学与理论的本质分析具有存在论重要性的根据所在。存在着某一界限，一旦越过它，两者之间就不一致了；即便如此，也不会造成妨碍。实在存在确实还具有别的结构，更具有其他的基底，而这些结构、基底跟观念性存在世界之间毫无关系；观念存在也具有不出现在实在世界中的结构，它们对实在存在漠不关心，正如实在存在对它们也漠不关心一样。简言之，观念性结构与实在性结构是通过部分地重合、部分地排斥而相互关联的，并且这两者之间的一切关联仅涉及相重合的那部分。仅仅是两者之间一致性、结构同一性这一事实才为自古以来大规模的结论提供理由。而这两者的剩余部分则毫无关联，没有共同性——这一事实也理应受到同样合法的重视，即便这部分根本没引起注意，甚至目前为止还几乎完全被存在形而上学与认识形而上学所忽略。

伦理学领域中这种关系发生了变化。这里也存在着观念物与实在物之间某种程度的一致性及其界限。但这种一致性界限不再是关联界限。伦理学中两者之间的关联在实际中完全超出两者的一致性之外。伦理学的观念性自在存在并不是对跟自身相矛盾的伦理现实物漠不关心；相反它把这种矛盾视为**一种对立—紧张关系**，它否定跟自身相矛盾的实在物——不论实在物从存在论上看多么有根有据，把实在物看作反价值的并且以本己结构的理念来抵抗这种实在物。伦理意识就把这种抵抗感觉为应当存在。

价值的自在存在不依赖于自身的现实化。但这并不意味着价值对现实性与非现实性无动于衷。如果人们混淆了关联领域，就会立刻感觉到，物之价值对意向漠不关心，意向价值对物漠不关心；但物之价值对于物、意向价值对于意向并不是漠不关心的。在各种构成物领域内——它们作为载体与价值相关，价值并不是对反价值物无动于衷或者在其面前很被动；相反价值会以一种完全特有的方式来否定反价值物。这种否认（Verneinung）与理论上的否定（Negation）不相干；因为这并不意味着否认被否定物的现实性，毋宁说，**尽管具有现实性，也不承认它**，是从倾向上否定它。同样地，在对那种非现实的有价值物的肯定中倾向于创造它们，努力挤向它们的现实性。当然对于作为纯然观念构成物的价值来说，无论是挤向价值物还是否定反价值物，都不在它的实际能力范围内。但价值与现实性之间的这种实际化关系很明显也处于一致性界限之外；**甚至这种关系只有在不一致的范围内并且正是凭借这种不一致性才赢得了其完全的实际性**：在这里它才变成一种正当的紧张—倾向关系。并且不难预知，这种关系一旦获取了某种实在力量并且全身心致力于那种观念性倾向，那么它就立刻转变为一种实在关系，那种观念性倾向也就转变为塑形现实物的实在性倾向。

(b)价值作为伦理学观念域中的原则

观念性自在存在本身不是原则存在。毋宁说，任何一种观念域有其特殊的原则、最高法则、公理或者范畴，如逻辑学存在与数学存在。但实在性自在存在也同样具有本己原则。实在物的存在范畴就是实在的范畴；它们的存在方式不是别的，正是起决定作用的形式、法则，或者就是“实在物的范畴”。同样的认识领域，作为将实在物与可能客体化的主体关联起来的特殊领域，也有自己的专门原则，而它们作为认识原则不同于实在的或观念的存在原则。

不过这并不意味着这三种原则区域不相一致。相反，很明显，只有实在性存在范畴与观念性存在范畴从内容上同认识范畴相一致，才可能有对前两者的原则性的也即先天的认识。而只要观念存在与实在存在是理性化的，那么它们与认识范畴之间肯定具有同一性。

当然这种同一性论点——理论哲学的基本论点——是有限的；并且由于所要处理的是三个领域之间的叠合，所以这种有限的区别是三重性的。观念范畴与实在范畴之间的符合度不同于实在范畴与认识范畴之间的符合度；而后者又不同于认识范畴与观念范畴之间的符合度。比如，观念范畴与认识范畴之间的符合程度要远远大于认识范畴与实在范畴之间的符合度。与之相应，观念存在的非理性成分较小，而实在存在的非理性成分较大。显而易见，理论领域中一切的原则关系间的难点就在于实在存在。因为在这里我们发现了多余的范畴规定性，正是它在认识关系中赋予对象以绝对优势。认识主体只是代现对象，并且仅仅是接近地代现它；而对象完全未被触及。

在伦理学中情况就不同了。价值也是原则。从中我们也认识到了“可能性条件”这一品质属性，即伦理现象得以可能的条件。由此人们应该预料到，价值直接地就是伦理学的实在原则，或者至少是行为原则，因为伦理现象属于伦理的实在性与实际性范畴。

但与此相矛盾的是，伦理现象从来都不是完全符合价值内容，而是一方面违背它，另一方面又充实它。由此价值的质料内容在一切关联中仍还是作为一种彼岸的、纯然观念性的东西与实在物相分离。它从实在物那里获得的充实似乎就是偶然的，从未由于它是原则而成为必然的。由此可得，价值观看永远且在任何情况下都把价值内容直观为独立于实在性与现实化的某物。这种独立性正是它的绝对性的一个本质组成部分，就如同它独立于主体及其意见(Dafürhalten)一样。价值首先是彻彻底底的观念性自在存在；并且就它是原则而言，它原本也仅仅是伦理学观念域中的原则。

这绝不是同义反复。即便在这里，观念性存在与原则存在也不是同一个。价值域并不局限于独立自存的固有价值；它还包括伴随性价值，并且这些价值同样也是纯粹的观念本质性，也独立于实在性与非实在性(如所有手段价值、有用性的领域对固有价值的依赖关系就是一种观念性的本质关系)。不过这类价值不是原则；唯有真正的固有价值才是伦理学观念域的原则。

(c)价值作为伦理学实际域中的原则

要是价值的原则品格仅限于它是伦理学观念域中的原则的话，那么价值也就失去任何真正实践上的实际性意义，也就是说也根本不是伦理学原则了。人的伦理(Ethos)具有行为特点，它不是观念性的构成物，不是本质性。因此价值的本质也不可能消融在本质性之中；作为人的伦理的原则，它还包含这一事实，即它从本质性领域与观念性自在存在那里超越出来而介入变动的伦理行为世界之中。因此，它必须也是伦理学实际域的原则。

这种超越是如何发生的，这是一个形而上问题，对此我们可以暂时撇开不谈。这种超越在发生着，这是事实。正是存在着一种价值意识——原发的价值感，并且它规定着一切道德价值判断与归咎、责任感与罪责意识。良知就是价值实际性的一种明证。而更加明确的证据来自真正的超越行为：情操、意志与行动。它们的质性正是价值判断的对象。意图、故意与目的必然地被价值规定。一般说来，财富价值与事态价值也规定着目的，它们固然不同于伦理价值，但它们并不是没有实际性，并非对超越行为的伦理质性漠不关心——它们也是超越行为所意向的。

整个伦理行为域都被各种价值观视点渗透着。以作为原则的价值为起点的决定性(Determination)绝对是伦理行为的前提条件。这一般地总是有条件地适用于超越行为与真正的伦理价值之间的关系，因为意念与意志也可能是反价值的。但伦理价值却是价值判断及其相似行为得以可能的条件。因此从这种意义上讲价值实际上**同时又是伦理学实际域的原则**。而这正是价值的固有实际性。

但实际域中价值的含义非常不同于观念域中价值的含义。在观念域中价值是牢不可破的至高决定因素，是不容反抗的规定力量，一切对它的服从就如同在理论领域中对范畴的服从一样。可以毫不夸张地说：价值就是伦理学观念域中的范畴；但却不能说：价值是伦理学实际域中的范畴。在这里价值所扮演的是另一角色，并由此与范畴区别开来。实际域中的价值不再是牢不可破的决定因素，不再是**绝对主宰的力量**；并非一切都服从它，如主体行为就不会毫无反抗地臣服于它，它们具有本己的行为法则、其他的决定因素。与财富价值相关联的欲求活动仍显示了某种程度的自然法则，至少对财富价值的价值感是现成存在的。但对更高形式的追求则显示了在面对更高价值时**某种更大的自由**，只要这些更高价值是明确感觉到的，或者结构上是可知的。这同样适用于内在行为、情操。

人们也许认为，至少价值判断(包括良知现象)是无条件地被价值所主导的。但这也仅仅限于在因时而异的价值意识范围内；而这种意识被自身的“狭隘”限制，它只是切取价值域的极小片段。并且也唯有分摊在这一片段中的价值才是因时而异地“实际性的”，也即决定着价值判断，通过良知“判决”，规定着人对生活的内在态度。

因此伦理价值并非不加考虑地就是伦理意识及行为的原则，而是有条件的。并且这些附加条件就其自身而言不在价值域内，也不在观念域中，而在于跟它们不同质的**伦理意识法则**。该法则具有**挑选价值**的功能；它构成了价值与范畴之间的根本区别。

一方面，从决定性力量来看价值要弱于范畴。价值并不是无条件地统摄着一切，它并不是直接地依照自己的样子塑形那些它对其有效的现象；它由自身出发并不能够在行为域中实现自身，而是要依靠于另一种力量致力于价值的实现。而这种力量也不是一直在场(da)；并且即便在场，它也属于行为域。

而另一方面，价值又强于范畴。范畴毫无阻力地统摄着存在者。除了范畴外那些从属于它的现象不具有本己法则。范畴是它们的专权统摄力量。与之不同，就价值一般地实现自身来说，它**必须通过抵抗某种已经现成存在的形塑物来自我实现**；价值在这之中感受到了一种虽然被动的、迟缓的却又坚固的、不可清除的对抗。并且只要它实现自身，就要**通过一种新的、更高的形塑**超越于行为对它现成的范畴性形塑之上，就如同置身于质料之上一样。因此从另一种本真意义上来说，价值就是**创造原则**(Schöpferische Prinzipien)。它还能够使非存在转化为存在；“无中生有”，通常在一切存在领域中都是不可能的，但在这里却是可能的。

所有的伦理价值都倾向于产生创造性的影响。原则上它们的本质就在于，成为伦理行为域的原则。但**绝非所有的都能成为原则，这一点并不取决于价值自身**——或者只是消极地是由价值造成的，就它缺乏范畴性的决定力量而言，**而是取决于行为域**。价值原则与伦理意识之间的这种基本关系构成了**伦理现象的真正本质**。如果主体行为就像必然盲目地服从范畴法则那样服从价值，那么行为的本质也就根本无异于自然历程；价值自身也彻底地是存在范畴，只不过是具有更高的结构秩序，直接地就是存在论范畴域的延续。这就会取消伦理现象，即取消一种非存在论的、本身固有的行为域。由此人们也就不能说，价值原发地属于观念域，或者它同样原发地通过伦理主体的实在行为得以现实化。于是，意志与意念就把连同善恶的一切价值都考虑在内了。并且现实的人格行为与作为理念的正当行为之间的张力关系——它正是本来意义上的实际性关系的根源，也被根除了。

(d)价值作为伦理学实在域中的原则

行为有可能是反价值的，这一点赋予作为行为原则的价值以具体的、唯有它所特有的实际性品格。但却出现了这种现象：在这种不一致中，行为与价值之间的关联不但没有逐渐减弱，反而得到十足的保持，甚至逐渐生成为一种独特的张力关系。用形而上学的话来讲，这是两种异质性原则之间的张力关系，是存在论决定方式与价值论决定方式在同一个世界中的共存。这个世界，即一个充斥着各种张力、冲突以及日日常新的解决方案的活动空间，首先是伦理意识行为域，其次才是一般的实在世界。因为伦理意识属于实在世界，它是作为环节被纳入这个世界之中并通过自己的超越行为在世界中产生影响。

由此我们也就已经触及作为原则的价值的另一种具有形而上决定性意义的特性：价值也是现实物的原则，即伦理学实在域的原则。价值通过行为域也能间接地同存在论范畴一起塑造实在物。当然它仅仅在有限的范围内才这样，因为跟所测量的世界时空维度相比，人的能动活动半径是极其微小的。

但这里的关键不在于宇宙大小，而在于范畴形塑的高度这种质性的东西。在这个最小范围内施展自身的正是 个构成物 世界(eine Welt von Gebilden)——尽管从自然本性上看没有像它这样的，它作为世界中的世界被嵌入实在的存在宇宙之中，被后者所承载并依赖于与后者之间千丝万缕的普遍联系；但从结构上看却优于实在整体，是自主性的，拥有本己的而非从实在整体中借来的法则。

因此伦理的实在世界不单单是伦理主体及其行为的世界，而且也是伦理主体活生生地创造的世界以及继续创造着的世界。因为伦理主体不是孑然一身的，绝不是作为孤立的个体实存着。而一切共同体自身早已包含着依照价值观视点所创造的各种形式，从短暂的瞬时境遇直至持续性的共同生命体、从最私人化的情感纽带直至各民族及其集体的历史性固有生活。

所谈及的有关伦理行为域的一切东西，作必要的修正后，都能转化为伦理现实物。但价值对行为的决定作用是有条件的。价值也不是必然地规定着行为，不是毫无阻碍地就能通过行为而实现自身。价值只是伦理实在域中原则的一个片段——这取决于从自己"狭隘"的价值目光出发挑选价值的时代伦理(Ethos)；价值总是免不了要服从不属于价值领域的法则。甚至在行为域中它的原则本质受到的制约更大，因为行为是中介环节。要在生活中实现价值，如果不是"偶然"的话，就得经由价值意识、意念、意志、行动这些途径。所以，唯有当某一追求着的人格存在者投身于他所直观到的某种价值，该价值才可能被创造地实现。但如果人们再把行为中介当作另一个制约因素，将它算入"成为存在—实在的、形塑—现实的原则"这种类型之中——就如同价值所外加的，就恰恰证明了这一命题：尽管价值在自我实现上是无能力的，但从其在世界舞台上坚决抵制范畴的决定作用来看仍强于范畴。并且就价值具有趋于实在物的倾向而言，该倾向就是以实在世界的最高构成物——人格存在者为支点更高一层地形塑这个范畴上已定型的实在世界；就是按照价值的观念本质性的样子来提升实在世界。

(e)价值的目的论形而上学与伦理学的价值现象

我们在上面逐步地考察了价值作为原则与各个领域之间的关系以及价值在各领域中的地位，不过却回避了一切形而上问题。而能在多大程度上盯紧这些问题以及在哪里会遇到隐藏的理性化界限问题，这都不是伦理学要回答的，而是属于一般形而上学的事情。

存在论决定与价值论决定之间的关系——即便不是这种称谓——是一个古老的有争论问题。很多思想家都能正确地感受到价值对于存在原则来讲具有某种谜一般的范畴优越性，都把价值置于体系中的优先地位。首先就是柏拉图，他把善置于理念王国的最顶尖，"在力量与尊严方面都高出存在之上"；亚里士多德将努斯(νοῦζ)原则视为最完满与至善；斯多亚学派把逻各斯(logos)看成双重概念，既是道德原则，同时又是宇宙的原初原则；大多数的经院哲学家把实在实体与完美实体看作同一个东西。此外不是别人，正是康德赋予实践理性以优先权；而费希特与黑格尔也以之为基础建构了一种目的论的世界理性辩证法。在一切地方，只是形式有所不同，价值论基本原则都构成了整个体系的基础。

然而，价值的形而上学，不论多么值得我们崇敬，还是歪曲了价值问题，尤其歪曲了伦理学。它甚至错误认识了人在宇宙中的位置。如果世界上有一种普遍的、实在的价值目的论，那么一切现实物从一开始就服从价值原则，都要以之为基础，把它作为构造原则(Ronstitutive Prinzipien)。但这样的话价值直接地就是存在论范畴，是绝对实现了的。人及其行为域就从这一基本关系中排除出来；人就是多余的了。在没有人的价值意识与人的帮助下，价值就转化为现实。于是世界过程就成了有价值物的生成过程(Werdeprozess)；在专题地探究价值之前，它就为自身进行了合法辩护。它从整体上来看就是完满的，是活生生的神义论。

这种神义论或许是人的一种形而上情感需求，却不具有伦理正当性。为世上的恶进行辩护是一个错误开端。恶不能够并且也不应该得到辩护。使反价值物变得有价值，这是一种价值虚构。只要在实在域中存在着反价值物，就鲜活地证明了伦理价值并非无条件地是存在范畴，而只是极其有条件的。而从意愿与影响作用具有价值意识这一事实中就明显地看出，伦理意识的行为域在其中扮演着中介角色。人在世上的使命——无论多么有限——**才是可能的，当且仅当存在着这些价值，即要是没有人的帮助，它们永远是非实在的**。正是这项使命决定了人在世界中的特殊地位与尊严，将人同那些没有一起参与到世界创造的其他存在者区别开来。

实际上价值论在这里触及一个形而上的基本问题。用各领域之间关系的术语来讲就是：在理论领域中观念域在实际域与实在域中间进行周旋，而在实践领域中则是实际域在观念域与实在域中间进行周旋。在前者那里，真正的规定性处于实在存在域内，并且主体获得这些规定性就是对现实物的认识；在后者这里，真正的规定性包含在观念本质性中，而将它们转化为现实就是价值观看主体、意愿主体与行动主体的事情，甚至也是一切价值评价的事情，包括纯然内在的评价态度。

在天真单纯的世界观看来，世界是以人类为中心的；一切都围绕着人转，人是宇宙的核心。而批判的—科学的看法是相反的：人只是宇宙中的一粒尘埃，是瞬息的、无意义的现象形式。伦理学综合了这两种极端观点：从宇宙论的角度看人是一种虚无，但这不是最后的一锤定音；因为世上除了存在论决定外，还有一种价值论决定，而正是在这方面人扮演着不可替代的角色。在这里即便没有人类中心主义狂妄自大的陪衬，人的虚无性也会被消除。人尽管会消失在宇宙中，但从其自身来看仍是更强者；他承载着更高原则，创造着有意义的、有价值的现实物，使更高价值介入到实在世界之中。自然受制于自己的法则，唯独人自身具有一种更高的法则。正是凭借这种法则，人在世界中“创造着”，或者更准确地说，人凭借这种法则把在观念中预先确定的东西创造出来，把非存在转变成存在。

人们可以把对人的名誉与地位的恢复看作伦理现象的奇迹，看作人的崇高所在，也就是真正地将人从他在世界上的纯然定在中提升出来。康德用“心中的伦理法则”非常高尚地跟“头顶上的星空”保持了平衡，这一点恰恰表达出了伦理自我意识的正当热情。

但尤为迫切的是将形而上学这个重要视角保持在严格的批判界限内。从它出发既得不出价值论决定的某种存在论上的实在先天性，也得不出实践理性的优先性。实际的结论就只是观念域的价值论优先性——跟实在域的存在论优先性相对立。

应当的本质[①]

第18章 价值与应当之间的关系

(a)观念性应当存在

应当概念早已清楚地包含在上一章节对价值原则的各种规定中。它依附于伦理价值的本质并且有效力，即使人们没有专门将之突显出来。就是在未被实现的价值质料那里——从价值质料的存在方式出发无法将价值质料与现实之间的对立关系同各领域之间的张力关系区分开来——也处处觉察到应当。价值质料的特性恰恰在于无论如何都要倾向于实在化，尽管它自在地是纯粹的观念本质，并且从来都无法理解，价值质料的这种倾向是如何同它的观念性相一致的。

这种困难也只有在对应当的样式分析中才会遇到。目前要抛开这个困难而必须确立价值与应当之间的关系。

① 本选文出自于哈特曼《伦理学》第一部分第Ⅵ卷："应当的本质"(Vom Wesen des Sollens)，共包括三章内容(第18、19、20章)(*Ethik*. Walter de Gruyter & Co.，4. Aufl. Berlin，1962. SS. 170—200.)。

除非价值的质料是非实在的，价值才是一种应当存在者，这种说法是荒谬的。人“应当”正派、正直、可靠这一点并不由于有人实际上就是如此而被否定。人就应当如此存在着，就如同他存在着的那样；这绝非自相矛盾，也不是同义反复。人们将这个命题调换一下，“人如此存在着，就如同他应当存在着的那样”，这就表达了一种富有意义的、非常清楚的价值述谓。并且它也就拥有了一种应当形式。由此可得，**某种应当因素早已一同属于价值的本质**，并因此必定也已经包含在价值的观念性存在方式中。

应当从这种意义上讲并不是面向某一意愿主体的应当做什么。它只是一种观念的或纯粹的应当存在。从“某物自在地是有价值的”这一事实出发并不能推出“人们应当这样做”的结论；但却意味着，有价值物应当“存在着”并且是无条件地应当“存在着”，而用不着区分它实在的现实性与非现实性，甚至也不用区分它实在的可能性与不可能性。因此，普遍的民族和平应当“存在着”这种说法是有意义的，却并不取决于民族和平是现实的或可能的，而是因为它是自在地有价值的。不过，单个人应当致力于实现民族和平，这种说法是无意义的。与之不同，对于实在的、自然给予的财富而言，就应当像它们存在的那样存在着；但这里没有为应当做什么留有活动空间，对此唯有在某个人缺乏善而又能够获得善的情况下才是可能的。因此应当做固然总是以应当存在为条件，但是**任何应当存在都不具有应当做的属性**。我将要应当做那应当存在着的东西，只是后者并非真的就已经“存在着”(wäre)，并且它只是在我力所能及的范围内。这两个“只是”区分了两种类型的应当。从这方面来讲财富价值与伦理价值没有区别。它们必然总是带有观念性应当存在的品格，但并不总是带有应当做的品格。

价值存在作为观念存在无关乎实在的存在与非存在；它的观念性应当存在独立于价值质料的实在性或非实在性。不过正因为它是观念存在，它又并不是对实在存在或非存在漠不关心。它的观念性应当存在包含着趋于实在的倾向：它肯定实在物，在后者持存着的情况下；它意向实在物，在后者未持存着的情况下。它超出了自身的观念性。

这种二律背反根源于价值自身的本质。它表明了存在论样式相对于价值的存在方式特性来说的无能，准确地表达了价值的本质——既是观念性原则又是跟实在密切相关的原则。这种双重本性正是价值的观念性应当存在：价值朝向现实域的理念与范畴上的超越理念，即突破观念物而进入实在域。

从这个意义上看，价值与观念性应当存在密不可分地隶属同一个整体。因此它们并不是同一个东西。应当意味着趋向什么(Richtung auf etwas)，而价值就是应当所朝向的什么。价值作为目标决定着应当的朝向，而应当朝向目标又决定着价值的存在方式。价值与观念性应当存在紧密相关、相互制约。观念性应当存在是价值的存在方式，是价值的本来样式，绝不会消融在质料结构中；价值则是应当的内容，它是范畴性结构，该范畴结构的存在样式就是观念性应当存在的存在样式。用不太确切的旧术语来讲就是：观念性应当存在是价值的形式条件，价值则是应当存在的质料条件。双方是对等的：不是像实体与属性，而是如同实体与关系(Relation)之间的关联方式。没有哪一方占优势；两者之间的关系是动态的、悬而未决的。

(b)实际性应当存在

将实际性应当存在与观念性应当存在区别开来，这是有可能的。在观念性应当存在发觉自身跟现实相对立的地方，也即自在存在着的价值是非实在的地方，就开始了实际的应当存在。

这种应当存在取决于各领域之间结构上的不一致，取决于它们之间的张力关系。而**这种张力就是实际性**。因为实在物对观念的异质性无动于衷，它由自身出发感受不到后者，也不倾向于后者；但观念物对实在的异质性却不是无动于衷的，它会超出观念域而挤向实在，而不会考虑是否有实现的可能。实际的应当存在当然也不是应当做，也并不必然地导致应当做，因为值得我们追求的并不是所有存在着的东西，而仅仅是应当存在着的。不过实际的应当存在也要彻底地跟观念的应当存在区别开来；它并不依赖于这种价值，只是后来才添加上去的。对于实际性应当存在来说价值的观念性应当存在只是其中的一个因素；另一个本质性因素则是**各种领域之间的对立关系**。因此它内在于观念的应当存在与真正的应当做之间。

因此实际的应当存在是以**应当存在者在某一既定现实域中的非存在**为前提的。它只有在一个实在地自在存在着的世界中才是可能的，也即是说，它早已以这个实在世界及其背离应当存在内容的各种决定要素为前提了。概言之，它是以整个存在论体系为前提的。正是面对着这个封闭的、对一般价值漠不关心的存在论体系，实际的应当存在通过自己的存在方式才作为未充实物凸显。因为无论如何，充实也只有在这种冷漠的、封闭的实在世界中才可能发生。**正是这种异在与抵抗才使应当存在者非存在着，并由此使应当存在实际化**。这种倾向才是可能的，唯有存在着某物以抵抗这种倾向；要是没有这样的某物，倾向就毫无阻碍地得到充实，因而根本就不是倾向了。

在这个问题阶段，存在论与伦理学通过它们的基本样式彼此明确地突显出来：存在与应当存在。但只要应当存在是一种实际的、仅仅以对立与紧张关系形式存在着的，存在论与伦理学就不是对等的。存在这一方占据着优势，**应当作为实际的应当则依赖于存在**——固然不是依赖于存在者的特殊结构或内容，却要依赖于某种实在存在者的现成存在。然而，存在却不依赖于应当；这个实在世界能够存在于此(dasein)，即便没有应当存在，没有应当存在于此世界中的倾向。一个在其自身中静止的实在世界，即便运动着，也只是存在论上运动的并且是在其自身内部的运动，没有趋于某物的“倾向”，没有追求与目的能动性；这是完全可能的。并且这一世界，在它之中还没有价值明见的、具有倾向能力的存在者时，就是现实的了。

这与价值作为原则在质上优越于存在范畴那种观点并不矛盾。正是在存在者范围内应当存在——它以存在范畴为起点并且正是由于存在者的抵抗才成为实际性的——恰恰产生了存在范畴从来都不可能产生的东西。依赖性与优越性并不矛盾。在原则的层次领域中，依赖者永远且必然地又是优越者：更高原则永远都是更复杂的、更有条件性的并且从这层意义上讲是更弱的；低级原则反而永远是更无条件性的、更普遍的、更基本的并且从这层意义上讲是更强的，不过却是较贫乏的。更高原则不能取消、打破低级原则，凭借强力反抗低级原则的决定并不能获得任何东西，**而是要以低级原则为基础并超出被它塑形之上塑造另一个更高的构成物**。唯有这才是更高原则的优越性。

价值只是在超出观念域之外而进入实在世界的时候才具有这唯一的优越性。实在世界的整个存在论塑形(Geformtheit)都在抵制价值的这种超越。而这种抵制同时又是价值存在方式相对于实在物而言的阻碍与限制条件，是实际性应当存在的阻碍与限制条件。

(c)应当存在的张力幅度、实际化程度与伦理维度

实在世界就其自身来讲既不是反价值的又不是有价值的。它既不完全像它所应当存在的那样存在着，也不完全如同它所不应当存在的那样存在着。一些价值可能会在实在世界中彻底得以实现，另一些可能完全无法实现。但总体上应当存在者在这里总是一部分是实在的，另一部分是非实在的。因此实在世界自身似乎处于半坡的价值高度。在这里善就悬浮在存在与非存在之间，而人，作为善的唯一合适的实在载体就处于善恶之间，不是全善或十恶地存在着，而是既有善也有恶。柏拉图意义上的那个关联于永恒理念的厄洛斯(Eros)形象就是关联于伦理价值的人的形象，即伦理存在者的存在形式，就如同它实在地存在于实在世界中一样。

应当存在内容的这种处于存在与非存在之间的位置对于它的实际化来说意义重大。应当存在的实际化程度会随着存在者(居于中间的那种存在者)与应当存在者之间的距离大小而增强。人如其所是地那样存在着与如其所应当存在地那样存在着，这两者之间的张力幅度规定着实际化程度。与之不同，观念的应当存在，即纯粹的价值有效性则不触及实际性。跟这种实际化相应的正是张力幅度。它的一个关联点来自观念域，是固定的；另一个关联点则存在于实在域中，是运动着的，是价值在这种超越的实际性关系中**所对应的可变动环节**。

应当存在的张力幅度与现实化之间的关系又要以维度为前提，而可变动环节正是在维度中发挥着作用。从存在论上来看，它只是许多其他(价值中立的)质性维度中的一种。存在着一些令人感兴趣的对它进行规定的尝试，如亚里士多德尝试着要把它理解为过多与过少这两个极端的尺度[①]。在这里，理论思辨有着广阔的活动空间。这种尝试无关应当问题，不涉及维度的伦理本质。它仅仅在于应当存在的属性，即指向或倾向于某物。应当的这一维度是原发的、在价值与非价值之间的纯粹价值论维度。应当存在的基本法则就是：在这种双极中它永远明确地朝向肯定性的那一极，即价值。此外还有，实在物，只要涉及它的价值内容，永远都处在这两个极点之间；由此就得出这样的后续法则：从任何当下的位置出发，凡是继续往上朝向价值的都是“善的”，凡是继续往下趋向非价值的都是“恶的”。从实在物的角度看，善恶正是应当存在的伦理维度的两种方向上的对立。

这并不是对善恶的定义。这只是最低限度，不仅应该适合于善恶，同时也适合于一切积极性的规定。

① 亚里士多德关于 μεσότης的观点，参见：第 48 章 a。

(d)维度的众多性与价值的多样性

对于一切应当来说，它的维度本质等同于价值—非价值这种双极性。但这仅仅是它的一般结构。由于质料内容，有了多样化的区别。而这取决于价值。

只要存在着多种多样的伦理价值，并且任何价值都具有属己的、独立自存的应当存在，也就存在着应当的多种维度。这些维度如何并列存在，这一点从应当的本质中无法得以认识，因为应当在所有的维度中都是一样的。一般地，只有基于价值体系才能认识应当维度的体系。因为方向与处境是由维度的观念极所规定；而唯有价值质料的内在关系才能阐明这一点。

但不论这些维度多么相互交错，它们无论如何都不可能重合。因此对于在这些维度中活动的实在物而言就有了这样的结论：它能够同时占据不同维度的各种高度(Höhenlage)，并且由此能够同时拥有应当存在的各种不同的张力幅度与实际化程度；而且越是这样，价值也就越多——实在物是这些价值的潜在载体。

然而应当存在的指向与实际化程度的多样性绝不意味着应当存在的众多性。应当只是一种样式，至多是一种倾向。这两者仅以单数形式存在；它们的多样性只在于内容。因而价值是多，应当是一。这也是下面这一事实的历史根源之一，即只要伦理学相信原则的内容统一性，就不能形成一个严格的价值概念。这同样适合于应当概念。

随着对多种多样的伦理原则域的发现，它就变得不合适了。

第 19 章　应当与主体的关系

(a)应当存在在实在域中的支点

目前有一点必须要考虑到，即实际的应当存在并不包含在观念域中。它起始于观念域，却延伸到实在域之中；并且只要它对某一实在物起着规定作用，那么这种规定就是一种实在的创造(Schaffen)，一种生产(Hervorbringen)。

人们不可过于狭隘地看待这一现象。它绝非单单出现在由价值而来的意志决定中，更别说单单在意志的行动效果中；而是早已存在于任何赞成或反对中、任何表态或对某物的感受中。所有这些行为中的任何一种都是实在的。正是这些内在的实在要素构成了诸如境遇、个人关系以及公众生活走向中的伦理现实性。各领域之间的界线早已彼此冲破：观念的构成物证明自身为实在力量；它们赢得了实际性。

如果实际的应当存在对实在物产生了如此明显的影响效用——即便它源于另一个完全不同的领域，如果它因此而介入世界历程的盲目发生之中，那么在存在领域中必定有一个与应当相关联的支点，就好像是应当发生效力的一个起点，**正是由这个阿基米德点出发某种观念的力量才能推动实在物并且自身也变成了实在的力量**。对此，像有些理论家所认为的那样，是不够的，即应当与存在要从更高的存在意义上进行权衡考虑，因此还存在着一种“应当—存在”（Sein des Sollens）。并且在这种“更高的”存在中意味着观念的与实在的自在存在之间的形而上统一，而这种统一是我们没有认识到的，早已作为前提而存在；因此我们所问及的这种更高的存在早已先行发生。在这里人们要更加紧密地依照这种现象，遵循它的结构，承受它的疑难。

在实在的存在之流中，在变动着的现实中必定有一个枢纽点，而应当存在就恰好回溯到这一点上。它肯定置身于实在的世界历程中，作为一个环节嵌入其中，并且受制于世界历程的普遍条件；它必定服从实在世界的法则，一起分有着生成与消逝的存在形式，跟其他的实在构成物一样是暂时物。但尽管如此，它必须还能够又是无生无灭物、观念物的载体；跟别的构成物相比，它必定还起到一种关联作用，由此同一切其他的现实物区别开来，与它们相对立而行。简言之，它必定是实在的自在存在者，**能够成为存在流中某一实在倾向的起点**，是盲目发生中的一个具有倾向能力的构成物；虽然由盲目发生所孕育和承载，但控制着自身的固有运动。

这并不是说，我们要在实在域中寻找应当的起源，因为它是超出存在之外的。我们所要寻找的仅仅是应当在实在域中出现的那个关联点，即从纯然的观念力量形而上地转变为实在力量的支点。

(b)主体在应当形而上学中扮演的角色

现时的应当存在在实在世界中的这一枢纽点就是主体。

主体，并不是一般的形而上主体，而就如同我们在人身上所认识的经验性的、实在的主体，它完全符合所列举的各种条件。也就是说仅仅是主体。它独一无二地在此存在着。它自身不是应当存在者，而是其他存在者中的一种实在存在者。它完全服从现实性法则，分有着后者的生灭变化形式，但同时又凭借自己的内在世界、意识、自身的固有法则而跟一切其他的存在者区别开来。它同价值世界有着形而上的联系，感受着价值的观念性自在存在。此外它还具有自发的固有运动、倾向能力。它是唯一能将现时的应当存在转化为实在倾向的实在构成物。

应当的形而上学也就意味着，**应当及其对实在存在的影响作用(它的实际化)本质必然地要依赖于一种实在的主体**。由此应当就从根本上区别于存在论原则；后者及其实际化并不依靠中介法庭，毋宁说，它们直接地、毫无阻碍地起着决定作用。从一般的存在论上来看，存在超越于主客体之外，它包括这两者，对存在而言主体与客体处于同等地位；而应当又超越于存在之外，它包含存在者与非存在者，并且它是实际性的，即使它的内容是不存在着的。就应当进入存在域、实际的应当存在者变成存在者而言，这是可能的，当且仅当应当仿佛“捕获”了某个已然的存在者并且由此决定了应当的指向。**应当捕获了主体**。**因为唯有主体才能被价值的观念性力量打动**。其余的存在者对观念的呼声是迟钝而麻木的；它们“倾听”不到这一呼声，它们是“无理性的”。

与主体置身于其中的存在者世界相比，唯有倾听价值的主体才具有意识，才是认识主体。它是“存在的一面镜子”，它就是存在域中主体映现自身的那个点。正是借助这种主体，才出现了与自在存在世界相对立的世界，一个代现领域。该领域的内面就是理论意识。存在本身并不需要这样的对立世界；即便没有意识，它也能够持存着，无须被主体意识到。即便它成为主体的客体(被客体化)，也不会发生任何改变。这只是它的总量添加了认识。因此，存在对认识主体是漠不关心的，而认识主体对存在却不是如此。要是存在不是别的，正是某一主体的客体的话，那么反过来也成立。但这并不根源于认识，而是唯心论的建构。存在处于主—客体关系之外。

但与应当相比，主体具有更重要的含义。主体进入主—客体关系以及它在这之中的功能作用是完全不同的。观念的应当存在像存在一样对主体也是漠不关心的，同样独立于主体而持存着。但实际性的应当存在就不一样了，它对存在的影响作用依赖于主体。

所有原则的共有特点就是，它们都是“对于”(für)某物有效，对于某一特定的存在者类型有效。价值也是“对于”某物有效。这表明了价值对于某一特定的载体而言的相对性(参见：第15章e)。但除此之外，价值还“对于某人”有效——这是存在原则绝不会做到的，而这正是价值同价值感受主体之间的关联。它不取决于价值的观念有效性，而是取决于价值的实际有效性。这就表明了，以价值为起点的应当并不直接诉诸价值载体，而是诉诸实在域中一个中介法庭，即主体，而**由此也正是主体自己做主是否投身于价值的实现**。我们很清楚地认识到，主体行为在观念域与实在域之间的中介地位在这种关系中重现。

应当不像范畴那样能够直接地规定它所针对的实在物。毋宁说，实在物——假如它根本不是已经像它所应当存在的那样存在着——仍完全未受到应当的影响。应当存在者，尽管具有实际性，但仍不是存在着的。实际的应当存在根本不可能规定任何东西，除非某个具有倾向能力的主体现成在此——它的倾向能够被导向应当的目标(价值质料)，因此它也能够一起分得应当自身中的纯然观念性倾向。应当由自身出发不具有存在能量(Seinsenergie)；它需要另一种东西为它提供能量，能够为它所指引。应当需要这种属于某种存在者的**外来能量**，因为它遇到了实在物的抵抗，遇到了存在论决定因素。

应当，归根结底也就是价值，固然规定着实在物；但并不是无条件地、直接地，而仅仅间接地经由倾听价值的、具有倾向能力的中介，即实践主体。这种实在的决定方式——起因于伦理价值，是间接的、受干扰的，因此也为中断点所限制。

(c)应当存在与应当做。原则的形而上不足与主体的强大

面对着应当，意识并不是认识的，而是主动追求着的、意愿的、行动着的。认识行为固然也属于此列，却是从属性的。唯有某一能动的，也即具有独立行为能力的主体才能直接地受应当规定，也即是说还有其他的实在规定。这些实在规定采取行为(Aktion)、做(Tun)、行动(Handeln)等形式，而如果规定只是纯然内在的，所采取的形式就是态度、意念与倾向。在这里**客体的应当存在就转换为主体的应当做。这种转换就是要打破那种起因于价值的实在性决定方式**。应当存在与应当做之间这种关系的不利面在于，价值决定方式必然地受制于主体。这种变革恰好证实了，价值仅仅间接地、有条件地规定它以实际的应当存在方式所意向的实在物。主体的能动性就嵌在中间：价值作为决定因素仅仅直接地对这种能动性有效，但价值也从来不会无条件地对它起决定作用。

实际的应当存在某种程度上仅仅“间接地”起决定作用。因此伦理主体的一个基本特征就是，它是应当在实在存在中的经管者。它并非无条件地忠实于形而上学的善，也可能侵犯后者。它是否把实际的应当存在“倾听”为对之有效的应当做，以及它自身是否积极主动地投身于此，这一直还是听凭于它自身，取决于它的属性。伦理主体的所有本己法则都被纳入原则与现实之间的形而上联结之中。这是形而上联结的软弱面，也即应当落后于存在原则：应当所具有的规定性力量依赖于它自身无法驾驭的那个居中角色——除了应当外，它还受制于完全不同的决定因素，并且即便“能够听见”应当的要求的情况下，仍具有服从或不服从应当要求的自由。

但原则的软弱同时就意味着主体的强大、质性上的伟大，意味着在这个世界中占有支配地位。与理论主体相比，实践主体在世界中具有不同的地位。它不仅仅是对存在的反映，从而映现世界的构造；**从其自身而言它要塑形、改造和提升**：一个微型的世界创造者。而它所塑形和改造的并不源于它自身，不是它的产品，而是从另一世界那里倾听到的，它具有倾听另一世界的官能。但所倾听到的东西对伦理主体而言并不是一种强制；它只是吐露给主体的一种善，而主体则把这种善的形而上重要性感受为**对它提出的要求**。尽管如此，这种要求也不是一种强迫。伦理主体的基本特征恰恰在于，在感受到的价值及其应当要求面前，如同在实在物面前一样，它的倾向拥有同样的弹性、同样的活动空间。这种活动空间唯一受限的地方就是，伦理主体通过价值感也同时承认它所感受到的价值是处于它及其行动之上的，并且知道，对价值的违反(正是基于这种活动空间的缘故)要归因于它。但这种限制并不是实在性的。

主体对应当采取的态度是伦理学问题的核心所在。它首先只是涉及应当做这个较狭隘的问题，而后才进一步追溯到价值评价(Auswertung)；这一点并不会造成什么妨碍。任何行为，包括对价值丰富性的分析评价都是一种内在的做。但在应当这里，伦理学基本问题要更加特别地引起重视。实在物也很有可能是有价值的，即便没有主体的中介作用；对它而言，有价值物可能偶然地产生于盲目的存在论必然性。然而这种产生方式却否定了对价值原则的本质依赖性。与之不同，应当则本质地依赖于价值，趋向于它们。因此实在存在也许能包含有价值物，却不可能包含应当。它也不可能接受这种趋向，除非其中的某一实体证明自己有能力倾向于或接受应当。主体就是实在世界中具有倾向能力者，并且是目前我们能知道的唯一。唯有主体才能将应当“转变为”存在。

实践主体就是存在域中的一个不安分的点：它从存在论的平衡中凸显，设定某物超出自身之上，由自身这里增重。但增重并不源于主体自身；这种不均衡来自观念原则所占的优势，它打破了实在物的中立，由此赢得了对某一实在构成物的支配能力。**实践主体就是两种异**

质性的决定因素或力量的切点，仿佛是这两者在实在世界中相遇的舞台。因此这个不安分的点本质上就是时刻面临决断的存在者。

由此可知，应当，尽管不根植于主体，反倒作为要求迎向主体，但作为实在存在中的实际性倾向只能从主体这里开始并且唯有如此才能规定实在物。

(d)价值与目的，应当与意愿

价值作为观念本质自在地存在着，不需要通过主体来“设定”(Setzung)。但对实在物来说，这种自在存在品格还是不够的。为了使以价值为起因的应当存在实际化，就需要某种“设定”。它必须经由实在主体而“设定”——不同于已经“存在着”的东西。因此这种设定肯定是超越存在者之外的一种设定，是**在实现过程之前的一种预先—设定**。这种设定形式就是**目的**。它不是设定行为的主观形式，而是内容上的客观形式。但它仍自在地倾向于内容；从这种意义上来看它一直与行为相关联、受制于主体。

目的对于实在的主体行为域而言正是站在主体背后自在存在着的观念性价值。并非任何价值及价值质料都会成为目的设定的内容；因为并非所有价值都会成为某一现时应当所指向的目标，更别说成为主体应当做的目标。唯有后者才是题中之义。但在这种限制下目的与意愿之间的关系就如同价值与应当之间的关系。目的意味着通过实践主体设定价值。而唯有实践主体才能设定目的，才能够将感受到的或直观的价值变成意愿目的；而意识、预见、故意、能动性共同构成了这种行为的前提条件。其中首要的就是价值意识，因为**主体只能够将感觉为有价值的东西当成目的**。它可能在价值感觉中犯错，进而所设定的目的会错失现实的价值；此外它在目的设定中可能会把正确地感到的更高价值降低、疏忽、贬低为低级价值。可是，它不可能把根本感觉不到有价值的东西设定为目的、致力于实现它。

此外在目的设定中应当实际化的本质还在于：主体只能自己为自己设定目的。唯有主体才有倾向能力，只有对它而言目的设定才有意义。设定是反思性的：主体为主体设定目的。主体固然可以为其他主体设定目的，但仅仅在它力所能及的范围内才能现实地把其他主体的意愿引向这些目的，也就是说促使其他主体反思性地将它们设定为目的。目的设定只是在此意义上才是双重性的，并且都是反思性的。

(e)应当中的主观性假象与价值论规定

鉴于这种情况，就总还遗留着一个问题，即价值与应当是否带有主观性成分。主体必须把它们中转给实在物，并且是以双重方式进行的：主体先把价值与应当设定为目的，然后是付诸行动以实现它们。主体形而上地介入价值论联结之中，而以此方式也就证明了某种完全具体的、众所周知的东西，但同时从一般观点上看又带有主观性成分。

这里的根本误解就是，人们没有看到主体目的背后的价值、主体意愿背后的应当；而只看见显现出来的东西，即由主体发起的实在倾向。并且人们既不能把这些实在倾向归因于作为首发者的主体，也不会把它们归咎于主体自身中的实在因果联结；因为这两种说法都使我们忽视了这一事实，即主体不可能把无论如何都不是自在的有价值物并且也没有被感受为有价值的东西设为目的。而实际的应当存在恰恰取决于这种价值存在，即便实在物并不跟它相符合。这种“存在”就是价值的观念性自在存在。

但即便主体两次介入这种价值论联结，也并不意味着整个联结全都归为主观性的东西，如纯表象的领域。更准确地说主体是作为实在物嵌入进来的，并且建立这一联结的各种行为——价值感受、目的设定、意志、行动也都是实在的。它们的主观性并不是缺乏自在存在，而恰是它们的实在性自在存在的具体形式。一般地，“主观的”并不是指主体及其行为，而仅仅指意识内容，就没有与之相符合的自在存在而言。但主体及其行为都不是意识内容，它们只是自在存在者，并且是实在的自在存在者。与之相反，表象存在(vorgestelltsein)能够依照或不依照主体及其行为，也不会为后者增添什么。事实上天真单纯的伦理意识所缺少的正是这种表象存在。意愿主体与行动主体直接拥有的只是目的意识，紧接着是手段意识，而不是设定目的的意识。

在这里所讨论的实在主体行为不大可能把价值与应当降低为某种主观性的东西；相反，这些行为的固有实在性——它们也许会遭受怀疑，由于它们嵌入对实在物的价值论规定联结之中而免除了一切怀疑、免除了一切可能的主观性怀疑。因为这种联结是存在论的，而被纳入它之中的东西就具有了存在论的十足重要性。价值作为原则完全与存在范畴处于同一层次；价值对实在的规定，只要一般地发生，是存在论的。不过这种规定只是有条件的、间接的。这固然会削减它的贯彻实施力，但不会有损于它的存在样式。更准确地说，所有归于这一规定条件的都同样会被提升到存在样式；而伦理主体的中介性行为就属于此列。

价值与应当就其自身来讲既不是主观的，也不是客观的；它们如同存在范畴一样超越于主、客体之上。此外它们还超越于存在与非存在之外，这一点使其同存在范畴区别开来。但这绝不将它们更进一步地挪向主观性的东西，它们并不等同于只对意识构成物起规定作用的认识范畴。应当，在某种意义上像意愿一样，不与认识相并行，而是与存在相并行。它就是应当存在。认识，尽管是一种超越行为，也要归入主体之中。认识具有存在上的起源，受主体限制而又具有客观有效性。应当则具有观念性起源，在实施中受主体限制而同时具有本体实在的(超客观的)有效性。认识构成物仍是意识构成物，并且它一旦借助超越行为得以产生，就不会再越过意识界限。但应当又回转到存在之中；对它来说，主体只不过是中转站。它两次超越意识界限：通过价值认识进入，又通过行动走出来。这两种行为以及所有介于这两者之间的其他行为都属于价值对实在物起规定作用的形而上联结，并且分有这一联结的自在存在。

(f)主体与人格

到目前为止，人们总还是单一地看待主体对应当存在实际化的制约。不过还有别的方面。以价值为起点的存在规定不会对主体毫无修饰地就滤过它；相反它赋予主体以独特的尊严，如同价值音符一样也是一种范畴创新物(Novum)：**人格性**。伦理主体是所有实在存在者中唯一感受着观念性价值世界的主体，并且唯一具有赋予价值以实在性的那种形而上倾向；这样的主体就是人格。也就是说，人格性的本质不会消融在服务于价值的各种主体行为中。无论是价值观看还是诸如能动性、目的设定、意志等都无法使主体变成人格；相反它们是两种特殊的、真正伦理学意义上的规定性因素。不过它们涉及的是主体与价值之间的关系。

人格的其中一个要素就是：价值并不强迫主体，而是如果被直观到，仅仅向主体提出要求，实际上就是为主体留有活动空间。主体有能力把握价值并且能够左右是否让自己的行为服务于价值，这也就至少原则上赋予主体同样重要的形而上地位，即能够跟存在——不论是观念的还是实在的——相匹敌；这样的话，除了存在的形而上学力量外，主体还是一个独立自主的因子，一个本己法庭。这就是人们所称的**伦理自由**。人格存在者就是“自由”存在者。

除了自然自主性与价值自主性外，它还包括一种固有的自主性。这一点关系着一长串的形而上困难。对此，目前只是暂时地加以描述，伦理主体如何包含着自由。对它的正当辩护还必须有待于另一种探索。

人格的另一个因素就是主体通过行为而获得的价值音符。这类价值音符并不等同于以行为对象为基础的价值音符。伦理价值并不跟所设定的目的相挂钩，而是跟朝向目的的行为相挂钩，并且最终跟行为主体相挂钩。伦理价值固然自在地具有一种应当存在——不论是观念的还是实际的，但从来都不直接地具有一种应当做；它们当然能够且应该决定着目的选择，但不会为这些目的提供质料。爱的伦理价值仅仅在于爱的行为；但行为本身并不是意愿目的，也不是内在意向的内容上的方向点，而是道德属性的。与之不同，爱之意愿的目的存在于被爱者的人格中，或者说在对被爱者而言的财富中。但爱的伦理价值根本不同于对于他者而言是财富的价值，也不同于他者本人的价值。它依赖于爱者的人格。谁对他者行善，谁就意愿对他者而言的那种善；他并不意愿对自己而言的“善”，毋宁说他是善的，因为他意愿对他者而言的那种善。

行为、意志、意念，甚至最内在的、纯粹情感的表态都是真正的伦理价值载体；由此主体也是这类价值的载体，并且是唯一适合它们的载体。伦理价值就是“相对于”作为它们载体的人格的。因为作为伦理价值载体的主体正是“人格”。因此伦理价值就区别于构成意志的质料、目的的内容的那类价值，尽管前者与后者保持着最紧密的关联；因为伦理上有价值的行为也正是人格投身于某种以伦理的价值感为定向所选择的特定目的的行为。人格投身于这种目的的实现就是对目的设定的反思，是主体将目的设定作为推动力归入本己倾向之中。主体为自己设定目的。设定与执行一直都是相互嵌套，同时又都是超越性的。它们彼此独立地拥有自由的活动空间。对这两种行为来说，人格都是自行负责，自我归咎，为过失承担罪责。并且正因为如此，人格以设定与执行的方式作为善恶之载体存在着，而同时又是有着各种程度区分的伦理价值—非价值的载体。唯有具有责任能力与归咎能力的人格主体才能关联于伦理价值与非价值。

(g)人格性受到价值与应当的制约

因此人格性的两个基本要素——自由与伦理价值的载体就彼此牢固地扎根于对方。它们共同构成了人格存在者的一种统一的形而上品质。由于在这两者中价值的观念性应当存在是前提条件，所以应当的形而上学就证明自身同时又是**人格的形而上学**。

在这里的基本关系并不像目前可能显明的那样是单方面的依赖关系。并不单单是以价值为起点对实在的规定作用依赖于扮演中介角色的伦理主体；而且反过来伦理主体就其自身而言同样地，甚至更加受到价值的自在存在以及由主体中介的实际应当存在的制约。首先正是由于价值作为规定性力量介入主体行为域之中，主体才变成伦理的东西，即人格：**人格的存在者只能形而上地处于观念性规定与实在性规定之间的界线上**，即作为这两者相遇的活动场所、作为它们对立而又统一的舞台，作为价值论世界与存在论世界的结合点。这种居中立场、不消融于其中的任何一方、参与到两者之中，就是人格性的前提。

一个古老的想法就是，伦理存在者具有双重本性，是双层次的。康德就是在这个意义上区分了人的"自然本质"与"理性本质"。如果人们把理性理解为对价值的内在"倾听"，那么这种区分就涉及事情的实质。不过还有一点需要补充：最终一切的关键与其说是这种区分，倒不如说是这种积极性关系，即**这两种规定在某一存在者身上的叠合**，简言之它们的统一。而从结构上理解这种统一则超出了概念把握的界限——毕竟人格的伦理自由从任何可能的观点来看都具有某种绝对非理性物(Irrational)。不过**这种统一正是人格的本质**。它就是不会消融于这两个组成要素之中的东西，是范畴创新物，是非理性物。

要是主体只是局限于机械地充当价值论规定的媒介的话，那么它无疑就是一种纯然的存在论存在者；尽管同其余存在者相比是范畴上更高的存在者，但原则上仍处于同等地位，而并非我们所称的人格。它的那些为价值所规定的行为受价值支配，就如同自然物受自然法则支配一样，并且伦理价值与非价值也不可能在它身上显现出来。唯有它的中介作用不是机械性的，它既能够扮演又能够不扮演中介角色，并由此为它的行为在伦理现实上导致的后果负责，它才会成为人格。因为只有这样，它及其行为，无论是外在的还是内在的，才一直是伦理的价值与非价值的载体。**它自身既是存在论的又是价值论的存在者**，是实在的自在存在者又是自在地有价值的或反价值的存在者——这是从更高的、本来的伦理价值意义上来说的。

但这就意味着，作为本质结构的一般人格性，不仅仅是存在结构(如主体结构)，而且还是价值结构，即一种独特的价值质料。它是**实体性的基础价值**，在这里伦理价值是以描述属性的价值质性出场的。**这种承载伦理价值的潜能**就是人的道德本质，而且超越于所有具体的善恶之外。这种基础价值是所有更高价值——伦理价值或人格价值的价值论前提。这种条件关系就像生命体(有机体)的一般价值与活生生的、特殊的价值—非价值之间的关系，后者仅仅作为某一有生命体的属性才能够出现。

这就是为什么人的伦理本质，即人格性绝不能从存在论上得以确定的根源。它不是纯粹存在论的，而且同时又是价值论的。它是一种价值本质。因此并非价值受伦理主体规定，是“相对于”主体的；而是伦理主体受价值规定，它的基础本质只有通过它同价值之间的关系才得以界定，也即唯有它是伦理价值的唯一载体这种方式。

第 20 章　应当与目的联结

(a)对价值与应当的范畴性分析

价值是原则。它仍与存在范畴处于同一层次，即便是有条件的。它所特有的、使其与存在范畴区别开来的价值本质并不妨碍两者之间的这种平行地位。

因此价值还必定具有一种能够加以分析的范畴结构。并且由于价值是更高原则，它的结构是建立在低级原则的结构之上的，所以后者肯定包含在更高原则中，以特定的方式在更高原则中重现。

我们在对价值与应当的分析过程中已经遇到了整个结构要素序列，如价值—非价值的对立或者两极性，在这两者之间延伸出的价值维度，实在与价值之间的张力幅度的离散性，以及实在物在价值维度中变动的连续性等。这种变化序列不像数学序列那样是同质的，而是有质的差别；不像空间维度那样是静止的，而是如时间流一般是动态的；并非如因果序列那样漠不关心地流逝着，而是明确地上升着，由应当存在不可逆转地引向价值，是不断前进的实现过程，是朝向目的的上升进程，但这并不像在有机物中那样是盲目的、偶然地合目的，即纯然的存在论必然性，而是目的能动性地、有预见地、事先预定地趋向目标，在这之中目的的力量、最终也即是价值自身的力量就是创造者。

所有这些范畴因素涉及的与其说是价值自身的本质，倒不如说依附于价值的应当存在本质以及价值对实在物的规定。这并非偶然。应当的结构是相对地可把握的、可确定的，而价值却不是这样。个别的价值质料可以加以描述，价值意识通过它的行为品格也能够得以确定(尤其是具体地区分)，但背后的价值本质仍无法把握。它具有一种非理性的气质。而且在这里，非理性气质表现得比在存在原则那里更为明显，因为后者凭借自身的分层关系相对地好把握些；但正是从价值这里开始才有了新事物。

在范畴与价值之间有一条裂缝，尽管从形而上学来看它们极其可能处于同一层面上。就我们的理解而言，这个序列并不完整；就其自身而言是否也是不完整的，我们确实无法知道，因为人的意识无法把握所有的原则。就我们的把握能力而言，该序列无论如何都不会完整。不过一切似乎恰恰取决于范畴分析。

因此我们必须依循能把握到的东西，依循应当，即便价值的本质肯定不会在应当中浮现出来。

借助于关系范畴人们更能进一步看清问题的核心点。柏拉图已经在伦理价值(德性"理念")中看到某种实质性的东西。但无论柏拉图自己还是后继者都没有出于伦理学的考虑而充分挖掘这种思想。因为实体在他们这里只是形式实体；但事实上价值包含的并不是化为形式、法则、关系的事物，而是某种基底物、质料物。它是与内含在价值中的一种独特潜能结合在一起的。价值就是亚里士多德那里真正的"第一推动者"：创生的能量、创造、形式、现实等都是起因于价值。它是隐藏在应当存在背后的力量。正是由于价值原则，存在者失去了自己的均衡，开始动起来，进而倾向于超越自己。价值是存在的重心，是运动"最初的隐德莱希"。

亚里士多德的这种实体概念——从根本上看就是目的概念——对自然来说是有问题的；但对伦理现象而言完全中肯。在后者这里是事先设置目标，而这种做法恰恰植根于原则的这种实体性本质。价值是力量之源，同时又是方向。价值作为实体性的东西并非将这一过程由自身推向远方，而是把它引向自身。它就是应当存在所指向的吸引点，是所有遵循应当存在的实在倾向都朝向的。

(b)原发的决定类型与第二性的决定类型

人们从各个方面都认识到在这里是指向了一种伦理现实意义上的**价值目的论**。它对应着因果联结；它同后者一样也是一种联结，一种针对实在的决定类型。不过是另一种更复杂的、更高的决定类型。它正是应当存在者的现实化所特有的。

在此需要立即作出这样的界定：应当存在者的现实化是一种间断的、分成两个环节的决定方式，而中断点就是人格主体。第一个环节——人们可称之为**原发的决定**就是主体受价值规定，即"倾听"、感受或直观价值。这种决定方式首要地是从观念存在走向实在存在(因为价值感已经是实在行为)，所以当然不是最终的目的决定。此外它还具有一种更普遍的但无法形而上地进一步分析的类型：一方面从结构上看接近于认识关系，因为价值观看与原发的价值感就是一种“把握”方式，但另一方面又是统摄与制约的关系，就如同所有原则与其有效域之间的关系。

对最终的决定来说所剩的当然只是第二个环节，**第二性的决定方式**，它以价值观看主体、意愿主体与行动主体为出发点。它完全处于实在域内；它已经将观念转变为实在(实在的价值意识)作为前提了。它以实在主体为起点，并且如果它变成外在行为，就还包括其他的实在物；如果它只是内在态度，就涉及人格主体自身的塑形。就这种决定方式的实在性而言，主体的内与外并不构成区别。心理学问题固然还依赖于这一内外二重性，但这两者都是实在性的，即物理过程与心理过程都在同一时间内流逝，而唯有空间性才将它们区分开来。

第二性的决定方式就是目的决定。这是由目的联结所统摄的一个广泛区域。所有积极的人格之间的行为都带有这种**作为范畴形式**的目的联结。并非只是有意识的设定或致力于目的才属于此列，而是主体的所有能动性根本上早已具有这种联结结构，也即包括所有的追求、意愿与行动，一切的愿望、渴望与希望，以及所有未得以表达的、未被理解的、纯然意念中的倾向。所有种类的实践意向都是一种目的意向。

(c)作为三重关联的目的联结

像在因果联结那里一样，我们在这里也发现了从一个环节到另一个环节的普遍的依赖关系，即一种不断向前推进的序列。但这里的依赖结构完全不同于自然发生中的。在因果序列中后来者完全由先行者所规定，依赖关系循着时间流方向，也就是“**正向的**”。而在目的联结中则是先行者完全由后来者所规定，依赖关系是逆时间流的，也就是“**反向的**”。在这里一切都瞄向最后环节，即目的。从这个意义上看目的联结就是对因果联结的颠倒。原因—结果之间的关系正好同目的—手段之间的关系相调换。

因果序列的动力是盲目地向前推撞力，它的方向永远都只是各种中立的组成要素所造成的；目的序列的动力则来自最后环节的吸引力，是该过程被吸引地朝向最终目标。整个过程的前提就是目的事先—存在。

但这样描述目的联结仍是不完整的。如果目的的事先一存在是整个过程的前提，那么该前提的存在方式也必定被计算在内。但目的在其实现之前如何存在呢？它只能作为设定的，也即**预先规定的**目的而存在，并且唯有意识才有能力事先设定目的。因此**目的设定**就是最先的，是抢在这一过程之前的，仿佛是跳过该过程而联结着尚未存在着的将来。

由此就增添了第二层关联。真正意义上的实在发生过程就是在时间中流逝并且按照从先到后的时间顺序，即便它受目的规定，也就是受最后环节的约束。在这里“手段”就是实实在在的原因，它逐步地“实现了”(bewirken)所要达到的目的。所以说，这个实在发生过程从实现目的上看就是**一个因果过程**，尽管受目的规定。它与其他因果过程相区别的地方仅仅在于，从目的观视点出发先于实在发生过程而规定手段(或者说选择手段)。但手段序列如何“实现了”目的则是因果性的，因为随后环节总是作为先行者的目的，直至最后目的。因此，**目的联结早已以因果联结为前提**；在这个充实、实现阶段，它就是因果联结。低级的决定形式一同被包括在更高的、更复杂的决定形式之中，是后者的组成成分，这一点正好符合范畴分层的普遍法则：较低范畴永远都是更高范畴的前提与范畴因素；更高范畴不能离开低级范畴，而低级范畴在没有更高范畴的情况下也可以存在。

如果人们把目的设定与目的的实现归入整个目的联结之中，那就不能再简单地将目的联结视为对因果联结的颠倒，而是要将其看作一种更高类型的决定形式。由于目的对手段的反向规定构成了目的的真正本质，所以我们就可以把这连同目的实现的因果过程描画为一个**循环圈**：首先目的反向地规定手段，然后手段正向地规定目的。不过这也不够完整，因为整个过程的首要前提——设定目的并不包含在此。假如人们把这个也考虑进来，那么在目的联结中起点与终点之间就存在着三重关联。

1. 目的设定：主体跳过时间历程事先设定目的，但只是意识中的。

2. 目的对手段进行的反向的、本来意义上的目的规定：从最后的、最靠近终极目的的手段开始，一直回溯到最先的、当下的手段，也即是主体开始之处。由此先行环节(回溯过程中的后发环节)总是将后发环节(回溯过程中的先行环节)作为目的并且为它所规定，或者说被它挑选。

3. 目的实现：通过手段序列实在地得以现实化，在这里在先行的反向规定中普遍发生的手段—目的关系就转变为一种同样普遍发生的、正向构造的原因—结果关系。

(d)目的联结中正向规定与反向规定

这三重关联中只有最后的那个阶段或层次才具有实在的世界历程的特征。因为它具备完整的因果结构，是主体主动地介入实在的世界发生之中，所以说它绝对不可能拥有别的范畴形式，而只能是因果形式。第二阶段的最后环节就是第三阶段的开端，是主体能够掌控的最初手段，并且是事先设定目的所产生的一切其他影响效果的起始点。目的序列对包含在第三阶段中的因果序列的依赖性对于我们理解整体而言具有重要意义：**一般地这两种决定类型仅仅在实在世界内才有可能共存**。目的决定方式之所以毫无阻力地嵌入因果决定方式之中，就是因为目的的真正实现过程是因果性的。用不同的方式来表达就是：目的能动者唯有在因果决定论世界内才能对其所身处的世界产生实在影响。这的确是在挑战期待着从非决定论中寻找更大行动空间的主流意见。可是在一个无规定性、无法则的世界中一切都是偶然的，根本就不会有目的能动者；这也就意味着，在这个世界内实现目的、采取行动都是不可能的，因为没有人能预见，作为手段的那些原因导致了意想的效果(预期目的)。

目的联结中的第一、第三阶段是顺着时间流正向而行的：不过唯有第三阶段是现实地在时间中发生的，第一阶段则是越过、跳过时间流的，它预先推出将来，并由此十分确定地将其设置在当前。与它们不同，只有第二阶段是反向而行的。而它也不处于实在发生层，只有借助主体的能动性才会对实在发生起着规定作用，因为正是主体为其指明了道路。但如同目的设定阶段一样，它也主要地只是在意识中的。就像唯有意识才能自由地跳过时间进程一样，也唯有意识才能够反向地穿越时间进程：从预先设定的目的直至主体能够掌控的最初手段。

因此整个过程并不是一个简单的循环：其中的一部分为了保持在这一循环结构中将要流转两次，而另一部分只需一次。前两个阶段自身已构成一个自为的完整圆圈，只是它们仍处在实在之外，纯粹作为自身中的意识，作为客观的意识构成物。它们在观念层面从实在的、既定的当前主体走向将来之目的，而后又从目的出发、经由手段序列——不论从反向地看它们对目的来说多么必要，重新回返到当前主体。并且在这时才开始了目的联结的实在阶段，在这里手段序列的顺序会颠倒过来（正向的）并且作为原因穿过这一实在过程。

人们很容易就能看出，正是第二个阶段为目的联结打上了真正的目的印记：后来者反向地规定先行者。此外也是它使目的联结有能力成为实现应当存在者。因为唯有首先要求实在倾向趋于目标，对应当存在来说目标才是**被给予的**。也只有目的决定才能满足应当要求。

(e)目的的双重性与同一性

目的联结中第一、第三阶段围绕的是反向规定，都是从主体走向目的，但却以完全不同的方式。第一阶段是纯然意识中的预先规定，不对中间环节（手段）进行反思，直接指向**纯粹设定的、非实在的目的**。而第二阶段则是实在的、实现着的过程，它由反向规定中对手段的反思所引导，指向的是**被践履的、实在的目的**。

因而在目的联结中目的出现两次。一次是作为设定的、非实在的，在过程之前而预先确立，这样的话它就真正意义上起着规定作用，是这一过程的重心；另一次则是作为实现了的或得到践履的目的，既是因果序列（第三阶段）的结果又是目的联结的整个三重性结构的结果。这两种目的之间的区别就如同亚里士多德那里的“最初的隐德莱希”与绝对的隐德莱希之间的区别；只是在他那里，这两者适用于任何过程性发生，而不是特别针对伦理学问题。前者所指的是受原则（价值）规定、由意识所设定的有价值物；而后者则是受原则规定的实在物——间接地经由意识。前者是目的联结中**最初的条件者**，后者则是**最后的有条件者**。人的追求与创造的所有张力都包含在这两者之间。

不过从别的意义上讲它们又是同一的，都正当地称作同一个目的（如同亚里士多德那里同一个隐德莱希）。因为它们在目的联结中的区别仅仅在于它们处于不同的阶段，以及它们各自的存在方式；就如同在意识中所设定的存在与实在的自在存在之间的区别。但**从质料上看它们是同一的**，因为质料自在地无关乎样式差别与联结的阶段（层次）。

这种内容同一性恰是目的联结中循环运动假象的根源。因为即使样式得以区分，设定的目的与实现了的目的之间实际上也无法区分。此外它也导致了，在具体的发生中目的序列表面上看来就是纯粹因果性的。因为假如人们只看到实在过程（第三阶段），那么他实际上也就只拥有因果序列。但凭借这一点人们无法洞见，因果序列自身的属性根本得不到实现，除非后果早已事先反向地变成先定者、原因早已成为结果。伦理自然主义的名言就是，一切都能从因果上得到解释；由此他们忽略了整个循环运动决不会彻底地闭合。实际上在具体情形中所达到的目的通常都会大大地偏离预先设定的。由此确实造成了一种质料上的非同一性；但这并不在于目的联结本身，而在于主体不够强大。

主体同样也是两次进入目的联结之中，因为第一、第三阶段都起始于主体。主体确实只是反思性地为“自己”(主体)设定目的。它凭借自身的能动性、意愿与行动去设定目的；而在目的设定中主体已经将自己作为起始环节纳入实现过程之中。因此实际上主体是两次出现在目的联结中，并且发挥着不同的功能：一是作为目的设定者(价值直观者与预见者)，另一是作为意愿者与行动者。

不论主体的这两种功能在目的联结中多么不同，但原则上仍隶属于某种同一性：这两种功能(行为)得以统一的主体自身的同一性，即人格存在者的同一性。即便这样，循环运动实际上也绝非完整的，在具体情形中不可能刚好闭合。主体，也即在目的设定中向之提出要求的主体由于其经验性意向通常情况下不再是那同一个目的设定主体。它的意愿只是有条件地支持由它所设定的目的；它并非无条件地、彻底地等同于设定目的的主体。要是这些经验性意向不可能互为冲突的话，通向地狱之路就不会由良好的意图所铺设。

但这个众所周知的现象并不在于目的联结的本质，而在于主体的道德上不一致与软弱，主体没有能力现实地投身于本己的伦理学意向。这是主体人格存在者统一性的割裂，是自我背弃。

(f)人的预见与预先确立目标

主体在目的联结中扮演的角色正好类似于它在实际化的应当存在中发挥的作用。这种一致性是内在必然的。我们固然可以想象这样一种目的论，它并不遵循价值，它的目的从质料上看不为价值所规定，尽管我们无法将之作为现象来认识；但如果撇开“偶然的”、不受价值引导的实现形式不谈的话，应当存在者的实现不可能选取别的，只能选取目的决定的道路。目的联结就是这种实现的本质形式。因此不难理解，主体在这两个问题复合体中所起的作用是一样的。

目的序列的实在性动力结构类似于应当存在的观念性动力结构。它不像因果序列那样是盲目地、粗鲁地冲撞，不顾及后果地在时间中向前翻滚；相反，它仿佛“看得见”。并且不仅仅是仿佛，**事实上**

就能"预见"。它预先设置终点，并由此一下子预先确立整个序列。在这里整体先于部分；但在逐步地趋于一体化的因果序列那里整体是最后出现的。

这一预先推定包含双重含义：预知与预先规定，预见与预先确立目标。这些都是主体的事情，它们是作为伦理人格的人的基本规定。因为正是凭借这类抢先发生的行为，人才成为伦理的价值—非价值的载体。这也恰恰开启了对人的本质的一种形而上洞察。预见与预先确立目标确实属于神，它原本应该就是对神的智慧、强力、绝对地统治世界等属性的表达。神话—宗教的思维向来把一切力量都归于神，甚至将价值也理解为神的命令。伦理学可以为信仰形而上学留出活动空间，只要后者不侵犯伦理学的权限领域。但正像伦理学必须将价值的固有本质归还给观念性自在存在一样，它也必须将人的固有本质重新交给人。

没有人知道并且无论如何也无法证明，神是否有预知能力；但我们却知道，人具有这种能力。并且人也能预先规定。他的这种能力可能是不完整的、有限的、永远是片断化的，远远赶不上理想中神的预知；但其优势在于，它不是纯然的理想，而是**事实**，即有能力把握生活现象。伦理要做的且必须要做的就是：赋予人以神的属性，当然这在天真单纯的眼里是对神的亵渎。伦理学就是把人自身的本质重新交还给人，而他曾错误地认识了自己的本质，自动放弃并将之转交给上帝。或者换一种表达：伦理学将神从世界宝座上退下来而居住在人的意志里。人继承了神的形而上学遗产。

用哲学的术语来讲，**目的论是人的特有属性**。它是否还存在于世界的别的地方，这一点我们不知道；因为它仅仅在某种有意识的、有认识—追求能力的存在者身上才是可能的。但除了人以外，是否还有其他存在者拥有这些能力，这完全是思辨的推想。我们唯独在人身上认识到了设定目的、预见与预先规定、追求、积极地实现目的等能力。对于客观冷静地、毫无成见地依循现象的哲学来说，一般地通过意识才有作为构造原则的目的范畴，即目的设定与目的行动，而不是纯粹的"合目的性"——后者也可能是偶然的。当然它也许会存在于更高的构成物中，如果有这类构成物的话；但肯定不存在于低级构成物中。后者(如作为手段)能够被纳入更高的目的联结之中；但它们自身完全是无目的、远离目的的，对目的漠不关心的。正是出于这个缘故，也即正是因为它们没有本己的目的倾向，所以才能作为手段出现在跟它们的实存之间毫无关系的目的联结中。

第21章　价值目的论与人的形而上学

(a)自然目的论与世界目的论

绝大多数的哲学体系都将目的范畴作为一种普遍的存在论范畴，尤其是当成一种自然范畴。它们在这方面追随着神话思维，即从任何异乎寻常的自然现象中都看到目的能动性力量的作用，并由此不得不按照被赋有灵魂的本己主体而将整个自然界视为有预见、追求能力的。

当然哲学不像神话那样胡乱行事，而是根据显而易见的、实际存在的合目的性视角。在有机自然界目的形而上学表现得最明显且坚持得最为长久。人们早就知道，因果解释在生命现象上是失灵的。一种具有永久正当性的看法就是，在生命中出现了另一种更高的、特殊的生命范畴形式。但所考虑的这一基本范畴恰是目的联结，是我们在实际中只有借助于意愿、行动意识才认识到的；这一点正是目的形而上学任意性的根源所在。人们自然而然地就获得一种人人皆知的规定类型，并且无须对此进行辩护，即除了已知的因果与目的决定类型外，还可能存在着无限多未知的。

对这种思想作出经典阐述的亚里士多德哲学就根植于一种有机形而上学。但他把这种思想从有机界出发套用到整个无机自然之上，套用于简单的运动过程上，并最终将一切都归结为唯一的目的论世界原则，即“第一推动者”的纯粹潜能。由于目的论过程的起点只能是具有目的设定与目的能动力的某种构成物，所以这种世界原则必定拥有理性形式。而最后达到顶点的就是神的理性、绝对理性。

在近代自然科学创立之初就已经对亚里士多德的无机自然观展开了批判，而直到康德的《判断力批判》才证明亚里士多德的有机自然观是站不住脚的。不过人们对一般的世界观仍缺少一种彻底而全面的批判。世界观也许无法一般地被给予，因为理论在这里要极大地远离各种现象，以便拥有一个坚实的地基。对一般形而上学来说目的论仅仅是虚构的并且得不到哲学科学的认真对待。

康德在阐释目的论问题上的功绩就是：他指明了人的精神倾向于从目的论的角度解释自然现象的根源所在。有这样的自然形体(Naturform)，它们对于其他形体实存而言的合目的性(如器官之于有机体)是其本质所在。它们实际上所处的状态就是，它们“好像”是为了某一特定的目的而被创造出来。这种“好像”如同合目的性一样都不是任意的。不过从这两者出发绝对无法推出创造性的目的原则与目的能动的生成是实际的现成存在。从“合目的性”中绝不会推出目的能动性。毋宁说人们可以毫无矛盾地把任何的因果发生过程解释为目的过程。无论是目的能动性还是合目的性都只是显示了目的联结中的第三阶段(因果过程)，并且在任何因果发生背后都能轻而易举地再构造出目的联结中的两个先行发生阶段——目的设定与目的反向的规定手段。由此会推出这样的观点，即它们仿佛能毫无阻力地容纳任何看法，只要后者不跟它们相矛盾。但我们对这一观点所做的证明不亚于对它的驳斥。批判地看它仍只是一种“好像”；它可以提升到某种方法论“规则”的重要意义，但却无权要求会切中事情本身，而是局限于纯粹的原则探求这种从属性意义。

合目的性的东西是无目的地生成的，或者像康德所称的“无目的的合目的性”(应该称为：无目的能动性)，这确实是极其简单的、自明的洞见。此外这种洞见在过去数百年里只被目的论地看待的很多现象中得以证明。它在当今科学中已流行起来，在生活领域中也成了常用词。尽管如此，还一直存在着诱使我们目的论地虚构世界图式的因素：1. 对于知性来说无法穿透的现象，它们的存在论规定(无论是因果性的还是非因果性的)极其复杂以及有认识上的隔阂；2. 我们的理解力与洞察力过于草率地应对一切，甚至在最棘手的事情关联上这一“轻敌”策略还假装成目的原则——“简单是真理的印记”这一古老的信念当今仍然有效；3. 实际中继续在有意识的目的能动性与纯粹偶然的合目的性之间进行外在结构上的类比。

(b)哲学上的人类中心主义与价值论规定的优先性

很明显，这种诱使人们虚构世界图景的做法在一般形而上学中表现得最强烈，造成的错误导向也最大。在这里添加的负重就是：人的世界感受明显地要求使价值论视点居于存在论视点之上，将宏大的世界过程理解为自在有价值物的现实化。这种观点必然包含着普遍的世界目的论。

由此导致的结果就是：人意识到自己能够设定目的、预见与预先规定、能够控制实在过程，也即意识到自己是行动主体，是伟大的人格，可对于这些人们只是默默地承受着，却无法从思想上为之辩护。假如世界进程具有目的能动性，那么必定“有人”隐藏在其背后，并且他在这一进程中是目的能动性的。目的论形而上学不可避免地就会走向“上帝”，即超出一切可证明之外的假定。

仔细一看，就会发现这个目的论的上帝概念完全就是人的忠实映像，只是上升到绝对者罢了。尤其是预见与预先规定能力被当作崇高的、无限的、完满的东西(无限灵魂、完满理性);而上帝作为世界目的的工具从各个方面来讲都是将人的一个体化的本质**投射给**超人的、宇宙的存在者。

唯一有可能的就是,自然目的论、存在目的论以及宇宙目的论都必然是**人类中心主义**。鉴于此,它也无须等同于神话。哲学的人类中心主义也能够避免原本的上帝概念,而满足于将那个价值论上假定的、在其他情况下无所依托的并且仿佛悬在空中的世界目的拟人化,尽管严格来讲这里已经出现了不一致。不过这种拟人化确实是现成存在的;它并非首先存在所造的上帝概念中,而是早已存在于目的论中,存在于预见与预先确立目标中。此外人们很容易看出,对于这个问题而言所有更为细微的、也许具有重要意义的区分,如有神论与泛神论之间的区分都无关紧要。目的论永远是一样的。

而这种形而上学最终根植于价值(或者某种价值)对存在范畴的普遍优先性。价值论决定先于存在论决定被设定出来。价值论的实在决定类型必然是目的论,因为正是以价值为起点的实际应当存在提前规定了过程的目标。但价值论决定的这种形而上优先性意味着一种彻底的决定论,在这里人被剥夺了由其自身出发进行规定的活动空间。目的联结所起的规定作用根本不同于因果联结;它提前确立了目标,确立了一切过程的结果。而这是人这种有限的、被纳入世界进程之中的存在者所能对付得了的。对于这种完全不顾及人的意见而连接到所确立的世界目的的做法,人只能无条件地任其摆布。这会整个地贯穿着人及其行为;而这种因人的无知而造成的宇宙目的论竟然还极有可能作为人自身的自由的决定方式得以显现。

(c)人的根除与范畴基本法则的颠转

对于伦理学来说,这种也许在泛神论中贯彻到底的观点几乎是灾难性的。

在这里人从形而上的意义上就卸除了一切责任与归咎;良知与罪责意识都是幻象。人固然可以充当世界进程中的载体,也能够是某些价值的实现者;但他的这种价值载体身份无异于其他的存在者与物。以人为起因的这种价值实现也不是人的作品(Werk),而是属于人要穿行于其中的,但并非人所意愿与选择的目的论过程的作品。人的自由与责任的可能性被根除了,由此人也不再是伦理价值载体,因为伦理价值仅仅属于一种自由的、具有责任能力的存在者。作为伦理存在者、作为人格的人被否定了，原则上就无异于自然存在者了。人的价值论自主性本质与人的目的论由于价值论决定的宇宙论优先性以及宇宙目的论而被否定。**在一个彻底受目的论决定的世界中不可能有伦理存在者**。普遍的世界目的论彻底消除了伦理学。世界目的论是命定论——不论一神论、泛神论还是无神论，它仅仅给人类留下宿命论的观点①。

当然这种结论毕竟极为少见，因为任何哲学都不愿意破坏与伦理学之间的关系。也许在哪个地方哲学就会终止这种推论链条，从而妥协让步。而这恰恰遮掩了原本清晰明白的事实真相，也即伦理意识、人格存在者并不与世界目的论之间达成一致协议。人不得不作出选择：**要么**是自然目的论与一般存在的目的论，**要么**是人的目的论。这种选择方案是一种真正的、完整的选言判断；人们既不能将它转化为“既……又……”，也不能为其添加第三种可能。选择的其中一支是理论，另一支是现象。爱幻想的人也许更重视理论，而在爱智的哲学家眼中无论如何现象更具权重意义。为了伦理现象，哲学家必须放弃目的论形而上学。

对此人们不得不质疑：目的论到底错在哪里，不一致的最终根据是什么？世界目的论是一个自身完整的理论，它怎么会同现象相矛盾？回答就是：理论自身的完整性决不能证明它是站得住脚的。唯有它与所有现象相一致——无论是直接地还是间接地涉及的现象，才能使其自身站得住脚。但我们在此拥有一整套的真正伦理现象，它们跟这种理论相冲突。除了一般性论证外，唯有一种详尽的范畴学说才能回答这个问题，并且只有基于目的范畴分析才能将这一答案揭示出来。

所有目的论世界观所依据的都是上面指出的价值对存在论范畴的优先性。而它同时也是应当存在对存在的优越性。但这是一种糟糕的论点。这就意味着，低级的、更简单的、更一般的原则要依赖于更高的、更复杂的、更具体的。这恰恰是颠倒普遍的范畴基本法则；根据该法则，在范畴分层中低级范畴无论如何都是更高范畴的前提条件，是后者的范畴条件或要素，而任何更高范畴都会以新的方式将低级范畴统一起来，它是超越于作为质料的低级范畴之上的更高形式。这种更高形式就是更高范畴的创新物。由此可见，低级

① 这种形而上学的代表流派(如泛神论)往往又会提出相反的主张，他们背弃了自己的思维方式。也就是说他们不仅缺乏哲学上的前后一致性，而且还没有任何严肃认真的范畴分析。

范畴无论如何都是更独立的、更加无条件的，即便没有更高范畴，也是自为地持存着的；而更高范畴无论如何都要以低级范畴为条件、依赖于后者，并且只有在低级范畴这一前提下才能持存，甚至更高范畴及其创新物仅仅在低级范畴为其提供的不受限制的活动空间内才得以可能。更高原则不能牵制低级原则，无法消灭后者；它只有以低级原则为基石并且借助于后者才能成为一种更高的构成物。简言之，低级范畴更为强大，更高范畴反而较弱。

目的论形而上学跟这种法则相违背，是对后者的颠倒。它使更高原则(价值、应当、目的)优先于低级的，使后者依赖于前者。自然的因果联结要依赖于目的联结，尽管前者是后者的前提，就像我们的分析所表明的。人通过类比自己及自己的行为来理解整个世界联系。我们在人格身上才认识到的且专属于此的目的能动性原则却未经审查地扩充到一切种类的实在构成物上。这样的话，合法正当的人的目的论就变成了一种普遍目的主义。而这种目的主义自然地就具有一切“越界”、哲学“主义”的不足。

结果就是：**人在宇宙中的独特位置消失了**。如果整个世界对人而言都是本质相同的，也就没有为他留有范畴上的特殊地位，没有优先权、优越性。但这正是所有伦理学问题的根据。因果联结(低级的决定形式)不会剥夺人的权利，因为它不包含已确立的、无法改变的目标，所以它顺应任何一种作为局部原因介入它之中的力量。而目的联结，作为更高的、要具确定性的决定形式，却不是如此。它一旦成为世界原则，就会根除人。

形而上地将一切都人性化就是道德上根除人。

(d)伦理学与存在论，人与自然

剥夺人的权利所带来的后果是极其严重的。由此人也就放弃了在世界中的独特地位，而正是基于此，才有了现实的可证明的价值论决定方式与创造性的目的论。这两者所需要的一切必要条件也唯有在人身上才得以集结。至于在世界的别的地方是否也存在着这些条件，毕竟没有人能知道。

人们也许能像一直认为的那样，想象某种存在者具有倾向能力——就这点而言仍有些内在条件是疑点重重、模糊不清；但首先使目的设定与反向的规定手段成为可能的那种预见与预先确立目标能力只存在于具有一定高度的**实在意识**中。也就是说，目的联结固然要进入时间维度，但它的第二个阶段并不与时间的相继进程同时发生，而是逆之而行。时间不可能倒流；低级范畴，即时间及其不可逆转性是更强的范畴。**唯有一种就自身而言无时间性的构成物才能自由地逆时间而行**，先于事件流且反向地逆行。观念，意识内容，可以这样；意识行为就不能如此，它受制于时间。但意识的客观内容不等同于它自身。唯有意识才能为目的联结所要求的预先确定与颠倒时间顺序提供存在论样式。

伦理学及其问题复合体就是形而上地为人进行合乎本性的辩护。它捍卫人的权利，从而抵制好高骛远的思辨对人的任何贬低，阻止人将自己的特权转让给上帝与世界。它从宇宙论与形而上学的角度来恢复人的名誉。它不需要任何思辨的手段，它能素朴地遵循现象。它比一般形而上学更接近于事实。一般形而上学必须正当看待伦理学，而不是反过来。伦理学的地位更高、职责更大。

因此对伦理现实的一切决定类型都要纳入一般存在论的决定类型之中。前者必定也要包含一般决定形式，而且还要超越于其上。它从来不会是纯粹目的性的，而是目的决定与因果决定的混合；而且它之所以这样，是因为目的联结及其第三个阶段——其本身就是因果性的——顺应了普遍的因果决定方式。然而这种混合不仅仅是指目的的实现化是因果地进行的，此外总还有大量的因果要素，它们不是作为由预定目的所规定的手段，而是完全无关乎目的地、机械地发生着。实际上**目的联结总是已经交织在一张现成的因果联结网络之中**。而这样的目的序列是并且永远都是世界发生中的异质物，尽管从外表上来看(第三阶段)具有因果结构；而且它的推论结果也仍是存在域中的异质物，尽管它分有实在的存在样式。起源、规定性的原则，无论怎样嵌入，仍保持着自身的异质性与独特性。

正是由于这种异质性，目的序列才占据着主导地位。在其影响范围内它是许多存在论要素中对总的结果产生决定性作用的一分子。它赋予人的那种在世界中的优越性并没有使其具有更大的规定性力量，恰恰相反，由于它自身宇宙论上的渺小与依赖性，所以它比彻底地统摄一切的因果联结要弱得多——人的实在性目的行动置身于对目的漠不关心的、存在论的因果关系中，就好像大海中正在消逝的一滴水。然而实在的目的行动是能看见的、能预知，且有意识地预先规定目标；由此，它固然介入盲目的世界发生之中，但后者却为之服务。它从自然生成的实在构成物中挑选出服务于其目的的手段。

正是神的属性——预见与预先确立目标才赋予人以支配地位。目的决定方式实际上能够改变因果决定的大潮流，使后者转向所设定目的上来。更高构成物能左右低级构成物这一现象是对前者自身是更弱的、更具依赖性而言的一种范畴性颠倒。这一现象不是别的，正是范畴的高度与强度之间关系——范畴基本法则的直接推论；人们可以把这称之为伦理存在的奇迹。当然只有更高构成物在对低级构成物的依赖中要同低级构成物保持一定的距离，这种现象才得以可能。假如人们消除了这一距离，颠倒范畴的基本法则，将更高的决定类型普遍化，也就背弃了这一重要现象。要是自然界从结构上等同于人的话，并且也像人一样是目的论与价值论的话，那它就不会给人留下空间；人的价值论与目的论也将找不到可控的、为其所用的存在过程，而后者的各个给定阶段原本就能够充当目的之手段。

(e)人的目的论与“偶然性”

人的目的论仅仅以此形式才是可能的，即超越于一种普遍的存在决定论世界之上从而上升到另一种更高的决定类型。决定类型的二重性及其在世界中的分层是人的目的论得以存在的形而上基本前提。这类似于航海术：在风平浪静的时候水手会停顿不前，而在起风时他单凭掌控帆与舵就能够使船驶入任何航线上——间接地也会逆风航行。人能使自然力为我所用，将后者作为达到各种目的的手段，因为人自身的操纵力量是极其微小的。人唯一优胜于自然强力的就是他的目的论，也即人的目的论先于自然力。

目的序列就其自身来讲永远都只是不完整的。正是对目的漠不关心的因果要素使目的序列在现实生活中变得复杂化，但总有一部分是无法预见的。人的预见能力不仅在范围上是有限的，而且自身就是有缺陷的。因此人预先确立目标或多或少地总是不确定的。结果可能会与之相矛盾。人的意图可能会错失目标，正如人的认识会错过对象一样。于是，最终的结果就是非意愿的、非目的论的，偶然性的。

这一问题关联中的偶然概念是唯一现实地符合现象的正当概念。形而上—存在论上的偶然概念则是错误的。对存在者而言只有必然性。现实地存在着的东西有充足的理由如其自身地存在着，这当然不仅仅是机械力学原因，还有存在根据。整个存在关系及其原则体系都对现实物起着规定作用。只有主观上、非本来的意义上人们才能谈及偶然物，即无法透见其根据的东西。存在论上就没有偶然——因为从整体上来讲的确如此。然而实际上在这里出现了另一种完全不同的形而上学问题，它除了跟作为无规定性的偶然(或然)具有同一个名称外而不意指任何东西。

由此可见，与本来意义上的偶然相对立的绝不是原因物，更不是受规定物或必然物，而是意欲、意图、追求的东西，因此也间接地是应当存在者和有价值物。偶然性原本就是一个目的论概念，它向来就土生土长在目的论系统中。只要这些目的论系统不是形而上地合法的，那么作为形而上概念的偶然性也根本不具合法性。

但在这些情形下偶然性概念确实是合法的，即在事实上无可争辩地存在着目的论的地方，在人的生活中，在伦理现实中。唯有具有目的能动性存在者的视界中才包含偶然概念，而这恰恰暗示了该存在者目的能动的界限，即他的预见与预先规定能力的限度。偶然并不是事先发生的东西，而是人的预见能力有缺陷的明证。因此它仅仅就人的目的论来说才存在着。并且正是基于此，它在人的实际生活中发挥着广泛的作用，因为在这里一切视角都是目的论的。可是从存在论上看它根本就不存在，因此对于人来讲也不存在。因为它在存在论的视域下跟其他一切一样都是完全被决定的。

价值表的一般观视点①

第二部分　伦理价值王国（伦理价值论）

第Ⅰ卷　价值表的一般观视点

第26章　伦理价值在整个价值领域中的地位

(a)价值探求与伦理学的价值领域

并非只有伦理学才与价值打交道。最初“价值”这一术语是经济学的观点，是从经济学观点起源的。对于这个观视点而言，首先在于财富(Güter)

① 本文选自哈特曼《伦理学》第二部分第Ⅰ卷：“价值表的一般观视点”(Allgemeine Gesichtspunkte zur Werttafel)，共包括五章内容(第26—30章)(*Ethik*. Walter de Gruyter & Co.，4. Aufl. Berlin，1962. SS. 250—293.)。

领域——先是物质的而后是生命的、社会的以及各种精神性的财富。与后面的这些财富紧密相联的就是道德生活、法权生活、国家生活以及艺术生活之价值；并且价值领域可能在很长时间内仍不会同这些财富领域切断关系。价值探求还很年轻，目前我们对价值的一切洞见更多的是偶然性的、非系统性的。我们仍旧缺乏把握全局的视点，而迄今为止所要获得这类视点的尝试仍是盲目地寻求、摸索，毫无确定性可言。

这一点不会有根本的改变，只要整个价值领域几乎还是未被探究——如美学价值领域就是如此，尽管它明显占据着重要地位。对价值领域的结构、秩序的认识甚至还完全处于探索与尝试阶段。此外还只能够从具体的价值组出发、从恰好为我们所通达的个别价值组出发走进价值领域，却无法从对整体的概观出发演绎地规定个别。

因此我们几乎不能希望从邻近的价值域或者完全从某种普遍价值论中获得被视为伦理价值的东西。相反，伦理价值域是众多更高价值域中最易通达的，因此它自身必定会为一般价值论提供线索。其他方面的定向则是伦理学的价值探求无论如何都指望不上的。

伦理价值怎样跟其他价值区别开来这一点部分地已得以讨论(对于人格而言的双重相对性，参见：第15章d和e)，部分地要在具体分析个别价值中才能揭示出来。可我们同样看到，并非伦理上关系重大的一切价值——目前就是应当做或参与意义上的，都因此是伦理价值。人的伦理(Ethos)就与许多非伦理的价值相关联。道德行为固然永远都是针对人格的，但同时也总是与所有类型的有价值物与反价值物相关联的行为。由此来看将财富学说归到伦理学之中早已具有某种善的含义了，就像古希腊所做的那样。

在某种意义上人们可以说，所有存在者不论以何种方式在实践中都会落入价值观视点之中，世上的一切东西——也包括那看起来最遥远、最中立的东西——从伦理学视角来看都区分为有价值的与违反价值的。这同一个世界，从整体上看以存在论的现象为根据，同时整体上看也属于伦理学现象。它作为一个由财富与恶事组成的世界，绝不亚于它作为一个由各种物及物之关系构成的世界。至少两者都同样是原初地被给予的。

(b)伦理价值与财富价值之间的奠基关系

但这个广阔的价值域并不是本来意义上的伦理价值域。后者并不依附于各种物及物之关系，而只依附于人格。唯有人格行为才可能是善的或恶的。尽管如此还得必然地把这一更广阔的财富价值域纳入伦理学的思考范围内，即便不必对之进行详尽阐释。财富价值与伦理价值之间的关系绝不是外在的、可消除的，甚或可忽略的，而是本质性的、内在的、质料性的。**伦理价值的质料早已以财富价值的质料为前提**，并且同时以后者的具体价值品质为前提。

在实际中真诚的人从道德上来看当真胜过小偷，如果那些能被偷窃的物无论如何都不是有价值的呢？人们能够偷窃的东西，或者说人们能够将之尊重为他者财产的东西正是财富，而不是单纯的物。因此假如真诚是人格的一种道德价值，那么它必然早已以财富的实事价值(Sachwert)为前提，从质料上看奠基于后者上。同样地，那种把某种好处让给弱者的骑士风范奠基于好处的价值之上；爱邻人——馈赠或者扛起别人的负担是以礼物的财富价值或者减轻别人负担的事态价值为前提；诚实的前提不是别的，正是对别人讲真话。在任何情况下，行为价值都是**完全不同于**作为前提的财富价值，不论财富价值是简单的物—实事价值，还是复杂的、处于各种关系之中的事态价值。并且行为价值的大小不会随着财富而增减，而是依照完全不同的标准，这一点早就揭示了它很明显是**更高价值**，具有另一种性质。尽管如此，财富价值仍是**前提性的**，并且离开了它，行为的道德价值也就不存在了。

这就是更广泛领域内的实践价值与较狭小领域内的实践价值之间的奠基关系。它是一种清楚明白的、不可颠倒的依赖关系：从低级价值到更高价值。但这种依赖性只是质料性的，而不是价值论的。低级价值成为具有更高价值论形式的质料，只是后者的一个不可或缺的条件。在任何其他意义上更高价值都不依赖于低级价值；更高价值所特有的价值质，即伦理善，对于财富价值来说完全是一种创新物——它绝不会在财富价值中出现，而后者由其自身出发也完全对前者漠不关心。

正是低级的价值结构作为更高价值结构的质料使得这种依赖关系成为必然性的。当道德价值—非价值在实在人格中显现的时候，某一实在财富的世界也必定早已现成存在，它作为价值客体与人格行为相关联。但反过来不是这样；道德价值—非价值不会随着财富世界一起被给予。只有这同一个财富世界中人格之间的相互联系才为道德价值—非价值的显现创造了基础。道德价值—非价值内容处于另一层面上，跟所有其他类型的价值内容相比它是一种结构上的创新物，因此也是价值质性自身的创新物。并且这种独特性，不论是内容上的还是价值论上的，无损于这一事实：伦理行为对于它打交道的人格来说也间接地(依附性地)具有某种“财富”品质(对照：第15节c)。

(c)与其他奠基关系之间的区别

这种奠基关系无法普遍化。更高价值奠基在低级价值之上这一关系绝不适用于整个价值领域。更高价值物对低级价值物的依赖性固然在相当宽广的范围内占主导，但并不是普遍的，而且从结构上看就有不同于此的。

比如，最最明显的莫过于，精神价值只有在基本的生活价值得以充实的地方才会绽放，更高种类的文化创造只有在社会福利与富裕达到一定高度的基础上才会生发起来。但在有关快乐与愉悦价值，或者只是涉及幸福价值时，就不能进行同样的推断。这些价值与文化价值之间并没有内在的必然依赖关系，尽管前者同后者一样也属于较低的价值层次。

此外生活价值与精神价值之间的依赖关系也不等同于财富价值与伦理价值之间的。生活价值只是精神价值之实在的存在论上的前提，也就是说**前者的实现**是后者得以实现的前提；前者的实在存在只是手段与基础。但前者的价值质性并不是后者的价值质性的质料性条件。与之不同，财富价值及其特殊的价值质性则是人格行为的价值质性的先决条件，当然这无损于人格行为所具有的价值论上的独立自存性。无论在这里还是在那里都存在着一种纯粹的不可或缺的条件关系。不过在那里这种关系只是一种外在的、存在论的实现条件关系，而在这里却是一种结构性的、内在—价值论的、创造的价值本质性关系，即低级价值被纳入更高的价值质料之中，简言之就是价值的一种纯粹的、先于且不依赖于一切价值实现而存在的本质关系，或者更准确来说是整个价值域的本质关系。

(d)舍勒尝试着相反的奠基关系

舍勒提出低级价值奠基在更高价值之上这一相反法则来反对更高价值以低级价值为先决条件的法则①。由此低级价值才可能合法地持存着，只有更高价值持存着，因为它与后者相关联且在后者中找到自己的意义。一个有代表性的例子就是“有用”价值与“愉悦”价值之间的关系。有用物的本质就是，它“对于某物而言”是有用的，

① 舍勒：《伦理学中的形式主义与质料的价值伦理学》，第2版，92页及以下。

而不可能是自在地有用的。因此很明显，另一种更高价值是有用物的价值论先决条件。

在这个就其自身而言不容争辩的论证中，首先有一点可以指摘：为什么起奠基作用的价值一定就是愉悦？更准确地说有用性就是一种手段价值，它当然是相对于某一预先给定的目的。这一目的肯定具有本己价值，但它并不必然是愉悦价值。某物对于生活与社会福利价值也肯定有用，对于所有类型的社会价值与精神价值也肯定有用。如果从这个意义上扩展舍勒的论点，那么它毫无疑问对于有用物是合法的。

但人们由此会问：同一种奠基关系也适合于其他的价值级序吗？生命价值要“奠基于”精神价值之上，甚或精神价值要“奠基于”某种最高的宗教价值之上，这是真的吗？事实则是：生活固然通过精神价值而赢得一种更高的意义；但这仅仅取决于价值自身的等级顺序。对此人们难道可以夸张地说，生活价值就会作废无效，假如它不与精神存在的价值相关联的话——在精神存在中包含着那种朝向生活价值的那种价值意识？

由此生活的固有价值事实上已经被否定了；而且伦理犯罪的严重性也变得彻底无法理解了——这一严重性在于对赤裸裸生活的伤害，即便几乎没有值得提的精神价值会依赖于生活。尤其对价值感来说，而且也恰是对伦理的价值感来说，伦理犯罪是自相矛盾的，即使人们让精神价值(包括伦理行为价值在内)依赖于某种绝对的、彼岸—宗教的价值。精神价值，如美的价值的特点就是其自主性的明见性、完满的自为存在、自身满足，以及独立于所有其他的价值视角。

这同样适用于伦理价值。它奠基于某种更高价值之上这种说法很显然是一种形而上构造，是为丝毫无助于美的本质或道德本质的宗教哲学论点构想某种支持。所有这些“奠基思想”从根本上来讲就是**一种目的论偏见**；对此所形成的一个普遍表达就是，无论如何低级构成物都要以作为目的的更高构成物为先决条件，前者正是为了后者的缘故才现成在此的，并且唯有通过后者才有意义。

而这种目的论奠基法则预设了一种普遍目的论的价值质料分层以及一种目的论的价值领域结构，由此不仅断言了完全不可证明的东西，而且也正好与那种范畴性依赖法则相违背——它在形而上人格主义中也遭破坏(参照：25 章)。

与之相比，必定永远有效的是，所有层级的真实固有价值都有自己独特的自主性，绝不会由于对上一层的依赖而减损丝毫。就价值领域是一个观念性自在存在着的本质性领域而言，它的全部含义就取决于这一基本法则。特别是对于精神价值，通过其本质，甚至最后的细节就可看出这种自主性是明见的、易理解的。美的东西由于其自身而是美的，滑稽的东西由于其自身而是滑稽的；高贵的或值得爱的东西由于其自身就是高贵的或值得爱的。把某物回返地关联到他物之上，也即正是“为此之故”某物才存在着——任何这样的做法都仍是思辨的构造。

因此以有用价值为定向的做法也就证明自身是最最糟糕的；因为正是这类价值不是固有价值，其本质恰恰仅在于能够成为固有价值的手段价值。

上面所描述的更高价值奠基于低级价值之上的关系完全是另一种类型。它并不意味着为了更高价值而取消低级价值的自主性，因为它根本不涉及更高价值的价值品质，而完全只是涉及质料上的某些结构要素，就更高价值必定早已拥有了某种价值品质而言。这种奠基关系永远都只是指定更高价值的部分条件，而单凭这一点是绝不可能出现更高价值的。它根本不是价值论的，更别说是目的论的，而只是质料性的，或者像在多数情况下那样，只是一种样式的奠基关系。它固然使我们对价值领域有所洞察，但绝没有切中整个价值秩序。

各种依赖关系当然极其可能存在于一个自主的本质性领域内；只不过它们不会是彻底的本质依赖关系，因为这会消除了各个环节的自主。“从上而下”的价值论—目的论奠基正是对价值品质本身的彻底的、本质性的依赖性；与之相反“由下往上”的质料性奠基只是对个别结构要素的局部依赖性。

第 27 章　行动目的与道德价值

(a)目的伦理学对伦理价值的错误认识

除了所有方法论的结论外，从上面的奠基关系中还推出了一个更为重要的、对于理解伦理行为具有决定性意义的观点。

康德伦理学仅从应当中就看出了伦理原则的含义。诫命、命令、对人的要求就是伦理法则。如果人们将这套用到价值之上，那么伦理价值的含义对于人来说肯定就在于，人的意志必须使自身指向作为最高目的的伦理价值。由此伦理上的善人似乎正是这种人，即他通过自己的行动方式实现“成为伦理上的善人”(sittlich gut zu sein)这一目的，如他会为了变得真诚而说真话、为了充满爱心而去爱、为了变得慷慨而慷慨解囊。康德严格主义的一般表达就是：“为了法则本身”而采取的行动才具有伦理价值；行动符合法则，这是不够的，法则必须也是行动的唯一规定根据，遵守法则是行动的最高目的。

这种坚硬的严格主义导致了各种荒唐的结论，这是明显不过的并且经常饱受指责。康德的这种严格主义不是我们要处理的，因为它只是目的伦理学的一个痼疾。那么，目的伦理学究竟是怎样的？道德价值真的就是伦理行为的最高目的，也就是说也正是这同一行动的目的及其价值质性构成了道德价值？伦理上的善人真的通过他行动目的而最终在眼前有一个自己——借助于行动的价值质性突显自己？因此他通过自己的目的预先就看到了自己的映像，即“他应当是什么”的自身样貌？这种自我映像就是善良、爱、慷慨、真诚的含义？

这很明显是在虚构伦理行为中被给予的事态。真诚者的目的根本不是他自身变得真诚，而是他与之谈话的那个人感受到了真实；同样地大方者或充满爱心者的目的也不是自身变得大方或充满爱心，而是向之馈赠或使之高兴的他者得到了礼物或愉快。他当然是出于爱而赠送，但并不是为了爱；他根本不关心自身的伦理存在，而是关心他者的存在，并且通常绝不是关心他者的伦理存在，而是关心他者的整个人道存在，无论是物质的还是精神的，也就是**对他者而言任何有价值的事态**。这些事态对他者来说就是有价值的，只要财富价值被纳入。对真理的认识，像馈赠的礼物或引起的愉快一样也是一种善，或者十分肯定地被视为善。

伦理行为的含义表明了伦理的行为价值奠基在财富价值之上的重要意义。行动固然由于目的才是伦理上有价值的，但这并不是说行动目的的内容就是行动的伦理价值；目的的内容不单单包括财富，而且还包括财富与人格之间的某种特定关联。

行动之目的是一种事态价值；与之相比，行动的伦理价值是居于事态价值之上的，是一种行为价值，由此也是一种人格价值。伦理的价值质性描画了人格的行为类型，但并不描画行为的意向对象。用舍勒的话来讲，伦理价值质性好像显现在“行动的背上”，但并不出现在行动目的指向中。目的伦理学是对伦理价值的根本性错误认识的根源，就在于错误地把伦理价值与所追求事态的价值等同起来。

(b)应当做在价值领域中的界限

第一眼看上去会得出这种结论，即伦理价值根本无法规定人格的伦理行为，如追求、意志、意图、行动等。

这当然错得离谱。我们所称谓的“良知”，即对本己行为的价值—非价值的那种或多或少有意识的、内在的共知(conscientia)绝对不单单是人们通常所理解的那个事后进行谴责的法庭，而同样也是一个预防性的、抢在行动之前的，至少是通过排除伦理上的反价值物以否定的方式一起规定行动的法庭。因此伦理价值感在目的选择上也至少起着选择性作用。并且由于在价值—非价值两极对立的前提下必然会涉及二项式的要么—要么，所以这种从形式上看否定性的介入实际上是完全肯定性的。

人们只有在追求、意愿与外在行为中才可能致力于事态价值的实现，但伦理价值感总是早已对事态价值作出了选择——并且根据价值感的范围与强度而进行选择。而且这类具有规定作用的伦理价值仍具有一种肯定性品格，即使它们并不带来什么，只是搁置不做。而这种搁置不做就是伦理意义上的行动。正是从境遇出发人格才采取行动，而各种境遇恰恰总是意味着使人置身于实际地作出决断的境地。纯然地害怕而不敢犯罪仍是对具体情形的一种肯定性决断。

在这里出现了极其困难的另一个问题。如果行动的道德价值绝不可能是行动目的的价值内容，那么难道不是肯定会有这样的结论：道德价值根本就不可能得以实现？人们的追求、意志究竟还能指向道德价值吗？最后，假如这会被否定的话，那么谈论道德价值的应当品格到底还有什么意义？于是，难道不是所有真正的应当都局限于事态价值，也即处理与人格有关的财富？概言之，人的追求注定仅仅指向低级价值层，只能去实现低级价值，而那些最高价值——人格与行为价值，也即真正的伦理价值根本不可能去追求与实现？

这个问题本身并不是单义的。依据所指的实现、追求或应当的不同，这个问题是完全不同的并且会有不同的回答。

首先就应当而言，这个问题根本就没有触及价值的纯粹应当存在，不论是观念性的还是实际性的。伦理的善“应当存在”，并且它只能是伦理行为的价值质性，而其他价值的实在性是这些伦理行为所趋向的；这恰恰意味着这些行为的价值趋向应该是这样的(如从内容上看是如此选择的)：道德价值质性归属于这些行为。这其中不包含任何矛盾。同样地，在价值趋向没有提出要求的情况下，行为必然不会像它应当的那样；因此应当存在就变成实际性的。这并不与上面的表述相矛盾；“应当如此存在”并非就是人们应当“追求”如此存在。

与之不同，应当做完全是另一种情况，它要求人格通过行动趋向于未被充实的价值，通过本己人格致力于价值的实在性。正是在这里包含着应当伦理学的界限，因为很显然这同本质法则相矛盾，即行动的伦理价值不可能同时又是在行动中作为目的而趋向的价值。因此正是应当做不可能指向伦理价值。至少暂时看起来是这样。这一论点仍有待于进一步界定。

无论如何应该普遍有效的是：应当伦理学——首先所意指的总是应当做——并不依附于人格的道德价值，而是依附于低级价值层，依附于伦理现实物的价值，依附于事态价值，并且只要这些价值早已回返地与财富价值相关，也依赖于财富价值。

不过更加确定的是，应当做在价值领域中的界限不是应当的界限。因此伦理诫命的命令品质根本没有被这一界限所触及；同样伦理禁令的命令品格(如十诫)也未被触及，它肯定的—选择性的含义早已通过外在的否定形式得以揭示。

(c)伦理价值的可追求限度

唯有人格的应当做至少有追求的可能性，应当做才是有意义的；所以应当做的界限同时就证明了自身也是可追求限度。并且适合于追求的，同样也必定适合于意志、决断、意图、目的设定，甚至也适合于意念的客观的—意向性的内容。这当然不可能是说，一切“意愿成为伦理上善的”都是无意义的，或者压根儿就是一种不可能的意愿；而只是意味着，一种伦理上善的行动中的意愿并不意愿这一行动是“伦理上善的”，而是意愿另一种善以及另一种意义上财富，即某种自在的善的事态。

于是人们就会问：这种界限关系实际上不就是从舍勒伦理学中推出的结论[①]，即行动或意志对行为的伦理价值的所有指向都同意愿的伦理品格相抵抗？

如果人们对此的回答是肯定的，那么就会有如下的看法：价值的可追求性会随着价值高度的变化而降低，而人格价值作为最高价值(本真的伦理价值)根本就是无法追求的。在这里可追求度等于零，它在伦理价值范围外发现了自己的绝对界限。

对此人格主义用这一命题来支持，即人格本身及所有属于人格的东西(行为及其价值质性)从其本质上看绝不可能是对象性的；然

① 舍勒：《伦理学中的形式主义与质料的价值伦理学》，527页及以下。

而这一命题(如同在前面对人格主义的批判中所指出的)源于对主体与人格之间范畴关系的错误认识。因此我们在这里应该把这种论证看作完成了的。从形而上的角度上看，人格本质绝没有暗示这一点，即人格自身或人格行为为何不能被意向为对象——因为意向就是**把握存在的**意向(就是广义上“认识的”意向)或者一种追求着的意向。

因此另一个命题仍是正确的，即一般地追求所意向的不是人格价值，而是事态价值，并且在追求中可意向性会随着价值的大小而减弱，而对作为最高价值的人格价值的意向自然就接近于最低值。但由此并不推出，这种最低值就是零，或者人格价值在实际中根本不可意向。

因为可意向性减弱的原因并不在于人格及其行为本质，而是**唯独地且仅仅在于伦理价值本质**，即它们根本不是所追求内容的价值，而是追求本身的质性价值。所以说导致可追求性限度的实际上完全是另一种本质关系：**价值与价值之间必然的非同一性**，即行为价值与通过该行为所追求内容的价值之间的非同一性。但行为的对象不可能重新又是同一秩序中的某种构成物，即某种行为、态度或者某种追求意向，这一点绝不在于这种本质关系。因此它也不可能暗含着，价值质性不可能被同一秩序中的行为所意向。因为这里绝没有包含这一说法，即一种行为所意向的对象同时必定也是这同一种行为作为载体所实现了的道德价值，也就是说这两者必然是同一种价值质性；而这一点单单根据那种本质法则就被排除了。

在实际中，怎么可能会有诸如**伦理教化**这样的东西——无论是自我教化还是对别人的教化，假如根本就没有对“成为伦理上的善人”追求意向！为此绝对没有必要考虑教育学上值得怀疑的手段，如告诫、教导或者自己有意识地树立榜样。存在着许多手段与途径，并且即便所有的都会是双刃性的，意向“成为伦理上的善人”含义仍是摆脱任何怀疑地合法存在着。

与之相比，手段的缺陷只是一个效果问题；但追求意向与效果之间的关系是无法指明的。可追求本身会继续存在下去，它是一个事实，是一个显而易见的道德生活现象。

不过，可追求性是一种边界现象，有其自身的界限；也就是说人们不能由此就将伦理价值的可追求性普遍化，不能由此推论出这种可追求性在一切伦理追求中也是所追求物的伦理价值。这样的结论是绝对无法从这一现象中得出的。但人们无法否定教育者、父亲或者任何感到对他者负有责任的人所具有的伦理价值意向；同样地无法否定道德上成熟的人同自己或他者相对立。恰恰相反，一种显而易见的现象则是：人们不顾自我欣赏(人们总是很容易这样)的一切危险正是从这种追求中看到伦理行为的最高点。这一现象的弊端最先引起舍勒伦理学的重视，但在舍勒那里却成了那种单个人对单个人、对所有人甚至对所有人的伦理存在而言的、悬浮在空中的普遍“共同责任”。此外还包括对自己身为伦理榜样的意识，即每一个人都必然是通过自己的行为树立某种善的或恶的榜样。无论是害怕树立恶的典型，还是那种极其谦虚地、正当地倾向于树立善的榜样都源于同一种道德倾向。

唯有出于事先的形而上立场而把这种伦理现象屈从于某种任意选择的人，才会否认这一系列现象。无论是拒绝还是将之普遍化都是捏造事实。

这些现象确实与形而上人格主义相矛盾，或者更准确来讲是后者同前者相矛盾并由此也消解了自身；但这些现象却不同被追求的价值与追求本身的价值之间的非同一性法则相矛盾。相反这一法则在这些现象中得到了极大的贯彻。即使所追求的目的实际上就是某一人格(本己的或他者的)的伦理价值，但这一目的仍然绝不是这种追求行为本身的伦理价值。比如说，教育者的目的意向是对学生要豁达大度、富有牺牲精神，不过这一意向本身却不能被称为豁达大度或具有牺牲精神；同样地也不是诚实或真诚的，即使它的目的意向是这样的。毋宁说它具有另一种道德价值，也许确实很难用一种明确的称谓来表达，但如同伦理价值一样清楚自明，即便未命名。或许它是一种特殊的、无法继续追溯下去的价值，它是一种有意识地对他者人格的道德存在负责任的价值；也许它还能够进一步归属于“智慧”价值(如古希腊的“σοφία”)或爱的价值——不论个人的还是普遍的爱邻人。从道德上操心某一人格所具有的伦理价值是人们无论如何都不可否认的。不过同样清楚明白的是，这种伦理价值不同于在操心中所意向的价值。

对于这一点，还有许多别的证据。其中最生动形象的就是榜样与追随的关系。追随就意味着追赶某种创造出的道德典型，也就是力争像榜样那样。并且由于在这里榜样是一个实在人格还是一个理想，是完全无关紧要的；所以就会有更多的一长串现象连在这上面，它们都表明了自己与追求所指向的伦理价值属于同一个类型。所有层次伦理理想塑造都是这样，只要这些理想最起码不是多余无用的梦幻，而是反作用于本己的(或他者的)行为。但在这里处处也显明了追赶行为的伦理价值不同于被追赶的理想自身的伦理价值。

这一事实集绝不同道德价值与在意愿、追求或行动中所意向的价值之间的非同一性法则相矛盾。人们反而由此得出，把所意向的价值称为事态价值并非无条件地正确。更准确地说它也有可能是一种人格价值，如在边界情形下。行为，进一步来讲就是人格的伦理行为，在这里确实是追求对象。这当然无法普遍化。毋宁说只是在边界情形下才是这样，而一般地在追求中所意向的价值仍是事态价值。不管怎么说，追求、意愿与行动的这种本质规定——只把事态价值的实现看作意向对象，真的显得太过于狭隘了。至少原则上必须将人格价值一起纳入进来；而对此一个明确的证据就是：人格与人格价值的对象性绝不亚于实事及实事价值的对象性。

因此，伦理价值是不可追求的这一命题普遍说来是错误的。它唯一所要表达的就是所意向的价值不同于意向价值。由此推出：可追求界限并不是事态价值与伦理价值的分界线，而是远高于此。它是否把一切道德价值都纳入可追求范围内，这一点无法根据一般性思考而断定。只有在被追求东西的价值与追求行为本身的价值相重合的时候，价值似乎才是现实地不可能追求的。但这种情况是否在任何地方都是实际的，在分析价值之前我们无法事先洞察。

但除此之外有可能的是，存在着这样一些伦理价值，从质料本质上讲根本无法被意向，更不用说得以实现；人们只是能够拥有或不能拥有它们。对此人们很容易就会想到一组丰富的个体化的人格性价值。不过为什么它们尤其无法被追求，以及为什么可追求性在它们这里发现了某种绝对界限，这是另一个问题集要讨论的。

(d)可追求与可实现之间的关系

实现伦理价值又不同于对它的追求。人们起初会认为，前者要比后者糟糕，因为人们能够追求许多无法实现的东西，所以能够实现了的东西至少必定是可追求的。于是，价值领域中可实现界限似乎要低于可追求界限。并且由此人们可能会认为，这恰恰同伦理价值与事态价值的分界线相一致：唯有事态价值是可实现的，而伦理价值是可追求的。

在这里默认了这样的前提：追求着的实现活动等同于实现本身，因此实现要以追求为条件，追求却不以可实现为条件。这种假定明显是错误的。价值完全能够成为实在的，即便它不被意向。价值的现实化根本不必非得由意愿、意图或目的能动所促使。即使没人有意为之，财富与价值事态也会产生，这是遵循“自然”路线，或者是人的行动的结果，但不是通过行动有意达成的。恶的意志也可能会产生善，这是违反其意图的。成为实在的东西就是结果；但结果与意图之间根本不存在某种特定的关系。

由此也就得出一个普遍的结论，许多不被追求的东西都能通过行动得以实现。因此价值的实现并不以被追求为条件；因而也不以可追求为条件①。可实现范围并不局限于可追求范围；并且可追求界限绝对不同时也是所划定的可实现界限。

如果将这一点应用于伦理价值之上，也会显明，它经由人而被实现也完全不以被追求为条件。在这里可实现范围也要大于可追求范围；并且这对人格的伦理存在而言极其有意义。因为就像已经指出的，伦理价值只是在极小范围内，也即几乎是在边界情况下才可追求。**要是它们也在同样极小范围内才可实现的话，人差不多就同所有伦理价值切断了联系**。换言之，如果人格存在者的本已存在只有通过追求价值才能实现它们的话，他也就几乎不可能实现它们。

这很明显有悖于伦理生活。人在每一次的正义行动、爱的举动、善意中都实现了他自身存在的真正伦理价值。可他根本就没指向这类价值，也没指向他自身的伦理存在，而是向外地指向别人的存在，更准确来说是指向所涉及的事态。伦理价值实现的本质恰恰在于，人尽管"对所有伦理的积极态度而言本质地指向外部"，而"不指向"本已价值，但仍是实现了自身人格的伦理价值②。甚至竟然普遍有效的是：行为的价值意向越是指向于外，人格的最内在本质的伦理价值实现就越丰富。

这里包含的自相矛盾源于价值本质，并且具体地来说源于伦理价值与财富价值(或者事态价值)之间的奠基关系。由于伦理价值是行为自身的价值，它不可能显现在行为的目标指向中，而只能通过行为作为其价值质性显现出来；所以它的实现必然不在于行为对伦理价值的指向中，而恰恰在于行为对事态价值的指向中。但又因为所有追求都迫切地意向于被追求东西的实现，所以在一切追求、意愿与行动中，甚至一切实践行为都包含**两种实现类型的层次关系**。一种实现是意向性的(追求性的)；另一种不是意向性的，而是一同

---

① 从另一方面来看可追求也并不必然以可实现为先决条件。否则就不会有无能力追求了。可实现与可追求之间的关系根本不是固定不变的，但彼此又不是漠不关心。追求本质上是趋于实现的；但追求者的预见能力是有限的。他对可实现的认识并不等于实际的实现可能性。

② 这里表述的是舍勒的思想。参见《伦理学中的形式主义与质料的价值伦理学》，528页。引号突出了逐字引用的话。

得以实施，并且它不依赖于意向性实现是否得以完成(由此所意向的事态也成为实在性的)。因为行为的伦理价值并不依赖于结果，而是依赖于行为的意向。因此伦理价值的非意向性实现并不是通过事态价值的意向性实现才得以完成，而是通过纯然的意向、追求早已完成。因而人们的确可以说，人格在追求行为“中”，甚至“通过”追求来实现自身的伦理价值。但要明白的是，人格要实现自身的伦理价值既不是通过实现被追求的东西，也不是通过追求伦理价值自身，而是完全地、唯一地通过追求别的价值(一般地不是伦理价值)，而伦理价值从质料上看正是奠基于这些价值。

而且这一基本关系并不仅仅附着于真正的追求、意愿与行动，而且不同程度地附着于所有意向价值的实践行为，所有的意念，人格的所有“举止”，即便表面上看无行为能力。因为人格的所有实践行为，没有显现形式上的区别，都是从给定境遇出发直接地或间接地意向于事态价值。这明显取决于被意向物的实现，而不取决于意向自身。但非意向物(伦理价值)的实现并不依赖于所意向物的实现，而是依赖于意向本身的实现。通过纯粹意向本身而得以实现的东西就是不同于被意向的东西。

(e)伦理价值的可实现界限

由此看来似乎是，非意向性的实现类型根本就没有界限，或者确实没有原则上的、与价值之间有着本质关系的那种界限。在这里肯定忽略了具体情形下各种各样经验性的(外在的)实现限制条件。

但事实并非如此。除了意向行为外，可能还有一些其他障碍。

好多财富价值的特点就在于，绝不可能成为实在的，因为实现行为，也包括非意向性的实现类型，根本不会趋于它们；或者是因为实在过程的本质就决定了只能远离它们，却无法趋于它们。存在着这样的财富：人们也许会失去它们，假如人们拥有了它；但无法赢得它们，假如人们不拥有它们或不曾失去它们。属于此类的诸如青春焕发、无拘无束、和善无害；并且与它们紧挨着的是某些特定的幸福形式，如快乐感、健全的无忧无虑，在某些范围内还有美、优雅、自然的妩媚以及许多类似的东西。与之相比，人们可以适度地培养与发展幸福资质却是次要的，至少对个人生活而言是这样。并且对于最先列举的那几个来说这根本就不可能。

在伦理价值领域内也一定存在着这样的价值质料，即它们的特性就是不可实现。在这里人们可能首先想到的就是个性化的人格性价值，因为它也被表述为不可追求的。但可追求界限根本就不是可实现界限。而且它们实际上也不会相重合。诸如人格性价值之类的，之所以无法追求，就是因为人们虽然可以感受到它们，但几乎无法把握它们的结构，进而也根本不可能明确地追求它们。然而它们的实现根本无须这些，因为它们无须追求。一个人的道德理念就是他身上的一股力量，于是他的一切所作所为要实现的也正是他所追求的、意向的。他似乎一直不停地“构建”最本己的道德存在，就一切追求与行为所意向的事态价值也为自己的人格伦理(Ethos)所选择而言。但他无须对这一构建过程具有价值意识，甚或一般意识。简言之，人格性价值恰恰如同所有其他的人格价值一样也能够实现；这一实现过程发生在对其他的、外在的价值追求中并且无须意向它。

所以说在人格性价值的质料这里并没有找到实现界限。但有另一组完全不同的伦理价值，它们也是个体性的，可它的质料却拒绝实现，并且这并不由于它们是价值论上更高的(在价值级序中)，而只是因为它们的质料结构抵触实现。这一组的典型就是无辜与纯洁。它们事实上同青春焕发、无拘无束、和善无害那些财富价值一样；它们一向都已经处于伦理价值与财富价值之间的界线上。我们可能会失去无辜与纯洁，但却无法恢复，因为它们是一次性丧失掉的。也许渴望着回返到它们，却不存在能够重新赢得它们的行为，无论是有意的还是自然的。它们就像上天的馈赠一样落在人身上：这是迈入人生的第一步时就自然所得的，在这个时候人还是置身于一切道德冲突之外的；这也是由于清偿罪责、过错而实际上从上帝那里得来的恩惠，就如同虔诚者的信仰时刻希望得到它一样。但在这两种情况下的实现都不是出于人的行为，因而也不是那种非意向性的实现类型。

这个可实现上受到限制的价值组还能大大地得以扩展，如果我们考虑到的不是一般可实现性，而是对个人而言的。比如，勇敢价值对于原本就胆怯的人来说完全无法实现；代替勇敢而显现的可能最多是一种出于权衡、克制与习惯的代替品，一种内在的训练方式。同样迟钝者与冷淡者绝不可能是精力充沛与雄心壮志的，消极者不可能有活力，内心专断的人不会感受到合法公正，而奴颜婢膝与无尊严的人也不可能变得彬彬有礼与豁达大度。在这里处处都能发现可实现性的界限，而不依赖于可追求性。任何人就其自身来说只能实现作为潜能包含在他的自身伦理(Ethos)中的东西。并非人人都可以提出任何自在地看也许是纯粹普遍有效的伦理要求。

因此如同可追求界限与应当作界限一样也存在着可实现界限。

但它是不同的，有着不一样的条件。它受制于某一特定的价值质料——要么是绝对的，要么是相对于某种特定的伦理；而可追求界限取决于追求的本质，它指向伦理价值，却为自己设置了障碍。

第28章 价值的等级秩序

(a)秩序原则的方法论难题

迄今为止对更高价值与低级价值的谈论早已持续进行着。因而价值领域中的等级秩序是一个默认前提。

人们固然不会对此有异议，因为要不设置这一前提的话，实际上也就不可能得到各种价值关系。但人们既没有证明它的合法性，也没有澄清它的含义。既然想要在阐释价值之前确立价值级序是一种错误要求；因为很明显它首先通过更详细的价值分析才能够出现，至少是可能的。但原则本身仍需要一种先于价值分析的讨论，并且也只是为了弄清楚，究竟为什么只有个别价值的现象学才能绘出一幅价值表。

目前这方面的方法论困难就是，人们只有在某种序列中才能描述多样性的价值，并且由自身就倾向于认为在这一秩序中某种等级顺序至少一般地得以暗示。单是这两种价值类别之间奠基关系的重要分量就导致了这种倾向。

假如价值级序涉及的只是财富价值(也包括与人格相关的事态价值)与本来意义上伦理价值——人格—行为价值之间的大概关系，那么做决断也就相当容易了并且连同其根据也能够提前认识到。但所要处理的不单单是这些；而是涉及伦理学价值域的整个划分，既包括实事与事态的价值域，也包括人格及其行为的价值域。并且在这里事先要做的只能是，暗暗地预先假定这个只有在价值分析过程中才出现的价值级序。

不过在此要有所保留地理解这种事后行为。对个别价值的分析，即便在最好的情况下也不足以达到一个现实的、普遍完整的价值秩序。不要忘记，我们处于价值探索的开端，而根本还没有真正的具体研究。因此人们不要期待确定的结论。所能展现的是一些或多或少地自明的、相互隶属的价值组，它们簇拥着个别的、主导性的基本价值，而后者彼此间的位置绝不可能通过某一固定的相互关联直观到。这种典型性的价值组固然是清晰自明的，但无法由它这里推出一种统一的排序原则，更不用说那种用来填充价值组之间裂缝的原则。

所有的方法仍然处于寻求与摸索阶段。根本谈不上先天的概观。这些令人可见的价值片段，相对于那个无可争辩地现成存在的、自在存在着的统一级序而言，很明显只是偶然的，要受人的立场及其片面性的制约。

可人们必须要把握各种价值，以及在哪里、如何才能把握到它们。对于其中一组来说价值观视点是“系统性的”，如有关价值与应当之本质的；对另一组而言观视点则是来自历史性的、“偶然”的伦理变化发展，而对于第三组来说甚至是抵制这种发展的、与之对立地构建出的观视点。很明显，在这里没有想象中的那种统一。尽管如此这些有分歧视点中的任一种都不容忽略。它们正是给定的线索。

所以说研究方法必须保持为不受约束的、引导性的(归纳的)。人们必须耐心等待这条道路能否通向更严格的统一观视点。

(b)价值意识与等级秩序意识

该难题的困境必定使人清楚地认识到，在这里所涉及的问题多么重要，甚至直接就是核心问题。要是没有对各种价值关系的认识，一切价值认识仍是抽象的。在一切伦理境遇中肯定同时牵涉进来多种多样的价值，并且对于面对境遇的人来说，他的任务就是从境遇意识出发在价值之间进行权衡从而确定他的行为。因此他的价值感才会现实地引导他，当且仅当它同时也是级序感的时候。当然这种感受也必定是原发的，不是经由反思才获得的。直接地与对价值本身的感受连在一起的肯定就是对价值高度的感受。

人不可能意愿反价值物，这是其本质所在。苏格拉底伦理学永久含义就是：无人有意作恶，浮现在他眼前的总是某种财富(有价值物)。我们已经指出了，基督教伦理学是如何把与人对善的认识相对立的另一规定因素考虑进来的，即人的软弱、受了低级力量的魔咒。

但由此就解释了自然欲求的犯错吗？困难恰恰还在于：软弱、情感冲动怎样能够使意志偏离有价值物，如果意志的本质就在于只能够指向有价值物？人不可能意志或欲求反价值物，不可能被后者所吸引。人不会有这种偏离。撒旦可能为了恶而意愿恶。但人不是撒旦；他的欲求一直都明确地受积极性价值序列的约束，受广义善的约束。

回答肯定是另一种：受了情感冲动魔咒的意志也朝向价值，只不过朝向低级价值。它为外在的、道德上中立的财富价值所倾倒；它没有基于更高价值，也即伦理价值进行选择。并且即使不缺少这种选择，即使某种更高价值感或许会轻声地提出要求，却仍可能被低级价值的强烈气焰压过。

问题的解决方案在于价值级序。在任一具体境遇中，那些对同样的财富价值感兴趣的人格纯然地相对立着，这一点就告诉我们：任何行动举止，甚至任何内在态度都早已隶属于伦理价值观视点。并且后者永远是更高的。背弃它们而专门对财富价值感兴趣就是道德上的犯错。因为伦理价值的特性就在于，它的出场意味着提出更加无条件的有效之要求，并且仅仅在人格维护自身的范围内才允许对低级价值感兴趣。因而意识到它们是"更高存在"这一点绝对具有决定性意义。一切伦理上选择性的价值意识都必然是一种级序意识。

(c)"更高"与"低级"的价值论上不可化约的含义

如果人们注意到这种普遍情况，就几乎不会怀疑，在由生活境遇所导致的各种伦理冲突背后总是某种价值与价值之间的对立，而不是价值与非价值之间的对立。

这种冲突所采取的并不是逻辑学的—矛盾性的选择形式，而是一直都肯定性地(也即价值论上肯定性地)突出强调双方中任何一方的对立形式。但反来看与之不同的是，现实的人格行为不可能同时对双方做决断；它只能遵循一方而损害另一方。因此意志决断不得不把自在的价值论上的对立看作一种矛盾的对立。这是人的一切意志决断的绝对界限所在。人能够做的就只是倾向于使一种价值优先于另一种，并且这也是价值所提出的客观要求。这种能够的活动空间足以涵盖所有丰富多样性的伦理赞成与反对。但在这里一切肯定性决断都取决于价值偏好问题、更高的价值存在问题，这是一种级序意识机能。

这一级序中"更高"与"低级"的含义究竟是什么，这对价值感而言固然构不成困难，但几乎无法以严格的概念方式表述出来。价值高度划分形成了一个独特的维度；无论如何都不会追溯到另一种维度——价值多样性。而这必然使得它无法定义。而人们却错误地从价值质料的范畴结构中，如简单与复杂的对立中看出了价值高度的线索。即便一般地更高的结构复合体实际上也对应着更高的价值论地位这一点得以证明，由此还是不能成为原则。因为无数的个别情形构成了反例。

此外人们通常所犯的错误正好相反，即人们以为从最普遍的价值中认识到了最高价值，而在最具体的(最个体化的)价值中认识到了最低价值。但无可争辩的是，前者的质料结构最简单，后者的则最复杂。而诱使人们这样做的主要是类比逻辑上的概念关系；人们毫无觉察就把价值论价值高度关系替换为结构上依赖性的形式归纳关系。当然这种依赖关系也存在于价值领域中；实际上更普遍的、更基本的价值作为更复杂价值的结构要素一再地出现。然而后者却不是低级价值，它们通常恰是更高价值。尽管在价值领域内也有这种结构上的依赖关系，但任何时候都不会是更高存在的尺度。

许多哲学伦理学正是犯了将质料的归纳关系看作价值高度关系这种错误。一切寻求某种最高基本价值的理论都属于此类，即从中竟然能够"推导"出所有低级价值。在这一推导中不自觉地浮现出一种逻辑演绎关系；甚至人们热衷于这一信念，以此方式可以"推导"一个伦理价值体系。并且正是为此人们才寻找最高的统一性价值。比如，在康德的绝对命令学说中就包含着这种思想；因为对于他来说"伦理法则"的统一恰恰意味着一切可能性"准则"的普遍价值尺度。因此不足为奇的是，康德应当伦理学的继承者，尤其是费希特就受到"可归纳到原则之下"的强烈影响。而在柏拉图"善的理念"中早已隐含了这种偏见。看似与之不同的是亚里士多德或黑格尔的目的论形而上学，即越是更高目的，反而越是意指着结构上更复杂的构成物。但在他们这里高度也绝非自主性的、价值论上的尺度。

即便这些构想是彻底失败的，与概念体系进行类比的诱惑仍会顽固地继续存在下去。也即是说，哲学不得不将价值体系把握为一种不会发生改变的价值—概念体系形成。因此有效地应对那种偏见决不能凭借纯然的批判，而唯有引入另一种积极性的价值观视点。

正如已指出的，这种观视点并非任意地创造的，而只能来自向前推进的价值分析。但前提是：那些有待分析的价值感——我们拥有的唯一的确切线索早已暗含在总体的价值级序中。

(d)价值领域的多维性

与价值级序观念相掺和的另一偏见就是假定一种简单的、唯一的价值梯度序列。

这种价值领域一维性从概览意义上看似乎确定是个优点。但这个只"对我们来说"才存在的优点应该早已令人生疑。比如，单单是价值领域中那种无可争议的归纳关系（即便不涉及价值高度）如何与此相一致呢？这确实已经预设了被归纳出的共同价值之间的协调一致。此外仅仅这两种不同的秩序关系（价值高度关系与归纳关系）在同一个价值领域中的纯然共存也就足以使人们相信多维的价值秩序这一事实。

而对此还有别的、更强的证据。首先对价值领域有所洞察的人都很清楚，价值是如此的多种多样，从而彼此无法在一条直线序列上保持着与内容差异相应的距离。由此价值似乎肯定早已连续地一个漫过另一个，而这绝不符合它们的现实本性，即它们通过价值感被给予的、局部的极其明显的差异性。

其次，价值的那种随着质料而变化的质的差异完全不同于价值高度差异，并且由此也根本不能必然地得出，内容上有差异的价值肯定具有绝对不同的高度。毋宁说从价值高度与价值结构的异质性中已经十分明确地得出这一结论，即这两者也极有可能相互独立地变化着，并且不同的价值质料也非常有可能具有相同的价值高度。

由此可见，与价值高度“相垂直”，还有同样价值高度上的各种不同价值间的一种协调关系。至少原则上没有什么会对这种关系造成障碍。任何价值都必然固定地归属于某一特定的高度这一点也不会对此有丝毫改变。这种高度秩序只是同时证明自身“水平地”也是有差异的。这仅仅意味着价值体系是多维的，并且价值高度只是其中的一维。

这一洞见在这里仍不能通过现象得到更详细的证明。各种证据只有在具体的价值分析中才能出现。有这样的价值组：在其范围内高度差别几乎是无法指明的，或者高度差别与十分显眼的质料差别之间根本就毫无关系。在财富价值域这一事实就是人所共知的。俗话说，“谁选择，谁苦恼”；价值论的表达就是：两种完全不同的财富极有可能具有同样的价值。对于伦理价值的期待毫不迟疑地是一样的；并且在人的价值高度感限度内——而非严格数学意义上的——也得以证明。

这一现象的含义再次具有重要意义。因为很容易就看出：具有同样高度的价值共同活动于在同一种境遇下，而行动者只能正当评价其中一种，这时道德冲突就必定尖锐化为价值冲突。

(e)价值强度与价值高度。作孽与充实

此外一个明显的错误就是人们以为更高的价值意味着更加无条件地有效，比如，更大程度地接近于绝对有效；与之相比，低级价值似乎必定是更加相对的、有条件的。这并未道出清晰的含义。如果价值就是一种观念性自在存在，那么其有效性一律是绝对的，绝不可相对化。价值的有效性从这方面来看不会分层差别。

而这种看法从这一事实中找到了看似合理的支撑，即伦理价值的应当存在与财富价值相比是更加无条件的；比如，某一财富价值的实现绝对无法为违反某一伦理价值进行辩解，但反过来却可以。人们在这里只是忘了两点。首先价值的应当存在并不等同于它的有效性，不等同于有关内容自身的价值性；即便应当存在的重要性有各种各样的区分度，个别质料的价值性仍能够是完全绝对的。其次，财富价值与伦理价值之间的关系是一种独特的质料性奠基关系，它无论如何都不可能被普遍化并且任何情况下都不会在这两种价值种类内部重现。与之不同，价值高度关系却连续地贯穿于整个价值序列，因而它是另一种不同的关系。

尽管如此，还存在着跟那种看法相近的一种层次视点：**价值强度**或起决定作用的力量，如对价值判断起决定性作用的力量。从这方面来看，价值，也包括它们中的道德价值实际上是极其不同的。

但是强度区分不同于高度差别。人们更愿意相信，这两种分层方式是彼此对立的：更高的价值恰恰是更弱的，低级价值却是更强的。在某种限度内高度与强度之间这种间接的反比例关系大概是符合实际的；不过大多数情况下更高价值仍是更复杂的构成物，而低级价值却是更为基本的。但更基本的永远是更强者。因此从这点来看范畴基本法则似乎重现于价值领域中：低级范畴是更强的、更加独立的，而更高的、更复杂的范畴则永远是更弱的、更加有条件的。这一法则是建立在存在论基础上的，通过范畴的分层关系直接地清晰可见。但价值分层关系则是我们无法洞察到的。价值根本不是存在范畴，并且价值之间的关系无法通过实在的具体物而看见。

但一般地高度与强度之间的这种反比例关系在这里也合法存在，对此人们很容易就能信服。对低级价值作孽一般比对更高价值作孽困难；但充实更高价值比充实低级价值道德上更有价值。谋杀被视为最困难的违法行为，但对别人生命的尊重并不因此就是最高的道德品行，无法跟友谊、爱、值得信任相比。财产是比人的善意低得多的一种价值，但对财产的侵犯（偷盗）仍然远比纯然的恶意更加卑鄙下流。对低级价值作孽是可耻的、有损名誉的、令人愤怒的，但充实低级价值仅仅达到合乎礼仪的水平，不会超乎此。与之不同，违反更高价值也许有损道德品质，不过对尊严没有任何直接的损伤，而实现这类价值则能让人崇高、使人解放，甚至鼓舞人心。

一般地说来，这种现象无法改变。至于从中会得出什么，这是另一回事。基于此人们肯定可以看到，价值高度不同于价值强度。但如果人们想要进一步推出“由此产生了一种间接的价值高度标准”的结论，这恐怕终究不那么确定。因为范畴的基本法则只是在范畴那里才得以严格地遵循。它也许仅仅大致地适用于价值——在具有较大高度差距的情况下是清晰的，但在一切更加细微的价值高度区分面前就模糊不清甚至最终完全失灵了。而唯有后者才是一切的关键所在。两端点之间可估摸的高度值向来对每个人而言都是清楚明白的。

第 29 章　价值高度标准问题

(a)舍勒的五种级序标记

伴随着价值级序问题也早已提出它的可知性问题。它属于价值认识问题并且带有后者所具有的各种困难。

有价值高度标准吗？它们究竟是什么？既然如同价值意识一样也有价值高度意识，所以人们就不得不假定一些价值高度标记的现成存在。但它们很可能深藏于价值感中，并且是分析永远无法通达的。

我们在舍勒这里重新发现了一种有意识地阐释价值高度标记的尝试①。他固然不着眼于处于某种关系中的伦理价值，而是着眼于整个价值领域，在这里高度差别自然也更大、更为醒目；但这似乎并不排除把这些标准应用到内在的—伦理学的高度差异之上。所以在此必须深入讨论它们。

1. 价值“越持久”，就越高；人们可能更喜欢说，它们越是无时间性的，也就越高。这里所指的不是价值载体的持久性，而是价值品格自身的超时间性，因为有价值物的可毁坏性会随着价值高度的升高而增大而不是变小。愉悦价值受制于某一特定感受的持续时间，财富价值受制于某一特定(外在的或内在的)境遇的持续时间。精神价值具有一种超出一切经验性之上的有效性，超越于消逝着的性情与境遇之外而持存下去。道德价值的生灭并不取决于它们所依附的行为；爱唯有在永恒的方式下才有意义。

2. 载体的价值品质越是不会随着载体的扩展而增强、随着载体的分割而减弱，价值就越高。质料性财富唯有通过人们对其进行了分割才会分摊给人。它们的价值对于个人来说由于分割而减少。精神性财富自身是不可分割的，无关乎参与分有它们的人数多寡。社会利益冲突取决于质料财富而不是精神财富，这一点并不在于指向它的兴趣本质(如更强烈的兴趣)，而在于价值本质。质料财富使参与其中的人们相分离，而精神财富使他们在共同参与中结合在一起。

① 舍勒：《伦理学中的形式主义与质料的价值伦理学》，88 页及以下。

道德价值从卓越意义上看是结合着的并且嘲讽一切可分性，这是显而易见的。它们的存在方式对于所有人而言都是一种存在，就是因为它们的自在存在并不相对于任何人的参与。

3. 在第三点上舍勒提出了上面(第 26 章 c)所谈论的奠基关系。如果低级价值奠基于更高价值之上，那么在这种价值依赖关系中自然就包含一种价值高度标记。但即使这一关系表明自身是错误的并且取而代之的是相反的关系(第 26 章 a)，在这里存在着一种高度标记这一原则仍然有效。质料上奠基性的价值是更加自立的、不依赖的，同时也是更为基本的、低级的价值，而被奠基的则是更高的。

4. 在价值高度与伴随着价值充实意识的**“满足深度”**之间存在着一种本质关系。无论在质料性财富上获得的满足多么强烈，仍处于心灵表层；而艺术享受中的满足哪怕无法描述，却是一种深层体验。满足“深度”与其强度无关。整个的情感态度质性会随着所体验价值的高度不同而不同；而且在这一划分层次中内在性与自我参与是最显而易见的。心灵的中心部分对最高价值有反应。斯多亚学派在外在的幸与不幸中“保持镇定”也就是专注于内心，那种由于内心深处感受到最高价值而不被打扰的宁静生活。而对低级价值无动于衷仅仅是这种基本态度的背反面。

5. 最后还在于**某一特定价值感受的相对性程度**。快乐—享受价值只对于某一感官感受的存在者才有意义，生命价值只对于某一活生生感受着的存在者才有意义；但道德价值绝不是以同样的方式只对于道德存在者才有意义，它们是自在存在着的人格价值质性，而不是相对于某人的价值感受而言。不同于其他价值域，它们是“绝对的”；并且相应地在价值感中也存在着对这种绝对性的直接意识，尽管是模糊的，甚至仅仅凭直觉的意识，却预示着价值的更高自主性。

(b)对这几种标记的评价

人们一向就清楚地知道：如果想要严格地根据这些标记规定价值级序，也就别指望着超出最一般性的描述。凭借其中的任一条都足以洞见到，道德价值高于生命价值。但即便不借助于此，这一洞见依然是自明的，因而无须这些标记。而那些大的价值种类内部更为细微的高度差异是无法以此方式看见的。所以这些标准统统**太过于粗糙**，对高度差距的描述只是概略性的。但对于伦理学而言一切的关键恰恰在于在各种价值种类与价值组内部进行更细微的价值高度区分。所以这些标记对伦理学是不适用的。超时间性、不可分性、被奠基性与价值论上的绝对性对所有真正的伦理价值来说都一样；

这四者很显然只是构成了所有价值种类的共同标志。人们最容易想到的还是对“满足深度”这一因素做进一步的区分。比如，如果人们顺着正直、真诚、善意、牺牲精神等一系列价值看下去，内在赞同度看起来也会增强。因此这一点是人们充其量能联系到的。

可人们很容易就发现，在这里也不仅仅涉及“满足深度”。满足的种类也有质的不同。价值感完全以不同的方式对不同的价值作出反应，并且情感反应的区分远比别的高度标记更为具体。

经由质性区分这条迂回道路，人们实际上赢得了一种细微得多的高度区分。

(c)希尔德布兰特的“价值应答”学说

我们可以把迪特里希·冯·希尔德布兰特的具体的“价值应答”学说看作这种探索的开端①。

对任何价值来说存在着一种而且仅仅一种与之本质相符合的态度，也就是情感反应——**与之相宜的价值应答**。没人能够既“非常可亲地”同时又“激动人心地”发现同一种东西。也许前者适合于一则恰当的笑话，后者适合于某一伟大的艺术品。某一确定的应答内涵归属于某一确定的价值，这一点无论如何都不可任意地改动。谁“友好可亲地”发现了激动人心的东西，反而会证明他根本没有把握它，因此他的价值应答不但没有切中，而且事实上也根本不能指向它。态度内容与价值内容之间的关联是一种“本质法则性的”特定关联。并且这种不可动摇的本质关联既体现在肯定性的价值中也体现在否定性的价值中；与任一种非价值相应的同样是某种特定的态度，无论是质的还是量的。

这种无可怀疑地正确直观到的本质法则极有可能为价值高度现象学提供了基础，并且所针对的不仅仅是所有价值组之间的较大高度差距，而且肯定还针对诸伦理价值彼此间更细微的、常常无法描述的差距。多种多样的价值应答确实是极其丰富的并且无论如何是语言表达难以穷尽的。而无法诉诸语言的微差就必须借助这条途径得以描画。希尔德布兰特自己没有在这个方向上扩充他的思想；但这一思想必须得以发展。这里明确地指明了需要继续推进的伦理价值探索任务。

---

① D. V. 希尔德布兰特，“伦理行动理念”，《哲学与现象学》年鉴Ⅲ，1916年，162页及以下。

(d)《尼各马可伦理学》的价值谓述

令人感兴趣的是，价值应答现象学早已在古希腊那里有了范例，即《尼各马可伦理学》。

亚里士多德所阐释的多样性"德性"序列并不等值，而是很明显有着伦理高度的划分，尽管这种德性排序只是部分地符合事实。这种划分的一个明确标志就是亚里士多德为具体的个别德性所作的价值谓述区分。人们可以很顺利地将它们编排在一个上升序列中①：

不恶劣—值得表扬（ἐπαινετόν）—美（καλόν）—值得尊敬（τιμητόν）—值得爱（φιλητόν）—值得赞赏（θαυμαστόν）—值得称作至福（μακαριστόν）。

与之相应的否定性价值谓述序列：

过失（ἡμαρτημένον）—不美（μὴ καλόν）—应受谴责（ψεκτόν）—可耻（ἐπονείδιστον）—可恨（μισητόν）。

这两个序列都通过大量的更细微的差异而得以进一步地区分。正如原文所表明的，在这些价值谓述背后所隐含的是一系列有着质的与量的划分的受到赞许—否定的行为：表扬—谴责、爱—恨、尊敬—诽谤、赞善—（蔑视）、视为至福—（视为厄运）。毋庸置疑这里是对价值感反应，也即价值应答的一种双重划分。

亚里士多德的方法所带来的重大启发意义是，这种价值高度区分所追求的不是大线条，而是更细微的差异，是狭义上的伦理价值范围内的划分。这正是人格自身的品质（ἕξειζ），由此人格的价值高度得以区别开来。

人们也许会把亚里士多德所做的这种区分看作个案，多多少少是碰运气的，历史上的第一次尝试不会是完美的。但这不是问题的关键。《尼各马可伦理学》的价值表确实还不是完全详尽的；可这种尝试仍是榜样性的。因为就我们今天能够研究这个价值高度区分问题而言，根本就没有用来应对它的其他可能性。价值应答区分以及总是与之并行的价值谓述区分是通达该问题的唯一入口。并且可以补充说，是**自然的、不做作的入口**。如果我们进一步查看伦理学家为此所做的努力，就会发现：只要他们靠近这个问题——而且他们大多数都会以这种或那种方式着手该问题，就会不自觉地踏上亚里士多德指明的道路。当然在很多情况下也是直接地、历史地依赖

① 详见：M. V. 科胡特克，《属人的善的区分：对〈尼各马可伦理学〉价值表的研究》，马堡，1923年（未印刷出版），21页及以下与184页。

于他。

而这个问题会得以深化，一旦我们追问这个现象的内在根据、这种方法的正当性。价值谓述与价值应当最终都只是价值高度与价值感类型之间的一种内在关联的外部显示。唯一可能的是，必定存在着**某种原发的价值高度区分感**，它就在各种价值应答类型中得以显现。并且它像有着内容上的、质的区分的价值感一样，也是原初性的。换言之，对价值间的高度关系感受必定直接地依赖于这种原发的价值感，即随着两种价值被给予，一种或另一种是更高存在，或者两者是等高的，也就一起被给予。甚至可以得出这一结论：某种局限于唯一一种价值的价值意识只是一种抽象，在所有具体的价值感中首要的是相关联于一个价值序列的高度感。

当然这绝非意味着整个价值序列被预先给予；可是某些环节，也即价值序列的一个片段必然一同被给予出来。于是所有点段式的价值观看仿佛才从某一同样被直观到的(即便不是透见到的)价值高度连续体中凸显。而原本就支持该结论的是那种完全无反思性的、与价值高度相一致的“价值应答”。尤其考虑到，在一切具体境遇中所处理的都是价值与价值之间进行决断的**偏好**——因为即便是恶的行为也指向价值，只不过是低级价值，就不可能忽视这一结论。

(e)舍勒的偏好法则与观念性级序的绝对性

从这一事实得出的不是价值级序的被给予，而是它的客观持存。在一切(也包括最天真单纯的)价值观看中被给予的某一哪怕只是片段式的高度关系，也就证明了存在着**一种固定的、普遍的级序**，它与价值本质不可分离，并且拥有像价值一样的存在方式，即观念性自在存在。人无法改变这一级序，正如他不能否认所把握到的价值的品格一样。尽管在某些现象，如怨恨中会否认价值品格，但无法驳倒这一基本事实；毋宁说这里涉及的是对价值感的歪曲，是一种惯性的“欺骗”，后者早已在怨恨这一恶的良知中表明自身是一种虚构。

但自在存在着的观念性级序的绝对性绝不意味着一种与之相应的、同样观念性的级序意识。恰好表明这一点的是人的所有价值意识的有限性。如果仔细考量，这种有限性究竟意味着什么，那么显而易见：一种个体化的、历史地变动着的级序观，也即它的主观相对性绝不同它的客观绝对性相矛盾。这种有限性告诉人们，我们所观看到的永远都只是片段式的高度关系，并且就将在这一片段中所把握的最高价值视为当下的最高价值；而在其他的价值关系中它极有可能证明自身是从属性的。对某种主观上有效的级序所进行的批判是一个富有意义的开端，这一点早已以客观上自在存在着的级序为前提。价值评价的历史相对性不是反驳而是证实了价值级序的持存。

正是舍勒的伦理学首先提出了这一基本洞见。此外还要感谢他在阐释人的价值意识与自在存在着的价值级序之间关系上对“偏好”含义的基本规定。

“偏好”作为指示价值高度的基本行为类型绝不仅仅存在于能动的意志决断中，还存在于**一切价值判断中，一切表态中**。它也不是对价值“下判断”，而是直接性的价值感本身中的一个原发要素。价值应答与价值谓述所进行的一切区分都早已以这个要素为依据，仿佛以后者混合在价值感中为依据。上面所讨论的五种级序标记完全与这一思想相分离，尽管它们也确实体现出了偏好法则，只是没有详尽阐释偏好行为。后者要继续深入，直至更细微的乃至最细微的高度差异。目前仍高度成问题的是，能否把这种隐秘的、自身不可化约的机能以客观上可把握的范畴形式带入哲学意识的光亮之下。对伦理学而言重要的与其说是这个问题，倒不如说证实该机能的持存。而这种证实工作通过舍勒使现象变得可见的方式实际上也就完成了。

在这里关键点不是偏好与更高的价值存在相关联，而是被关联物与关联物在一切关联中所保持的区分。更高存在的含义不只是“被偏好”，它绝不等同于后者。“因为即使某一更高的价值存在在偏好中被给予，这种更高存在仍是一种处于相关价值本身之本质中的关系。因此价值级序本身是绝对恒定的，而历史上的偏好规则还是原则上可变动的(这种变动非常不同于对新价值的把握)。”[1]

同样清楚的是，偏好行为并不限于这种情况，即大多数价值都明确地被给予。相反也可能只是暗示出相关价值，比如，在某一朝上或往下的特定“方向意识”中所发生的，并且该意识向来就伴随着那种点段式地瞄向某一价值的价值观看。在偏好中也可能是这样，“这里存在着一种比在感受中被给予出的更高价值”，即便这一更高价值并未在感受中质料地被给予[2]。

这也就证实了我们在上面根据亚里士多德的方法所进行的猜想，即一切具体的价值感早已原发地关联于某种级序，而一种十分孤立

---

① 舍勒：《伦理学中的形式主义和质料的价值伦理学》，85页。

② 舍勒：《伦理学中的形式主义和质料的价值伦理学》，85页。

的、点段式聚焦的价值观看仅仅抽象地存在着。所有活生生的价值感早已受偏好法则支配，而这些法则自身是被嵌在价值本质的高度秩序中的；所以价值感原本就不是印记性的，而是复杂关系性的。并且这种关系不是价值王国中的任意关系，不论是原发的还是派生的，也不是绝对性与依赖性之间的层次关系，也不是质料上的、样式的或其他种类的奠基关系；而恰恰只是价值高度关系。人们可以把这种在价值感深处不可撼动的、坚决抗拒外来影响的偏好法则称为"**价值论上的高度感**"。它就是对独一无二的观念性秩序的感受——这种秩序是其他秩序所无法比拟的，从维度上看也不会与别的秩序相重合。

舍勒正确地将帕斯卡的"心的秩序"(ordre du cœur)同这种价值高度感联系起来。与之紧密相关的还有赫默斯特胡斯的"道德感官"(organe morale)。并且也许还能合法地将之关联到"理性"的严格字面含义，就其包含着某种灵敏的内在"听觉"而言。在最细微的区分中"听闻到"的正是各种智性音高的间隙，而其协调一致就构成了观念性自在存在价值域的和谐。

最终可以十分确切地得出这一结论，即无论如何不可能"推导出"这种级序。在这之中可能有一个至高的统一原则在起作用，这是绝不容否认的，但该原则是能够被把握的，并且在具体地观看之前就要把握到。然而这似乎是对从某一原则出发进行推导提出的要求。

我们的价值感恰恰并不针对价值域的统一结构，而只是它的具体内容及其特殊关联。我们固然通过偏好获得了对价值高度关系的某种认识；但这种认识并不具有标准形式，不是手头随时用来估量与查证的统一度量衡。没有了时时刻刻的深入、投身与聆听，偏好本身就是无法把握的。它是匆匆在逃的，在粗犷的抓取中会受到伤害，它想要人们充满爱心地、仔细地聆听它。它仅仅向感官灵敏者、耐心者吐露它的秘密，即在人身上得到明证的观念性价值级序。

人的统一需求无法改变这一事实，哲学上的体系需求更加不能改变它。我们必须接受它，有意识地拥有它，并且由它出发尝试着直观它所容许的价值级序。这就是为什么价值表对我们来说肯定还是不完整的根源所在，并且这种不完整度远远高于哲学的价值认识。

第30章　最高价值问题

(a)伦理原则的统一要求

如果一切实证道德都源于真正的价值直观，而一切价值直观都是对价值本质性的先天把握，那么实证道德的历史相对性就不是源于价值的历史相对性，而是源于价值直观的历史相对性。任何有效道德只认识几种或唯一一种价值，于是将之突显出来，从而使一切别的价值都与之关联起来。因此无论它有多么片面，却具有一种**真内容**；在它之中包含着真正价值认识的一个片段，不论它们看起来多么自相矛盾。

伦理学就有了一项任务——消除矛盾，只要它们是能够消除的，也即它们的矛盾并不是一种原初的价值自身的背反。要是后者的话，伦理学就必须放弃综合；但它不可能放弃综览这一要求，因为这是它的本质所在。于是它也必须根据现象选择它的观视点，而不是依据观视点选择现象，甚至要以可把握性为代价。它也必须承认不可把握的东西，必须使相互矛盾者共存。因为在任何情况下它必须保留的一点就是：为一切伦理现象提供活动空间，因此要为所有有效道德提供活动空间。

由此，伦理学在其原则范围内一开始就必定取决于一种内容多元论。于是不仅伦理学自身的统一性，就连生活实践准则的统一性都变得极其成问题。伦理学的本质难道会是将人们正当地从中期待的"伦理要求的统一"证明为虚幻的？如果某种应当是有意义的，唯有它是**毫不含糊的**且不会由于内在矛盾而自行消解，也就是说唯有它为直接地(预先规定地)或间接地(选择性地)为某一追求指明方向。追求必定具有统一性，否则就会自我肢解并进而自行消解。人同时只能走**一条道路**。没人能一身侍奉二主。

由此也就明白了，为什么一切有效道德都采取一元论形式。它只能如此，以便不会变得模棱两可。当统一观视点没有显明自身的时候，有效道德就会强行地将之推向价值多样性之外，从而它就抓取唯一的、明确直观到的价值并使之居于顶端，直观到的其他价值就处于隶属地位。而这正是有效道德的片面、狭隘、产生争议，甚至局部地虚构价值级序的根源所在。一切有效道德的短暂性与其说是价值目光的有限所造成的，倒不如说是统一原则的任意所造成的。

(b)"善"内容的不可知

哲学伦理学或许是隐约地感觉到这种方法的不足，所以就经常踏上相反的道路，以便达到所要求的统一。如果所直观到的价值中没有最高的价值，人们就必定会在所有这些价值之上甚至跟它们相对立地假定、悬设最高价值，必定会通过纯然的支配关系明确地视其为、承认为**未知的**。

柏拉图的“善的理念”就属于此类。其特点正是，它不具备任何特性，从内容上看绝对是无规定性的。因此人们无法直观到的东西很有可能是自在持存着的。从这个意义上看人们不能否认柏拉图思想的合法性。

在这里棘手的是，最高价值理念对价值感来说一直是未充实的。但对于这种原则，人们只是进行了某种假设，并**没有获得价值洞见**。如果人们想到伦理学的任务就是要揭示善是什么，那么这一任务以这种方式并未得以促进。而这一原则并没有告诉人们要在哪个价值方向去寻找善；即便没有这种原则，也会有许多可能性无限地存在下去。这里是彻底的混乱无序①。

这就刻画了善的问题的特点。人们一致认为，善无论如何都是核心的伦理价值；但由此并未澄清什么。而且在价值领域内再也没有比善这个被一切道德视为理所当然的、实际上又处处理解为不同原则的核心概念更加晦暗不明了。对此普罗汀的表达是，善“在可思之彼岸”。这就意味着：善是非理性的。

人们能选取的这两条道路都达不到目的。价值探索还剩什么可做呢？它难道一定要冒着放弃应当之现实性以及所追求的统一性的危险而公然允许一种价值多元论？或者还有一种明显的统一视点，它借助于某些被给予性仍是内容上可见的？

对此人们同时要问：这个问题在何种意义上具有实际意义。如果它只作为哲学上的体系问题，也就不那么有分量；但如果它是一个有关塑造生活的实践问题，就具有完全不同的重要性。但要是后者的话，情况似乎肯定是，价值多元论从其自身来说就自相矛盾。但这种论断不可能是无条件的。毋宁说，多种多样价值间的一种体系性关联是有可能的，即便没有逐点式的最高价值。在存在范畴域就是这样：最后所直观到的也不是一种唯一的主导原则，而是一个完整的原则分层——其中的每一个都是独立的而同时又以别的原则

① 不管怎么样，确定无疑的是柏拉图“善的理念”接受了来自那四种德性价值的某种内容规定性——这几种德性价值隶属于善的理念。不过这种规定性不属于善，而是德性价值的，并且即便没有善，也仍会存在着。在这里统一原则实际上未增添任何东西。它不同于“善的理念”的形而上—宇宙论的含义。但这种含义不是伦理学的。

为条件。因此人们在价值领域原本就该期望同样的东西，即便其他理由不支撑这一点。

实际上人们不可能从内容上指明某种唯一的最高价值；并且只要道德在一切时代仍把“善”理解为某种统一价值，那么这种“善”就不会是所直观到的、得以充实的价值内容，而是变成一个空的概念。人们当然很容易就赋予这种善以内容；因为整个价值域中的所有具体价值在善这里都有某种空间，并在一定合法程度上切合它。但这种内容赋予仍是片面的。人们越是深入地考察，就越相信：在这一模糊不清的“善”的价值概念中肯定包含着整个领域的某种总的联系，甚至还包含着有关其结构、秩序及内在法则的某种原则。

这一点从其他方面也能得到证明。因为如果人们仔细考察后几种可直观的价值要素，就容易理解：从这些价值要素出发固然不能看见某种超出它们之上的统一价值，也无法由它们推断出来，但这几组价值之间的联系是统一地可把握的，是可见的。所以说，体系统一仍是现成存在的；它很明显绝不依赖于所寻求的那种逐点式的统一，不依赖于统一价值。

(c)在既定价值多元论中可能的一元论类型

人们必须摆脱这种根深蒂固的偏见，即在所有领域都赋予一元论以优先权。无论在理论域一元论还是实践域一元论都是纯粹构造出的，这是源于某种概念把握的统一需求，而非现象属性。范畴论向来都经受着来自此的最严重损害。价值论冒着同样的危险，如果它不通过别的方面而吃一堑长一智的话。统一肯定是人们要寻求的；因为只要它存在着，就必定被揭示出来。但它完全不同于通常所假定的统一。正是从这点来看上面所提出的观点得到了更强有力的支持：在价值领域内没有什么能够被预先推定、演绎、一般地被证明；人们只能步步地遵循价值意识。况且这种总括性的价值统一概念至多构成价值观看的基石。

在一切价值分析之前能够提前澄清的只是对问题本身的讨论。首先必须将“是否存在某种最高价值”这一问题同“如果这种价值存在的话，能够被人们所直观到”这一问题区别开来。即便对后一个问题的回答是否定的，前一个问题总还是能得到肯定的回答。

其次，仍进一步追问：人们该从哪个方向去寻求这种最高价值，如果它存在的话。至少有两种可能性。一方面，它可能存在于最简单的、最基本的价值中，并且是这些价值所无法指明的；另一方面，正好相反，它可能存在于最复杂的、最富内涵的价值中，并且也是这些价值所无法认识的。在前者中就最高价值而言涉及的是**最强的**、**最基本的**(也许还是最一般的)，在后者中涉及的是**价值论上最高的**价值。

这两种情形都不是抽象地构造的。历史上的一切道德所寻求的统一很明显要么是前者，要么是后者。快乐道德、幸福道德、自我保存道德、康德的普遍性道德、费希特的行动性道德所寻求的是最基本、最一般意义上的最高价值；与之相反，公正、爱邻人、爱最远的人、人格性等道德所寻求的是价值论上的最高价值。也存在着混合的统一类型，甚至也是所称的不纯粹的，这不会带来什么影响。这两者都具有某种合法性。因为具有最大有效范围与统摄地位的恰是最基本价值，而拥有最高价值尺度的却是最复杂的、具有有限有效性的价值。甚至可以想象，这两种相对立的统一价值类型在一个价值域内共存，它们竟不会彼此排斥。由此似乎确实会为了某种原发的二元论的缘故而重新放弃所寻求的一元论，尽管这种二元论并不比给定的多元论更满足于统一需求。

但由此也未穷尽各种可能性。因为人们最后还要追问：所寻求的价值统一自身是否必定是某种价值，它是否也不可能以某种最高原则而存在——后者压根儿不是价值原则？这个问题绝对无法提前作出裁定。正如某一运动原则绝对不必是运动本身、某一生命原则不必是生命本身，而且某一认识原则也被证实远不是认识本身一样，在价值域中某一普遍的主导原则也可能十分不同于某种价值。

这种观念就其自身而言最有的说，只要这个问题是先天可讨论的。它至少会碰到这一事实，即价值感与某一固定的价值级序之间的关联。因为要是应该存在着某一普遍的价值级序法则的话(即便无法认识)，它采取的形式将会是价值域的统一原则，仿佛是价值体系模式。但这样的原则只会规定价值域的范畴结构，不会构成其价值品格。

我们不需要考虑必然要通过一条鸿沟割裂这种原则与价值之间的关联。有可能的是，价值自身的品格会朝着最简单质料的方向减弱直至超出可见范围，甚至也许彻底消失不见。于是"最高价值"作为消逝中的边界价值很明显就不再是价值，也就是价值论上的价值王国底线。与之相对，似乎是这样的：最一般性的价值对立实际上只显示出极其微弱的价值品格，以至于我们只有先从较具体的价值出发才能使之得以把握(参见：下一章)。但这无法为某些结论辩护。

(d)价值多元论中的伦理学一元论

怎样解答这一问题，对此伦理学必须暂且搁置。但正因为伦理学无法解答，所以它要调整自己的态度，对上面所论述的各种可能性不予处理。它必须为某种最高价值留出空间，并且按照所讨论的那两个方向。同时伦理学观察必须一直瞄向这种价值，而由此不会影响价值分析。当然这才是可能的，只要价值探索者绝不会忘记，所有的价值观看是多么的零散，所能赢得的那个价值表即便在最有利的情况下还是有缺陷。

但与之相比更为实际的是价值表的统一倾向。即便我们认识不到某种最高的统一价值，多种多样的价值也必定是相互联系的。它们的统一性价值品质就保证了这一点。因此价值观看肯定一开始就瞄向各种价值关系：归纳关系—奠基关系、相近与分歧、结构与内容、高度秩序、有效域间的叠合关系等。除了一致关系外，价值观看也必须承认对立、矛盾关系，即便会冒着我们的价值感仍无法解决诸多价值二律背反这样的危险。价值观看不要把所寻求的统一转变成某种和谐假定，因为这样的假定也许会否定(或许是真正的)价值二律背反并由此错失隐含在现象中的问题；它也不要在给定的道德多样性中固守某种**价值一元论**，而是必须在价值多样性中坚持**伦理学一元论**。因为后者对所寻求的整体统一是某种价值还是某种别的原则这个问题保持开放态度。必定还存在着观念性的价值表，它超越于各种各样的历史性价值表之上，是统一的、绝对的。

在所有的哲学体系里都包含着部分绝对真理，而哲学的使命就是把绝对真理的这些片段在哲学的观念性体系中统一起来——黑格尔的思想在作必要的调整基础上也会有益于伦理学。观念性的价值体系也必定肩负着将各种可能的或历史的局部体系统一起来的使命，并且不依赖于我们离这一目标多么近，或者多么远。克服各种“主义学说”也是眼下的一项任务。

最普遍的价值对立关系[①]

第31章　价值二律背反

(a)最基本价值的特点：肯定性的对立关系

有这样一组价值，是我们对价值与应当的本质分析中就得出的。与我们直观到的其他价值组相比，其优势在于基础性与普遍性，而不利是它的内容贫乏、价值高度低。这些价值从构成要素上看绝不是“最初的东西”，而只是最先可知的，在它们之外很可能还有更基础性的。因此这类早已包含在更高价值中的构成要素就出现在探寻价值目光的视界边缘上。它们仅仅显现出最小化的内涵(质料)，很难为价值感所把握。从可见性上看它们是处于消失状态中的价值。这是一切价值分析的困难所在：到头来能够被描述，甚至被命名的只能是质料，而价值品质或价值质性却无法重新给予。人们只有从质料出发才能引导价值感

① 本选文出自于哈特曼《伦理学》第二部分第Ⅱ卷：“最普遍的价值对立关系”(die allgemeinsten Wertgegensätze)，共包括4章内容(第31—34章)(*Ethik*. Walter de Gruyter & Co.，4. Aufl. Berlin，1962. SS. 294—335.)。

聚焦于价值品质或质性，仿佛是在一切标识都失灵的情况下诱发价值感跳出来。但如果价值感也失灵了，那么所有使价值变得可见的努力都是徒劳的。眼下，这个价值组由于显示出最小量的质料内涵，相应地它的价值品质也是暗淡的，几乎无法感受。这就是为什么需要绕道导向范畴要素的根源所在。

这个价值组的特点是，在这里占主导的不是价值序列的两极间的简单对立，即价值与非价值之间的对立；而是另一种，价值与价值之间的对立。当然这里也附带地存在着非价值，就这点来说一般性的极性对立法则并未遭到破坏。只是这种法则在这里是次要的，因为这组价值的独特处就是除了肯定—否定关系外，还有肯定—肯定之间的对立关系。后者在别的地方也会偶尔出现，在这里则是绝对地处于中心地位。由此我们也就有了一个有关肯定性价值对立的领域，并且在这种价值对立间张开的价值维度也绝对是肯定性的连续体——在其中没有零点，没有否定性的序列环节。而且在这类价值维度中所有更具体价值都是肯定性的，而不是非价值。更进一步来说，所附带的非价值是包含在同样纯粹的否定性价值维度中。

(b)道德冲突与价值二律背反

这个价值域由此也就具有了二律背反属性。这对伦理学而言意义重大。

在前面(第 22 章 c)已经表明，生活中除了“道德动机与反道德动机”(义务与偏好)之间的冲突外如何还存在着道德动机与道德动机之间的冲突。前者的结构还不是纯粹的内在—伦理学的，后者的结构才指向真正的伦理境遇。当价值与价值在某一境遇下对立的时候，结果就不会是无罪责的。因为人无可逃避地要作出决断。他必须进行这样或那样的选择，并且没有行动也是积极的决断。“置身于境遇中”恰恰意味着：必须不惜任何代价进行选择。因此人事实上一直都必然面临着解决价值冲突、下定决心自己能担起责任。他注定不能完全摆脱罪责。

不过从我们所提及的最一般的价值对立中还无法直观到这种道德冲突结构，而仅仅初步感受到这个困难的问题动因。这一结构只有以后通过更具体的价值对立才能得以把握，而且它也不是处处都同样鲜明地显示出来。但是价值冲突问题早已扎根于此，并且一开始就关注这个问题，这对于一切结论来说都至关重要。

价值对立一般并不必然是矛盾性的，也不需要是原发的、早已在观念的价值王国中显明的冲突。即便价值与价值之间就其自身而言并不对立，在具体境遇中所带来的结果是：只有一种价值能被充实，而另一种必定受损害。这些价值在实践中就变成对立性的了。如谁让宽恕胜于法，谁就要赋予爱以优先权并且损害公正，而自在地讲公正与爱并不互为排斥。唯有在境遇与价值对立关系中才会发生冲突。此外境遇确实是产生冲突的一个根本因子。

目前就价值对立构成了真正的二律背反而言，对立早已存在于价值自身中。真正的二律背反是无法解决的。不过最普遍的价值对立所具有的二律背反属性差别是很大的，其中一些一开始就接近于统一，另一些则彼此分裂、没有和解倾向。跟后者相比，价值意识的统一倾向具有高度实际性。也许它们之间分歧的弥合点存在于某一更高的价值域中，而这还是我们不能认识把握到的。即便没有逐点式的价值统一，我们仍可以想象：在可知的界限外继续存在着的价值多样性会趋于统一。

这样的话，价值对立的二律背反品格似乎只属于价值意识(更确切地说价值感)，只是由于后者的局限性才导致了无法调解。但情况也可能是这样，即价值体系继续被追踪下去的话，必定会显示出不聚敛的，甚至发散的并且越发尖锐的分歧，只要价值目光能够越过它的界限。于是我们所处理的似乎并不再是“理性”二律背反，而是观念性自在存在本身的二律背反。价值王国自身似乎就是背反地构建起来的，并且可把握的、最普遍的价值的二律背反品格似乎也为我们提示了整个价值域的范畴基本结构。

由于我们在别处没有足够地认识这一结构，所以这种提示对于探索整个领域而言就极具价值。只是在当前的初级价值探索阶段基于这一提示不会有什么大收获，也得不出什么结论。

但绝不可忘记的是：仍然存在着另一种解决价值冲突的方式，即在具体情形下、在任何活生生的境遇中(即便境遇也是充满冲突的)由人得以解决。他能做的不是别的，而只能是根据他的价值高度意识以及他对各种价值在某个境遇中分布强度的感受(也即他的境遇意识)因时而异地进行决断。不论他的决断会是多么片面或不正确，却仍是决断，而且就是价值论决断。而这就意味着，它们是根据各种不同情形解决冲突的新尝试。

(c)价值对立的维度体系——作为观念性的“价值空间”

也就是说价值对立，如同那些重要的范畴性存在对立一样，是一个由多种多样的、可能的维度所构成的体系。任何价值对立在其自身中早已构成了一个维度，并且是一个普遍肯定性的连续体。而由于更具体的价值同时归属于各种维度，所以很明显这些维度相互重叠、交叉，形成一个维度体系。在价值王国中也就形成了一个由可能性的价值所构成的观念性位置体系(Stellensystem)，即一种智性的价值空间。在这里包含了更具体价值的智性位置。

人们觉得可以尝试着由此出发对价值进行一种先天推导；在这里看起来确实能够得到一种普遍法则，并且它是人们进行某种可能性推导的前提。对此人们忘了，该法则就其内容规定性来说根本不足以填充空的位置，正如同数学空间法则不足以对数学空间进行质料充实一样。实际上所得到的只是一种特定的基本结构；它当然对具体价值起到规定作用，如果从别的方面得以充实的话。但预先推定质料是不可想象的。

由此确实表明了，具体的、瞄向个别价值的价值观看远远不能充实价值空间的所有位置。可直观到的价值多样性落后于先天期待的价值多样性这一事实意味着什么，则是另一码事。情况似乎是：人们感受到的只是价值观看的界限，而对于观念性自在存在着的价值王国来说所有价值空间都得以充实并且仅仅是价值感的“狭隘”才把握不到这种丰富性。这是有可能的且绝对富有意义，即便对于观念性价值王国来说并非一切智性位置都是充实了的，也许它们对这种充实漠不关心，正如同实在空间的位置对实在性充实漠不关心一样。

跟这种完全敞开的可能性相应的是这样一道鸿沟，它把价值对立组同最清晰直观到的价值组(极其具体的价值组)隔开。我们远未固定地概览整个价值王国；所直观到的只是偶然的片段。并且这些价值组之间的距离能在多大程度上被看见，即这种不固定性多大程度上在于我们自己，在多大程度上在于价值本身，这都无法从现实地直观到的东西的结构中推断出来。

正如已指出的那样，对价值对立的阐释起始于对价值与应当自身的本质分析。结果表明，在这一分析中所揭示的某些本质特征自身就已经具有价值品格，当然有些仅具有极其薄弱的价值品格。最后一种价值对立(量的价值对立)无疑展示了另一种面貌。它差不多已经脱离了价值对立组，因为唯有明显的对立结构才会属于这一分组。我们可能在它这里已经有了一种过渡环节。

最后值得我们注意的是，存在论范畴王国的传统观视点——量、质、关系、模态——当然都会重现于这些对立组中，尽管以不同的明晰程度。也许这可能是一种惯性思维，一种纯然的外在强加，所以可以不必太在意这种重现。它也仅仅涉及质料，不涉及价值品格本身。不过，纯粹的外在契合也已经是一种征兆了。价值品格比较薄弱、接近于范畴品性，这在价值王国的开端处也许并非偶然。

第32章　模态价值对立

(a)必然性与自由之间的价值二律背反

对应当的模态分析已经表明，在应当存在者，也即价值的存在方式中隐含着一种必然性模式。与存在论必然性不同，它不依赖于可能性。也就是说，价值独立于实在性的存在与非存在。它是一种“绝对的”(字面上含义：“挣脱了的”)、自由的、不受任何外在束缚的必然性。

这种**绝对的必然性**本身就是一种价值，就它具有价值品格而言。它让作为观念性存在的价值超越于其他种类的存在者之上、摆脱了相对性、坚定地持存于存在—非存在之外；而对此并没有词源学上的称谓，它确实包含着原则的权威性：“凭借力量与尊严而高耸于存在之上”，这是柏拉图为善的理念所创造的词语。这种必然性赋予价值以十分独特的有效普遍性——对于任何情形，哪怕是特殊情形也有效，它也是一种普遍性，甚至在质料的特殊化、个体化中(只考虑一种情况)仍会存在下去，并且同样是未被削弱地、严格地、不接受任何妥协地，甚至在生活的价值冲突悲剧中仍保持自身。

伦理感在这种坚不可摧的力量面前低下了头，就好像仰望最令人崇敬的对象那样仰望它，从内心深处将自己拔高到这种力量，甚至纯然地参与其中就是最高的伦理荣耀。这种参与就是伦理感优越于非人格存在者的价值中立的地方。康德曾经最深刻地表达了对应当的绝对必然性的价值感——通过对“义务”的颂扬：他把“敬重道德法则”视为理性存在者的无可比拟的优越性。如果我们把这种存在者理解为“觉知价值”的存在者，就再合适不过了。康德的这种严格片面性的价值站位(Werteinstellung)不该让我们对实事本身产生迷误。他在这里直观到的价值正是合法直观到的。

从这种意义上看，价值的应当存在所具有的这种必然性——作为最基本的价值类型是合法存在的。并且人的价值意识一直在寻求与期望那些未被直观到的价值，也证实了这一点。价值意识就是期望越来越新的、越来越高的绝对必然性。

这种必然性价值对立于**自由价值**。人格存在者价值参与到具有绝对必然性的价值之中，而也正是这些价值又容许该存在者拥有自由。也就是说，人格认识到必然性，却不会为其所强制。这种人格自由不是“摆脱必然性”，而是要依赖于它。要是这种必然性受制于可能性的话，它就等同于存在论必然性，而人格也就如同受自然法则强制一样也要受它所强制。这样的话，参与其中似乎并不意味着什么崇高与卓越，也不会将人从自然存在者序列中拔升出来。因此，**没有来自应当的某种强制力**正是一种价值，并且是对于伦理存在者来说**一种建设性的基本价值**。各种行为正是由于应当存在这一绝对必然性的无能为力(Unmacht)才最有可能具有伦理价值。

这简直太悖谬了。某种东西，从价值的存在方式来看，正是因为它没有能力直接规定实在物，即实在物(也包括人的实在行为)跟价值之间极其不一致，从道德现象上讲才是十分有价值的。价值的这种无能是人格主体在世界中地位的先决条件，而该主体也正是使价值对实在物产生影响作用的那个法庭。正是由此，主体投身于实现应当存在者的那些行为才是更高伦理价值的载体。假如没有这种投入或参与，世上根本就不会有什么能获得最高价值、伦理价值。

因而自由，也即价值必然性容许主体所具有的东西，自身就是一种起码的基本价值。自由是一种价值，即便它跟同样也是一种基本价值的必然性相对立，从模态上限制后者；这正是二律背反。人们可以说，在这里真正富有价值的正是这两者之间的二律背反关系，它们相互制衡而又自我限制。因为它们之间的这种不固定关系正是伦理人格的地位以及人格成为所有伦理价值载体的根源。

(b)价值的实在存在与非存在之间的二律背反

跟这种价值二律背反相并行但并不重合的是另一种同样根本性的二律背反。应当的本质就是逼向实在。应当的部分内容是实在的，这不会带来什么改变。价值就其伦理现实而言都只是部分地实在的，介于存在—非存在之间。与这一中间地位相关的是一种双重的价值关系。

毫无疑问，某一价值的实在性是有价值的，不论实在性何时何地显现出来，并且这也不依赖于如何得以实现。同样地，某一价值的非实在性就是非价值。由此直接导致的结果就是：实现某一价值仿佛就是有价值的，而否定某一价值就是反价值的。这四个命题同时也适用于非价值，当然表达是相反的：非价值的实在性及其实现是反价值的，而它的非实在性以及否定是有价值的。

这些命题不仅适用于彻底的实在性与非实在性，而且也适用于一切最初阶段。尤其在价值实现中起着重要作用的是：倾向于实在性已经是有价值的了。作为某一人格行为，该倾向同时就是一种更高价值的载体——一种在该倾向中被意向到的伦理价值。但作为实在的进程，该倾向意味着“利用”(Verwertung)反价值物与价值中立物，这也符合它从手段上升到目的的目的论形式。将它们提升为价值实现的手段就是使无价值物变得有价值的过程。而这种关系——整个领域都由价值目的论来主导——就是价值自身的实在存在。

而与之相对的是另一种基本的反价值。它是价值的非实在存在。如一旦我们想到，只有价值是非现实的，才可能去主动地、有意向地将其现实化，由此才会实现更高的、道德的价值典型的现实化。这意味着：最高价值原本就不会是实在性的，即便一切事态价值都是实在的。但由于最高价值的实在存在也具有最高的实在价值，所以显而易见，可意向价值的非实在性——也许只是事态价值或者(在边界情况下)是某些特定的道德价值——就是一种为人格的伦理存在奠基的价值。

这个二律背反无法消除。这在于形而上事态的本质：一方面作为价值域与实在域之间的关系被给予，另一方面则作为可意向价值与意向价值之间的关系被给予。这种尖锐化对立的悖谬也属于伦理现象的基本特征。这两种对立价值在意向性的现实化中得以统一；但这并不是能够消除这一二律背反的根本性综合。因为从价值的实在存在来看，价值的实现只是一种从属性的价值要素，一种手段价值。从这个角度来看，过程价值只着眼于目标、结果；因此它的价值高度取决于在最后结果中所实现的价值实在性程度。而如果从价值的非实在存在来看，情况就不同了。在这里现实化本身、行为、投入大小都是有价值的，并且不依赖于结果是否得以实现。固然结果的实在性价值本身不会由此而被取消，相反它仍是行为价值的奠基性基础；但行为价值却不一样，它远远高于前者并且它的价值论高度绝不会随着结果的价值实在性程度而变化。在这里出现了另一种标准，摆脱了对结果的依赖。跟意向价值的现实化不同，价值现实化(也包括纯然的意向现实化)完全在其自身中就拥有它的价值高度标准。投入大小只是其中的一种标准。

因此在这里二律背反也绝未得以消除。它反而在现实化中更加尖锐化地重现，甚至原初地就隐含在其中，并使价值现实化模棱两可。这必须认真地加以对待。它是同一个事实的双重价值音符，是一种在自身中异质的、双面的，甚至两极对立的价值关联。想要消除它，就意味着完全误识了这一问题，意味着同时也会否定这一双重的价值关联。

(c)这类二律背反的各种表达与变体

因此说，这类二律背反是真正的二律背反。我们的价值感可以轻而易举地捕捉到它，如果放弃更细致的但却吃力的模态术语而用以下方式表达它。现实化是可能的，当且仅当现实化的内容是非存在着的，当然该内容的实存是有价值的并且现实化就是指向它的实存。因此只要现实化具有一种本己价值，这也就意味着有待现实化价值的去价值化。价值现实化本身就是价值论上自相矛盾的，就像任何受制于目标的过程一样，走向了自我消亡的道路。它使理应获得实在性的那种更高价值丧失了实在性，而更高价值通过它且唯有通过它才会获得实在性。

整个价值序列都可归入这两种基本价值。并且这类二律背反总是在各种价值身上重现，当然尖锐化程度十分不同。这两种价值所属的价值域之间的大裂痕就证明了这一点。如果跟完满价值相对的价值是不完满的纯然应当存在；那么跟结果、实现相对的就是趋于未实现物的活生生张力，甚至在某种程度上就是不可能实现。因为张力的生命力就取决于不可实现。此外，实现与可实现展示了一种价值论的双重面貌：这两者既具有价值品格又具有非价值品格。并且像这样的价值分裂会在所有的伦理意向行为中重现。能动性、追求、意愿以及所有跟它们相类似的东西，像现实化一样，是双重地相关于价值，而它们是现实化的意向形式。它们由于目标之故是有价值的并且由于其自身之故也同样是有价值的。但这两种价值的实在性绝不相一致，尽管它们之间有着奠基关系。一方的实在性会排斥另一方的实在性。不过这种相互排斥不会消除双方的价值品格。

但这些更具体的价值不再是真正的模态价值。它们已经属于某一更具体的价值层面，而在这里不会专门加以处理。在那里当然不再涉及它们的二律背反品格，因为这种品格只是通过最普遍的价值要素得以体现，不过它也不会在最具体的价值丰富性中彻底消失。

第 33 章　关系价值对立

(a)价值载体的二律背反

任何可能价值的载体都已理应具有一种价值品格。这是它能成为其载体的那些价值拥有实在性的前提条件。它的价值品格早已从价值的实在性中推导出来。

但对一切为价值所浸染的伦理现实来说，价值载体并不是唯一的、同一类的，而是自身分裂的，这与价值类别的二元性相一致。被意向的价值与意向价值(伦理价值)所具有的载体是不同的。**前者依附于客体，后者依附于意向主体**。同一种价值意向——不论它是一种追求还是纯然的意念——的客体与主体同样也是两种载体。这是主客体之间价值对立的根源。它们都是价值载体，不过是不同价值的载体。

这种对立本身绝非对抗性的。不过一旦同一个构成物成为两种不同含义上的载体，也即主体与客体作为价值载体相重合，就会变成对抗性的。

情况是这样的。主体对于伦理价值来说担当着**实体**职责。它是所有各种各样载体中唯一具有基本伦理价值的载体，不过不是最高含义上的，而是承载含义上的基础价值。但现在它同时又被纳入可追求的事态价值的质料中去，因为事态价值包含有人格参与到实事价值中去这样的内容。如果我行善，我就是对“某人”行善；如果我作恶，也是针对“某人”——不论某人是个别人格还是某一共同体，不论是直接还是间接。这个伦理与格(dativus ethicus)伴随着人的一切行为并且对行为的价值与非价值起着决定性作用。在一切特定的做或意愿之前，意念必然早已针对“某人”。因此人格主体一开始就**被纳入可意向客体(事态)的价值内容中去**并且以此方式自身就是意向客体。

人格主体成为客体并不与它的本质相矛盾，对此在人格主义批判中已经谈论过。但在这里要表明，人格成为对象对整个伦理现实域起到多么大的奠基作用。意向似乎根本不可能指向人格。不过这样的话，意念与追求就会是伦理上无关紧要的。某种纯然针对物的做(tun)压根儿就不是一种行动(handeln)，对物或关系的意念也不是道德含义上的。人格主体作为客体是道德行为的前提条件；并且它的实体价值——作为可能行为的主体(因为只有这样它才是人格性的)——已经被纳入一般客观上可追求物的普遍基本价值之中。

不过从别的方面我们也能发现这一点。一切价值物，也包括伦理价值物，只要存在着对它们的某种意识，就是这种意识的价值客体。由于最高价值是人格主体价值，所以**这类价值也必定作为客体价值显现着**。并且在可追求的范围内——这个范围可能被界定得很狭小，这类价值也必须能够成为客体，即理应获得它们的那种主体行为的客体。人格主体从这种意义上看同时也是价值客体，并且正是卓越意义上的伦理行为的客体。唯有在各种伦理意向的伦理价值这里，主体价值的可意向性与客体性才发觉自身的界限。但这一界限允许宽广的活动空间。要是这一活动空间不合法存在的话，伦理劳作本身以及所有有关人格主体的伦理劳作都会是幻象。

伦理学的特点就在于，意向客体又是意向着的主体。一般情况下，伦理价值只有通过自然的、独一无二的人格载体才能被意向到。当这个方向广泛延伸的时候，比如，在伦理的理想塑造中、在理想视角下的具体生活中，这就变得直接明了。而有着明确理想的生活归根结底正是一切有效道德的本质与机能。

但这种二律背反通过这一关系仍表明以下事实：客体价值与主体价值是很明显地各自凸显自己；在古代区分财富价值与德性价值，就是如此。前者通过效果、后者则通过意念得以实现。然而只要效果理应属于有意念能力的主体且为后者所意指，而从反过来看某些意念倾向可能就是效果—质料；那么界限就会移动，这两种价值类别就会相互重叠。不仅德性价值从质料上看要以财富价值为前提，而且最高的财富价值本身就是德性价值。这就是德性是“最高的财富”这一古老观点的含义。

(b)能动性与惰性之间的价值二律背反

换个角度看，跟第二种模态二律背反紧密相关的是倾向与固守、能动性与惰性之间的价值对立。它发生在道德价值内部，但也会有所变化地在财富价值中重现。

范畴分析表明，倾向能力构成了主体的一个建设性的本质要素，正是由此主体才能引发某一实际性的应当存在并将其现实化。因此能动性使主体成为人格。这里所处理的是一切形式的能动性，也包括纯然内在地指向某种自身之外的、有待实现的某物。能动性价值也就意味着指向自身之外、超出自身，或者用范畴术语来表达，就是**伦理实体从自身中走出来**——即使这种倾向仅仅通过伦理实体本身才能够持存，而只要这种走出来不是由外部才得以动起来，而是原始的自我运动，是最先发起某种新事物，是第一推动力。从某种意义上讲任何价值固然早已是第一推动者，但又不是，它们恰恰不能由自身使实在物动起来，而必须有另一种同样原始的力量走进来。这种力量就是人格主体的能动性。实在倾向只能源于人格主体。

那么如果人们无限放大地把这种能动性想象为人格的那种负载价值的存在形式，就好比早期费希特设想人的道德本质彻底消融在“行动性”中，那么能动存在者必定被自身的能动性彻底粉碎。消融在行动性中这一做法肯定会消解与根除行动存在者本身。并且实际上费希特认为，“绝对行动性”肯定是无基底的，必定消融于“无限客体”(应当存在者)中。

这种自我消解可能就是纯粹能动性所导致的，但这不可能是人格的含义，只要人格同时又是伦理价值的载体。从自我丢弃的倾向来看，纯然地把人的自然本质(Naturwesen)与他的存在分量(ontische Erdschwere)进行比照也是不行的；因为人的自然本质既不是人格也不是伦理价值载体。相反在人格的伦理存在者中肯定还包含着同能动性倾向相抗衡的某物，即一种伦理存在、一种抵抗一切倾向的阻力，**伦理实体在自身中持守**；不过不是一种被动基底，它似乎只是无定形的质料，是一种为人格的实体品格所特有的反倾向力量：保存或坚守，一种固有的**道德惰性力量**。人格同一性在一切走出自身中都是一种强烈的道德要求，如同这种走出本身一样。因此人们可以合理地用惰性价值来驳斥能动性价值。与意向价值相比，它是一种伦理存在价值。实现了的价值确实是有价值的，因为它们不是“应当实际性的”。但对于任何人格来说价值任何时候都是实在的，即便没有他的帮助。这种伦理存在给这一倾向画了界，构成了持续运动的内在阻力。它对自身及所取得成果的坚守正是它的道德自我保存。

一切持续运动都必定发起于某一坚守物。若无后者，实体就不具有分量了；运动不再是某物的运动，而是虚无的运动，因而不是运动了。惰性力量是伦理存在面对着应当的那种均衡势力，是在不安定的倾向中一种滞留。这种惰性不是被动性——这将会使能动性瘫痪，不是伦理惰性(它似乎是一种非价值)，而是**伦理实体存在上的惰性**(die ontische Trägheit)，是实现了的价值内容在能动性激流中的坚守，是伦理存在的那种保守的反倾向。从这种意义上看它是一种价值，并且是一种力量价值，并不异于能动性价值。

能动性与惰性之间的价值对立还要加剧，如果人们再考虑这一点，即人格主体的一切能动行为朝向外部的同时又内在地回返到人格。如人的追求也许会完全投身到所致力于实现的客体之中，不过除了这种客体外总还有来自追求主体的别的东西，即伦理价值或非价值。**行为的这种反身性**在价值的奠基关系中得以确定。它是主体无法摆脱的。但如果在能动行为中主体自身的伦理价值内容发生了改变，那么坚守这一价值内容就变成了一种亟须的、主要的要求。这种坚守是自在地有价值的，而这无损于能动性价值。

(c)价值典型的高度与宽度

对于任一种构成物来说——它可能是多种多样价值的载体，都会在这两个不同方向上考虑价值增强：一种是**单一地增强**唯一价值(或者关系紧密的少数几种价值)，另一种是对同时实现的各种不同价值**进行多方面均衡**。这两种方式本身都是有价值的，但从质料上看相互对立并且在进一步的发展过程中在同一个价值载体身上又彼此排斥。

前一种情况涉及的是某一价值的线性发展。对大众生活及其始终单一化的道德来说这是司空见惯的。这一倾向的强度取决于价值典型通过强度所达到的发展高度。在同样的道德力量投入下单一化的增强当然比多方面的倾向更近得多地靠向理想目标。历史上的一切重大事件与突破性事件都应该根源于这种穿透力。方向的统一引导着所有的能量，使得伦理实体(不管是某一人格还是某一部落联盟)成长起来走出自身，而这也恰恰是伦理实体超出自身存在之外的穿透力。这就是卓越意义上的创造，是人身上的创造力，它可能趋于牺牲它的实体，直至将其扬弃为另一种东西。

在这个意义上人们可以直接把这种对某种价值(或某一狭小价值组)的纯粹培植看作对能动性价值的践履；即便这里不涉及能动性本身，典型的高度价值从质料上看仍在同一个方向上。走出自身与向上抵达理想表明了相同的价值典型。

与之不同，后一种情况是对所有考虑在内价值的均衡。在这里人格的伦理存在更多的是向着宽度与广度发展。任何单个价值都不占主导地位，价值典型的高度转移到了有利于它的内在多样性与丰富性的另一场地上，它向价值内容作了让步。在这里替代实体成长起来超出自身的正是**它在自身中充分成长**。而这只有价值增强分布到它原初的所有价值方向上的时候才可能发生。在这里目的不在于穿透力，而在于内在的综合大小。某一人格(或者某一总体)的发展在这里是朝向自身的，即朝向它的内在目的，就这种发展恰恰通过丰富多样的价值可能性得以进行而言。

这种发展从宽度上看也是创造性的：它创造性地把一切可通达的价值内容，也包括异质的，都统一(综合)在某一价值典型里。由此就有了**典型的价值论宽度**。一切有价值物仿佛都被解救到这个统一体中。在这里不是牺牲实体或者把它扬弃为另一种东西，而是倾向于把所有其他东西无限地扬弃为实体。

(d)和谐与冲突

另一种对立维度是和谐与冲突。和谐——在自身中的一致性，对于任何赢得它的构成物而言都是一种价值，这一点无须解释。某一个体、某一人格共同体、某一集体、某一发展历程、某一人生可能都是和谐的。在任何地方，和谐都是一种直接可感受到的固有价值，它的质料在于构成物的**静止状态**。如果这种价值越发增强而臻于完满，那它就几近于完满价值。

亚里士多德把这种价值视为"圆满"，是幸福的价值论含义。很显然它类似于典型的"宽度"价值，尽管它在这同一种现象上标明了另一种要素。因为它的内容不是内在的宽广，而在于丰富多彩的所有宽广达到**内在一致**。

而只是从外部来看，它才是一种平衡与静止的价值。构成物在其自身中可能十分不安定，显示了各种不同力量之间的一种较量。一切仅仅取决于均衡，在于将各种内在力量彼此间综合起来，仿佛是要抵消一切盈余，保持整体上的自我静止。它是一种统一价值，但这种价值质料的统一结构却彻底是有勾连的多样性。这一结构作为整体才是静止的，它的要素尽管可能是动态的。当然唯有整体静止无论存在论上还是价值论上都优于要素运动的时候，这种统一才得以维持。整体静止是主导。

但在一切伦理现实中，而且就同一个构成物而言，整体静止遭遇这样一种动态，即它同样提出要占主导地位并且同样独立地是浸透着价值的。它包含在一切走出自身的行为倾向中，并且也分有着价值典型。但从根本上说它不同于能动性，它是其背后的那种对立—不安定因素，是对抗性的运动原则。

赫拉克利特从宇宙论上称之为"战争"、承认其为所有物的"父亲与王"的东西也存在于伦理现实中：多种多样的、活生生的要素的"流变"与不安分，各种新的关系、境遇、要求等无尽地涌现，以及伴随而来的无尽的新冲突与谜团。也正是这构成了伦理存在的内容无限性、充裕性、常新性与丰富性。即使我们从这种意义出发直接谈论冲突这一价值，也不夸张。它相当于认识领域中的问题价值（Wert der problem)，当然是狭隘化与淡薄化了的。像问题价值是一种基本的认识价值一样——尽管问题恰与洞察相对立，冲突价值是伦理上的一种基本价值，尽管冲突意味着未充实、不和谐、缺乏明确单一的价值。

决断、意向、行动正是来自冲突；而意向价值就是伦理价值。

正是冲突保持着价值观看甚至价值感受的鲜活化，使其目光朝向新的价值内容。在纷争不一致中价值目光感到自己的狭隘迫于冲破狭隘。伦理生活就是陷入各种既定冲突中的生活本身，就是投身于生活中，并通过人格投入而创造性地解决冲突；而一切对生活冲突的漠视就是对它们的作孽，就是不可挽回地失去伦理存在，也会失去本己人格的伦理存在。

从这种意义上看，任何生活境遇本身早已纯粹地是有价值的。生活境遇就是一切真正伦理善的质料，正是它有可能创造性地塑造那个置身于其中的人，甚至可能创造地塑造某一人格的所有特定行为。人被纳入生活境遇中并成为它的环节，因为一切境遇都是在人格间的伦理意向关系中构建自身。并且同时它重新又作为理解、参与、表态与创造地行动等对象而被给予人，在作为主体的人格面前它仍然是客体，也即是人格负有使命介入进来的客体。人生就是一条境遇之流，并且所有境遇都是一次性的、不可挽回的，只在瞬间赠予人。并且由于生活就是由它们所构成的整体，所以同样一次性地、丰富地赠予人的生活也是一种质料性的基本价值，即由这些境遇价值所构成的整体。

和谐与冲突之间起初只是一种价值对立，不存在真正的价值二律背反。由此就证实了：一致性仅仅对于要素之整体而言，而这些要素极有可能是对抗性的，如果它们只是维持着平衡。

但情况就会改变，如果我们深入观察在某一境遇中可能发生的实际冲突。就这些冲突要求人格走出自身而言，它们早就打破了平衡与和谐。尽管如此，这种向外驱使（hinaustreiben）是有价值的，绝不亚于遭破坏的和谐。由此就出现了一种价值二律背反。并且它会越来越尖锐化，如果人们还考虑到：在伦理现实中这两种倾向总是相互对立并试图超过对方。从任何和谐的均衡状态中都会滋长新的冲突；并且正是由于这些冲突迫于解决，所以又产生新的均衡。持续地超出既定和谐的那种冲突倾向与同样持续地牵制冲突、吸纳、消除冲突的那种和谐倾向相遇。协调与破坏、静止与运动继续相互牵制，仿佛构成了一种更高级序的、不安定的均衡。它是一种均衡，而同时又永远不是均衡的，并且由此恰又是一种更高级序的动态，也正是这种形式，伦理现实生活才变化地演历着，尽管仍是统一相连的。

与这种就其自身而言纯然存在论的价值质料综合相应，是否也有一种价值综合，这一点无法给出明确的回答。始终存在着的只是这两种价值的对立。

(e)简单性与复杂性

在每一种和谐或冲突内部又出现了单一性与内在多样性之间的对立。它是一种价值对立，并且是两种统一形式之间的价值对立。这就是它跟上述各种价值对立之间的差别。在那里是统一与分裂相对立；而在这里是在自身中无差别的统一与有差别的、在自身中多样性的统一相对立。

很容易看出，这两者都携带着一种独特的价值音符。单一性意味着某一构成物的内在纯正、天然统一、原初性以及原初的整体性。从人格性上看它就是我们所称的人格的浑然一体、绝对单一、未分裂、质朴，其外部表征就是泰然自若、坚定不移。从内容上看它正是这样的价值域，即它还包含有天真、无辜、纯洁这类伦理价值。这类价值的特征就是不沾染冲突，而这并不必然包含在单一性中。在所感触到的冲突中也存在着像这样的质朴行为，即它可能直直地走向令人担忧的片面化并包含严重的价值损害。不过行为的质朴性，如直直地奔向某一目标，仍然是有价值的。这种价值绝不会由于跟别的价值相冲突而被消除。

但是避免价值损害、清醒而又多面性的价值观看是绝对有益的。只有观点的多种多样才暗含着人格的一种内在多样性。这就是从质料上跟单一性相对立的东西。因此很明显存在着同简单性相对的价值。它就是伦理学上复杂性本身的价值，或者也可以说是伦理(Ethos)本身复杂性的价值。跟纯正的、天然的统一相比，出现了另一种第二性的、被创造的统一，并且它要求成为更高的构成物。它就是人格的多方面施展的统一、内在扩展的统一。

无须多言，充分利用并塑造生活——绝不只是私生活，在这一价值方向上所能获得的重要性完全不同于在单纯与质朴的意义上所能获得的；由此也就证明了在一切伦理生活中复合体具有一种独立的固有价值。尽管如此，这种价值仍然清晰地区别于“宽度”价值，以及冲突价值、和谐价值；因为它的决定性因素是价值参与本身的质料上的大小，而不是它的一致或分裂，也不是它跟有着明确目标方向的追求之间的对立。它对任何价值内容来说都是敞开的，它是自在地有价值的，即便撇开可能的追求与一致性价值不谈。这种复合体从价值论上看自在地早已是一种充实、成熟、达到顶峰的样式。

第 34 章　质的—量的价值对立

(a)普遍性与唯一性

一种广为流传的观点就是：价值一般地是普遍的。如果我们由此认为只有某一实事—价值物才对一切价值感受主体而言是普遍有效的，那么这一看法是合理的，并且仅仅在价值感偶尔失灵、在价值目光偶尔失明的情况下才发觉了它的界限。但这种看法所指的并不是纯然主体间的普遍有效性，而是一种客观的：价值对一切可能的价值载体都有效。

由此来看，普遍有效性绝非对一切价值而言的。财富价值与事态价值是能加以特殊化处理，以至于一般只为它们考虑一种情况。大多数依附于物或关系的精神价值也属这一类，如祖宅的价值、家乡的价值，以及通过亲身体验而神圣化了的物品的价值、纪念品的价值、圣人遗物的价值；特殊体验的价值，以及构成这类体验内容的种种境遇的价值更是如此。

这同样适用于人格价值，并且在这里对价值个体化的强调要大得多。因为人格的道德存在正是人格的价值内容，而人格中纯然存在上的东西并不是人格性。人格是无法交换、不可替代的；一个人向我显现出的样子不可能是另一个人向我显现出的样子——所有更加细微差别的人格感受都是如此。简言之，存在着这种价值内容，它像存在论上一次性的东西与唯一的东西一样也是个体性的；也即是价值，其自身具有个性化。

一个独特的，但绝非自明的事实就是：普遍性与唯一性的范畴对立以此方式在价值王国中重现，自身也具有价值对立的特征。对立的双方又都浸透着价值。并且这种价值对立并不像人们所认为的是量的，而是质的。价值音符不在于外延，而在于内涵，不在于多种多样的情形，而在于它们之间的不一致，即相异性。

从这种意义上讲**普遍性价值**是“质的”。在这里有价值的是相同性、共有属性，从形式上来说，即是标记的同一性。这里包含着某种价值，这一点我们从公正理念中就可以看到：公正恰好建立在人人在法律面前平等的价值上。同样的要求与同样的义务、同样的机会与同样的责任，这不仅意味着某种偶然的妥协，而且也相应于一种原初的应当要求，以至于这一点是富有意义的且人人都能理解：不论人有可能多么不同，仍然存在着一些特定的生活基础，以此为根据人应当还是平等的并且一切个性化的优先权在此都有了自己的价值界限。在这一基础上好像应该对所有人一视同仁并且每个人也该有着相同的良知。那种超越于经验的相异性之上的相同性价值尺度本身是有价值的。在这一基础上好像任何人都不应该拥有私人的良知与价值判断；否则他就会使自己成为例外，而这样他就违反平等原则了。

康德借助于绝对命令使这一价值理念公式化。相同性在这里意味着向内地对准意向的方向或倾向(准则)：这样的倾向是善的，即从它出发我能够意愿它是所有人的倾向。由此“善”的含义当然被狭隘化了，它立足于某种唯一价值。不过，这种价值至少得到了最强烈表达。它是客观的、对一切人格有约束力的普遍性价值，并且对其有约束力的许多人格不是作为可能价值判断的主体，而是作为可能价值存在的载体、作为伦理价值载体。

正是在这同一种意义上这种价值的对立面——**个性化价值**也是“质的”。诸人格在法律面前具有观念上的平等，这一点是有价值的；但事实上他们是不平等的，并且不仅从他们的自然存在而且也恰恰从他们的道德存在上来看。但他们的这种不平等本身又是有价值的。甚至很容易就看出，它比平等价值更深层地走向人格的本质。应当—平等总只能触及外在的人生观；如果我们也想着把应当—平等应用到人格的内在本质上，就会要求伦理(Ethos)是普遍的、整齐划一的，而这明显违背价值感。伦理学上整齐划一的人类一般将只会实现一种或少数几种相近的价值，并且不会是最高的、内容最丰富的价值；由于它漠视向它敞开的丰富的价值王国，所以将只会有片面的价值增强，而无内容上的价值扩展。跟外在的生活方式的这种整齐划一的普遍法则相对立的是个别人格独特地被塑造、独一无二的伦理存在。伦理的这种价值论上的独特性与唯一性对个体来说是有价值的，是它的全部道德多样性的根源。很明显平等价值受限于不平等价值，同等义务与同等要求受限于特殊义务与特殊要求——后者只能为某个独一无二的人格所拥有，并且仅仅出于它自身的独特性之缘故。并且不论人的伦理的深层处是多么不同——在这里两种对立的本己价值都要求占主导地位，在一切生活处境中仍然存在着这样一条中线，而这两种价值就在这条线上相遇，并且两者都提出应当存在的要求，二律背反地相互碰撞。人就这样被置于冲突面前并且不可逃避地必须解决它。

并非只有人格才是个性化价值的载体。这种价值会在更高级序的统一体中、任何类型的共同体中重现，而后者只具有较低秩序的人格性这一事实绝不有损于个体化的质性与特殊价值。同样地这类构成物的独特性价值也不会由于这一点而受损，即平等价值与相同价值在这类构成物面前仍然有效(如就国际法的基本价值而言)。而除此之外个性化价值在一切别的伦理存在中仍具有特有的、无限丰富的领地，不论该领地可能是暂时的还是恒久的。

这主要包括的就是**个别境遇**的固有价值。它意味着向体验与活动敞开着的所有生活处境都是一次性的、无可挽回的，也正是生活处境的多样性构成了人生的丰富性。各种境遇确实也具有某种相同特点和模式，并且由此这些境遇也可能携带着一种普遍的价值音符；但无论如何，安置任何图式都必然会对本质产生错误的认识，这一点是显而易见的。因为一切类比与普遍化仍然停留于表面，没有渗入丰富的伦理现实之中。对境遇中持存物的价值感越是有差异化且越个体化，它就越内在地却本质性地参与到价值丰富性之中。一切的普遍化本身都只是图式化、贫乏化，甚至是在既定的价值充实上造孽。而一切的深入、赞赏与评价，一切在境遇中进行自我塑造都是一笔伦理财富，是道德成长，是价值论上的施展与充实。

这就是为什么一切先行的决疑论伦理学一开始就使自身变得不合法。它的过错不在于它给予各种境遇以活动空间，而在于它假装这样做却没能这样做。因为有限的—人的表象不能预先推定实在境遇的个性化丰富性。决疑论走进了死胡同，因为它想从某一原则出发展开与讨论那只有极其丰富的现实生活而非世上的其他力量才能胜任的东西。它沉迷于图式论，一种是死板地按照条文所产生的怪胎。

(b)“典型”中的价值综合

在普遍与个体这两个极端之间是有着各种分层变化的特殊。这种假定是完全错误的，即唯有两端才是有价值的，整个过渡层连续体则是价值中立的。相反，无论在任何地方，也恰好从端点出发就可以看出：对于一切肯定性的价值对立而言，整个辐射两个端点的价值维度绝对是价值论上肯定性的，也就是说这一维度上的任一点都具有肯定性的价值品格。这一点当然无法从以范畴结构为基础的外延—内涵的逻辑关系中推出来。这里体现的是一种独特的价值法则，也不同于其他种类的价值—非价值维度法则。

特殊价值绝不会为决疑论辩护，不会为自在个体的任何一种拙劣的普遍化形式辩护，同样地它也跟淡化了的、看起来模糊的普遍性毫无关系。相反存在着属于特殊种类的构成物，它们基于固有的、自主性的存在方式而处于普遍物与个体物之间的居中位置，或者更准确地讲可能处于这两者之间十分不同的层次高度。典型就属于此类。它跟普遍物类似的地方在于：它展现了许多个体的共性特征并且跟它们相比又具有普遍性品格。而它跟个体的相似之处在于：它与别的典型相并列，而跟后者相比又具有个性化的品格。它分有两部分，只是方向不同。它是一种结构上的综合。这就是它也描述了一种价值论上的综合的原因所在。它参与了两个极端的价值。这种综合显示了一种新的固有价值、典型价值。

存在着各种各样的典型价值，绝不单单是伦理学上的。有生物学上物种的典型价值，以及伴随着它们的美的典型价值。但也存在着道德的典型价值；在历史学家看来这是一个众所周知的事实，如雅典人的与斯巴达人的、罗马人的与日耳曼人的。从深远的历史视角出发它们很容易就被看作现实的典型价值。当然，同时代人也会辨识出这一典型。并且即便他们几乎不能一下子就清晰地指出典型的价值结构是什么样的，他们未经反思的价值感通常早已足够清晰地觉察到它。对于外族的同时代人来说，发现典型并对其进行道德评价(拒绝或承认)要比发现与评价个体物和普遍的人性更容易。确实，对真正的道德典型价值的那种模糊而又强烈的意识伴随着一切真实的民族意识。并且从重大的、历史上创造性的共同体意识直至狭隘的共同体意识、最狭隘的家乡荣耀与家庭荣耀，都属于这同一价值现象。这种意识偶尔带有近乎滑稽的弊端，却不会掩盖这一基本的伦理事实：所有这类道德典型价值本身十足地是一种观念性的自在存在。整个伦理现实生活从价值论上看是丰富多彩的，这实质上就取决于极其多样化的、质料上又层层堆叠的典型价值以及在它们有效范围内多层次的叠加关系与重合关系。事实上任何个体都可能既是最普遍价值的载体同时又是最个性化价值的载体，并且由此也正是在这两种价值中间找到活动空间的所有典型价值的可能载体。

所以说，普遍性价值与个性化价值的综合当然是发生在典型价值中；但这两极端之间的二律背反绝未由此被消除。这种综合并没有把极端本身一同吸纳进来，它担任的角色只是中间环节、过渡；两个极端仍是对立的。普遍物并未由于典型物而变成个体性的，个体物也并未由于典型物而变成普遍性的；并且这一极端的价值不会靠向另一极端的价值。它们永远处于综合之外，而任何人为地将它们纳入典型价值之中的做法都是一种妥协。

(c)全体与普遍性、个性化与个体之间的范畴关系

从质料上看，与普遍性—个性化价值对立相近的是全体与个体之间的价值对立，不过它完全是另一种独立的价值对立。它从质料上讲是一种量的价值对立，这一点早已能从全体对普遍性、个体对个性化的范畴关系中得知。并且由于量的对立对于编排更具体价值的位置来说意义深远，所以在这里必须开始讨论这种范畴关系。

普遍性不可能离开全体而存在，这是一个分析命题。全体就其自身来讲至少以某一普遍性特征为前提，而正是该特征才把各种情形描述为一个相互隶属的整体，这同样是自明的，即便不是分析命题。因此从这个意义上讲普遍性与全体必然相一致。但也仅仅在此意义上。

此外它们也各自显现为不同的东西。普遍性是各种情形的完全相同性，而全体则是各种情形联结为一个更大的统一体。前者是**质的一致性**，不考虑各种情形的具体存在关系；后者是诸情形在它们具体的存在关系中**量的—数字上的联结**，不考虑相同与不同，甚至尽管是不同的。全体是一种具体的涵盖，它不是相对的，而是全面的统一化，是将各种情形一体化的更高整体，而诸情形的特殊性与个体性也都一起纳入进来了。总体不必抹去相异性，它反而还包含多样性。这种差别会变得最清晰可见，如果我们考虑到：全体**作为更高级序的“情形”**不会再显示普遍性，而是显示数字上的唯一性与质的独特性。因为它的本质就是，除了自身外没有任何同类物。一旦出现同类物，全体的范畴含义就会从全体跳转到全体与同类物的统一体上。全体，严格地来讲，就是自在的唯一，是不会被普遍化的大一。

但仅仅就达成的这种含义来看，个性化与个体才会相一致。在别的情况下它们意指完全不同的东西。个性化意味着情形的独特性；相反，个体则意味着情形本身，不管与之相照面的其他情形是同类的还是异类的。个体永远保持为个体，即使它会在质的普遍性中完全耗尽。它纯粹的范畴性的“这个存在”对普遍的齐一性与图式论漠不关心，对质的个体化高度漠不关心。它不是普遍物的对立面，而是全体的对立面，是数字上的一，是个别存在者。它是存在论上的单一，其本质并不排斥众多(像全体的本质那样)，却永远跟众多本身相对立。它并不违背这一事实，即个体作为一分子总是同其他个体一起出现，并且是任何实在的众多性必然是诸多个体的众多性。其他个体绝不是某一个体的重复，相反它们同样是原初的单个存在者，同样是存在论上的单一。但它们的众多性最清楚地表明了，纯然

的个体存在并不意味着个性化、独特性。因为像这样的个体一存在恰恰为一切个体所共有，是它们根本的同种类性，它们的普遍性由此就导致了这种自相矛盾：全体本身是一种严格意义上的唯一与个体，而个体本身则是一种严格意义上的普遍物并且对一切内容上的个体化漠不关心。这一点正好将量的关系同质的关系彻底区分开来。

(d)全体与个体之间的价值对立

这两种关联之间的基本范畴关系(也即自在的、纯然存在论的)对伦理学来说一直至关重要。这种彻底区分会在价值王国中重现，即作为价值论一对立维度之间的差别。

有一种特别的价值，即**全体价值**，它不依赖于诸环节的同种类性或多样性。同时也有另一种特别的价值，即**个体价值**，它不依赖于个体的质的个性化高度。这两种价值维度在伦理现实中看起来如此紧密相关，尤其是个体与个性化如此密不可分地出现，以致我们再也无法清晰地区分它们的价值品格，但这一事实也绝对掩盖不了这一原则性的差别。

量的对立借助于这一点而保持着它的价值论色调，即人格，作为伦理行为及其价值的载体是一个统一体——它涉及单一、众多和全体。伦理个体就是人格及其特有的一切功能，既是意向行为的主体又是意向行为的客体，既是价值直观者又是价值载体。而伦理全体则是人格全体，包括人格彼此把对方作为客体以及将人格联结与分离开的各种各样的行为在内。

依据古代的观点，也是大多数古典伦理学家都赞同的，即真正重大的伦理使命在于全体(法集体、社会集体、市民集体)。全体过着一种超越于个体生活之上的大格调生活；它由此成为更重要目标与价值的载体，而与之相比个体的目标与价值不得不让步。像这类的经验性共同体固然绝非严格的“全体”；它们离人类的理想还很遥远。但像这些界限并非有意为之，并不存在于共同体理念中，相反扩张才是一切人类共同体所特有的倾向。总之，我们应该从一切共同体伦理学中坚定地认识到**全体价值**这一基本倾向。它是**一切大格调伦理价值的基底**，从素朴的法律秩序直至最高的文化理想。全体是所有这类价值的载体之理念，并且从这点来看伦理价值载体的价值也转移到全体上来了(参照：第 33 章 a)。

全体就是大格调的价值载体；而它是否也是更高级序的价值载体，这是另一个问题，取决于所承载价值的高度。唯有借助这种载体，人的远大目标、远见使命才得以实现。并且只要个体一同参与到使命之中，尤其是他有意识为其服务(不仅仅是作为手段为当局效劳)，他就会使自己及其个人目的隶属于这类使命，承认它们的优先性并有意识地使自己成为手段，甚至某些情况下会为它们而牺牲自己的人格。他将自己的生命作为环节有机地安放在一种更大格调的进程中，不过这一进程则越过他而朝向未来、朝向一种总体生活，由此他只是主动创造性地而非接受性地参与其中。

这种自我牺牲是有意义的，并且是伦理上有价值的，这一点没人否认；不过要以此为前提：存在着现实的价值、使命和目标，它们也仅仅只有在总体中并且仅仅借助于作为价值载体的总体才得以实现。只有这样，人通过将价值瞄向共同体来进行某种伦理提升才是可讨论的。毋庸置疑，存在着共同体价值。任何方式与层次的社会组织早已是一种固有价值，即便它的形成有着最大片面化的走样，不过仍是有价值的，因为它遏止了个人利己主义的诱发。这类价值是否是最高的，这完全是另一个问题，并且又不同于可实现界限问题。但是这些价值的存在不依赖于观念性的秩序高度关系，并且不依赖于它们的可实现程度。

与之相比，个体价值就很容易被直观到，而且总是一再地提出反对古典的全体道德的呼声。因为共同体绝不是完满人性的载体。它从十足的范畴含义上看就不具有人格性。主体、意识，及其固有的一切丰富的行为与内涵都属于人格。而只有个体才会拥有这些。要是有一种超个体的共同体主体的话——它本身如同个体性的主体一样也能够是同一些行为与行为价值的载体，甚至还是更高的载体，那么就另当别论了；同样要是存在着非主体性的人格的话，也会另当别论。

但这两种情况都不切合实际。主体与人格之间有一种明确的范畴依赖关系：作为更高构成物的人格是以作为低级构成物的主体为先决条件的。但共同体现象所不允许的恰恰是把某一更高秩序的主体实体化，因为对它来说所有的人格性都是借用的、从个体中转嫁过来的。总体人格只具有低级秩序的人格性(对此，参照：对人格主义的批判，第 25 章 c 与 d)。

与之相符合的是这一事实：在共同体中得以实现的最高价值其实不是真正的共同体价值，而是诸个体的价值。法律秩序与国家秩序、一切种类的公共设施固然依附于集体而非个体，因为个体只是创造性地、受益地参与其中；但作为价值，这些构成物并不是最高者，因为它们**根本不是伦理价值**。与之相反，那种取得这些果实而产生的集体感、市民意念与国家意念才是伦理价值。但这种意念却是属于个体的，集体自身并不怀有任何意念。那种备受称赞的罗马公民德性，作为财富价值，是有益于罗马共和国的(因为一切德性在其自身中都具有价值论的对立面，即必须成为对于某人而言的一种财富)，但作为伦理价值，也即作为更高级序的价值，却是一种个体价值。在个体眼中，他的目的当然是塑造与拯救集体，他倾向的是为全体所固有的事态价值；但是他的意向本身的道德价值，如同一切伦理行为一样，恰恰不同于被意向的价值。在他的追求行为背后显现出了更高级序的价值，而这种价值正是借助于这种追求得以实现，尽管不为追求所意向。事实上，这种更高的价值只理应归属于作为个体的他。由于个体献身于全体价值，他也恰恰在其自身中实现了更高价值。这就是为人民与祖国“牺牲”的道德含义。

个体价值与全体价值之间的这种关系无论如何不可颠倒，哪怕只是改动。这根源于伦理价值从质料上奠基于事态价值这一本质关系。令人迷惑的地方只在于事态价值正是被意向的价值，在此情况下也就是全体价值。因此从表面上看，全体价值跟个体价值相比好像是更高价值，并且正是从个体为全体“牺牲”这点来看这一假象达到顶峰，因为为了低级价值而抛弃更高价值是多么荒谬啊。但人们忘记了：单个人格正是通过牺牲自己的实存而在自身中实现了更高价值，正是在自我牺牲中实现了价值论上的自我保存与提升、道德上的自我完善。为之而牺牲的那种东西所处的价值位置当然要高于牺牲者的。但牺牲这一行为的伦理价值并不是牺牲者的伦理价值，因为它绝不会一起牺牲掉，反而在牺牲中得到实现。而且这种伦理价值，与为之而牺牲的那种东西的价值相比，肯定是更高的，优越于整个价值类别的。

如果我们紧抓这一点并想到，并不是所追求的事态价值高度，而是人格投入的多少才构成了伦理行为价值的尺度，那么就会确凿这一事实：个体的价值从价值论的高度上看优于全体的宏观宇宙价值。而同样清楚明白的是，作为价值载体的个体比作为价值载体的全体拥有更高的价值；并且个体伦理学，跟纯粹的、单一定向的共同体伦理学相比，具有一种深刻的合法权限。

当然共同体道德的合法性不会由此而遭否认；它的倾向可能包含着可追求的最高目的。不过共同体的价值不会是可实现的最高价值。纯粹的全体伦理学似乎就是纯粹的目的伦理学并且越来越危险地搁浅在效果伦理学中。

(e)量的价值对立中的二律背反

全体与个体之间的价值对立就其自身而言不是二律背反。双方都具有某种价值论优势。全体是大格调的构成物，它的价值是宏观宇宙上的；与之不同，个体的价值则是伦理价值。双方的优势是不一样的，因而极有可能相一致。

但在伦理现实中**这两种基本价值都证明自身是专制的**。每一方都提出这种要求而登场，即唯独自己是权威性的，对方要隶属于自己。

在全体看来，个体自身是虚无的、转瞬即逝的构成物；不计其数的、类似于它的诸多个体在全体生活中来来去去。它们的实存不为别的，就只为了承载、推进和提升全体的“更高”生活。对此单个个体也不起关键作用；它不过是“更高”形式的**素材**。不是个体，而是全体才是历史的基底，只有全体的进程、全体的目标才是历史上有意义的；并且个体攀升为历史人物，也仅仅就它参与到全体的进程之中，不论以何种方式明确地抓住、促进或者阻碍了全体的目标来说。这样的话，个体的重要意义、价值就是从全体价值中借得的，彻彻底底地是由后者孕育的。因此即便对于重要人物的个体来说，他的实存也是为了全体的缘故。

甚至全体价值的专制化还会走得更远。共同体只容忍那些符合它的(共同体的)目的的个体行为；它剔除不能利用的个体，给他们带上罪犯的烙印，通过以全体生活为定向的司法管辖权消灭或除掉他们。它的主权是作为强制、作为对行动自由的限制而扑向个体，个体则顺从这一强制；甚至个体在这种强制之先就通过自愿地臣服于“更高的”整体目标来替代强制。与此同时他也承认自己的价值要从属于共同体的价值。

这种公开认可的价值观——一般也许是所有年轻力强的人群的自然价值观——在流俗的形而上理论中得到表达：人道分配给个体终究是第二位的，个体化(μερισμός)是一种不完满阶段，并且人责无旁贷所践履的天职没有比通过献身于“整体”而回返到公共实体之中更高的了。

这种一直回返到史前史的一家长制的部落伦理学、民族伦理学与社群伦理学遭到了觉醒的个体自我意识的这种朴素的驳斥：我怎么能够全身心致力于那些并不属于我的目标？最起码它们必须同时也是我的目标。只有个体才能设立并实现目的；但是只有当个体对它们感兴趣、在其中看到对自己来说某种价值的时候，他才会这样做。因此共同体必须尊重个体的目的，以至于自觉地成为这些目的的手段。个人必须感觉到在共同体中受到肯定，否则他不得不从其自身出发去否定共同体。

历史也证实了这一点。任何集体要是不扎根在个体的公共兴趣的土壤中的话，都无法保持下去。但是这样，正题就转变为反题：不是个体的实存为了全体的缘故，而是相反。全体只是个体的临时妥协，因为个体恰恰为了自己的私生活才需要公共生活的某种秩序、结构。要是没有这种私生活的话，并且要是个体不具有固有价值的话，集体就是毫无意义的。

这种个人主义的极端就是，个体毫无顾忌地评判现存共同体的价值与存在合法性，正如同全体对个体的评判一样。并且正如全体仅仅容忍它合意的个体一样，现在个体也仅仅容忍某种结构与倾向上都合其意的全体。个体拒斥不能利用的全体，通过他的抵抗来否认、消灭它。共同体对于个体来说只是他生活与目的的手段。

个体发现这种观点由于下面这种看法而客观上得以加强，大大地超出天然的利己主义界限，即人的伟大绝不在民众中，而是永远并且必然属于个人的事情。从全体价值出发理解伟人必然会对**超越于全体之上的伦理人物**产生错误认识。伟人只是为了芸芸众生而实存并且他们的追求也该完全致力于普通的、尘世的目标，这种说法是荒谬的。不过他们对民众的超越恰是一种价值论上的，这只有从更高的价值尺度上才得以理解。毋宁说，正是伟人才给共同体生活带来光亮与辉煌、参与了某一更高的价值层，而这是其他人(不论是单独的还是联合的)所缺少的。正是在他们这里意义得以存活，也正是基于他们共同体才赢得意义。他们的形象在历史上还是赫然醒目并且继续活下去，即使共同体早已消亡。所以从价值论上看，全体正是为了他们的缘故才实存。并非他们的价值是从全体那里借来的，其实是反过来的。

(f)这一二律背反的界限

很容易发现，正题与反题都是片面的。严格地按照上述的反论点来理解的社会主义与个人主义均是典型的“主义学说”：这两者的真实内核都是合法存在的，却不合法地扩充到整体之上。它们都犯了抽象、价值孤立等错误，而在具体生活中根本不会发生这种情况。一方基本价值的专制统治如同另一方一样都是一种褫夺。

在全体伦理学中这种错误完全停留于表面。也就是说全体，从其自身来看，一般只是抽象。根本就没有跟个体相对立的全体的自为存在。全体只存在于个体中，因为它是由个体组成的。因此它必须容许、承认个体的存在方式与固有价值并且尊重个体的独立性。它必须如此，否则的话，不仅个体会起来反抗它，而且它自己也会自我消亡。整体必须肯定组成要素的存在，也即是它们与整体相比所拥有的独立性。所以说，总体必须为了自身的缘故而承认它按照自己的结构体所否定的东西：个体的价值论自为存在。

对于存在总体来说，就没有某种类似的"整体"辩证法。正是价值对立关系才导致了这种辩证法。个体绝对不是"部分"。尽管作为"整体"的基石，但同时又是更高的构成物，是价值十足的人格，而全体绝不可能是这样的东西。并且就这里的手段与目的关系而言，手段超出了目的之外。正是由于个体作为全体(低级的价值载体)的手段而存在，它才同时是更高级的价值载体，并且就此而言是最终目的。"部分"目的论在"整体"目的论面前永远保持着独立，尽管前者是后者的颠倒。整体不可能作为最终目的得以实现，只要它不同时将自己变成部分的手段。

但个体的情况是一样的。个体也提出了一种错误要求。个体就其自身来说同样只是一种抽象。世上也根本没有跟全体相对立的孤单个体的自为存在。孤立的个人根本就不存在。它仅仅在共同体中实存，完全由更大的、强大得多的共同体所孕育。他生在共同体，通过遗传、不自觉地适应、教育等创造出公共财富，他逐渐进入那些业已创建的、他并没有参与创造的生活方式之中，他分享地获得公共存在、塑造与教化、生活观与世界观、"客观精神"。就连后来的孤立隐士鲁滨孙也把这些都随身带到岛上，他的生活就是靠此才长久维持的。他及其全部的人道都恰恰植根于已实现的共同体价值。并且他通过自己的独特性与固有价值由自身所创造出的一切都早已在那些共同体价值中孕育。由此他最多使自己超出共同体价值一点点。不过这种超越也只是发生在一定范围内，即从已实现的共同价值到可触及的东西。通常也很少发生。并且即便在经常发生的地方，如在"伟人"身上，他也绝不失去脚下的共同基础。而一旦丧失它，他就是自我背弃。

个体肯定要承认全体的固有价值；他把自己扬弃为另一种东西。正是由于试着把自己理解为最终目的，他也必定会尊重全体为最终目的并使自己作为手段嵌入全体的宏观宇宙目的论中。个体目的论也会辩证地反对自己；它只有在自我克服中才会贯彻自身。

但这样的话，个体目的论从内容上就同全体目的论相一致了，甚至后者也表现出同样的逆向性。当然不是从目的上，而是从过程上来看。并非有两种不同的目的论在这里相重合，而仅有一种。从双方来看这就是个体与全体的同一种目的论的互为条件。这就意味着个体与全体不仅存在论上，而且价值论上也密切相关。在两者的价值对立中隐含着这样一种关联：环节之间的紧密相连越来越强于它们的分离。很明显这就是量的价值对立中二律背反的界限。

也许有人认为，这与其说是解决二律背反，倒不如说使它尖锐化，因为诸对立越是无法解除，它们在伦理现实中越是激烈地相互碰撞。毋宁说这是二律背反关系自身的一种内在的、质料性的界限，不依赖于任何原则上的可解决性。但这或许表达了那种连接了两个端点的价值连续体所具有的价值论统一。并且这也暗示了各种具体生活任务的方向，而这些生活任务也正是这种二律背反带给人的。

(g)价值王国与实在存在域中普遍的二律背反要素

这种价值关系在量的二律背反中也一起扩充到了质的对立上，不过在后者中这种关系并不自在存在着。全体不仅对作为其环节的个体感兴趣，而且也对个性化高度感兴趣。单个人格的区分化越是多样与丰富，共同体整体也就越富有、越充实。

公共生活的机能并不是整齐划一化，相反它是有差异者的统一。对于社会组织所肩负的一切重要使命来说，首要条件是逐渐地培养个体的才能、理解力与执行力。在总的使命中各环节的功能必然是多样的。它们不可能图式化，也正是由于差异多样性它们才组合为某一总体过程与总体目标的有机统一。与之相比，必需的相同性只构成了一个基础、一个不可缺失的条件。

同样地，个体出于自身的缘故不仅要关注全体——作为具体的统一体，而且还要关注全体的前提条件。尽管他的生活很少只顾相同的基本生活条件，不过还必须要肯定这一点。在他自己生活在个体的质的个性化高度中达到顶峰的时候，他必须还要承认且不惜采取一切手段去维护同等权利—同等义务的基础，即便他自身远远地高出这一基础。确实，这种个性化在这一基础面前保持着自身的固有价值，即便两者陷入冲突之中。并且正是这两种价值的相互碰撞意味着一种冲突。要是更高价值能够取消低级价值的话，要是个体由于他超出平均水平之上而能够毫无冲突地不理会这一平等基础的话，那么他的现实行为中根本就不会有自由选择。但这种冲突不仅存在着，而且它正是人的大多数冲突的基本形式，至少是作为要素包含在其中。

个体与全体，像个性化与普遍性一样，是完全不同的价值方向或价值域。它们并行独立，但在具体生活中又是质料上最紧密相关。

这两种二律背反并未被消除，而是贯穿整个价值王国并且由此被一起纳入一切具体生活境遇的价值论结构之中。

价值本身到处都分裂为全体价值与个体价值，甚至在许多别的统一的价值质料中它们也构成了**正相反对面**。同一种价值质料——如正直、忠诚、能量、服从、信任——作为全体价值与作为个体价值可能具有完全不同的价值音调。甚至在这一价值方向上是有价值的，在另一价值方向上极有可能是价值中立的或反价值的。许多具体价值(并且恰恰包括伦理价值)的这种两面性都不会由于人为平衡而得以消除。这是价值王国本身的特点。

别的价值对立关系——模态的与关系的，也理应具有某种相似的普遍结构要素的重要性，即便它们自身没有这种调节平衡倾向，这一点无须证明。但量的—质的对立对于从哲学上阐明价值王国来说具有独特的指导意义。经由它，价值对立的那种普遍的结构特征以及价值论上强调质料的品格能够得以特别地把握。没有别的价值对立像它一样如此权威性地规定着我们有意识的价值概念，甚至术语构造。并且在多样化的实证道德中没有任何典型对立像社会伦理学与个体伦理学这样是如此有意识地且纯粹地在历史中逐渐形成的。

但伦理生活的使命，并且由此也连同哲学伦理学的使命就是要综合这两种价值立场。不过就像已指明的，个体与全体这两种价值载体相互嵌套，但绝不是一种价值综合。一种根本的、普遍的解决方案在这里是行不通的，因为价值统一是无法直观的。**不过刹那间具体生活仍提出持续不断解决的要求**。任何新的境遇都使人面临新的决断，并且他绝不可能逃脱这一必然性。不过生活任务之所以是无限的，就是因为从多种境遇的质的无限性来看它是日日常新的。并且这又对道德生活的总体展开是有价值的。因为一般价值冲突的张力大小是人的创造力、身心投入以及责任能力的最强的内在兴奋剂。它激发了人的最大自觉性、最强的伦理创造力。因为日日常新的各种解决尝试一直推着从未克服掉的张力幅度前行。

(h)价值论的中间环节。较狭小的共同体与政党

如同在质的对立中一样，在全体与个体之间也多样化分层地出现了中间环节：较狭小的共同体——组群、部落、各种利益团体、家庭等。它综合了两个端点的特点。作为涵盖个体的统一体，它是全体，而同时作为同一级的其他共同体中的一员，它又是个体。此外民族与国家作为经验性的、有限的组织，严格说来也属于此列，不纯粹属于全体。

这样中间环节也表明了一种固有价值，也就是说它部分地具有某种价值综合品格，但这并没有克服二律背反。对于个体来说较狭小的共同体也早已包含某种全体价值；他在共同体中发挥的作用以及影响都是以全体为方向。确实就连最狭小的共同体也已经完全具有全体的内在结构：同样的实存与生活方式，甚至是自己与个体之间价值相对立的那种方式。个体感觉自己跟共同体相对立，后者具有不同质的固有价值。但在大众生活中民族完全扮演着个体角色。同样地，任何国家既是有着自身固有价值的个体，同时又有能力跟同一级别的个体进行更高的联合。同盟会、联邦国家、国家联盟，甚至在民族历史上永远活生生的、经常现时地被追求的世界国家的理念都属于此列。每一国家都拥有自身独特的生活，它是根据自己的生活法则而运转的，而这些法则是绝对不可让渡的并且不符合其他国家的本质，它们也绝不纯粹只是擦过国家生活表面的“给定法则”。因为任何集体都像人格那样采取行动、承担责任——从外部看跟其他集体相对立，正如从内部看跟个体相对立一样。并且集体自身的这种道德生活不会消融在任何实证法或理念法中。

当然在这里不要忘记：意识、预见、行动、罪责最终要归于个体。根本没有真正的共同体主体。也许所有人都要承担罪责(实际上通常只是个人的)，但这不会使共同体成为人格。所缺失的总体意识远远无法用占主导地位的个别意识来代替。任何经验性人格都达不到对总体意识所要求的那种高度。并且即使理智上处于这一高度，道德上依然不能。任何个体都不能把自己的个别兴趣抛之脑后，以至于纯粹地投身于共同体的兴趣并且他自身好像只是共同体的代表似的。

从这点出发我们看到，即便某一经验性集体中的各个从属性组群都独立地代表自己的特殊利益——冒着相互对抗的危险，这有其正当的伦理含义。要是真的存在着某种相即的、人格性的总体意识的话，似乎也没必要；像这样的意识好像对一切合法的特殊利益都有价值感受。但这样的话，集体中各个组群的独立行动就是必然的了。政“党”的伦理含义在于，它代表许多人的一种活生生的价值方向：集体生活。其优点是引导政党利益兴趣的那种积极性价值；弱点是必然的片面性，因为只代表一种价值。任何使这一种价值变成唯我独尊的狂妄要求都早已是篡夺。但同样地，对党派的任何暴力镇压也都是对这种价值的造孽。在政治生活中党派冲突是必然性的，属于集体的生存法则。因为它是一种积极的价值冲突并且像这样的冲突本身也是有价值的。与之相比，用以进行决战到底的各种手段可能是反价值的，如典型的做法是错误地认识了积极的价值特点，广泛散布空想念头；在这里就不是价值反对价值，而是价值反对非价值。在这个关键点上党派之间的一切相互蔑视与诽谤都是犯罪。没人愿意相信，反对党也会看到并且努力追求价值，从而反对党被指控出于自身的利益而追求不可能实现的事、荒唐的事——非价值。在大众的历史生活中有些时代就恰恰受害于这种非道德的政治感并且由此切断了对任何利益团体的谅解。在这样的时代，集体生活似乎也受到破坏，由于肆意滋长自己的基本力量而耗尽自身。但也存在着政治生活的道德性，存在着国家复原与强大的伦理基础：真心实意地、严守纪律地感受到这种价值，即利益团体必然是多样的以及政敌的追求也有其正当性。这种道德的含义就是党员自身作为国家公民居于政党之上。

(i)人类与民族

打眼一看就足以知道，有限的、经验性的共同体才是真正的伦理实际物，不论是更高的还是较低的。当然可以给出一般性的描述。

严格意义上的全体不可能是实际的，它是理念。人格的个性化通常也不是实际的，它是深掩着的并且总是通过它真正的固有价值才愿意被揭示。具体的伦理现实域是自然形成的，或者也会是由历史所创造的经验性共同体。正是在它们这里，而不是在严格的全体中才催生出丰富多彩的价值，而参与到这类价值之中则贯穿着个体的出生与成长过程：活典型、语言、习俗、精神导向、文化。没有人类语言，也没有人类的统一文化，只有具体的、民族的。跟被给予的、极其丰富多样的价值相比，普遍—人性显得苍白多了，并且尤其是作为全体的人类理念更不具有现实性。

与之关联的是，某一部落或民族的固有价值绝不会彻底消融在被敉平了的人类理念中。它们是并且永远都是个体化价值，而且它们表明了它们跟严格意义上的全体之间的关系同个体跟人民共同体之间的关系是一样的。它们固然跟人类价值相对立，但在这种对立关系中它们相互间的联结要强于分歧。尽管处于对立之中，仍然都要求对方作为补充。人类理念不能缺少民族个性化，正如国家不能缺少人格个性化一样。价值多样化与独立的价值中立对于实施人道及其伦理精神来说本质上绝不亚于独占鳌头的统一视角。因为不仅气质、心理模式、道德、文学创作、艺术与理想塑造必然是具体的、具有民族特性的，是其他民族生活所无法模仿的；而且还存在着民族的世界天职——这个特殊使命是着眼于人类整体的并且是出于人类自身的缘故，不过这一使命的践履者不是人类，而只能是某一特定类型的民族，即具有特殊的秉承以及在历史总进程中独一无二的地位。

这就是各个民族的最终目的，它们的内在规定性，它们唯一的且不可比拟的民族理念。像某一个体的理念一样，它也不依赖于它的载体——民族在多大程度上践履它、实现它，甚至把握到它。跟所有的价值论理念一样，它绝不会消融在实在载体的现实性中。一个民族也不可能错失它的内在规定、它的特殊价值、它的世界天职。它可能沉湎于其他民族的理想之中，由于强大的外来影响可能使自己偏离它的固有方向，可能精神上受到暴力压制。对此历史上也有好些不光彩的例子。但这是一个悲剧舞台，如果走向毁灭的正是一次性的、只对某一民族来说才可能的东西。因为民族，像个性一样，也不重演。相反，这也是历史场景中伟大而崇高的一幕，如果民族的内在规定得以实现。因为被践履的民族固有价值正是唯一活下来的并且作为精神遗产继续有效，即使实在的民族躯体早已走向没落。

《尼各马可伦理学》的价值维度[①]

一

自从哲学伦理学循着尼采的线索开始在其问题域中接受跟绝对命令的统一相对立的伦理价值多样化思想以来，越发清晰的一个事实就是："德性"多样化学说，如在古代伦理学大师那里一开始就形成的，再次合法地出现了。尽管古人不曾使用价值概念，甚至一直都没有完全将伦理善与一般的善、财富区分开；但实质上在柏拉图的德性—理念中清楚地包含着观念性的伦理要求、伦理价值的思想，因而极其多样的"伦理德性"——在《尼各马可伦理学》中得到详细阐释——则不顾一切争论地保留了这一品格。

争论确实只针对抽象的善之理念。尽管柏拉图为善指定一个非常具体的位置(作为存在原则)，却完全未曾规定它的伦理方面；我们只了解到，

① 本文写于1944年，出自哈特曼的《论文集》第二卷：《哲学史论文集》第191—214页(Kleinere Schriften. *Band* Ⅱ . *Abhandlungen zurPhilosophie-Geschichte*. Nicolai Hartmann. Walter de Gruyter &Co.，Berlin，1957. SS. 191—214.)。

它也应该居于具体的德性理念——如公正之上，但它并没有因此获得某种内容，也没有说明，人应当如何行为。人们所熟悉的是，亚里士多德如何充分阐释与之相反的“属人的善”（ἀνθρώπινον ἀγαθόν），即对人有效的和可知的善。而对它的把握不是通过普遍性，而是借助于特殊性。特殊是具体的伦理要求，而人对它的践履就构成了德性（ἀρετή）。

《尼各马可伦理学》第一卷详尽地阐述了这个思想。如果善是一种“普遍的可述说者”，甚或是一种自在持存着的普遍物的话，那么人简直无法达到它，既无法通过行动来实现（κρακτόν）也无法以别的方式来获得（κτητόν）；而这样一种尝试却是人可实现的[①]。即便人们把幸福视为善的统一内容，也无济于事；尽管这是正当的，却要以区分所寻求的善为前提。因为在亚里士多德看来幸福（Eudaimonie）不是福利（Wohlergehen），通常把它翻译为“幸福”（Glückseligkeit）完全就错了。它毋宁说是灵魂活动的一种完成，是灵魂必须获得的一种品质（Haltung），并且要符合某种特定的逻各斯（λόγος）。如果人们继续追问，这是一种什么样的逻各斯，那么回答就是：德性（ἀρετή）逻各斯。因为德性是品质（ἕξις，Haltung），而具体的品质种类是在逻各斯中被给予的，逻各斯规定着品质的内在形式。因此“对人有效的善”或者“属人的善”被定义为“灵魂合乎德性的活动”（ψυχῆς ἐνεργεια κατ’ ἀρετηνή）[②]。这个定义表明，德性作为前提包含在幸福本质中。但由于德性恰好是伦理善的差异化，并且从内容上看可能是多种多样的，所以很明显地这种多样化也早已作为前提包含在幸福中了，而人们原本还想着用幸福理念掩盖住多样化的德性。因此人们面临那个古老的问题：伦理善的原则究竟是如何差异化的？

亚里士多德用“中庸”学说回答这个问题。这个学说在这里不会被阐释，而是会作为前提；善在内容上的多样性问题只是它的一个特定方面，一个关键性的方面。但对此无论如何必须牢记核心要点。

据此，任何德性都处于两种有缺陷的性情（κακίαι）[③]之间，其中一个是过度（ὑπερβολή），一个是不及（ἔλλειψις）。所以，勇敢是介于胆怯与鲁莽之间的中庸，自制（σωφροσύνη）是介于放纵和麻木之间的

① 《尼各马可伦理学》，1096b32 及以下。

② 《尼各马可伦理学》，1098a1—18。

③ 这里直译就是两种恶。但由于亚里士多德自己明确地说，两种恶之间不存在任何善。大恶和小恶之间依然都是恶，因此，这里的翻译我们做了一点处理，把 κακιαι 翻译为“有缺陷的性情”，更符合亚里士多德的原意。请参见邓安庆译注导读本《尼各马可伦理学》（人民出版社 2010 年版）相关之处。——译者注

中庸，慷慨(ἐλευθεριότης)是介于挥霍和吝啬之间的中庸。对这些情形的任何一种来说，在两个极端之间都是一个可能行为方式的连续体(συνεχὲς καὶ διαιρετόν)，并且对不计其数的行为品质(ἕξις)来说每次只有一个是善的①。这个图式适用于一切类型的伦理行为，适用于更为内在的行为，如"自重"(μεγαλοψυχία)，一种正当的自谦与荣耀德性，再如公正。唯有理智德性不适用这个图式，但它们也不再涉及人的实践行为了。

重要的是在这里不要陷入那种许多流俗解释都无力对付的错误，即把中庸理解为一个万能的中道并由此将亚里士多德的伦理学贬低为一种中间道德。没有比这错得更离谱的了。亚里士多德对它的清晰规定已表明，德性只是从存在形式上看才是一种中间(κατὰ τὴν οὐσία καὶ τὸν λόγον τὸν τὸ τί ἦν εἶναι λέγοντα)，而从价值上看则是最高端(κατὰ τὸ ἄριστον καὶ τὸ εὖ)②。据此，每种德性都涉及两个维度——存在和价值，它们很显然是相互垂直的，以至于在两个有缺陷的端点(κακία)之间可能行为的连续过渡体就形成了一个实际的曲线：端点在水平面，而位于两端之上的中点则是曲线达到的最高端。它通过垂直维度与前者相分离。垂直线恰好以图像的形式体现了价值—非价值对立③。

因而中庸学说切中了德性的普遍本质。但前提是：德性是多种

---

① 《尼各马可伦理学》，1106a26 及以下。

② 《尼各马可伦理学》，1107a5 及以下。

③ 中庸问题里的这种情况最早是由 M. V. 科胡特克在其博士论文《属的人善的差异化》(1923 年)(未印刷出版)指明和论证的。在他这里所揭示的图像是这样的，即在两个极端恶之间的可能行为方式的连续体构成了一条抛物线。在我看来，他通过对《尼各马可伦理学》(第三卷和第四卷的具体德性)的分析几乎完整地证实了这个观点。此外我还认为，他并未完全意识到，尽管偶尔也清楚地察看到在亚里士多德中庸学说背后所隐藏的另一种东西：价值综合的思想。根据今天可透见的、已形成的价值维度基本法则，任何非价值(κακια)都与某种价值相对立。因此按照《尼各马可伦理学》，每种德性都必定被配置了与两种极端恶相应的价值要素；并且由于德性(ἀρετη)对立于两种非价值，所以它必定被理解为两种价值要素的综合。因此如在男子气概(ἀνδρεια)领域，怯懦对立于固守，鲁莽对立于冷血，而勇敢则是这两种要素的综合。外在地看它是一种中间，内在地看它满足了双重要求。一般地，亚里士多德的德性含义要是仅在于满足某种单一的要求，那就太不足了；它还包含着，成为伦理上善的：在同一种行为中综合地实现两种对立的要求。这正是困难所在，并且由此拥有德性(ἀρετη)是困难的。由此我们才能明白，德性从价值的角度看是最高端(ἀκρότης)。这一点从对自重(μεγαλοψυχια)的分析中也得到严格的证明：自重被定义为一个人自视重要且配得上重要(μεγαλων εαυτὸν ἀξιῶν ἄξιος ὤν)(《尼各马可伦理学》1123b2)。配得上自视重要，很明显是两种不同的要求；它们的综合就是正当荣耀的德性。对此的更详细分析，请参见拙著《伦理学》(1935 年，柏林)第 61 章 c—f。

多样的以及它所包含的有缺陷的端点(κακία)也是多种多样的，并且德性共同活动的生活域也是各不相同的。但如何理解这一点呢？它必定正是德性差异化和多样化的根据。

由于每个德性都以连续(συνεχὲς)和间断(διαιρετόν)为前提，所以人们也可能提出这个问题：可能行为方式连续体的差异化以什么为根据呢？因为每个中庸都已经是这种连续体中的点，但有缺陷的性情(κακίαι)却在其极端点上(ἄκρα)。如果事情果真是亚里士多德仅仅通过极点去刻画行为连续体——它充其量对应着《形而上学》中的对立学说(ἐναντιότητες)，那么这个问题就不再由他的伦理学来回答了。但事情并非如此。毋宁说在分析每个德性时都指明了生活域，在其范围内存在着有缺陷的性情(κακίαι)与其所属的德性(ἀρετή)之间的对立。以此方式任何时候都是首先给出框架(rahmen)，由此来确定种类，后者从内容上看包括三重对立：非价值与非价值之间的对立、价值与价值之间的对立、价值与非价值之间的对立。对于这种范围现象，一个现有的术语是相关者(περὶ τι)。

什么是相关者呢？它听起来好像仅仅关乎一个思想上的探讨，因为这种表达意味着所涉者(worüber)。每个德性及其所包含的两种缺陷好像具有一个主题，它们三个全都涉及该主题。它们之间的关系当然很容易理解："主题"是具体生活的内容域，它们延伸到此并在这个范围内活动着。而这个内容域任何时候都是直接地源于人的日常经验。

这里的基本语言使用很明显来自《尼各马可伦理学》的探讨。我们选取的例子是在第六卷引入理智德性时所讨论的内容。亚里士多德在此区分了纯粹的认识和伦理学的—实践上的权衡。后者是权谋(βουλύεσθαι)；并且由此来看，尽管权衡在后者这里如同在前者那里是同一个，但"没有人去权谋不能变化的事物"①。这意味着：只有人有能力对之进行这样或那样改造的东西才可能成为实践权衡的对象。"不能变化的事物"(περὶ τῶν μὴ ἐνδεχομένων ἄλλως ἔχειν)这一表达清楚地表明了所要追问的相关者(περὶ τι)的含义。由此也就排除了所有多种多样的存在者(更确切地说是发生者)——这一切都早已是不容更改的；与此同时也就界定了权谋(βουλύεσις)可以延伸到的区域。

因此，所划定的区域是根据存在而界定的。这种规定性是存在

① 《尼各马可伦理学》，1139a8 及以下。

论的，它勾勒出这种相关者(περὶ τι)。它在这种情形下横跨到各个不同的生活域这一事实不会造成什么危害；它恰好从各个生活域中切掉了一个狭小的情形系列。

一切具体的相关者类型都具有这种存在论品格，正是它们划定了具体德性及从属它的恶的有效范围。所以就勇敢而言，它相关于畏惧和大胆(περὶ φόβους καὶ θάρρη)[①]。如果更多的是外在条件引起的，它就相关于特定类型的可怕(φοβερόν)和危险(κίνδυνος)[②]。因此与勇敢、怯懦和鲁莽相关的生活域就是充满危险的境遇。同样地，自制(σωφροσύνη)与快乐相关(περὶ ἡδονάς)，但也间接地相关于痛苦(περὶ λύπας)；它的生活域是内在的灵魂生活及其情感，因为它涉及自我控制。慷慨(ἐλευθεριότης)相关于钱财的付出(περὶ δόσινχρημάτων)，而它在更大的生活关系中也是大方(μεγαλοπρέπεια)(涉及大笔钱财的花费)。自重(μεγαλοψυχία)与荣誉和耻辱相关(περὶ τιμὴν καὶ ἀτιμίαν)，即关系到自我尊敬，而从小的方面来说也涉及单纯的荣誉心，并且这也是一种高贵的追求。温和(πραότης)涉及自己的愤怒，它是关乎行为(περὶ ὀργὴν)的中庸。一系列其他的较为次要的社会交往德性涉及对他人的喜悦或忍受，它们关系到习俗(περὶ τὸ ἡδύ)。但公正相关于人类善的更大区域，尤其是相关于福利和不幸(περὶ τἀγαθὰ οὐ πάντα ἀλλὰ ὅσα εὐτυχία καὶ ἀτυχία)[③]。

这里的列举是不完整的。如还要指出其他相关者类型，害羞(αἰδώς)和义愤(νέμεσις)，同样还有友爱(φιλία)，甚至还有五种理智德性，尽管其本质不再是中庸。但生活域在这里并非严格被限制的，所以它们不适宜突出差异化原则。因此，我们在这里中止列举例子，是为了通过它们指明相关者(περὶ τι)的意义。

二

因此又一次，并且现在更彻底地发问：具体的德性价值以及与之对立的两种非价值的相关者究竟是什么意思？并且问题不应该仅限于：为何相关者能够成为差异化的根据——因而也间接地是伦理学的价值多样化的根据。毋宁说，这个问题必须延伸到：纯粹经验

---

① 《尼各马可伦理学》，1107a34。接下来的论述大部分出自1107b1—1108b10。别的出处会特别地指明。

② 《尼各马可伦理学》，1115a5—32。

③ 《尼各马可伦理学》，1129b2及以下。

的(empirisch)且仅仅经验地可指明的生活面或生活域凭什么要从内容上安排伦理要求？因为这些要求本身带有超验(überempirisch)理念的特征。它们是具体的人类行为的理想，因此很难能从人的实际行为中获取。

此外要是再考虑到上面所论述的相关者的存在论品格，问题就更严峻了。行为连续体显然在内容上与多样化的相关者之间是一致的。任何一个可能的行为方式序列都为生活域所规定，在特定的生活域中出场：人只有在面临危险的地方才可能是勇敢的或怯懦的；只有存在着要加以克制的激情，他才可能是自制的或放纵的；只有在涉及钱财的时候，他才可能是慷慨的或吝啬的；只有在涉及他人也对之有要求的财富的时候，他才可能是公正的或不公正的。据此，一切的价值种类和非价值种类好像都是为各种不同生活域的存在结构所规定，并且不论涉及与事物和外在力量打交道的外在生活，还是用来应付心灵存在力量的内在生活(激情、快乐和痛苦)，都构不成区别。

因此在这里我们所面对的就是伦理学中的一种经验主义特征？由此就证明了亚里士多德也是一位伦理学经验主义者，就如同多次被断定的那样？于是，亚里士多德伦理学与柏拉图伦理学就处于最尖锐的对立中——其中许多对立中的一点就是区分“属人的善”(ἀνθρώπινον ἀγαθόν)和否认某种抽象的一统一的善理念。这从一开始就是不符合事实的。在充分加以挖掘的德性概念中带有观念性要求的品格，这一点是十分肯定的；并且在具体的分析中继续推行了许多柏拉图的意图，这一点也是十分清楚的。

我们要思考这样一个事实，即尽管善从形式上看以某种观念性的要求为根据，但它的差异化在于按照生活域而来的划分？以此方式，德性本质中的存在论品格就可以被理解，完全用不着来自存在方面的规定呀。只是人们仍不理解，所提要求的普遍性应该在哪里，如果只有首先通过具体的内容域才能把握到要求，而内容域却又为存在结构所规定。这也与亚里士多德德性分析的实际做法相背，因为他都是从行为连续体的存在形式出发的；而且更是严格地否认善的理念。

此外在这个思路中仍还有去寻找未被言说的价值实在论。这将意味着伦理要求是通过存在被确定下来的，因此人的行为就依靠某些特定的完满形式，依存在看(dem Sein nach)它就像生命体的活动形式或人的技艺(τέχνη)活动形式一样是预先确定的。但难以理解的是，人怎么会错失这些完满形式，人为什么如此轻易地就滑入一种恶或另一种恶之中，甚至人为什么置身于践履或不践履的自由中。可是后一点恰好构成了《尼各马可伦理学》结构中的一个实质要点。对此就是基于自我选择而下决心的选择(προαίρεσις)学说。我们把要做的事情“拉到前面”(vorziehen)，它是“在我们自身中的”(bei uns，ἐφ’ ἡμῖν)，因此不是通过某种目的论的存在秩序强加给我们的①。

人们显然无法接受这样的释义尝试，如就像已指出的三种。我们或许不该把亚里士多德的经验主义推向极致，也不该把他的存在主义推向极致，也不能将他形而上学中的目的论基本思想未加考虑地运用于人的一切关系上，至少不适用于伦理关系。人们也不应该低估亚里士多德伦理学中的柏拉图主义气质；只是人们不必在亚里士多德已明确反驳的柏拉图观点中寻找这一气质，如在先地被给予的善的统一理念。正是在这一点上亚里士多德走上了一条批判而富有成果的道路，因为随后的时代也教导我们，一种在自身中把握到一切特殊的统一善的原则，在内容上是无法规定的。另外，善的价值规定(在有秩序的价值述谓层次中被给予出来)所具有的更高观念性以及所带有的无法进一步定义的善(καλόν)之特征都表明，具体德性的价值高度并不取决于存在上的质料，而取决于完全另类的条件。这另一类条件在此当然还未研究，不过层次差异化则可以通过价值述谓得以指明并且偶尔会极其清晰地凸显②。

亚里士多德的思想一方面比直白的价值经验主义更复杂，但另一方面也可能比价值实在论或目的论更简单。他确实更靠近自然主义态度。对于这一点，存在着价值与实在之间的某种紧密关联，以及人的实际行动也可能会偏离价值的观念性要求。因为并非在任何生活境况中都是同一种要求，而是显然根据内容结构的不同而不同：面对着外在的危险，是一种要求，而鉴于受激情所胁迫时的内在安宁，则是另一种要求；在钱财支出上所呈现出的东西与在自我评价上使人有意识地通向完美的东西有着极大的不同。人们很容易从这几个例子中重新认出亚里士多德的四种德性理念。因此对这几种德性来说必定是：在它们这里我们看到了观念与实在之间的那种紧密关联。问题仅在于，这一关联究竟在什么地方。

---

① 对此参考：《尼各马可伦理学》第三卷，1111b4—1113a12。

② 对于价值述谓，请参考拙著《伦理学》第29章d，以及M. V. 科胡特克汇编的一览表(第182页)。

这个思想的极大简单性和自然性不应该弄错这一点，即这里触及了一个大为期待的问题；同样地也不会弄错这一点，即亚里士多德既没有提出这个问题更没有彻底地解决这个问题。它的重要性并不亚于所谓“价值质料”问题，也就是价值理应具有的具体存在内容的问题。这里所关涉的东西与康德伦理学形成了一个对比。康德想要将一切“质料”从伦理要求中排除出去，并且之所以如此，是因为它们是经验的；甚至在他看来，一切意愿的质料都要回溯到“本己幸福”的原则。而在这背后是将生活财富表象为自然欲求的被给予对象。

伦理价值不是财富价值并且不可能从后者推导出来，这是正确的。毋宁说，它们是人的行为价值并且从本质上看是由人的行为揭示出来的。但它们也能够存在，即便离开人在生活中打交道的财富，这也是真的吗？公正不恰好就是合理地处理他人也对之有要求的财富吗？亚里士多德通过公正的相关者表达了这一点：公正一般地都要涉及财富，并且正是就这些财富构成了人的福利或不幸而言。

人们可能无法足够清楚地表述这一点：尽管财富价值完全不同于伦理价值[品质(ἕξις)的价值]，却是后者的前提条件；并且伦理行为从本质上看打交道的正是一种与人格相关的财富。在这里很显然存在着这样一种关系，即伦理价值奠基在财富价值之上，并且前者的价值论独立性不会由此遭破坏。这也涉及不同于公正的其他价值，只是在这里不会给出证明。这需要另一种类型的研究①。

从这里出发就能更深刻地理解亚里士多德的“相关者”含义，与此同时也能超出一切经验主义和实在论—目的论的误解。人们只需要弄明白，一切的德性和有缺陷的性情在其中演历着的生活域就是最大范围的人的财富域；此外，这也适用于人生的内在领域，适合于“快乐与痛苦”的心灵存在域，或者适合于对尊敬和“荣誉”的有意识要求。但亚里士多德并没有采取这种曲折路径。他虽然借助于品质(ἕξις)概念区别了伦理价值与财富——另一类善事(ἀγαθά)，但绝没有达到清晰化。毋宁说人们在更深入的分析中一再地遇到这一缄默的前提：实在与价值之间的某种更紧密的并且仿佛不言自明的关联。这种提问是不够的：就具体德性的相关者而言，涉及的是哪一种财富？人们必须进一步追问，直至抵达亚里士多德提出问题的

① 参见：拙著《伦理学》第60章e与f。

范围。

因此，当勇敢的相关者（περὶ τι）被给定为可怕（φοβερόν）、自制的相关者被给定为“快乐与痛苦”、慷慨的相关者被给定为钱财、自重的相关者被给定为“荣誉”的时候，这究竟是什么意思？这涉及全部的生活域，正如上面已指出的。但什么使得这些生活域从内容上规定特殊的伦理要求呢？

现在就能够清楚地回答这个问题：生活域是内容上起规定作用的，是因为在它们这里每一种可能生活境况的具体基本形式、每一种境遇类型都是被给予的。人们所处理的是钱财还是危险、荣誉还是自己的激情，这是清清楚楚的区别；并且即使更多的因素在给定的瞬间内同时发生，这种同时发生仍是一种外在的境遇，并不取消境遇的固有属性。人们不可能在钱财支出上是勇敢的或怯懦的，正如在遇到危险的情况下不可能是挥霍的或吝啬的，而是每一个都仅仅基于自己的生活域并且在生活域所限定的境遇类型下。在它们的范围之外，具体的德性类型或恶的类型是行不通的。

因此我们这里处理的是一种基本的伦理的—存在的现象，它是由亚里士多德首次清晰地揭示出的。**它关乎的正是经验的、被给予的实在世界与向人提出的观念性要求之间那种谜一般的联系**。亚里士多德并非犯了从实在结构中——生活域或境遇类型——推导出伦理价值的错误；但他也未陷入另一个极端，即完全取消伦理价值与实在结构之间的联系。这两种做法经常发生在伦理学理论中。与之不同，亚里士多德只是通过境遇类型来规定具体的价值—非价值维度；不过他却是从他那个时代对活生生道德意识的价值述谓中获知在这一维度内什么是有价值的，什么是反价值的，或者更准确地说，从中获知有缺陷的性情（κακία）在什么地方以及如何安置与之对立的德性。用今天的话来讲，他是从境遇所诉求的并且是自身流露出的价值感受中获取这一点的。因此他既没有取消柏拉图德性—理念的先天论，也没有取消德性理念与所有实在存在者相对立的那种自主性，但是指出了它们内容上受制于一般的生活实在结构，受制于人的生活的困顿、需要和任务。因为这些是存在上的来源，并不在人的自由中。首先人要懂得如何适应这些存在条件，这要听凭于他。所以说尽管伦理价值有其存在上的内容约束性，却是唯一处在人的自由中的东西。

在这里必须注意到，伦理自由要素决不能作为一个外来思想引入《尼各马可伦理学》中。第三卷开头对自愿（ἑκούσιον，das Freiwillige）与非自愿（ἀούσιον，das Unfreiwillige）的重要讨论以及对“在我们自身中"(ἐφ' ἡμῖν)的重要讨论就表明了这一点[①]。在这里无例外地涉及真正内在的决断自由，意愿和行动中"先行"(vorziehen)的决断自由；并且重点恰好在于行动的可计算性。这个伦理自由概念应该被视为完全成熟化了的。它比后来的晚期斯多亚学派加工处理的要纯粹得多，且更具有承受能力，在后者这里意志决断的积极因素再次大大地被纯然消极的不动心排挤掉了。与之不同，在亚里士多德这里完全缺少的是形而上的"自由问题"，即自由是如何可能的问题。因为亚里士多德完全没有看到自由问题的这个方面。他简单地以自由为前提。他简单地预设了它。意志自由"问题"属于一个晚得多的哲学时期。

三

整个相关者(περὶ τι)的问题域超出了价值维度、生活域和财富域，直至达到了人的实在境遇的类型。但正在这一点上需要抱着更大范围的进军目标，从而保证在伦理学的现象范围内获得一个更宽的定向基础。在这方面我们的研究不可避免地要远离亚里士多德。

所要处理的问题是，究竟该如何理解伦理学意义上的境遇并且尤其是该如何理解诸多可能境遇中的某一类型。因为初看之下，这个概念貌似十分简单，并且头脑天真的人都会惊讶，这个概念有什么要专门界定的。人们的确每天每时都深陷在各种可能的境遇中，并且试图尽他所能体面地摆脱纠纷。这是人人都知道的自明事实。同样自明的是，我们整个人生都在一个几乎不间断的境遇链中流逝着。

但哲学具有的特点就是，它在一切领域的不言自明处发现值得注意的东西。而这通常就足以证明值得注意的东西是一种难以估测的背后根据和谜底。哲学正是始于唤醒人们对看似简单的东西和不被注意东西的惊讶。没有人比亚里士多德更清楚地看到这一点，他在《形而上学》的开头将之描述为哲学的一种基本法则。

因此哲学是在似乎没人会想到问题的地方发现了问题。但这个隐含在伦理学境遇的本质中的问题是什么呢？

境遇的第一个基本要素恰是看起来如此自明的东西：人们"陷于"其中。这种深陷其中告诉我们，不是人挑选境遇，而是境遇向人

① 《尼各马可伦理学》，1110a1—1115a2。

袭来。这也就意味着是实在的生活关系给出、构成、塑形了境遇。此外还可以加上一条：即便境遇是自身造成的或者只是通过人的举动才造成的，它仍不是从其自身出发被寻求。人确实仅仅部分地估计到他的行为后果并且通常会对其感到惊讶，就像对外在的发生感到惊讶一样。从人的积极首创性来看，在境遇中仍有某种偶然的东西。不过这种偶然从实在关系上看是一种存在上的必然。

第二个因素是境遇的不可逃避性，人是一次性陷进去的。他不能使境遇倒流，也不能从中溜掉。也许他最多在它出现之前能够绕开它，也就是假如他看到它来临并找到引开它的手段。但一旦陷进去，他就只能一直穿梭其中，走向尚未形成的未来。但他只能这样，如果他要在境遇中采取行动的话。因此他是由境遇出发而被迫采取行动。他可以通过不行动来逃避行动，因为放弃不做也是伦理学含义上的一种行动。

境遇的第三个因素：当境遇迫使人采取行动的时候，它也不会由自身出发告诉人，他应当如何行动。毋宁说，它为人打开了一个可能行动方式的连续体，但至少是两种不同的。人必须在它们之间做决断。因此境遇迫使人做决断。而由于决断正是人的自由因素所包含的，所以我们也能够以简短的公式说：境遇迫使人走向自由①。

很容易判断，这对自由问题来说意味着什么，但并不与前面的研究相关。从整个序列考虑只突出一点：境遇的本质就在于，任何生活境况对于置身其中的人来说都意味着自由和不自由的一种相互交错，并且更进一步地是以此方式：在怎样做决断上，他也许是自由的，但在是否愿意做决断上，他是不自由的。人一般地必须行使自由，在这一点上他是不自由的。

现在如果我们放下在这里不由得出现的自由问题域，而去追问：对于相关者(περὶ τί)的本质而言，从这一切中得出了什么？那么，就显示出在这之中包含着一种完全类似的相互交错——存在上的规定性和超存在上的规定性之间的(von ontischer Bestimmung und über－ontischer Bestimmung)相互交错，也许该更准确地表述为：存在上的规定性和存在上未被规定之间的(von ontischer Bestimmung und ontischer Unbestimmtheit)相互交错。在任何可能行为方式的连续和间断(συνεχὲς καὶ διαιρετόν)中都存在着与某种特定的生活域之间的关联，通过普遍的境遇类型得以标识；这种关联将极其多

① 对于境遇的分析，请参照：《精神存在的问题》(1933)，第12章b；同时参照：《实在被给予性的问题》(《康德学会哲学论文集》第32号，1931)25页及以下。

样化的境遇专门归类为某一特定的维度，而后者就其自身而言通过极点(ἄκρα)得以确立。可怕(φοβερόν)、快乐(ἡδονή)、荣誉(τιμή)或者钱财(χρήματα)构成了境遇类型的存在规定性。但在其内部在每一种情形下都会为诸多可能品质(ἕξεις)敞开一个宽广的活动空间，其中只有一个是德性(ἀρετή)。但品质(ἕξις)以及与之相随的人的行动方式早已是心灵活动性(ἐνέργεια)对境遇的应答。这种应答给出了早已包含在自愿(ἑκούσιον)中的那种选择。但选择中的先行安排并不取决于另一种非存在上的善恶对立，因此它的规定性源自那种与存在维度相垂直的价值维度。

人们在这里必须懂得赏识这一点，即亚里士多德在对境遇种类进行存在上的区分化中表现出了有智慧的适度控制。要是他一直向下细分化到具体的个别境遇，以便为之找到理想的解决方案，那么他就会直直地误入决疑论并由此陷入无尽的困难中。因为不仅是具体的个别境遇是无限多的，而且它们也会随着专门细分化而越发复杂化，这是由于在实际中通常都有好几个可能行为方式的维度在它们这里交织，因而与此同时也会有更加多样化的价值维度牵扯进来。斯多亚学派在早期就经历过这种困境，因为它懂得不从下面出发界定伦理生活问题的原则，就像界定作为背后根据的存在结构一样。亚里士多德并不是由此出发要创造一部生活规则的法典。他满足于在如此大的分化程度中紧盯着“属人的善”(ἀνθρώπινον ἀγαθόν)，从而为人的行为提供具体可把握的理想。除此之外他对特殊没有任何兴趣。他之所以满意于一般的价值—非价值维度，因为他正是从一种同样一般的、有分寸的境遇类型中取得生活内容域的。这种境遇类型是在相关者(περὶ τι)的种类中被给予的。

为某一境遇类型中的人类行为方式保持一种宽广的活动空间，在这里很明显是本质性的。如果人们想象着将其一直压缩为某种唯一的可能性，那么人的行为方式也会通过境遇种类被标识出来。情况恰好不是如此。毋宁说在这里标识出的是中庸的观念性原则，后者仅仅被要求，并没有通过事态的存在关系而被给予。现在如果人们考虑到，在每个中庸背后都存在着一种价值综合，并且其成分仅从两种恶的价值对立中就能猜得到；那么人们就会发现，对伦理价值进行内容规定的两种组成成分——纯粹存在上的与超存在上的(außerontisch)、观念的——不仅互为渗透，而且也相一致。

而且实际上对于德性的相关者(περὶ τι)学说而言，关键的东西是实在世界与观念性要求的关联问题。观念性要求仅仅在这种情况下才会出场，即人面临着困顿、危险、困难，他无论如何都必须要从中寻求帮助。人们当然不能说，伦理要求本身早已是由于这些困境而向人提出的要求，因为存在关联就其自身而言并不关心，人做了什么；但它们必定会落入在此所划定的内容范围圈。因此特殊的要求通过存在上被给予的境遇类型也一同被规定。

在这个范围内实在世界的结构对伦理价值的内容(质料)起着规定作用。当然在此一同起作用的并非整个实在世界(Realwelt)，而只是较狭小的人类生活域，即正如它通过人们相互间的共同生活以及人的本己行动将自身构建为人的世界(Menschenwelt)。

因为人比较容易应付外在自然(Natur außer sich)。对此他有控制事物的技艺(τέχνη)，由此他使整个自然界臣服于他，只要与他有粘连且在他的辐射范围内。技艺在亚里士多德的著作里构成了专门的一章，值得单独来处理。它通过洞见和权衡区别于活动[人的简单力量(δυνάμεις)]，是与理性相联系的(μετὰ λόγου)，并且通过学习和练习而获得；因此，它大多与知识(ἐπιστήμη)一起被命名，但通过实践目的区别于知识。这将它置于伦理行动的旁边，并且与德性(ἀρετή)平行，这是因为在它的任何领域内都存在着人所努力追求和达到的一种完成，一种机灵(δεινότης)，偶尔也被称德性。但它仍然通过外在的关联性或其目的的被给予性区别于伦理行动及其德性观念，如通常在建筑术和医疗术的例子中所显示的。毕竟人必须在对事情的控制中把握它的恒在(τὶ ἦν εἶναι)——涉及在它之中作为目标的东西；他必须具有"灵魂中的艾多斯"(εἶδος ἐν ψυχῇ)，以便据此选择手段、构成行动①。因此通过技艺产生的东西仍然原则上有别于在没有人的帮助下自然地(φύσει)实现的东西。

更困难的是人早就具有自然性。因为他在这里不能简单地如对待外在自然那样把握它的本质(今天人们更愿意说规律)，以便为其预先规定自己的目标。毋宁说他陷入与它的对立之中。因为人的更高使命，即完成自己的本质、生命目的(τέλειος βίος)②则要求控制人自身中的自然物。也有一种"缺乏逻各斯的自然灵魂"(ἄλλη τις φύσις τῆς ψυχῆς ἄλογος)，但它极有可能分有逻各斯。它存在于各种自然的冲力(ὁρμαί)中，而后者由自身来看是矛盾的(ἐπὶ τἀναντία)，其情况就如同身体的四肢往不同方向伸开，想要扯断统一那样。现在我们在身体中发现了结合点，在灵魂中却没有发现。但这个灵魂的非

---

① 《形而上学》，1032a20—b10。

② 《尼各马可伦理学》，1101a9—16。

理性部分(ἄλογου)十分可能服从理性部分(λόγος),当人们通过受到劝诫、谴责和呼吁善(νουθέτησις, ἐπιτίμησις, παράκλησις)的影响而知道这一点的时候①。因此在这里已经需要德性(ἀρετή)。清楚明白的是,不仅自制(σωφροσύνη)具有这种内在控制的特征——对它而言可能最明显的就是温和(πραότης),而且也许所有狭义上的伦理德性都间接地具有这一特征。因为在每一种德性那里都有一个通过自然冲力(ὁρμαί)被给予的内在境遇,而这种境遇也始终构成了其所属的相关者(περὶ τί)的本质组成部分。所以在慷慨(ἐλευθεριότης)中并不单单涉及钱财,还涉及在用钱上的自由与不自由;在勇敢中并不单单涉及可怕事物(φοβερόν),还涉及灵魂遇到危险时的自然反应(害怕φόβος和胆大 θάρρος);同样地,在自重(μεγαλοψυχία)中并不单单涉及荣誉,还涉及对荣誉的要求。因为在自我评价种类中也有过度(ὑπερβολή)和不及(ἔλλειψις),在这里也有适当的中庸,它实际上构成了意见与存在之间的一种叠合。

但正是在这一点上突显了境遇的第三个层次。因为人最难的是去适应共同体,而这一共同体是人们通过他的生活方式以及通过他自身在其中建立的秩序最先创立起来的。由此他在自然世界之上建构了一个精神世界并且现在也必须与从这个精神世界中产生出的、向他提出的要求相较量。更高秩序的人类世界就是城邦(πολίς)世界。他在城邦中与之斗争的那种恶就是不公正(ἀδικία);他借以试图克服不公正的那种德性就是公正(δικαιοσύνη)。

对此人们必须回顾亚里士多德在其《政治学》第一卷开头所说的。一切共同体(κοινωνία)固然都是基于某种善业而得以建立的,但并非每一个共同体都以追求善为主导,更别说是追求最高的善业了。最高的善业存在于城邦(πολίς)中以及在形成城邦的共同体中②。一般地,人要联合为共同体,这固然是其本性,并且在这个意义上人天生是政治的动物(φύσει πολιτικὸν ζῷον);但光有这是不够的。因为首先通过人的联合才产生出有关正义和不正义的更广泛境遇域。并且人对正义和不正义的感知才是其不同于其他生物群体的特性(ἴδιον),而具有这种本质的共同体才称得上城邦。"正如完全发展的人类才是最高的生物群体,那么没有了法和正义,他就是生物群体中最不完满的;因为最难承受的不公正就是武装起来的不公正。但人天生就通过自己的智性和机能来掌控武器,他可以同样合理地从两个方面

① 《尼各马可伦理学》,1102b13—1103a1。

② 《政治学》,1252a1—7。

使用武器(带来幸福或灾祸)。因此要是没有德性，人就是最邪恶的和最野蛮的造物。”因此，公正才是城邦生活的造物主。“因为正义是政治共同体的秩序。正义是法律的尺度。”①

只要人们从我们所思考的问题点出发来考虑这些规定性，就会立即明白人的共同体生活域如何构成了公正的唯一重要的相关者(περὶ τί)，并且恰好是鉴于由集体生活所引起的不计其数的需要、冲突和境遇。如果人们将《政治学》论述进一步细化，这种印象还会得到加强。因为这个成问题的冲突域会出现在一系列层次中，其中第一个立即就是发生在纯粹经济领域中的，当然它离国家形式及其权力要求问题还远得很。而阐明这些关系及共同体问题的层次顺序可能不再是这里的研究课题，因此只是提及一二。

最后，还要说的是，《尼各马可伦理学》(在第五卷中)对公正的论述也十分符合这一点。就公正而言，它涉及对他人的态度(πρὸς ἕτερον)，因此从行动者来看公正之善是待人之善(ἀλλότριον ἀγαθόν)，无论他人是当权者还是共同体中的同伴。由此也就进一步得出这样的结论，公正不单单是德性中一种，而且还是“总的德性”(ὅλη ἀρετή)，而不公正则包含总的伦理之恶②。因为实际上它延伸到了所有生活域和财富域，因此也包括所有可能境遇类型。它通过对他人的态度(πρὸς ἕτερον)仿佛将其余的伦理德性放在了一个更宽大的基础上，而自身凭借这个置于完全中心的位置。所以，它从自身出发也恰好要求个体在共同体名义下是勇敢的，禁止由于不自制而导致的通奸(ὑβρίζειν)和施暴(ακουργεὶν)，如此等等③。因此所有多种多样的相关者(περὶ τί)都在它这里重现。

人们也能在友爱(φιλία)中重新发现这同一种升华(Überhöhung)关系，这种爱使同一类人彼此自由地在人格上联系起来。我们确实在亚里士多德献给这个主题的两卷里都没有发现明确地论述友爱的相关者问题。这就表明了，友爱和公正一样都涉及所有的生活财富，于是人的伦理—善在这里再次突出为一种决定性的待人之善；友爱在最严格的且最高的意义上应该仅被视为共同体之善④。如果人们还承认这是亚里士多德关于爱的概念的基本思想——当然必须暂时搁一搁，那么人就证明了自身就是对人来说的一种决定性的善，只

① 《政治学》，1253a14—28。

② 《尼各马可伦理学》，1130a2—14。

③ 《尼各马可伦理学》，1129b17—25。

④ 《尼各马可伦理学》，1157a14—b5。

要他在德性中完成自身。并且这样一来，我们在这里当然也就再次涉及可能行为方式的一种新维度，与更高的善相关。

四

让我们从生活域的这种超出关系再次返回到所停留的问题。它通过相关者(περὶ τί)所处理的是人的境遇类型，后者规定着那种标识着每个德性的可能行为方式连续体。在伦理之外的技艺(τέχνη)领域，早已存在着这样的境遇类型；但在伦理内部，随着要求的提高以及把握境遇的困难增大，它们赢得越来越丰富的含义。这里涉及的不是亚里士多德的新思想，柏拉图已经在这个意义上说到"未被规定者"(ἄπειρον)，后者通过"多与少"的变动来刻画，而在其内部的规定性具有尺度(μέτρον)的特征①。在亚里士多德这里全新的是维度多样性，以及他从生活域出发纯粹存在论地规定维度的方式。但现在由于在每一维度中只有一种完满性并且在其内部这种完满性无法从境遇类型中得出，而只能作为综合两种要求的理念被直观到，所以就具体德性(ἀρεταί)的本质规定来说涉及的是实在的存在规定性与观念性的要求之间的相互嵌套，或者如果人们愿意，涉及的是经验性的规定和先天的规定之间的相互嵌套。

用今天的话来说：伦理价值仅仅从其"质料"所在的区域上看才是存在上被规定的。在这一区域内什么是有价值物和反价值物，并不能以此方式被认识。它必须在与多样化的可能品质(ἕξις)的对立中才被直观到，后者是从一个系列的极点(ἄκρον)跨越到另一个系列的极点。当然"直观"(erschauen)不是亚里士多德的表达，它听起来更像来自柏拉图的理念论。并且在整个中庸学说结构中一个更大的困难是：究竟该如何去把握在两个不正确的极端之间的那种适当中庸，并且为此人在生活中需要采取何种行动，以确保他的行动方式切中正确的理念？

有一点必须要彻底地澄清，即我们在亚里士多德这里并没有发现这个问题的答案，甚至都没有完整地提出这个问题。当然他确实指出了他是如何获得各种价值规定的——通过一个个地刻画具体的中庸。也就是说十分明显，他诉求于他的时代和民族的道德意识，正如在通用的价值谓词中所显示的那样。他在每一个可能行为

① 柏拉图：《斐勒布》，23cff。

方式的连续体中都发问何者被视为值得表扬(ἐπαινεττόν)或者何者被视为美(καλόν)、值得尊敬(τιμητόν)、值得爱(φιλητόν)、值得赞赏(θαυμαστόν)、值得称为幸福(εὐδειμονιστόν)或者值得称作至福(μακαριστόν);于是在价值述谓的层次序列中同时就反映出了所寻求德性的价值高度。在上面早已指明了这一点，即在援引这些实际上表达了价值判断的述谓中如何包含了对其时代活生生的价值感受的直接诉求。人们必须承认，他确实很难走上另一条道路。但在这个思路中暗含了一个清楚的、一贯到底的方法，尽管其缺乏所有别的进一步考虑；由此我们清晰地看到，也有与恶相应的一系列非价值述谓：过失(ἡμαρτημένον)、应受谴责(ψεκτόν)、蔑视(αισχρόν)、可耻(ἐπονείδιστον)、可恨(μισητόν)，以及别的一些表述。

因此人们清楚地看到，亚里士多德是从哪里获得其价值规定的，但人们没有发现对此的论证。我们猜测这个理论空白就是，那种给我们提示出一种直接地把握连续体上的点的方式，而该方式远胜于经验与被给予的存在关系。不过这种把握方式在柏拉图的艾多斯学说(Eidoslehre)中被事先发现，而且十分清晰地表达为一种先天的把握[①]。在柏拉图学园一代人有关艾多斯的这场争论中——一方是色诺克拉底(Xenokrates)和斯彪西普(Speusipp)，另一方是亚里士多德——这种把握方式都一直是一个默默的前提，这一点无论如何都是要接受的。这也将填补亚里士多德理论哲学的那个明显的裂缝。因为在认识论中(《后分析篇》)和在形而上学中亚里士多德也缺少一种高阶的直观，而正是通过这种直观才定会把握到艾多斯。亚里士多德自己也认为，人们通过归纳不会达到一种严格的普遍性。我们在他的努斯(νοῦς)学说中才有了涉及这个困难点的一点线索。努斯“从潜能上看”应该早已是所有能思者(νοητά)的总和；于是由此就得出这样的结论，即努斯纯粹在其自身中就必定能够把握到任何一种艾多斯，无须经验的线索[②]。事实上，在他这里出现了某种与柏拉图理念—直觉主义那里完全类似的东西。

因此人们在任何时候都能够想起这种关联。以此方式人们至少可以指望弄清楚那个闭合的总体图像。但并不能直接证明，努斯(νοῦς)

---

① 参见:《柏拉图哲学中的先天主义问题》,《普鲁士科学院会议论文集·哲学-历史类》,1935年，第XV号。在本卷第48页。(“在本卷第48页”中的“本卷”是指这篇文章也被一同收录在“《尼各马可伦理学》的价值维度”所在的卷本：BandⅡ。下文若有出现，不再特别注释。——译者注)

② 《论灵魂》,429b30f。参见:《柏拉图和亚里士多德的艾多斯学说》,《普鲁士科学院论文集·哲学-历史类》,1941，第VIII号，17页及以下。

在其自身包含着德性(ἀρεταί)的纯粹形式原则。人们可以在任何意义上把能思者(νοητά)都算进去，很难会自相矛盾。但成问题的是，人们是否可以在亚里士多德的意义上把各种艾多斯(εἰδη)都添算进去?

艾多斯在形而上学中被规定为形式实体，并且如此一来，每种事物都获得一个艾多斯。艾多斯不会在事物之外自为地持存着，但也不会消融在个体中。它是事物中一种实在的普遍者。很容易看出，实体(οὐσία)在此意味着什么：它正是不随个别事物而流逝的持存者。像这样的持存者也极有可能是德性(ἀρετή)的理念形式。只有个别情形的那种独有的内在存在才不符合这种理念形式，因为后者确实是不同于多样化的经验行动方式而预先存在着的，并且它也是仅在努斯中运动(δυνάμεις im νοῦς)。因为经验性行动方式偏离了它并且在存在上的固定连续体中越来越靠向恶(κακίαι)。

另一个困难是与艾多斯概念有关的目的论问题。艾多斯是个别情形的推动力，它作为内在目的指挥着生命的生成过程。但它不能以这种方式针对德性，并且之所以不能这样，是因为在多数情况下人的现实行为都大大偏离德性规范，人们也可以说，是因为在德性规范与现实行为之间是由"选择"(προαίρεσις)和"在我们自身中的东西"(das ἐφ' ἡμῖν)来接通的。因此如果人们想要把德性(ἀρετή)归属于艾多斯的话，必定早就从本质上改变了艾多斯这一概念。但事实却是这样的，内在目标这一特征恰好是艾多斯的形而上成问题的部分；在亚里士多德的形而上学中没有什么比实体形式的普遍目的主义更加不可靠的了。与之不同，在伦理学领域，当然是要把人的行为的理念形式理解为目的；因为在理念形式成功地对人产生影响的时候，它们是作为规范来产生影响的，无论怎样都必定出现在意识面前。

如果人们紧抓问题的另一面，就会在亚里士多德这里发现一个将德性理论嵌入艾多斯学说的起点。它在艾多斯在技艺中所起的作用这一点上变得一目了然。艾多斯在这里并不像在生命体中那样作为内在目的起作用，也没有与之相对抗的力量；相反它是作为灵魂中的艾多斯(εἶδος ἐν ψυχῇ)在起作用，作为灵魂的有意识的"逻各斯"在起作用。由它出发开始了两种相互接通的"运动"：一个是启示手段的思想活动(νόησις)，另一个是实现目的的创制活动(ποίησις)①。但对拥有技艺(τέχνη)的人来说，"在灵魂中"的艾多斯自由地被用来走向现实或趋于否定。也就是说主动的运动(δυνάμεις)区分为无理性

① 《形而上学》，1032b1—31。

的(ἄλογου)和有理性的(μετα λόγου)：前者是由自身起作用，而且始终朝向艾多斯(εἶδος)的实现，与前者不同的是，后者所起的作用既可能是创造性的又可能是否定性的，以至于从效果来看同时是相反的可能性①。医生也能使人生病，如果他想这样；建筑师不仅能建造，而且也能拆毁。在这里处处都还有人身上的另一个法庭来充当这里的主人，即什么是应当发生的。这个法庭就是追求和意图(ἀνάγκη ἄρα ἕτερόν τι εἶναι τὸ κύριον. λέγω δὲ τοῦτο ὄρεξιν ἢ προαίρεσιν)。

人们由此就清楚地看到，艾多斯目的论在亚里士多德这里并没有得到彻底的贯彻，人通过他的行动也起到连接的规定作用。人在技艺(τέχνη)中自由地决定着发生方向，只要这种发生也恰好落入艾多斯领域内。但无法明白的是，为什么它通过更高的和更自由的行为方式在伦理行动域内竟会是另外的样子。在这里也是一样，即在每个生活域(相关者)中艾多斯都能构成德性；但那种决定着是践履德性还是违背德性的权能(κύριον)应该取决于选择(προαίρεσις)。并且也许要承认的是，这正好对应着《尼各马可伦理学》第三卷的自愿(ἑκούσιον)学说②。

在这一关联中仍缺失的就只是直接地将艾多斯应用于德性这一点。在柏拉图那里德性就是理念并且只有这样才能被直观到，这是不言自明的；但对亚里士多德来说似乎不可接受。对此，理由不仅仅在于把艾多斯概念潜能化，而且更在于将德性看作实现(ἐνέργεια)、品质(ἕξις)，也就是说不是将德性看作理念，而是看作灵魂的现实品质——灵魂在任何情况下都必须先获得这种品质。

没有人会否认对这一观点的证明。只是人们不要由此而在这一点上出错：尽管着眼于这个由亚里士多德提出的并且小心地从相关者(περὶ τι)出发加以规定的德性概念，但实际上所要处理的是人的行为的真正理念图像。人自己行为的现实化恰恰完全取决于洞见，什么是被要求的。而在这里不要忘记，亚里士多德通过那个确立了对德性而言中间(μεσότης)与极端(ἀκρότης)之间关系的关键点才靠近了艾多斯的形而上本质。也就是说从存在方面来看，鉴于德性在可能行为方式连续体上的中间位置，德性不仅从它的实质来说(κατὰ τὴν οὐσία)被规定为中庸，而且在对其恒在的所有言说形式中(κατὰ τὸν λόγον τὸν τὸ τί ἦν εἶναι λέγοντα)也都被规定为中庸③。但这种恒在(τί ἦν εἶναι)不是别的，正是艾多斯的内容上的本质规定性。因此有一种

① 《形而上学》，1047b31—1048a11。

② 尤其是参阅：《尼各马可伦理学》，1113a3 及以下。

③ 参考上面所引用位置中的 1107a5 及以下。

德性的逻各斯，它述说着德性的恒在(τί ἦν εἶναι)，而这无非意味着：德性除了通过人的品质(ἕξις)得以实现外也早已是一种艾多斯，是人"在灵魂中"直观到的艾多斯，以便据此调整其行为。正如在每种技艺中对"灵魂中的艾多斯"有效的东西，也必定以相同的方式对其有效。

因此，人们无须为要证明与《尼各马可伦理学》之间的关联这一点所难住。这整个著作就是一种独一无二的伟大尝试，即将人的现实行为的理念摆在其灵魂面前。并且对具体德性的丰富分析也清楚地表明了将每个德性都引向恒在(τί ἦν εἶναι)的那种努力。因为所涉及的不是别的，正是人的生活目的(τέλειος βίος)。并且他应该有理由这样。

画面就会更加圆满，如果人们更多地把柏拉图的和亚里士多德的艾多斯学说理解为一个整体——撇开当时的那些争论点，况且它们今天不再是核心了，并且从一开始也不属于诸如伦理学这样的问题域。对艾多斯学说的这种直观而言，起始点是在更丰富的范围内被给予的①。柏拉图和亚里士多德都曾与观念的混乱现象作斗争，并且最终都以自己的方式克服了它；只是他们最终没能对付得了同形异义现象。但对于伦理学问题而言，艾多斯在实现之前而存在可能也不会完全被取消，因为它的任务一直都是现实化。在别的地方不会为选择(προαίρεσις)和自愿(ἑκούσιον)留下活动空间。

五

如果人们承认这一点，那么就不能放弃这个结论：我们在《尼各马可伦理学》的德性中所打交道的是真正的伦理价值。尽管不是以它们出现的方式来说的，因为只有符合中庸的，同时也实现了两种相对立价值成分的那种现实品质(ἕξις)才是现实的"德性"；而是在另一个意义上：在这两种价值成分通过选择(προαίρεσις)被实现之前，它们必定是事先直观到的并且被综合为"灵魂中的艾多斯"②。

人们可以用今天的概念以如下方式来概述。任何伦理价值都包含两个规定部分，一个存在论的和一个价值论的。前者是通过生活域被给予的，价值及所属于它的非价值就是在这一生活域中活动的；当然人们也可以把生活域说成可能境遇类型和那种来自境遇的可能行为连续体。后者在于确定这种行为方式，即它在连续体内是唯一

① 参见：《柏拉图和亚里士多德的艾多斯学说》。在本卷第129页。

② 当然"灵魂中的艾多斯"(εἶδος ἐν ψυχῇ)在这里并不像在技艺中作为"目的"(Zweck)起作用，而是仅仅作为准绳(Richtschnur)。

地伦理善的。前者是经验性地被给予的并且任何时候都可以通过人类共同生活结构而加以证明；后者必须超出令人眼花缭乱的、经验上可指明的丰富行为方式而先天地被把握。在它这里包含着伦理价值要求的真正特征。

我们从这两个异质因素的相互交叠中找到了答案，而它正是亚里士多德关于实在世界和伦理的—观念性的要求之间关系那个问题的相关者(περὶ τί)学说提供的。它应该是一份未过时的、直至今天仍富有启发性的古代思想成果。由此就能够从根本上理解，在将伦理善差异化为内容不同的多样性价值的过程中要受到存在的限制究竟是什么意思了。这种价值多样性恰恰不可以先天地推演出来，也无法从今天所称的价值感受中获取。毋宁说价值感受早已依赖于对各种不同的可能境遇类型的理解以及对在任一境遇类型范围内可能行为方式连续体的理解。但在这些范围内价值感的决断是自主性的。因此观念性要求的先天主义在由存在上的境遇类型所划定的界限内也完全保持其合法性。

此外仍然有别的东西需要学习，而这是无论是亚里士多德还是更早时代的思想家都没思考过的。因为在上面所阐释的伦理价值两种因素之间的关系使我们有可能直接地、简要地回答当今的一个实际问题，即所谓价值相对主义。

这种相对主义的复杂问题域在这里就不用展开了。回想一下它与这一点有关就足够了，即全部价值组在历史地被给予的、暂时占主导位置的多样性道德中产生和消逝着。纯粹的价值先天主义在这一历史现象面前遇到了困境。在现象学基础上产生的“质料的价值伦理学”提议这样的解救办法：价值自身并不改变，只是价值意识发生变化，或者说得更确切些，是人向这一组价值或另一组价值打开。当然由此能够解释一些现象。只是以这种方式仍无法理解的是，为什么某一民族的价值意识在特定的时代恰恰对某一价值组打开，却不对另一价值组打开。

对此，伦理价值内容规定性的存在品格学说给出了一个清楚的回答：人的价值意识在任何时代都仅仅对这种价值打开，即处于当下展开的、实际化的生活域中的价值。因为只有在某一境遇类型的存在基地上——它从历史上形成的共同生活结构中赢得了意义和急迫性——意识才有能力区分价值物和反价值物。

由此进一步得出：伦理价值当然是相对的。当然并非如大多数人所说的那样，相对于评价主体，而是相对于人类生活的实在结构，相对于在其中占主导的境遇类型。因为这些构成了价值的范围，其相关者(περὶ τι)。因此这恰好也适用于“历史的相对性”：这种相对性也并不直接地相对于人对价值的理解，而主要的只是相对于历史上共同体生活的实在转变。

因此这将意味着：某一价值组在实证道德中占主导也很可能以价值意识为条件，并且就此来说某种对主体而言的相对性仍然存在。不过，第一，这显然不是价值本身的相对性。第二，价值意识连同它把握到的价值多样性切片早就依赖于已形成的主导而紧迫的境遇类型——困境、窘境、危险或者其他的实际境况，而这些境遇自身又依赖于历史上形成的生活实在结构。所以说历史上极有争议的“价值相对性”就还原为对当下形成的实际化价值维度的选择。

在这种相对性背后一直都存在着有关价值同一性和超时间本质的某种十分确定的含义，一种严格意义上的观念性。

对这种观念性进行界定是并且一直都是不可解决的任务。所有对此所提出的肯定性见解都有其不可避免的弱点或片面性。它们总是一再地导向某些误解，不管人们是说起“无时间性”或者“绝对性”或者仅仅说成“观念存在”。也许人们最容易在“价值是一种客观的普遍性”这种表达上取得一致意见：很显然必定存在着某种有关价值存在和反价值存在的含义，而这种含义受制于某一特定存在形式的境遇类型并且随着境遇类型一起总是在历史中重现。所以说，如果在一个民族的发展过程中某一相应的境遇类型经常成为主导性的，那么个体的行为始终再次落入同一个相关的价值—非价值维度下；由此这种价值—非价值维度就证明自身是超历史的。这在勇敢价值的例子中是众所周知的：在一个正在形成中的人类共同体总是要抵制外在敌人的时候，这同一个勇敢理念必然一而再地出现，而在其中闪现出的许多小变数都不会影响这种超时间的同一性。

人们不会认为，所有这些不再与亚里士多德对“德性”及其相关者(περὶ τι)的理解毫无关系。当然今天的相对性问题域不是亚里士多德意义上的了。对此完全不相关。因为亚里士多德给出的某些规定也可能十分适合为今天多重纠缠的问题提供解决方案。这与非历史主义的释义或者粗糙的无基础主义无关。

从《尼各马可伦理学》来看左右着实在与价值之间关系的基本法则就是在境遇类型与仅在其范围内才是决定性的伦理价值之间的一种固定归类关系。而如果这个法则起作用的话，那么很明显历史上具体价值和价值组的消失和再次出现无非取决于相应处境类型的断断续续地重现。

伦理要求的本质[1]

一

人们完全无须成为一个道德哲学家才会去承认各种伦理要求、将自己的生活置于伦理要求下并根据这些标准评判别人的行为或自己的行为。我们大体上都能做到对人和行为迅速给出评判，却很难针对自己的人格；但这不是因为标准在我们这里成了问题，而是因为自我抗拒执行价值判断。人们或许对某些更高要求有异议，质疑它们是否合法地存在；但也有许多素朴的伦理要求是无可争议的，如善意、乐于助人、诚实、一目了然的体谅等“简单的伦理性”[2]。这些对我们来说是如此稀松平常，以至于在它们受到侵犯时我们才注意到它们；不过后来我们也极有可能不会普遍认同它们。

① 本文写于1949年，属于哈特曼晚年作品，出自哈特曼《论文集》第一卷：《体系性哲学论文集》第279—311页(Kleinere Schriften. *Band* Ⅰ. *Abhandlungen zur systematischen Philosophie*. Nicolai Hartmann. Walter de Gruyter & Co.，Berlin，1955. SS. 279—311.)。

② 参见奥托·弗里德里希·博尔诺夫：《简单的伦理性》。

但人们更不必成为一个反道德哲学家，以便质问：我们究竟为什么要将自己的生活置于伦理要求之中？它等于另一个问题："我们是伦理存在者"，我们承认或否认行为与人格，我们提出某种要求并将人的行为看作善的或恶的？严肃思想者很容易就提出这些问题。不过，我们提出伦理要求并预设它们是普遍有效的这一点并不是理所当然的，虽然它们在生活中并不是自动实现的。我们为什么不满意于自然将我们所造就的那样？我们为什么要求人要是另外的样子？

这个问题会变得非常严肃，一旦我们想到：还存在着组织化更高的生物，它们就直接地靠祖先的物种法则活着，本能地对外界作出反应，而它们具备了这些，就什么也不缺了。人想要多于他自身所是的，这就是人的罪孽？人的道德——提出各种伦理要求，就是一种畸形、一种自负的表现？也许是人的道德自大给他带来恶果——永远不满足于自身？

最后一个问题很尖锐，也早已引起一定的轰动，在这里可能不去管它。可是，关于伦理要求的含义这个基本问题压根儿没被讨论过。而目前对这个问题而言一个初步的关键性提示是跟高等动物的实存形式之间的简单比较，尽管远远未涉及更高的伦理问题。今天的人类学十分确信，人不是生来就配备了满足其自身需要的一切本能。婴儿的无助、缓慢而非一下子就能控制哪怕最简单事务，都是有说服力的证据。人不是完成了地来到这个世上的，他必须首先逐渐地使自己成为完全发展了的人。这就是个体的漫长适应与训练过程，其中正在觉醒的、自我完善的智性扮演重要角色。

老实说，动物是完成了的生物。它本能地就配备了所需要的一切能力。人却不是这样，并且恰恰是因为他是更高的精神生物。一个古老的错误就是，"高度"本身就已是完满。人长久以来就相信，他是"最完满的"存在者，因为他职责重大；由此他通常净做些不合理之事，就是因为他错误认识了他那行使了自由的"更高的"使命。通过更高远地概览整个实在世界的存在层，人们的看法也许恰好相反：完满性会随着存在层的上升而下降；最完满的构成物或许是原子，在任何情况下物体世界的动态结构都绝不会背离自身的严格自然法则。有机体早就认识到了代谢紊乱、器官变形、身体疾病等，对它而言还有死亡，因为唯有生命体才会"死亡"。意识是尽可能地发起自己的主动性，与自然法则以及它的有机载体的物种法则之间都保持了距离。精神生命完全具有自由，它的任何行为都能做到恰到好处或错失。但最高的才能也是最危险的才能。动物只受到来自外界的伤害；人所受的伤害则来自内部，来自自己的本质。人也许是我们所知道的最高存在者，但因此也恰是最不完满者。

确实先天合理的是，一个原始生物远比一个带有无限可能的高等复杂生物更容易达到完满状态。对前者来说它很少要去完善它的本质；但无论如何，人的无可比拟之处则是：他本质上就要置身于各种使命中并积极首创地践履它们。这应该就是黑格尔所表达的精神含义，即精神必须总是首先使自己成为它所是的样子。

因为人是精神存在者，他有许多要去发展；可能有人会说，人绝不会是“完成了的”。这也是他的优点：如此，他才能够适应新的生活条件，转向更高类型的使命；他并不固定于纯然地自保，他能够提前筹划，“自由地打开愿望之门”。

这早在儿童阶段的循环过程中就开始了：在这阶段所完成的是语言表达和自我理解，同时还有熟悉集体以及精神环境；同样地，借助于游戏这种看似毫无目的的举动，物对他而言成了可控对象。这在成熟时期的劳动中继续有效，因为劳动也是一个反作用于劳动者的循环过程：他通过做事而学习，在控制事情的同时也实现了对自己才能的控制与评价。

鉴于这种关联，我们也肯定从人的更重大使命中看清人的本质。亚里士多德就曾把人定义为“天生的共同体生物”(ζῷον φύσει πολιτικόν)。这种看法的依据是任何人只有在与其他人的相互联系中才能生存下去，但由此也提出了要求，即首先要建立起这种相互联系，甚至最先要找到这种联系的形式——那种能够承载某种更高统一的结构。因为这种统一不是人天生就有的。

人们从这里出发可能会推导出一整套任务，而人的“本质”就是要完成这些任务，后者一直延伸到法、国家、政治。而最为基础的是人要把自己塑造成为能过共同体生活的存在者。因为这也并非全不费力气。为此，他必须学着管教自己、向自己提出那些并非自然的、反而与已有的倾向相背离的要求。人需要教养，以便于能适应最简单的共同体，但他必须先努力获得这种教养能力。

很明显，在这里对于伦理要求的含义和本质这个问题早已有个暂时性的答案。人不能生活下去，要是不提出伦理要求的话，并且主要是人向自己提出伦理要求。这种回答最初只是一般人类学的，并且有其自身的自然主义界限。不过只要人们紧盯着它的后果，就会很快找到更准确的答案。

二

因为人也是一种具有相应能力的生物。其中排在第一位的绝对是主动性。它不同于应激性。动物的本能行为仅限于反应活动。人不仅通过自己的行动对周围环境作出回应，而且也设定远远超出周围环境的目标。人是真正的目的能动者。

目的能动性不是合目的性。事物也可能是合目的性的——如用来维持生计、建造房屋、安全保卫等，也就是说如果人或别的生命体都知道利用事物的话。不是事物，而是利用事物者才具有目的能动性。生命体的反应活动及其之下的本能，和一切器官的功能一样，都会是合目的性的，只要它们正常运行功能。但一般生命体不需要在各种反应之前筹划目的，况且除了反应能力，也没有设定目的的智力。用康德的话讲，它们的形式是"无目的的合目的性"。

自然不设定目的，而人却设定目的。人具有那种能够抢先行动与预先筹划的精神性意识；他是目的能动者。预见与预先规定——这两种古代人众所周知的上帝属性构成了人的能力。这两种能力是人明显地优越于周围世界的根源所在。当然人不是在力量上优越于自然，因为在这点上大多数的自然力都大大强过人；而是在精神上——发现力、目的能动性。他能够俘获盲目的自然力，利用它来达到自己目的。要是自然力也受目的约束的话，它将会违抗它的目的。但它并不受制于目的，它无关乎结果地遵循着自己的法则，不论产生的结果是否有益于某人的目的。其作用形式是因果联结，而在其中没有任何预先规定。

因此人的主动性受到双重制约：他自身与外部世界。前者意味着人有能力设定目的并致力于目的的实现；后者则意味着自然漠视人的目的。当然这首先只对物的存在有效。有机体以其更高法则与本己规定性早就使它变得更为困难了。而在人这里他则遇到了旗鼓相当的对手——后者也是自己设定目的与实现目的；由于他打交道的是与他同一类的，所以情况就变得完全不同了。

也就是说人的对手不仅让这场竞争游戏困难化，而且导致了一种新面貌，结果完全不同了，如果行为的客体，跟自己一样，同样也是人格，并且是那种遭际到行为的人格。这种关系使做(Tun)转变为行动(Handlung)。行动是负责任地做，因为它使人格感到自己是善的或恶的。行动最简单的基本形式就是与人格相关的东西打交道。这种交往方式已经触及了共同生活：任何行动都同时也关涉共同生活，即便它直接地仅仅指涉物。因为人需要财富并且同时也遭际着财富。

但行动的这种规定仍是外在的。只有对人的利益、目的和行为之间的复杂缠结进行观察，才能通向行动的本质。这里的关键概念是境遇。因为没有一定的动机，就没有行动，不论动机是外在的还是更多的是内在的。人的行动始终都是从特定的生活环境发起的，并且本质上同时也由后者所规定。但境遇的本质是什么？不难看出，境遇是随时不同的，个体化的，一次性的，是如此变化多样，以至于看起来根本无法指望能捕捉到它的“普遍”本质。尽管如此，我们仍能列举出以下四点。

1. 我们无法为自己选择境遇，我们就“陷入”其中，大多数情况下还都是突然遭袭。这一点也照样适用，即便我们主动地参与境遇的形成，因为没人完全看透自己行动的后果；在现实中境遇所带来的结果往往不同于我们的预判。之所以这样，就是因为不单单是可计算的事实关联构成了境遇，而且人的隐秘的意念与意图也都始终介入其中。

2. 一旦我们陷入其中，就无法再逃离。一切发生都按照时间向前推进着；也许在思维想象中存在着返回到更早阶段的现象——于是我们也就看到，我们将如何能够避免要来临的境遇，但不是在现实中。因此我们必须接受境遇并且必须试着与之相处。

3. 这就进一步意味着：我们必须在境遇中采取行动，必须下决心，做决断。即使我们无所事事地没有行动，也无济于事；搁置不做也是决断，甚至也是伦理学意义上的一种行动。并且如果这种行动要负责的话，责任也同样由我们来扛，就像是我们主动采取行动那样。

4. 不过单是境遇自身并不告诉我们应当“怎样”行动，它并不给我们指出道路。它仅仅框定一些可能选项，而把决定权留给我们。无论大小事，都是如此。当我们做长远决断的时候，也确实很少觉察到生活的方方面面，也许只注意到几个重要的生活转折点。但从根本上来说，这跟在短暂的、瞬间境遇中所做的决断是一样的。只不过是决断的权重改变了。

后两点清楚地表明了境遇本质中注定的东西。自由因素和不自由因素始终都在境遇中紧密相连：不论我们“是否”愿意决断与行动，我们都必须得进行决断，在这一点上我们是不自由的；我们的自由仅在于，我们“如何”决断。我们被迫自由地决断，或者简短地说：境遇强迫我们自由。

这一点儿都不矛盾。矛盾的是对人的自由的过分表象，正如对必然性的过分表象那样。人在决断时并没有绝对的或完整的自由，总是要考虑各种既定的关系。而且这些关系恰好构成了每一瞬间的特殊境遇，是人无法改变的。但也没有完全剥夺我们做决断的必然性，总会有为我们留些自由余地，而后者正是境遇的伦理学本质所要处理的。但从实践的角度来看，我们的一生是唯一绝不断裂的境遇链。我们终生都时时刻刻被迫自由地决断①。

由此来看，行动是人对所陷入境遇的回应，只要不单单是境遇，而且人自身的决断也始终且必然地一同起着规定作用。这样，行动就彻底地跟纯然的反应区分开了。并且这也是人类与受本能主导的动物之间的最显著区别。

这也展示出了人的极其不利面。动物的本能就告诉了它们，在每一境遇中去做什么；本能不诉诸意识，而是直接地诉诸生物体，而生物体就是按照本能来应付着变化，以预先指定的方式作出反应。动物不会犹豫不定，不出错，也不会犯罪；动物是安全的，舒适地以种族法则为活动准则。这就是动物的完满性。人就没这么好运了。人的本能并不告诉他要去做什么，除非在自保这类最为原始的事情上，甚至也并不总是如此。人的境遇是复杂的，他无法事先找到出路；他身处于自由状态中，看到的可能性不止一种，负有决断的压力。他能够出错，能够行不公正之事。他所受到的威胁来自内部，即来自他所拥有的更高能力——自由，并且在生活中步步都被迫使用这种能力，而无论他自己的本质还是境遇都无法提供在他能够做决断时所遵循的那些定向点。

这是他本质的不完满性，是他所身处的内在威胁，毫无主意，也没有任何好的和保护性的力量。不过这不会对他的高级才能——自由——产生任何影响，因为人的自由就意味着他要自己依靠自己，放弃有机组织和自然冲动所提供的服务，但与此同时他也有能力转向其他的更高目标。但他由何处获得这些目标，它们是如何被给予的，假如他的本质不能给予他这些的话？

这就是伦理要求所要进驻的缺口。它就是在境遇迫切要求他做决断时的那种引导和指明方向。它恰好开始在本能刺痛他的地方。

---

① 在这里不会讨论“自由如何是可能的”这个形而上问题。对此，请参阅《伦理学》第三版(1949年)第65—83章与《实在世界的结构》(第二版)(1950年)第60—61章。

唯有首先将其作为眼前的引导原则，他才变成有行动能力的生物。光有目的能动和自由能力还不够。他只有首先直观到什么应当存在，进而后者才能给他的行动提供有意义的指向。因为与境遇相关，就意味着他把握了在境遇中借助他所应当发生的东西。

在此暂时搁置人如何获得伦理要求和它如何被给予的问题不管。这个问题在别处还要思考。眼下唯一重要的是使人成为行动生物的能力圈借此才得以闭合。要是没有指点方向的应当，目的能动性的活动能力仍是无意义的，纯然地指向空无。

但在转向伦理要求本质的研究之前，在这里还要补充行动的特征，后者并没有包含在上面所提及的规定性中。一切行动的法则是：走向未来；过去是不可改变的，无法再抓取到；而当下，严格地说，也不再变化。它是当时已生成的东西，而它变化也就意味着回溯到其条件的过去。这是不允许的，它违背了时间法则和时间性发生的法则。行动也是一种发生，它嵌在所流逝的过程中，因而当然也存在于条件的改变中，但仅仅对于仍未形成的东西、未来的事物而言。这不会改变这一点，即时间差别有时是如此细微，以至于我们在实际中感觉到介入的仍是当下。流行的当下概念并不是严格的，把正好发生的和最近发生的都考虑在内。但事实上，时间差一直都在，并且所有行动，甚至所有的做一般地都走向未来。

人们也可以这样表达：只有未来对人的主动介入才保持开放。已生成的东西是人无法主动介入的。但就一切所发生的事情而言，唯有已生成的才是可经验的，未来事物并不可经验。在这里仿佛遮上一道不能任意地扯去的认识帷幕；只有时间和事件的前推才能扯去这道帷幕，不过我们所看到的不再是未来，由此也避开了我们对它的影响作用。经验来临了，可是对行动来说太晚了。

由此得出，与我们最实际地相关的且只对我们的主动介入保持开放的一切发生都恰是我们无法经验的，尽管它们仍对我们保持开放。人们能把各式各样的形而上学探讨与这种悖论关系联系在一起，这一点不言自明；但整体看上去却像是某一机械神(deus malignus)的狡诈安排。不过，机械神在这里必须要出局。因为重要的恰恰是认识通达未来这一狭小剩余。

因为认识不单单在于可经验性。也有抢先发生的洞察，尽管它完全归属于人。要是人没有能力“预见”的话，他也就无能力采取行动。而人在世界发生中有着独特地位的本质——而且如果人们愿意的话，可称其为人的类神性——就是他具有某种程度上的预见力。形象地说，未来之帷幕对他来说有一道狭窄的缝隙，通过缝隙他直观到少许东西，进而足以计划、安排、考虑和防备各种可能性。

这是如何发生的，这属于认识论问题。在这里仅仅暗示一下它的解决方案：在于我们认识中的先天要素。我们在生活中通过经验来学习，这基于我们将经验物普遍化，而后者绝不立即等同于极其严格的普遍性或规律性，相反大多数只是能够欺骗我们的模糊类比。所有的普遍化和类比都包含某种先天要素，包括未来的情形并且因此也变得会先行把握。在这里并不是推理，而是我们直接地预期在类似情形下类似的事物会再次发生；对预期物的证实并没有在我们这里获取一份保单，对此提供支撑的是极有缺陷的经验、过于模糊的类比。尽管如此，随着生活经验的增加，由生活经验而来的普遍化能够越发具有确定性，对仍在挖掘中概念的目光能够变得敏锐，对事物的预见能够扩展。人差不多具有的预见正如他在实践中为了能够计划所需要的，而并不为扩展设定一个固定界限。

由此得出的结论并不算少。主要是对行动的本质有了新观点。因为唯有行动才能抓取到未来，也就意味着先行把握未经验之物，但并非完全未知物。无论如何它进入了不确定之中，没有人可以为行动所引起的一切担保。目的能动性和自由所抵达的，也只有预见所抵达得这么远。行动永远是冒险。行动者当然知道这是冒险，尽管他很少能估计所波及的范围有多大。“暗中摸索”始终是行动的特征。

但现在，境遇迫使人行动，人的一生就是一串境遇。因此，如果人们将境遇的本质——它告诉我们要去做的事情——与预见的本质、冒险的本质综合在一起看的话，就可以再一次地、更深刻地估计伦理要求在我们生活中所起的作用。

伦理要求首先并不仅仅告诉我们应当做什么，还照亮了(leucht-en)昏暗的不确定性——未发生的事物对我们而言是模糊的。所以说，伦理要求一开始就拥有任何对未来事物的认识所带有的那种先天品格。但这种品格在这里彻底显露出来了。因为伦理要求告诉我们的并不是会发生什么，而是应当发生什么，更准确地说是**通过我们**应当发生什么。并且后者在绝大程度上并不依赖于前者。由此也能提前认识到它的纯洁性与确定性。因为伦理要求固然不直接告诉我们在特定情形下应当做什么或应当放弃什么，却告诉我们一般地且根本上应当做什么或应当放弃什么。我们把握到的一切指示或禁令、命令、价值与非价值，都是这样；同时对公正与不公正的感受也是这样。我们由此所发现的确实是一种指导原则，并且其中的不可见部分也越来越清晰了。

三

并非总是、也许不止一次发生的是个体行动，在这里我们做决断。也存在着一次性获得的、通过在生活中斗争而来的群体行为，而个体行动正是从这里起源。但在群体行为中也有决断，也符合这一事实：对群体行为而言伦理要求也是权重性的东西，我们遵循或违背它。

因此伦理要求本身、我们对什么是善的认识、良知、价值意识、价值感，都起到重要的作用。谁毫不怀疑地固守一种道德，谁就最轻松；他的生活变得明晰、直率，他做决断时几乎用不着费思量地考虑，甚至他必须获得的某种程度的克制都转化为了生活态度与习惯。他几乎再也注意不到伦理要求，因为伦理要求已经进入他的身心。

但这不能任意地普遍化。也存在着对伦理要求的质疑、对它的抱怨以及自然冲动对它的抵抗。并且重要的是我们对它的认识是有充分根据的。但撇开这一点，仍有一个经常逼近生活的哲学问题：善究竟是什么，我们如何认识到它？

哲学并不总是提出这个问题。数百年来，它以为早就认识到什么是善，然后要关心的只是更精确地表达和论证它。正是尼采重新让人想起善恶内容的问题，他断言：人类一直都还不知道善恶是什么。以对基督教道德的批判为基础，他发现：光有爱邻人是不够的，甚至若被绝对地、极端地推行，可能会变成一个危险性的原则。由此所有哲学难题中最实际的问题似乎被重新提出来了；也许人们可以说，这个问题首次是如此普遍地、根本性地得以提出。

对这个问题的回答就不会显得太困难，要是善是一种唯一的、自身亮堂(in sich einleuchtend)的原则的话，严肃认真的思考就不可能错失它了。在实际生活中人人都相信，他的价值感固定地扎根于某一流传下来的道德中。而事实上，任何一种道德都是片面的，远远不能涵盖所有的伦理要求。哲学试图以别的方式把握统一原则：通过某种直接的内在的先天直观，通过跳过一切特殊与一切缠磨人的冲突。因此柏拉图试图通过“善的理念”把握统一，康德则借助“绝对命令式”。但柏拉图未能指明善的内容该是什么，为了不使用概念，就一直停留在对统一的空洞直观上。康德则有意地提出一种纯然的“形式”法则，撇开一切“质料”(也就是内容)；于是人们也一再地发出反对的声音：绝对命令式并没有告诉我们究竟应当做什么。

也许在这里不该认为，对康德的反对意见是合理的。因为无论如何，康德通过在他的重要著作《伦理形而上学》中阐释了多种多样的具体伦理要求而补充了内容。并且就柏拉图而言，亚里士多德也早就对他进行了回击：人们在生活中不能依照一种空洞的理念，他必须用内容来填充它，由此出发才能形成一种“属人的善”，并且这就是将它分化为多种多样的德性理想(Tugendideale)的过程。这些理想就具体地浮现在人眼前，指引着他。

《尼各马可伦理学》对这一思想的贯彻是绝对富有意义的，因为它不满足于执行对理念的区分化工作，还说明了所依据的观点。亚里士多德的出发点同样是多样化的境遇——它符合在上面所阐述的特征；但他并没有从多样化的角度来对待境遇——这会导致无止境的决疑论，而是将之放置在生活中很容易遵循的某一特定类型之下。任何生活境况类型都对应着一种伦理善的形式，一种“德性”，并且在相关的生活境况是既定的情况下，才会考虑到某种德性：面对着威胁才会考虑勇敢，鉴于唤醒了的欲望才会考虑审慎(自制)，在涉及手头资金的时候才会考虑大方，在激起愤怒的情况下才会考虑温和，在社会交往激发欺骗或伪装的时候才会考虑诚实。任何德性都有它在其中活跃的生活域，同样地任何与之相应的恶也都有其生活域。由此就出现了一个伦理要求体系，并且其中的任一伦理要求都扎根于某一特定的生活面。对伦理的善进行区分——它的内容由此变得清晰可见——依赖于对人的生活关系进行区分。或者用现代的语言来表述：任何伦理价值都严格地相关于它所归属的境遇类型。

如果人们为具体的生活境遇命名——各种境遇决定着善的区分、善的“质料”之区分(这是根据康德的术语并且与纯然的“形式”法则相对立)，那么就能够把以之为定向的伦理学视为“质料的”伦理学。并且如果用今天的概念术语把内容上可把握的伦理要求视为“伦理价值”，那么以此方式得以贯彻的伦理学就具有“质料的伦理学”特征。

但这个问题由此才正确地开了头。事实表明，人类历史上所呈现出的一切道德几乎都倾向于突显某一特定价值或某个狭小的价值组并将其看作绝对的善。如此类的价值组有幸福、权力、共同体、个体、勇敢、忍耐、忠诚、公正、爱邻人等。前四组属于财富价值，剩下的属于真实的伦理价值；但这构不成主要的区别，因为它们全都由历史上的实证道德而提供出来，并且别的价值组始终都消失在所偏爱的价值组背后，仿佛被遮蔽起来并由此在生活中起不到引导作用。

这些道德中的任一种都是以这种要求而亮相的，即要求成为“真实的道德”、对一切都有效的唯一道德。但它们彼此间并不一致。或许各个价值组也能够相互结合在一起，并且在历史年代久远和高度发展了的文化中也发生过；但由此它们的力量日渐变弱，在比较中失去了光彩。其中一些还是明确地对立的，如公正与爱邻人：公正可能是毫无爱心的，爱可能是不公正的。类似的还有勇敢与忍耐、荣耀与谦卑、爱邻人与爱最远的人(如后者被理解为对后代负责)。在这一点上屡试不爽的是：只要人们信以为某一特定道德是唯一的，这种道德就是对他们有效力的，是主宰性的“实证”道德。并且只要这样，它提出的特殊伦理要求也会被视为绝对的“善”。就像许许多多的道德所证明的那样，这当然是错误的，可是这种错误却是所有实证道德共有的，不论它们从内容上彼此相差得多么远。

这个错误也许一直不被注意到，只要各个民族彼此间是相对孤立地生活着。但这种孤立化也有其界限。此外，道德在同一个民族中也是变换着的：一个就会骤变为另一个，当生活关系发生了改变且另一种境遇类型挺进生活之中的时候。或者道德会随着生活关系的渐进式变换而慢慢地变换着。甚至，人们在这里会提到一种在许多民族文化中都重现的典型性变换方式：只要一个民族处于艰辛的生存斗争中，个体的英雄气概就经常被当作最高价值；一旦集体强大了，着手自己的内部建构，占主导地位的价值组就是公正以及与之相关的公民德性；而一旦国家生活和法治生活得以建立，取而代之的就是其他的、大多数是更高的价值组，比如，智慧和充裕、教养、爱，或者是另一组——调解均衡，当然与此同时也很容易是解体的道德。当然也有别的变换方式。只不过一直都符合亚里士多德提出的法则：实际有效的价值组总是相应于当下主流的生活境况。

此外如何理解变换法则，这一点在此仍是次要的问题。目前重要的仅仅在于：存在着道德的变换并且它十分明确地指向某种道德相对主义。由此我们也面临着众所周知的价值相对主义问题。这个问题呈现出多种形式，且自智者学派以来就困扰着哲学伦理学，而在今天则极其危险地深入大众意识中。

所要处理的问题是：价值仅仅在特定的环境下有效吗？它们说到底完全是由人构想出来的吗？难道它们要强迫人接受它们是当政

权力或某一别的权威的载体，比如以便能够完全主宰人？

很明显，单纯的提问都已经指明会是哪一种危险。它已经要质疑有效者的有效性了。那种仅仅对处于不中断境遇流逝中的人生而言才可能被给予的支持和安宁似乎也要动摇了。这早在古希腊时期就发生过，当人们质问有效法是出于“自然”还是由于“人为”（φύσει或者 θέσει）的时候；一直到尼采，他宣告人能够在价值表上书写人想要书写的价值，以便“将它们绞杀”。

人们可以十分不同地看待、界定、从理论上论证从这里产生的相对主义。人们可以像法国启蒙主义那样仅仅否定性地拿它用来拆除沿袭的约束制度；可以站在个人主义的角度把它理解为个体有能力按照他所愿意的样子指定标准；也可以将它与时代和历史环境联系起来，由此更接近于历史上的道德转换现象。后一种符合黑格尔的思想，即任何一个民族都携带着自己的原则进入世界历史；而与之一致的是，在他的体系中伦理学并没有占据独立的位置，而是消融在法哲学中，随之过渡到历史哲学之中。当然人们也可以进一步地在具体的历史力量中寻找转换的根据，比如，在马克思那里，当下有效的“意识形态”依赖于社会形式，社会形式依赖于经济并借助于经济进一步地依赖于生产形式。人们是否称其为唯物主义，这都是无所谓的。价值相对主义仍是同一个。

从问题的角度看，这同一种价值相对主义也保持在实用主义和其他的历史主义等现代思想潮流中。并且即使人们将它归类为一般的真理相对主义——因为对善恶的认识也具有认识形式，也改变不了这个问题的含义。由此正在讨论中的价值相对性问题证明了自己仅仅是一个更大范围的、与一切存在意识—世界意识有关的相对化趋势中的分支。

所有这些无疑会导致一切有效道德的消解，因此导致了在生活中能够提供支撑、方向和引导的一切东西的崩塌。但重要的问题仍是：这种消解是否合法，伦理要求真的遭遇了这种不确定性？或者公式化地表达：价值本身是相对的？

四

究竟什么使伦理价值变得如此成问题？别的原则却不是这样的，尽管它们同样是普遍有效的并且同样提出绝对的有效性要求。人们会想到自然法则、范畴——也许人们会争论我们用概念或科学判断是否正确地把握了它们所是的样子，但不会争论这些存在于实在世界中的自然法则或范畴是否是变化着的，甚或压根儿就是相对于我们的设定。

价值与存在原则的区别有两点：对价值而言没有来自经验的证实；价值表达了某种应当。第一点意味着我们必须完全不依赖于任何经验给予域，甚至在一定程度上与经验相对立地去把握价值；我们必须早已知道，什么是有价值物和反价值物，以便于理解人的行为是价值的或非价值的，因为行为自身不说明这一点。所以说，我们无法经验到这一点。人们将此视为价值的绝对先天主义。但对此并无标准，因此饱受怀疑。

而第二点才是真正重要的：价值之所以对我们来说是成问题的，是因为它向我们提出要求。价值使自己与存在着的或发生着的情形相对立，并且要求是别的样子，以另一种样子发生。它要求我们不同于我们所是的样子，采取的行动不同于被禀好所驱使的样子。这就是规范、诫命、命令的含义：它们想从我们这里要点什么，它们充满期望，它们发出指令、下达禁令，它们提出某种愿望，要求具有权威性。这十分符合它们在生活中被任命的角色：指导和引领原则。人们也能清楚地洞见到，没有它们，是不行的。但具体的价值、具体的要求只是指定或拒绝某种特定的东西，因此并未得到合法辩护。人们也总是可以考虑着用另一种价值或要求来替代它。

因此人们会问：伦理价值凭什么理由向我们提出要求？更准确地说，人难道不是拥有自我规定的权利吗？人的这一权利当然能够得到满足，由于他具有遵循要求或者拒绝的自由。但人的正当诉求也不就是自行选择伦理要求？

或者情况是相反的：伦理要求也拥有在实在世界中实现自身的能力？那种监督伦理要求去践履并且必要时强制执行，因此为自己赢得了权威性的力量就隐藏在伦理要求自身中？

很明显不是这样。它们并不具有这种力量。恰恰完全相反。在经验生活中再也没有比触犯禁令更常见的了。并且甚至它们在某个人类共同体中的那种“主导地位”或者“起作用”，因而被承认的“有效性”很久以来都不会意味着，人竟通过行动现实地遵循它们。但它们的有效性确实不会取消意志自由，也不会强迫人；人可以时时刻刻地违反它们，并且人经常就是这样做的，他并没有立即坠入深渊。

在诫命和践履诫命之间有着一段很长的距离。人们只是太容易相信，只要能发出诫命，他也就能看重诫命。也许权力拥有者表现得好些，不再要求多于他有能力加以实施的东西，而无能的诫命就其自身来说就是一种极有可能被执行的东西；在法的关系中当局始终关心的正是使诫命有效力。

伦理价值，纯粹就自身来说，远远不具有这种力量。它们一般只是观念性的力量，不是实在性的，并且对人提出的要求也是观念性要求。它们固然也下达诫命，但无能力由自身出发规定人的实在性意志。康德将之表达为：意志并不像服从自然法则那样服从伦理要求。自然法则不受阻碍地运行着，事物牢不可破地服从它们。伦理要求对人来说并非牢不可破。面对着伦理要求，人有遵循或违背的自由。因此伦理要求要弱于自然法则。它们固然指向更高的规定，但无法在人的行为中保证这一更高指向。假如它们真的这样了，人所能做的也就是彻底地践履它们，那么人以此来看就是一种完满的生物了。但这种完满性类似于动物的那种完满性——动物的定向规律是通过本能发生作用的。人也就谈不上有自由了，因此也不是伦理存在者了，并且他的完满性不会是“伦理的”完满性。

所有这一切都包含在这个听起来简单的命题，即伦理原则是也可以遭触犯的纯然诫命(要求)。但这并非该命题的全部：价值无能具有一个通过人的本质显现出来的反转面，只要它向人提出了要求。因为人身上具有实现要求的力量。在上面显示出的是人的自由的否定面，即拒绝与违背的力量，现在则要展示其积极的、真正的面貌——践履要求、实现价值的力量。

正是价值的无能将人提升到他的支配地位，甚至获得了在实在世界中的重要意义，如果人们愿意也可说成，获得了在实在世界中独特的尊严以及创造性角色。价值要依靠于对其提出要求的实现者。它们不像自然法则那样直接地起规定作用，而是仅仅间接地通过人的意志起作用。如果人们想要对此进行一种更重要的、形而上更完整的表达，就必须这样说：因为价值由自身来看不是实在性力量，所以它能够起着规定作用地介入实在世界，当且仅当某种置身于实在世界中的实在力量把捉到价值要求并投身其中。这种实在力量必定是这样的存在者所具有的，即它倾听到价值的呼声并且还拥有上面列举的预见、预先规定(目的能动性)、主动性和自由等能力。

唯有人才是这样的存在者。他担任了观念性的价值域与坚硬的实在物之间的中间角色，这一角色是世界发生与人的生活所特有的。人能将观念性要求带入实在世界之中并在他的能力范围内改造形成物。他被召唤为世界的共同缔造者。没有人的帮助，世界从其最高层次来说仍是未完成的。使世界完成化这一要求需要求助于人身上的创造性。

这对于诸如诫命与自由之间关系之类的常见事情来说是否夸大之词，对此人们的看法可能各有不同。就所处理事情的重要性而言，没人会否认，只要他领会了它的含义。不存在这样的问题，即它会紧迫地逼向人并且对现实生活的影响会扩展到很远。但谁想要理解自己的本质、纯然的人道，想要弄明白自己生活的意义，他就要始终从这种问题开始并必须试着去解答它。

价值无能通过人的本质展示出了令人惊奇的反转面，但人们不可忘记这一反转面的双刃性。因为正是这种无能使价值变得极其成问题：价值提出至高要求，提出一种绝对的规定权利，但没有能力自我实施。这样的话，价值及其对实在物的规定——它对之提出要求——就要依赖于人，更准确地说依赖于人的“善良意志”。因为目前一切都取决于人的意志是否会投身于价值。

正是价值的这种无能才让渡给人以力量与意义，同样地这也误导人去反驳价值的权威，对此我们用不着感到惊讶。并且人确实受误导了，他把价值的实在影响与其观念性的(无时间性的)持存相混淆；他认为，价值不能自我实施，也就无权提出有效性要求。并且他把价值的观念性要求解释为相对的——相对于人本身的。然而这样就再也不会对价值消解设定界限。因此在这一点上人所实现的就是把价值看作他的作品，他也能够否定它、撤销它、改造它或者用别的东西来替换它。

不过人们自然也认识到这种颠覆所带来的危险。在任何一个地方在内心深处都会显露出对某种立足点的永恒需求，对生活指南针的永恒需求，或者也一般地说成对人能够相信的那种东西的永恒渴求。这种消解倾向唤起了相反的倾向，即重新建立伦理要求、确保它的坚固性和权威、把它尽可能地固定在某种绝对者中。古代人提出的信念是，神的诫命就是伦理要求，是针对人提出的；他是以这种方式贯彻履行诫命的，即那种监管着诫命“被遵循”的实在力量好像也是随着人一起被给予的。由此有伤风化的价值无能也就被取消了。

只要这种幸福的信念延续着，一切争论和怀疑都会停顿。但有一天人自己动摇了。这不可能长时间地停顿，因为上帝的力量在世界中(正如人对它的理解那样)也证明自身是有限的：生活中一直存在的见证就是，恶棍怎么会一而再地得意扬扬，公正的人则受苦，不知感恩或自私自利怎么会占据上风。某种用来监管履行诫命的更高力量是看不到的。形而上学试图制止这种怀疑，试图“为上帝辩护”，却无法阻挡信念的下滑。人觉得自己重新被弃置不管了。但由于没有基准点和路标，他就没法生活，所以他要寻找别的抛锚点。

人在回顾自己本质的过程中发现了这个抛锚点。只要人把这种本质理解为个体的纯粹主体性，那么在其身上就只可能找到任意(Willkür)这一锚点。但人难道不会是完全另外一种样子吗？难道没有一种更深层的“人的本质”，在这里一切有关他的“规定”也都是预先筹划了的？假如情况如此的话，那必须也存在一种对这种“本质”的觉察。于是就很容易想到，人一直以来早已承认的那些伦理要求——尽管总是片面的、不断变动的选择中的——就是锚定在人自己的内在本质中的，并且人的犯错仅仅在于误识了自己的本质，在自身之外寻找伦理要求。水落石出的惊奇在于：人自己要反抗的、仿佛在逼迫人的那种权威就是人自身。

经过各种曲折道路，这种想法终于得到普遍承认。在康德哲学中这一想法完全成熟地被意识到。人发现了自身的固有法则，只要人是“理性存在者”。因为理性在所有个体中都只是一种理性，并且它是“自律的”，无论面对着一切特殊目标和目的的任意还是面对着人的自然本质及自然倾向。在此重要的是，所处理的一直还是那些相同的伦理要求，即它们虽然分散为许多不同的道德，但始终会重新出现并具有效力；也不论生活境遇在哪里以及怎样出现，这些同一的伦理要求都会在境遇中凸显。“定言命令”这一公式对此的表述不会有误，即便它没有给任何伦理要求命名。定言命令正是带着这种要求出场的，即包括了所有伦理要求。

实践理性批判发现了这一点，对于道德而言根本不需要权威，不需要锚定在某一外在力量中，因为毋宁说人自己提出了伦理要求。它们是我们自身中理性的自我立法(自律)。因此发现从根本上讲就是重新发现我们身上固有的东西，那种我们曾不合法地在外在力量中寻找的东西，因为我们错误认识了它的本质。从这种意义上看康德给他置身于其影响中的启蒙提供了一个十分积极的、理想的解释：在他眼里启蒙就是人的一种自我—重新发现，或者“从自我导致的不成熟状态中走出来”。因为人变得成熟，正是在于他摆脱外在权威并且觉察到他的自我规定。

从这里可以看到，我们又一次考虑了整个过程。但伦理要求的问题仍未得到解决。那构成相对主义的一系列现象一直都抵抗着伦理要求的有效性。单单理性自律对付不了相对主义。毋宁说理性自身就是分裂的或者根本就是不稳定的。对行动的分析已经表明，境遇并不告诉人，他应当“如何”行动；他的自然本性也不会告诉他这些。伦理要求确实正是人所需要的。从这点来看它可能也是来自外部的。但它并不来自外部，外在法庭拒绝了所有的伦理要求。因此，它必定来自内部，不论它是否植根于某种“理性事实”。

现在人们必须能够相信这一点，而且确实存在着这样一条道路。

五

眼下必须要探讨的问题是，伦理要求究竟是如何被给予我们的？因为不管怎么说它们必须被给予我们，否则的话我们该如何产生去评价我们自己的行动或别人的行动之想法呢。评价这一事实是无可怀疑的；它在我们生活中所起的作用是极为宽泛的。成问题的不是伦理要求这一事实，而只是我们赋予伦理要求的那种确切性，它是我们一切评判的默认前提。因此，伦理要求是如何被给予我们的？

最先想到的回答总是如出一辙：伦理要求是通过外在权威进入我们意识中的，通过儿童时期所受的影响，通过父母，通过老师，通过我们在其中成长起来的共同体，以及通过那些已被承认的共同体有效规范——后者是我们不知不觉地接受的，不是因为我们洞见了这些有效规范，而是因为它们对我们“有效”；人们也可以说通过传承下来的宗教，它教导我们伦理要求是上帝的诫命。

这样的答复不仅不令人满意，相反压根儿就没有触及问题。青年人的价值意识当然在这些起源中有其端倪。它确实还是一种不独立的、不成熟的价值意识。对成年人来说这样的时代到来了，即他不再单纯地接受，而是要追问有效的合法性。他想要自己洞察，弄确实，并仅仅承认照亮他的东西。一切纯然的宣誓服从大师之言(jurare in verba magistri)在这里都是不可能的。那种提供给他的“学说”也必须让他信服；共同体的规章、年长者和内行人的生活理念，甚至“上帝的诫命”都必须让他信服。这些东西从来不会变得能够从内部去规定人。如果它们不这样做，它们就仍是外在于人的；它们也许会像强制措施那样规定人的外在行动，也就是说只要一起生活的人对他施加了压力，而他又必须从这些人中寻找赞同和支持。但它们无法规定人的意志，正如它们不能规定现实的本己目标、意念与内在品质。

但这正是关键所在。善恶并不在可见的行动中。意志应当是善的，这取决于对自身中伦理要求的接受。这是可能的，当且仅当所提的要求照亮了他。并且这只能通过本己的洞见才会发生，人们也可以说要通过本己地赞成或承认伦理要求。但假如人赞成某种要求，毋宁说这也就意味着他自己也提出了这一要求。于是人就走到了接受的对立面，不管这种接受是一种无关痛痒的同意还是一种违背意志的协定。

这种本己地提出伦理要求正是康德借助实践理性的立法所意指的，只要这种立法是一种普遍的"理性事实"并且对任何人来说都是他自己的事情。这就是康德所援引的伦理先天的含义，不过不是作为某种有争议的东西，而是作为一种任何人在自身中发现的法则，只要他严肃地觉察自身。因此这种先天主义所指的并不是对道德的实事本质来说没有外在影响，没有经验，没有权威。相反它意味着：所有这些因素都不会对人有任何帮助，如果伦理要求不是内在地被给予我们或者不是独立于所有这些而被洞见到的话。

人们可以通过康德的"绝对命令"的法则形式十分清楚地看到这一点：我们应当如此行动，即我们同时能够意愿任何人在处于相同的境遇下应当同样如此行动的那样。这种观点并不是说，任何不成熟的意识洞见到这一要求或者完全由自身提出这种要求；而是说，一种充分发展了的、唤醒了自我责任的意识必定会提出这种要求，因为这种要求，一旦被领会，就是自在地亮堂的。这种亮堂可能通过某些恶的经验——不论是自己的行动还是别人的行动——才能获得，不过一旦被赢得，它就是独立于这些经验地存在着并且由于其普遍性而超出经验之上。

并非单单康德持这种洞见。历史上那些伟大的思想家都像他一样思考过。只不过他们提供出的思想形式是不一样的并且一而再地不一样。在这里指出柏拉图就足够了：在我们与他分开的数百年期间他的影响一直持续着。正是他把德性理解为具有永恒有效性的"理念"，并且这也意味着，把德性理解为人的行为与人的一般存在的理想图像。但我们如何能够把握这些理念？并不是借助于人的现实行为指给我们的东西，因为现实行为所缺少的正是与理念相一致；而是另一条完全不同的道路，并且始终某种程度地与现实行为相对立。柏拉图是通过回忆图像踏上这条道路的，即向下潜入本己灵魂深处，从而把理念从这里取出来。因为我们在自身中就携带着理念，进而通过对它们的凝视我们就能将其带入光亮之中并有意识地洞见它们。

假如我们擦掉这幅图像，用今天的概念来表达柏拉图看到的这种关系，那么所剩下的就是内在的、直接的直观以及人通过自我凝视弄清楚理念的能力。

存在着许许多多表现这一思想的形式、图像和譬喻。在今天，舍勒那里的质料的价值伦理学就在某种程度上与康德相对立。**但它与康德之间的论证涉及的与其说是核心，倒不如说是次要的东西**；它针对伦理法则的“形式”品格及其“主观”来源，此外也许还针对康德从前辈那里接手的一定程度的智性主义。但事情本质——对善恶的先天主义认识仍保留着。新的变化看起来是这样的：伦理价值不是“由”(von)理性给予的，而是被给予理性的；它们不是通过认识而被给予的，而是借助于一种原初的价值感受。它们固然也可以经由某种直观洞见、价值直观而得以通达，由此能够客观地被把握，但这是第二性的；它们情感性地被给予，这才是第一性的。而且并非在任何情况下价值感受都会起反应，而是仅仅在某一思想成熟与预备的前提下。这同样的限制条件更适用于价值直观：也存在着源于自己心灵力量(激情)的蒙蔽，存在着那种无法识别相关境遇和冲突严肃性的不成熟意识所导致的“价值盲”。但也存在着高度发展了的价值洞察以及处处在它之前点亮(voraneinleuchtend)的价值感受，这种感受早已是一切拒绝与承认，甚至所有生活态度的根据。

通过这些广为人知的规定，我们已经对基本现象有了一定的描述。这些规定甚至大大地超出伦理学的界限而关涉一切价值意识。但如果我们将它们局限于伦理学问题的话，那么在它们这里包含着对伦理要求是“如何”被给予我们的这一问题的首次清晰的回答。**但这种回答仍是抽象的**，只要人们通过价值感受不能提供更详细的答复。因为人们恰恰不能相信感受；与之相关的主体性怀疑要比与理性相关的主体性怀疑要强得多。**不过正是在这一点上开始了舍勒的真正发现**：有一种严格的感受法则，并且在感受中显现出来的东西具有客观有效性。

接下来其他的一切都源于这一问题：这种价值感受具有什么样的性质。但不得不马上指出的是，在这里所期待的详细的行为分析至今都还没给出来。**舍勒提供的富有启发的提示是不够的，它们仍太过于一般**。或许存在着一系列探究，都是与之相联系的，但它们并未着手核心现象。事实情况也正是，人们最容易从附随现象出发往前推进，如从将价值感受嵌入更广泛的行为联系之中出发。在这里必须考虑到这一事实；并且这意味着，人们必须暂时满足于所能把握到的某些基本特征。

就这些基本特征而言关键性的应该是：价值感受并不是在寻找与探求它的过程中显示出来的；当人们呼唤它的时候，它不到来，当人们想要使它表露的时候，它也不表露。即便它经由别人在我们身上被呼唤的时候，也绝不总是会表露。但也许生活会让它表露出来，比如，如果特定的境遇或冲突被给予的话，不论是自己的还是别人的；因此如果实施了某些行动从而引发它表态的话；简言之，如果日常的生活将我们推向它的话，它就会提高嗓音，从而是能让人听清楚的、单义明确的，经常足以是令人激动的、动人心魄的。但它只能在我们的赞同感受与反对感受、我们的同意与拒绝中表露出来。并且这也依赖于某些我们自身携带的内在条件，即我们的开放和伦理成熟。因为并非任何当时的态度或任何发展阶段都能通达所经验物的价值或非价值。

这到底是什么意思，对此人们通过十分简单的例子就能看明白。众所周知，一切道德教导是多么无力，如在教导公正方面；可是一旦我们有一次见证了极大的不公正并且感到愤怒，我们也就一下子知道了公正意味着什么。并且我们不仅知道这一点，而且还感觉到公正就是我们本己的伦理要求。鉴于所发生的不公正，价值在我们心中油然而生，也就是说通过它在现实生活中的缺失这种方式可以被我们感觉到。恰恰在它不是经验地被给予我们的地方，它对我们而言是被给予的；或者也可以这么说，在它对外部经验来说是缺失的时候，通过我们本己的愤怒这种形式而肯定地被给予我们。

同样地还发生在对欺骗和粗俗的厌恶中、在对不诚实或简单粗暴的反感中、在对背信弃义的蔑视中。通过这些否定的形式，正直、诚实、真实、体谅、守信、忠诚等价值被意识到，变得可把握。并且这同样适用在肯定的形式中，即在我们的伦理感受表示同意的时候，如对某一慷慨行为的赞善、对默默的坚持和忠于职守的钦佩、对无私的爱和奉献的景仰。这样的人照亮了我们，赢得了我们的好感，我们对他心怀感激之情；俗话说，“我们的心飞向他”。

这一系列的现象是多种多样的，而人的行动与人的态度之间同一性的关系在它们这里重新定义。一切体验，诸如行动、弃之不做、积极的行为或消极的行为，同时还有它们背后的可觉察到的意图和意向，都唤起我们的表态；我们的态度始终早已包含在生活体验中，并且始终具有某种感受基调，即便这种基调产生的效果极为微弱，这也许是因为有太多的东西包裹着我们或者有些更加紧迫的事情让我们喘不过气来。但只要灵敏性够得着并且没有麻木感占据了位置，它始终就是那种伴随性感受基调，它向我们指示了价值与非价值；并且是以这种方式，即与不同种类的否认与赞同态度相对应的是通过感受基调可以感受到的各种不同种类的价值与非价值。价值多样性在价值感的质性中体现出来，并且这也直达了一种流动性的区分，而这也许是语言远远不能表达的。

因此在这里占主导的看起来是一种对应法则。人们也曾称之为“价值应答”法则(D. V. 赫尔德布兰特)。它表明，对于任何价值与非价值来说都有其相应的价值感反应；我们自身中的价值感官通过它精细区分的感受差别对人的做与不做作出应答，因此这些感受差别是价值指示器。也许会存在着错误的感受反应，但可以辨别它是不相关的价值应答。事实上无论是行为方式本身还是该行为方式的价值(或者非价值)品格都完全无法被把握，因为我们避免不了价值盲。不过一旦价值品格被感受到，它就不可能任意地用另一种相关的感受反应被应答，即便外在的价值表达无法随时利用这一点。因为并非事后的陈述，而只是原初的感受反应质才是价值指示器，无论是肯定意义上还是否定意义上的，如同意、赞赏、钦佩以及拒绝、蔑视或愤怒等。

这种对应法则是否是绝对地恰当的以及在多大范围内适用，在这里可能就这样了。但其中有一点是无可怀疑的：在感受反应中显示出的价值自身并不是通过对它产生反应的经验而被给予的，而是仅仅通过这种经验被唤醒、被意识到、可以感觉到。整个否定的感受反应系列十分清楚地说明了这一点。如果在对所发生不公正的愤怒中公正价值被意识到并且由此在我们心中升起了一种伦理要求，那么这种要求恰好跟那种经验相对立；价值应答否定了体验物并开始拒绝、抵抗这种体验物。因此它是从价值应答中表露出的某种全新物、独特物，是价值应答先天地在体验物上所刻的东西。并且正是在这一点上人们可以毫无困难地从价值的情感被给予性出发重新认识康德伦理法则的先天主义。事实表明，康德的先天主义在将那种绝对命令分化为多种多样的伦理价值中得以重现并且正是在多样化的价值应答中得以证明自身。

由此那种富有启发意义的价值感受现象也能够得到最好的理解。价值自身构成了感受反应的先天根据；并且只是因为这些价值为了经验物才流露出来，它们也是在一定程度地依赖于经验的前提下才走向意识。不过只是“价值被意识到”(bewuβtseinwerden)才在一定程度上依赖于经验，而非价值自身要如此地依赖于经验。这同样也适用于理论上的范畴先天：它们通过经验而被意识到，但它们自身并不起源于经验。

鉴于“被意识到”这一现象，人们也许还在另一种——更广泛的——意义上谈论“经验”：也就是说，这种经验是我们通过本己的价值意识所经历的——当我们呼唤它的时候，它不听从我们的意志，不到来，不过一旦眼下需要它，它就不受召唤地在那里并且被迫服从。这种经验，最为熟悉的就是良知了。它就是对事后行为进行控告或者“在行为之前”给出警告，但这两种现象都不受意志左右，而是非常明显地独立于意志，甚至经常还与意志相对立。在良知这里所经历的经验并不是借助于别人的行动或其他行为，也不是借助于我们自己的行动，而仅仅地借助于我们无意的、未经寻求的反应，即“价值应答”——它是在拒绝或同意、蔑视或尊敬等中把我们自己的本质呈现出来；因此最后也可以说是借助我们对自身中价值感受的直接表现。并且我们以这种形式所经历的正是不同于一般经验物的东西：纯粹先天的价值感、纯粹先天的价值本身、纯粹先天的观念性伦理要求。

由此也许就能理解，为什么所有概念性的表达——人们通过它们试图去描述某一现象——都陷在形象化的事物中并且会表明自己在结论上是自相矛盾的。一切图像对于终极者和无法再后退的东西来说只能具有有限的适用性，但我们的概念却以图像为根据。刚刚提出的这个经验概念形象生动地表明了这种向对立面的翻转。这是无法避免的。谁想要保证现象，谁就必须有能力通过图像和概念直观实事本身，也就是说，有能力惊讶于价值在情感反应中直接地点亮(das Unmittelbares einleuchten)，只要这些价值是自动地(spontan)在我们身上显露出来的。正是借助于这种直接性的点亮，价值感的先天主义是显而易见的。

这种由“直接性的点亮”所带来的独一无二的确切性无法通过任何别的东西来替代，如教导、权威或者习惯、习俗等。严格地说来，即便在完好无损的宗教意识范围内这种确切性也无法由上帝的意志来替代；上帝的意志也必须使人明白，否则上帝自身就不会使人明白，人也就会与上帝发生争执。由此也就有了那个古老的表象——“上帝在我们心中”以及上帝在我们的良知中直接地显现，这也成了后来神秘主义的依据。

从这一表象距康德的“理性事实”(伦理法则)及其在敬重感中的无所不在仅有一小步之遥。并且它正是在伦理法则的先天主义中显露出的那同一种直接性的点亮，而不论从哲学上去考察它的这种分析道路是多么费周折。对于今天从价值论的角度理解这种关系来说，情况是一样的。只是它仅有的优点是，它可以更好地“感受到”价值的这种直接性点亮，因而能够通过本己的手段去把握。

在有关价值被给予性一系列问题的结束处，还必须提出一个问题，它是作为后果出现的，但绝非一个不言而喻的后果。它值得引起注意，不过迄今为止几乎不受重视。人们可以这样来表述之：价值仅仅在实在的发生面前才是无能的，因此在现实的行动与意愿面前也是无能的，但不是在同样现实的价值感受面前。或者换一种说法：价值感与价值之间的关系完全不同于意志与价值之间的关系。意志在价值面前是自由的，它并不被迫遵循由价值而来的伦理要求，即便这种要求完全地被把握和意识到。与之不同，价值感在价值面前是不自由的，它在一种彻底明确的意义上受迫于价值：一旦它明白了某一价值的关系，它就再也不能后退，只能将价值“感受为”或表态为在其面前浮现的样子。它不可能将忠诚与信任感受为卑鄙下流的，不可能将欺骗与诡计多端感受为光荣的。它有可能是价值盲的，但这意指的是完全另一种东西：也就是说价值感对价值没反应，它根本抓不着价值，并且在人仍无法领会相关的境遇或冲突的情况下，到处都是这样。不过一旦某种特定的价值在他这里油然而生，他就再也不能否认它，不能把有价值物解释为反价值物。或者简言之：价值感，就它一般地是现成的而言，就像磅秤上的指针一样明确无误地指向价值，不受意志及其各种动机的影响，也不为看起来合法的个人倾向所动摇。单单凭借这一点，它就作为良知而出场，不同于个人倾向，也不同于其他一切规定着意志的力量。

从方法论上看这为哲学伦理学带来了一个有深远意义的结论。因为我们以相即的价值应答为定向，或者像亚里士多德那样，以伦理意识的价值述谓为定向——在价值应答或价值述谓中具体的否认与承认种类得以显现——才是富有意义的。以别的方式的话，同意—反对现象就无法教导我们价值与非价值。唯有通过价值感——在它被唤醒的情况下——与价值之间的这种固定联系，我们才可能确信价值并间接地确信伦理要求。

要是没有这种联系的话，价值感就像意志一样在价值面前是自由的，因此它能够凭借它的感觉任意地作出赞成或反对的决断；那么，我们根本就不会有对善恶的认识。并且在生活中提出认识善恶之要求的那种东西只会是任意的法令。

因为除了价值感的自动表露外，我们没有别的源头去认识伦理要求。

六

价值感现象及其独一无二的确切性跟我们在上面提及的那种“价值相对性”相对立。在这里显示出的矛盾必定彻底尖锐化。并且对此人们必定还未忘掉更高的伦理要求，同样地也必定会想起令人混乱的多种多样的道德、它们的历史性转变以及它们相互间的颠覆。其中的一种如何同另一种相一致？在这里不会以任何妥协建议开始。要么价值是独立于人的，并且只是它们的实现取决于人，要么价值依赖于人，并且它们也可能被人推翻或者被别的价值所替代。这种对立是矛盾性的，因而不可能被调和。

人们也许想要从黑格尔的历史哲学中找到一种解决方案。据此，不是个体，而是“客观精神”有能力左右价值的有效性。对个体而言价值的持存是颠扑不破的，他无法改变那种随着民众一起进入历史之中的“原则”；相反，精神生活的历史转变导致了原则也要采取不同的形式。由此，价值既不具有永恒的有效性也不受个体意见的制约，而是在更大范围内受时间限制地持存着；这种持存固然要经历转变，不过是另一种类型的遵循历史法则的转变。

这种方案并没有使问题得到令人满意的解答。相对主义由此并未被克服，而只是转移到另一个轨道，也即是历史的轨道。但在黑格尔的这种历史相对性中一开始就具有实打实的重要性。并且所提到的这种转变是更快一些还是更慢一些，根本就影响不了价值必定有生灭变化这一点。而这也毫无意义：价值不是实在事物，也不是那些有着生灭变化的实在力量，相反完全只是观念性的力量，并且由它们而来的要求也是观念性的。**这类要求的含义反而在于，在与之相关的生活境遇——也就是亚里士多德所说的，活动场所的条件——被给予的情况下，它们才是有效的**。

实际上从别的理由来看这种历史相对性也是极其成问题的。假如一个活在今天的人再也不能理解很久以前的伦理要求，那么我们最多会想到，与祖先的价值感相比，我们的价值感已经发生了改变；而由于价值感与那些经由它显露出的价值之间是一种固定的相关联，所以价值也必定发生变化才对。但眼下是我们能够毫无困难地理解很久以前的伦理要求；因此足以把握以前的不同类型的生活境遇——这确实并非总是一项容易的任务，但对于一种成熟了的历史意识来说仍是一项随时可以执行的任务。因此价值感在这里绝不会失灵。在今天我们的确能够通过正确地理解事态而感受到那些价值——严格说来是“追复感受”，所以它们无论如何都必然是一直持存下去的。

由此我们也就立即明白了，在某一历史阶段上“年轻”民族的生活中个人英雄主义被视为最高的价值，因为这样的民族肯定是首先从外部争取到它的地位和保障。绝对没有必要的是，我们也要经历某种类似的艰苦实存斗争，更不用说在我们的伦理中这种好斗的英雄主义也要占有同样的位置。即便没有这些，价值感也会不受强制地对价值起反应。这一点在更遥远的历史深处也同样得到证明：在从前的血亲复仇或宣誓结盟的义务中隐含的就是这样一种价值，即人们要牢不可破地信奉他为之履行义务的那些最狭小的共同体、氏族与圈子。这种价值是我们毫无困难地感受到的；只是他们所承担义务的具体形式离我们较远，因为我们再也无法如此轻易地将自己置身于前一法律状态的生活条件中。如果情况不是这样的话，如果我们只能在我们本已生活圈的限度内赏识人的伦理(Ethos)的话，那么我们如何能够理解荷马文学作品或一个古日耳曼语的传说，如何能够追复体验，从而将自己置身于这些作品形象的精神存在中。但我们今天的人恰好成功地做到这一点，并且不费大周折地就获得了历史知识。毋宁说正好相反的是，我们对以往人性的历史性图像首先来自对这些作品的理解。

因此在价值问题上事态也反过来了。相对主义为自己所列举的那些现象很明显没有证明它自身。甚至很显然，这些现象根本就不涉及价值本身，而是不同的东西，它与价值就不在同一个层面上。它就是“有效性”。因为不得不承认，在各种不同的道德中一些价值或价值组是有效的，而另一些却要退居幕后，仿佛是遭受了排挤，或者甚至压根儿就未被把握到。

但这是价值—“意识”的事情，而不再是价值本身。并且在这里人们必定没有忘记那些一开始就适用于价值意识的东西。由此表明的基本现象是，一方面价值意识不可能任意地否定或否认已经在它这里打开的价值，但另一方面它也绝不会在任何情况下对所有价值保持开放，对所有价值都敏感或者对所有价值都“做好了准备”(reif)。就个体而言很容易就可以指出，他是如何在特定的成熟阶段才对任何价值都变得敏感的。而从历史上看这同样适用于所有民族。并且对这两者来说都要步入特定的生活境遇中——或者如果人们愿意的话，步入特定的冲突中，正是一定的生活境遇向价值意识开启了在境遇中起效用的价值。这正好遵循了亚里士多德的生活域法则，或者实际的生活境况法则。并且在既定的条件下哪一种生活域是眼下紧迫的，那些隶属于该生活域的价值在人的价值意识中也是眼下紧迫的，从而这类价值规定着道德类型。

并非价值本身在生灭变化着，而仅仅是价值在意识中的有效性在变化着。换言之，人对价值的开启范围在变化着，价值洞见与价值盲之间的关系在变化着。不过这也不是任意的，并不根源于自由的决断，而是依照于具体的价值组在特定的历史境况下实际化程度与非实际化程度。这样就完全满足了相对主义的要求；不过它的基础不是带有相对主义这一名称的各种怀疑论，而是现象簇。当然在这里所处理的不是各种极端的观点或立场——与之相关的是轰动化需求与时髦化，唯独就是对无可争议的现象的阐释。

在“有效性”的相对主义背后价值的存在一直完好无损地保存着，独立于变化中的理解限度与价值感的开启范围。这种独立性的含义是非常具体的。一种慷慨的行动是伦理上有价值的，即便在它的时代未得到现有的理解；也应该注意到，它不是后来，到了今天，对我们的价值感受来说才是有价值的，而是在当时已经“是”这样，并且它所产生的益处归当时的人所有，即便没人知道赏识这一点。恺撒在夺取政权后体谅政敌并迎击蔓延的流放者，这具有一种更高的伦理价值与政治价值，即便当时无论是朋友还是敌人都不懂得正确评价这一点，因为一些人将之看作软弱，另一些人将之视为愚蠢。我们后来的理解再也不会为那种价值存在添加一丝一毫，正如它的不被理解不会妨碍到它一样。这两者只是证明了，价值意识以及与之相关联的“有效性”按照不同于价值法则的另一种法则变化着。因为价值本身不发生变化，仅仅价值是居前还是退后在变化着，不过并不根据人的意见，而是根据历史性转变着的生活境遇。

由此人们可能会想到，在道德的转变中涉及的是价值意识的一种持续不断的向前推进，如不断地扩大范围，正像在个体中随着个体的成熟价值意识也得到增强。并且在他这里升起的都是日日常新的价值，必定会最终靠近某种观念的完整性。恰好是哲学上的价值意识感觉自己被导向了这种观点，因为在他这里现实地存在着像这样的增长。但这种价值意识不是原初的价值感，而是第二性的、淡薄了的。我们当然也可以称之为真实的价值直观，并且是对可感受到的价值的更大范围的概览，但它不等同于对某种有效道德的价值感受，也不等同于对当下占主导地位的道德的价值感受。一般说来，**伦理学**(Ethik)**不是活生生的伦理**(lebendiges ethos)，既不是个体的也不是其时代的；**而是一门科学**。并且通过概览我们就能了解到，在伦理学这门科学中可能的东西，对于伦理意识来说恰是在生活中和瞬间决断中远远不可能的。

因此价值意识的历史性转变不是一种简单地向前推进和成长。这一点从历史中得到证明。存在着这种现象，古希腊道德的价值在基督教中丢失了。对此一个很好的例子就是亚里士多德的荣耀德性——“自重”，就像古希腊人所命名的。现在如果我们更仔细地查看在这种道德的翻转中发生了什么，就会发现：固然在任何时候都有新的价值进入意识中，但也有一些旧的价值从意识中消失。我们的价值感仿佛是一个在价值平面上游弋着的有限光圈，以至于始终只有价值域中一个切片落入意识中，并且在其往前移动的过程中始终都是从一个面来看从意识中消失，正如从另一个面来看进入意识中。

不过这幅转变图像在多大程度上符合事实情况，可能是令人怀疑的。因为在某些范围内价值意识当然也会内容上增长，这一点从个体的成熟中就看得很清楚，或许也会在某个民族文化的形成中看得很清楚。但无论如何人们同样地看到，这种增长有其限度。并且对此还能够提供一个客观的根据。人们可以在“价值意识的狭隘”中看清这一点。

也就是说，这种现象与认识的无限扩展能力、理论意识的无限扩展能力之间形成鲜明的对比。或许在所有的日常生活对象域与科学对象域中认识也有其界限；但这些界限是由我们的范畴划定的，绝不是由我们借助于范畴把握到的众多的或多样化的对象所划定的。从这一点来看认识过程会毫无阻碍地继续下去，它在历经数百年的过程中涉及越来越广大的对象领域，并且对于具体的认识步伐来说——在此被把握到的认识范围是变动着的，谈不上当在另一方面有所得的时候在这一方面就有所失。不存在认识意识的“狭隘”，认识范围没有不能被消除的界限。

从这种对比中——它无论如何是引人注目的，因为价值意识也具有认识特征，人们能够发现价值意识狭隘的内在根据。因为认识特征在这里完全是另一种不同的。在理论领域认识就在于对对象的纯粹把握，因此认识意识仅仅是内容上增长，但并不发生改变。在价值认识中就完全不同了：在这里意识不能中立地“把握”，而只是一种带有情感地把握。而这种把握更多的是被价值打动、感动或吸引。这恰是在感受反应行为中跃入眼帘的，如通过愤怒、蔑视，甚至早已是简单地拒绝，同样地也通过尊敬、钦佩、同意等。在这里处处都没有冷漠地把握的痕迹，而是人格清楚明白地被向它点亮的价值打动，真心地为价值所感动，并且当精神振作时会为之入迷。同样的否定的情况是：由非价值而来的一种反感、伤害、厌恶。

在这里谜底揭开了。人的意识固然可以任意地把握很多它所通达的东西，但不可能任意地为很多东西所打动。这种被打动会排斥多样性。从根本上说，任一种具体的价值，至少是任何一个闭合的价值组都倾向于打动所有人，仿佛是要俘获所有人，而排挤别的价值。这种倾向是人人皆知的；我们从人都趋于片面的伦理中就发现这一点。过分地强调个别价值，极端情况就是价值法西斯主义。同时也存在着某种权力法西斯主义、真理法西斯主义、义务法西斯主义等。这些倾向惯于采取严格主义的形式，从而也就被提升到道德的高度。

这种极端情况当然不应该普遍化。但毋庸置疑，它是一切价值感受所固有的毒瘤，即倾向于履行某种意识，而将之从别的意识中转移开。因此在价值意识中就有对多样性的限制，或者说，在人的伦理中存在着相互排挤价值的那种倾向。对年轻人的狂热的—激情的伦理来说这种排挤有时是彻底性的，以至于对他来说现实中仅有唯一的价值是在场的。对成年人的较冷静价值意识来说无论如何都还会走向某种程度的限制，即一种“狭隘”现象。

因此在这里无法类比于认识的向前推进。价值意识具有不同的转变法则。并不是说前进与后退之间的转换阻碍了价值意识；因为本来在一切精神领域中，也包括认识领域，都有这种前进—后退之间的转换，但它从根本上讲仍允许一种逐渐的前进。价值意识的狭隘不允许这样：它在一方面赢得某种东西，在另一方面就要排斥。对个体来说仍存在着某种程度上的扩展能力，该能力在青年的伦理成熟阶段很明显会迎向我们，并且在有利的情形下也许还会一直更大程度地深入生活，只是在不断扩大的价值感受圈阻碍进一步增长的时候才会更多地被限制。但在客观精神中情况就不一样了：诸个体在这里变动着，并且对于特定生活条件下的一代人来说出场和流逝的东西，可能对于改变了生活条件的下一代人或下下代人而言就消失不见了。确实对于任何个体来说，他必须从底部开始重新经历一切，在生活冲突中感受一切，从而走向成熟；但如果生活发生了变化，生活经验也就发生了变化，并且另一种不同的境遇或冲突变成眼下紧迫的，另外一些要求成为实际的，而以前的那些淡薄化了，最终会完全从我们的道德视域中消失不见。也许对于某种从历史的角度去理解的意识来说仍是可感受的并且由此还表达出它们的超时间含义，但它们已经是非实际化的并且不再对活生生的道德有效。

由此相对主义的问题得到了解答。不过这种解答的含义不是说，一切相对性似乎都被取消了。毋宁说，它们在整个现象范围内一直都会存在下去。只是事实上并没有价值的相对性和伦理要求的相对性，而是价值或伦理要求对于人的价值意识来说的那种有效性的相对性，并且要依赖于历史地转变着的生活风格的实际化程度。

而在这里关于伦理要求，还有最后一个结论。

这种相对性的哲学含义究竟是什么？在实际化和非实际化的背后到底隐藏着什么？这个问题并不是说，在“已形成的”具体的生活风格背后隐藏着什么，也不是说对某一特定的生活域而言眼下紧迫的是什么。亚里士多德的归类法则早已对此作了回答；而这种归类就存在于境遇类型与价值之间。毋宁说现在要处理的是：这种归类对于伦理价值的持存及其质料内容究竟意味着什么。这个问题不再是相对主义问题，毋宁说这个问题首先就被明确地提出了，当相对性问题在其可解答的范围得以回答并且它所引起的情绪激动已经归于平静。

无须特别的洞察力，就会发现在这里仍有一个未被抹去的裂缝：价值的观念性持存与价值的受时代制约的有效性之间的裂缝，或者说，伦理要求的严格先天性与它受制于某一特定境遇之间的裂缝。人们可以要么将某一原则理解为现实存在者的实在法则，要么相反地将之理解为纯然的观念性力量，但无法同时理解为这两者；并且我们的意识可能要么先天地要么后天地通达某一原则，在前一种情况下具有真正的或表面的绝对性，在后一种情况下只是假设的，但仍是可验证的，但一方还是完全不同于另一方。而在这里好像两者要汇合在一起：某种先天物的有效性应该视情形而定，是经验地有条件的，某种观念性的要求应该依赖于不断变化的实在境遇。因为这确实意味着，在实证道德中具体价值要根据相关境遇类型的紧迫性是否有效力。

这一裂缝看起来就是这样，当人们用不充分的概念将之尖锐化，直至达到矛盾的时候。这种尖锐化并非多余，因为它依附于常见概念的片面化或走样。但它就会消失，一旦人们像问题情境所要求的那样去纠正它。于是在它背后就会开启出完全不同的东西，卓越的肯定物。

尤其走了样的是古老的先天概念——它意味着，脱离任何具体关联地同一切经验相关(zu aller Erfahrung außer Beziehung stehen)。甚至就连理论认识也达不到它。不存在孤立的先天主义；并且假如人们与之相对地想引用数学，那或许忘记了，数学也是首先在它的应用领域才具有它真正的认识重要性，它的对象彻底地处在实在领域中。一切先天认识——它间接地或直接地涉及实在世界——使自己嵌入具有后天起源的特定被给予条件之中，并且唯有如此它才具有实在认识的重要意义。但在价值这里一开始处理的就是对实在的塑造，处理的是对那种直接地介入实在发生之中的行动之塑造，或者说处理的是对内在品质与意向的塑造。在表态、价值反应、价值感受这些规定中涉及的也是实在行为，因为价值应答——不论采取何种形式——也是实在的感受。

因此在要求的观念性与对之有效的存在域的实在性之间绝不会有矛盾。但意志不直接地受要求所规定，而是在其面前拥有自由，这一点只是对要求的决定力量的限制，因而绝不是要取消它跟实在条件之间的那种严格相关性。毋宁说，像这样纯粹的伦理要求，即便独立于自身的实现，不过早已内在地倾向于规定意志，仿佛是为自身赢得意志。

而且这一点是可能的，当且仅当伦理要求一开始就与实在条件相关，因此要是离开了实在条件，也不能获得富有意义的塑造。在这里就要重新认识观念世界与实在世界之间的关系。没有悬浮在空中的价值，并且不管它们在人的生活中应该是高度未被现实化的。只有这样的价值，即它们的目的在于特定的实在境遇类型并且要融入进去。伦理价值和伦理要求，尽管完全是观念性的和超时间的，从一开始(a limine)就与实在相关联。所以说，在某一类型的人际关系中经验地被给予的那种内容(康德的“质料”)的多样性能够在伦理价值这里重现。这就是亚里士多德法则的含义。

在哲学体系论中一个古老的、根深蒂固的错误就是，它将实在被给予物与观念性要求之间的距离拉开得太远。在这里确实存在着一种对立，并且人也不该忽视这种对立；不过它有时也被忽略，如在经院哲学的价值实在论（所有存在者都是善的[omne ens est bonum]）中以及在黑格尔那出名的“理性与现实”的等同中。但相反的错误同样是危险的：它把价值与非价值从生活中扯掉，而事后却不能将它们与生活结合起来。中间的道路是这里唯一可行的。并且它正是通过伦理要求反向地跟人的生活的典型实在结构相关联而被给予的，正如《尼各马可伦理学》中的境遇类型学说曾指明的。

人们不该过于狭隘地理解这类境遇类型。它们贯穿我们的一生。它们也绝不仅仅适用于亚里士多德眼中不多的价值（“德性”），也能够被揭示给更高的伦理价值和最高的伦理价值。因此爱邻人相关于极其丰富多样的他人需求，体谅相关于集体生活中的小冲突，信任与忠诚相关于不可避免地必须信赖别人，谦卑相关于对虚荣心的越发活跃的要求。这些都是实在条件，对作为实在人格的我们来说是被给予的。而伦理要求正是将之作为前提并包含在自身中。它们也仅仅在人的世界中才是富有意义的并“质料性地”得到辩护，因为在这个世界中存在着各种人际关系形式并不断地重现。

观念性与实在性之间这种联结的试验例子意在说明，对伦理要求的一切理解取决于对曲里拐弯的人生及其各种关系、领域、冲突范围或境况的理解。并不是说在生活条件中价值似乎是被给予的；与之相反，价值必须首先在与实在生活之间某种程度的对立中才被直观到。不过丰富多样的生活条件却构成了前提并且好像是通达价值的前提。所以说，价值感是如此缓慢地、随着生活阅历的丰富而成熟起来的，并且不可能抢在生活阅历之前被唤醒。

而从这里来看，“价值相对性”也赢得了一束新的亮光。也就是说，具体价值从最根本上讲只是相对于所列举的人生实在关系，而这种相对性是包含在价值内容（“价值质料”）中的，因此，并不是相对于人的感觉或意见，而是相对于人的整体存在，相对于他的本质、生活与冲突。因此相对性的不是某些行为的有价值存在，也不是伦理要求——正是它对行为提出了价值要求，而只是它在价值感中所占的主导地位，而这恰恰取决于实际性的历史生灭变化。

编后记

尼古拉·哈特曼是价值哲学与价值论伦理学最为重要的代表者之一。他最早属于马堡学派，是著名哲学家赫尔曼·柯亨与保罗·那托尔普的高足，不过1921年《知识形而上学》的出版标志着他脱离新康德主义而走向批判存在论的道路。在哲学界，哈特曼曾跟雅斯贝尔斯、海德格尔一起被誉为抵制学院派实证主义的"三巨头"，也因其致力于"新存在论"的构建而与胡塞尔、卡西尔、维特根斯坦等人一起成为20世纪最重要的哲学人物。在价值论伦理学上，从新存在论思路出发他更是写下浓墨重彩的一笔：存在论的价值伦理学——不同于舍勒的现象学价值伦理学。

哈特曼价值论伦理学思想的核心是：伦理学只有在价值论的基础上才可能更好地回答"我应当做什么"的问题，以及伦理学的统一问题、规范有效性问题、意志自由问题等；进一步地，伦理价值论或价值现象学只有在存在论的视域下才有可能更好地解答"什么是有价值的"问题，以及价值本质问题、有效性问题等。简言之，哈特曼也是在伦理学与存在论的关系这一更根本问题上处理伦理学问题。价值论伦理学与存在论密切相关。

离开了存在论，就很难理解哈特曼的价值论伦理学思想。

就哈特曼的存在论思想，目前国内只有一个选译本《存在学的新道路》(庞学铨、沈国勤译，同济大学出版社，2007年)，它收录了哈特曼《存在论的新道路》(1942年)、《德国的新存在论》(1940年)及《存在论视域下的认识论》(1949年)三个晚年作品，为我们理解哈特曼的思想提供了最大的便利。而就哈特曼的价值论思想，目前国内首个从德文汉译的作品是《伦理学的两个基本问题》(《当代哲学经典·伦理学卷》，邓安庆、杨俊英译，北京师范大学出版社，2014年)，出自哈特曼《伦理学》的序言部分。为了更深入地把握哈特曼的价值哲学，我们这次力图选文更加全面，但尽量遵循以下三个标准：第一，不选已有的译文，与已有译文形成重要的互补关系，更利于推进哈特曼译作的体系化；第二，选文尽量兼顾存在论与价值论两个维度，如除了专门的价值哲学《伦理学》的章节外，还有哈特曼的存在论代表著作《认识形而上学》的节选内容；第三，选文的时间跨度大，从早期的《柏拉图的存在逻辑》到新存在论时期的《认识形而上学》直至晚年的《〈尼各马可伦理学〉的价值维度》《伦理要求的本质》等。

尽管如此，对于哈特曼这样的著作等身的大哲学家而言，区区30多万字的篇幅，使得我们在选文过程中难免挂一漏万，但作为国内第一个直接从德文翻译的关于哈特曼价值论伦理学选集本，这些材料足以起到一个文献指引的作用。而且对于其伦理学而言，可以说核心的思想已经被翻译出来了。当然，如果要系统地研究尼古拉·哈特曼的哲学，还有待以后完整地翻译他的一部部著作。至于本文集的翻译可能会有的错误，还望各位专家和读者批评指正。

邓安庆　杨俊英

2019年10月　复旦大学光华楼

图书在版编目(CIP)数据

哈特曼卷/邓安庆、杨俊英主编. —北京：北京师范大学出版社，2024.5

(现代西方价值哲学经典)

ISBN 978-7-303-28662-1

Ⅰ.①哈… Ⅱ.①邓… ②杨… Ⅲ.①价值(哲学) Ⅳ.①B018

中国版本图书馆 CIP 数据核字(2023)第 018582 号

营销中心电话 010-58805385
北京师范大学出版社
主题出版与重大项目策划部

出版发行：北京师范大学出版社 www.bnupg.com
北京市西城区新街口外大街 12-3 号
邮政编码：100088

印　　刷：北京盛通印刷股份有限公司
经　　销：全国新华书店
开　　本：710 mm×980 mm 1/16
印　　张：22.5
字　　数：378 千字
版　　次：2024 年 5 月第 1 版
印　　次：2024 年 5 月第 1 次印刷
定　　价：128.00 元

策划编辑：祁传华　　责任编辑：林山水
美术编辑：王齐云　　装帧设计：王齐云
责任校对：陈　民　　责任印制：马　洁　赵　龙